"十二五"国家重点图书出版规划项目
轨道交通科技攻关学术著作系列

铁路节能环保与劳动卫生

阮志刚 等 编著

科 学 出 版 社
北 京

内 容 简 介

  本书是中国铁道科学研究院节能环保劳卫研究所近十年来在铁路环境保护、节能减排、卫生防疫、职业健康等方面科研成果的总结提炼，主要内容包括：铁路环境保护法律法规、环境保护管理的介绍，噪声振动、生态保护等污染治理与监测技术，以及青藏铁路施工期环境监理、京津城际噪声振动试验等典型案例；铁路管理节能、技术节能和结构节能技术，以及地源热泵、空气源热泵、新型客车上水设备、铁路站场综合管理控制平台等典型节能技术案例；铁路卫生防疫和职业健康的介绍，如高原铁路卫生保障技术、铁路餐营食品安全卫生、铁路站车环境卫生控制技术、铁路突发公共卫生事件应急处置、铁路职业安全与卫生、铁路职工疾病控制与健康促进。

  本书适合于从事铁路节能环保、卫生管理研究与工作的工程和技术人员学习参考，也可作为高等院校铁路类相关专业本科生学习的参考资料。

图书在版编目(CIP)数据

铁路节能环保与劳动卫生 / 阮志刚等编著 . —北京:科学出版社,2016
（轨道交通科技攻关学术著作系列）

"十二五"国家重点图书出版规划项目

ISBN 978-7-03-049441-2

Ⅰ. ①铁… Ⅱ. ①阮… Ⅲ. ①铁路-节能-研究②铁路-环境保护-研究
③铁路-劳动卫生-研究 Ⅳ. ①U2

中国版本图书馆 CIP 数据核字(2016)第 170985 号

责任编辑:刘宝莉 周 岩 陈 婕 / 责任校对:桂伟利
责任印制:张 伟 / 封面设计:陈 敬

科学出版社 出版
北京东黄城根北街 16 号
邮政编码: 100717
http://www.sciencep.com
北京凌奇印刷有限责任公司 印刷
科学出版社发行 各地新华书店经销

*

2016 年 8 月第 一 版 开本:720×1000 1/16
2016 年 8 月第一次印刷 印张:23 1/4
字数:450 000
POD定价: 135.00元
（如有印装质量问题，我社负责调换）

"轨道交通科技攻关学术著作系列"编委会

"轨道交通科技攻关学术著作系列"序

"涓涓溪流,汇聚成河",无数科技工作者不辍的耕耘,似在时刻诠释着这一亘古不变理念的真谛,成就着人类知识财富源远流长的传承与积累。

回溯新中国成立后中国铁路发展历程,特别是我国铁路高速、重载、既有线提速、高原铁路建设等一系列令世人瞩目的辉煌成就,无不映衬着"铁科人"励志跋涉的身影,凝聚了"铁科人"滴滴汗水与智慧结晶。历经六十多年的发展,中国铁道科学研究院充分发挥专家业务水平高、能力强,技术人才队伍集中,专业配套齐全,技术手段先进等综合资源优势,既历史性地开创了中国高速铁路联调联试、综合试验技术、无砟轨道技术,完成了重载运输、既有线提速和高原铁路等关键技术研究与试验,实现了互联网售票、运营调度、应急管理,以及高速动车组牵引、制动系统及网络控制系统等大批技术创新和成果转化,又在铁道行业重大技术决策信息支持、基础设施检测、产品认证、专业技术培训等技术服务领域发挥了重要作用,成为集科研、开发、生产、咨询、人才培养与培训等业务为一体的轨道交通高新技术企业,是全路当之无愧的科研、试验、信息、标准制修订的研发中心。业已完成的大量重大、关键技术攻关与试验研究,积淀了厚重的专业基础理论,取得了 2300 多项科研成果。其中,有 170 多项获国家科技奖,600 多项获省、部级科技奖。

此时,由中国铁道科学研究院(以下简称"我院")统筹组织科研人员,深入系统梳理总结优质科研成果,编著专业技术专著形成系列丛书,既是驱动我院科研人员自我深入总结,不断追求提高个人学术修养的发展动力,也是传承我院多年科研积累的知识结晶,有效夯实提升人才培养与培训内在品质的重要举措,更是打造我院核心竞争力,努力建设铁路科技创新研发中心并做大做强,彰显责任与担当的真实写照。

本套专业技术系列丛书作为"十二五"国家重点图书出版规划项目,充分反映了我院在推动轨道交通领域技术进步与学科发展中取得的基础理论研究和最新技术应用成果,内容囊括铁路运输组织、机车车辆及动车组技术、工务工程、材料应用、节能环保、检测与信息技术、标准化与计量,以及城轨交通等专业技术发展。丛书在院编委会的指导下，尊重个人学术观点，鼓励支持有为的"铁科人"将科技才华呈现于行业科技之巅，并为致力于轨道交通现代化发展的追"梦"者们，汇聚知识的涓流、铸就成长的阶梯。

中国铁道科学研究院常务副院长

丛书编委会主任

2013 年 12 月

前　　言

中国铁道科学研究院节能环保劳卫研究所(铁路卫生技术中心、铁路节能环保技术中心)是中国铁道科学研究院所属的从事节能、环保、卫生等领域科研、技术服务和产品研发的研究机构,简称铁科院环保所。其前身为铁道部劳动卫生研究所,始建于 1960 年 10 月,1999 年 11 月并入铁道科学研究院,2001 年 7 月与铁道科学研究院环评中心等相关业务部门合并,重新组建为铁道科学研究院环控劳卫研究所,2008 年 10 月名称变更为中国铁道科学研究院节能环保劳卫研究所。截至2014 年年底,全所在职编内职工 126 人,其中各类专业技术人员 119 人,占职工总数的 94%;专业技术人员中具有高级技术资格 55 人、中级技术资格 39 人。

目前,环保所主要承担节能、环保、卫生、职业安全健康等专业的基础性、前瞻性、公益性科学研究及相关技术标准、规范的制修订,污染防治工程设计、建设项目职业病危害评价、职业病危害因素检测与评价、建设项目环境影响评价、水土保持方案编制、施工期环境监控与监理、竣工环境保护验收调查、环保节能和卫生产品研发、节能评估、产品质量检验、环境监测、健康教育与促进、专业学术期刊出版等工作。

铁科院环保所紧密围绕铁路总公司党组对院提出的成为"行业科技创新最高院府和研发中心,铁路技术创新实施平台,铁路基础性、前瞻性、关键技术的引领者"的定位和要求,以"规范企业管理、增强顾客满意、创新绿色技术、实现守法承诺、保障健康安全、追求持续发展"为目标,结合铁路运输生产需求,在职业卫生、环境保护等方面取得了数十项研究成果,完成了数百项环境影响评价、施工期环境监理与监控、建设项目环保验收调查、职业病危害评价、尘毒治理工程、环保工程设计、标准制修订、监督检测等技术服务工作。

本书的编写是依托环保所近年来承担的科研、咨询及产品开发项目,由铁科院环保所员工集体完成,其中,阮志刚(所长,副研究员)为主编,李耀增(副所长,研究员)、白晓军(总工,研究员)为副主编。全书共三篇 13 章,第一篇由谢汉生、周新军、陈泽昊、侯世全编写,第二篇由辜小安、尹皓、刘兰华、姜海波、郭怀勇、徐学存、陈泽昊、侯世全、步青松编写,第三篇由李谊、施红生、邱永祥编写。周新军负责第一篇的统稿,辜小安负责第二篇的统稿,施红生负责第三篇的统稿。阮志刚、李耀增、白晓军负责全书的统稿。

由于作者水平有限,书中难免存在不足之处,欢迎专家和广大读者批评指正。

目　　录

第一篇　铁路节能篇

第1章　国内外铁路节能减排现状

本章主要介绍国内外铁路近年来节能减排现状,以及为实现铁路节能而在实践中采取的一些主要技术措施。

1.1　国外铁路节能减排现状

近年来,国外很多发达国家都十分注重铁路领域的节能减排,试图以此来发挥铁路在节能减排中的积极作用,取得了比较好的效果。这些国家主要包括美国、欧盟部分成员国和日本等,它们的铁路节能效果要大大好于其他交通方式。铁路在构建低碳交通中的重要性日益彰显,成为许多国家未来交通结构调整中优先发展的运输方式。

1.1.1　国外铁路能耗现状

随着交通运输业的持续快速发展,交通能源消费也在不断增长。2005～2007年交通能耗超过了工业而成为最大的耗能行业,2008年交通能耗占终端能源消耗总量的27.3%。但铁路是个例外,长期以来一直保持着低能耗的特征。本节以美国、欧盟和日本铁路为例,分析国外铁路能耗现状。

1. 美国铁路能耗现状

2008年美国铁路能耗为 1598.7×10^4 t 标准油,占美国交通总能耗(67593×10^4 t 标准油)的2.4%,在所有交通方式中占比最低。从能效来看,美国铁路客运能效指数为89.4,比1990年降低了10.6%,年均下降0.6%。铁路主要运输工具单位客运周转量能耗呈现下降趋势。但在铁路内部,下降幅度有所不同。城市轨道交通降幅最大,年均下降1.0%;通勤铁路和长途客运铁路年均分别下降0.3%。2007年美国客运每万公里消耗的千克标准油,轿车为544,轻型汽车为542,城市公交为672,长途铁路客运为375,城市轨道交通为395,通勤铁路为415[1]。通过比较可以发现,长途铁路客运为最低。如果进行综合考察,对铁路、公路和民航单位客运周转量能耗进行比较,可以发现铁路能耗最低,公路最高。2008年铁路每万人公里能耗为398kg标准油,比公路低21%,比民航低13%。

近年来,美国铁路货运能效呈上升趋势。2007年铁路货运能效指数为76.2,比1990年降低了23.8%,年均下降1.6%。在各种运输方式中,铁路货运能效最高,其次为水运、管道和公路。2007 年铁路每万吨公里的能耗为 55.3kg 标准油,仅为公路的 6.3%。两项比较,美国公路货运单位周转量能耗约是铁路货运的 16 倍。

2. 欧盟铁路能耗现状

交通运输是欧盟近 20 年来能耗增长最快的领域,从 2005 年起,交通超过工业而成为欧盟第一大能耗领域。2008 年交通能耗 3.7×10^8 t 标准油,占能源消费总量的 29.2%[1]。在公路和民航能耗增长较快的情况下,铁路能耗呈下降趋势,所占比例由 1990 年的 3.2% 降低到 2008 年的 2.5%。在各种运输方式中,欧盟铁路单位换算周转量能耗仅次于水运,为次最低。以 2008 年为例,每万换算吨公里能耗为:水运 38.5kg 标准油,铁路 99.2kg 标准油,公路 416.4kg 标准油,民航 962.5kg 标准油。

3. 日本铁路能耗现状

长期以来,交通运输业一直是日本的第二大能耗产业。2009 年,日本交通能耗为 0.81×10^8 t 标准油,占能源消费总量的 23.6%[1],比 1990 年增长 5.4%。从运输方式来看,公路年均增长 0.5%,铁路年均增长 0.3%,民航年均增长 1.7%,水运则年均下降 1.3%。从增长幅度来看,铁路要低于公路和民航。

日本交通能耗以公路为主,铁路所占比例很低。在 2009 年客运能耗构成中,公路占 90.0%,铁路占 3.5%,仅高于水运。日本货运能耗集中度比客运还要高。在 2009 年货运能耗构成中,公路占 97.2%,铁路占 0.4%,民航占 2.3%,水运占 7.8%。

从能效来看,铁路的情况最好。在各种运输方式中,铁路客运的能效最高,其次是民航和公路,水运最差。2009 年铁路每万人公里能耗为 44.9kg 标准油,仅为公路的 9% 和民航的 12%。货运能效情况基本相似,铁路能效最高。不同的是水运和民航差别很大。水运和公路为其次,民航为最差。

1.1.2 国外铁路节能技术及政策

1. 日本铁路节能

1)行车节能

按日本新干线的数据,用于行车方面的能耗约占铁路总能耗的 87%。通过在机车车辆及轨道设计上采取合理措施,可有效降低高速铁路的综合能耗。

(1)机车车辆。

采用节能型车辆是铁路尤其是高速铁路节能的重要手段。在车辆设计中,通过减轻车体结构、转向架乃至车内设备的质量来减轻列车自重;通过气动特性设计包括列车头型、断面外形和列车表面整体形状的良好气动性能,以减少列车的空气阻力。

采用适当的制动方式节能。动力制动和摩擦制动相结合,采用电动断路器、位相控制界磁断路器及 VVVF 交流异步电动机变换器等方式减少运行耗能,尤其是采用 VVVF 变换器制动车辆节能 30% 左右[2]。

优先使用电动车组节能。根据运输需要编组多种不同单元的电动车组,最大轴重小,轨道及其相应构件的负担轻,能够适应短站距间的运输。列车减速时,将电动机转换为发电机运行,产生再生电力回馈电网达到节能效果。

(2) 轨道线路。

建设稳定性好、沉降较小的路基。加强车桥耦合动力响应分析,采取以下措施:① 采用整孔箱梁,即使采用 T 型梁,铺架后也要整体连接;② 提高简支梁的高跨比;③ 选用连续梁、结合梁、钢架和拱桥等刚度较大的结构;④ 桥梁墩台基础要有足够的纵向刚度;⑤ 桥梁的自振频率要小于限值要求。

一次性铺设区间无缝线路,充分发挥无缝线路优势,提供高平顺性线路,降低高速铁路能耗。

(3) 其他行车节能措施。

除了在高速铁路运输系统各个环节的设备设计中充分考虑节能需要外,在运行管理过程中,完善资源消耗奖罚制度,强化单位能耗限额管理和定额考核,加强运输行车组织,提高司机的操纵水平,重视司机操作技术培训,保证其熟悉线路,正确地加减速和起停车,减少不必要的能耗。

2) 非行车节能

按照日本新干线的统计数据,非直接行车方面的耗能约占铁路总耗能量的 13%,包括车站和列车用照明、空调、热水、机器等的能耗。由于对旅客服务设施的不断改善,铁路在非行车方面能耗占总能耗的比例是逐年上升的。

非行车耗能有 40% 用于照明。可以采用节能型建筑设计站房,在车站设置转换开关式照明,站房、站台和车库顶部设顶光窗,以减少照明用电力,在建筑物的顶棚上加隔热层、加双层玻璃,以节省空调耗电。

对机务、电务、工务、车辆基地制定先进合理的定额,加强能源收、发、管、用各方面的管理,提倡和鼓励能源节约。完善能源的计量、记录、报告、奖惩等管理制度,把资源节约的责任纳入各工作岗位的职责之中,纳入各单位日常管理和工作考核之中,与经济利益挂钩,严格兑现,调动企业职工节约资源的积极性。同时,不断改善生产工艺,努力提高生产集约化程度,对大功率用电设备要合理安排工序,力争集中使用。积极推进技术进步,采用能耗低、科技含量高的设备。在非行车单位大力推广太阳能、风能、地热等可再生能源的使用,提高高速铁路的资源综合利用效率。

例如,近畿铁道在一部分车站安设了太阳能电池,以供空调使用,虽然成本较高,但可减少 CO_2 的排放。名古屋铁道在舞木、犬山、丰明这三处车辆检查场设有太阳能热水器,供给洗刷车辆用的热水,也起到了节能和保护环境的作用。

近畿铁道的技术研究所还研制出一种储热(冷)式空调,利用夜间电价低的时间,制成冰或冷水,白昼放冷,以降低成本。

东大阪的新生驹变电所设有可控硅逆变器,靠回生制动车辆的回生电力,每年回收 $70×10^4 kW·h$ 的电力,供给非行车用电使用。

3)日本新干线节能措施

(1)交流再生制动。从 300 系车开始,日本新干线铁路使用了交流再生制动,牵引电动机在制动时用作发电机,发电产生的能量由接触网供其他列车使用或反馈给变电所,制动能量得到了有效的利用。

(2)车辆轻量化。为使车辆高速运行,输出功率和车辆的刚度及强度都必须提高。这种情况下,如果单纯提高车辆的性能,势必会增加车辆的重量,从而导致能耗增加。因此,为了提速并节能,轻量化是一个很重要的课题。

(3)减小运行阻力。列车高速运行时所需的能量,大部分是使列车加速到一定的速度所需的能量和克服空气阻力以保持其速度所需的能量。列车的运行阻力主要有机械阻力和空气阻力。

(4)日本博多车站改进热源和节能的措施。JR 西日本博多车站既有设备老化,蒸汽热源传送距离长达 600m,导致维修和运转费用增加、人员经费高和焚烧重油的环境保护等问题。对博多车站集中供暖系统的组成概要以小型分散化、小型分散化+全燃气化、小型分散化+全燃气化+集中化三种方式进行对比和评价,结果认为以第三种方式最佳。根据 2003 年 2~3 月和 2003 年 7 月二次追踪测量调查,该系统的节能效果为:①减少排气损失约 $6×10^4$ JPY/a,电损失约 $11.3×10^4$ JPY/a;②运转费用减少约 $19×10^4$ JPY/a,加上维修费用等的减少,合计 $1500×10^4$ JPY/a;③减少 CO_2 排放量等环境负荷;④减少设备投资费用。

(5)JR 九州在环保、节能等方面所采取的措施。为保证环境保护措施的可持续性,日本九州铁路客运公司成立了由公司总经理为委员长的环境委员会,并制定了基本行动方针:在车站、车辆、铁路设备等方面努力提供整洁、舒适的环境;有效利用资源、减少 CO_2 等环境污染物质、废弃物、实现回收利用;搭建环境信息的共享化平台,实现每个职工都具有环保意识。根据以上方针制定了数值目标值,以 1990 年为基准,到 2010 年实现既有线节能型车辆占所有车辆的 60%,车辆每公里的能源消费减少 6%。同时在节约资源、回收利用方面,公司在管内的最大车辆整备工厂小仓工厂采用了废水处理设备,实现了年节水 11t,同时,实现了办公用纸和车票的回收利用,建筑废材、站内车内垃圾的分类处理,矿泉水瓶的回收利用(制成工作服)。在治理环境污染方面,分别在二噁英、CO_2、氮化物、PRTR、PCB 等方面采取了一系列措施。

(6)JR 东海铁路公司的节能措施。日本东海铁路公司制定了"防止地球变暖的志愿计划",在引进节能车辆(铝制车体、无摇枕转向架、再生电力、提高机器设备的效率等)、单位车辆公里的节能比例等方面规定了具体的数值目标。到 2003 年 10 月,东海公司已经全部采用 300 系和 700 系列车,使得整体的电力消费降低了 16%,节能比例达到 18%。在既有线方面,到 2010 年节能列车将达到 60%,内燃节能动车将达到 100%,到 2002 年既有线的节能达到 14%。

2. 德国

1)铁路节能规划及目标

近年来德国铁路(简称德铁)开始实施节能规划和目标。规划主要由环境保护、提高经济效果和加强在运输市场中的竞争地位三个部分组成。

德铁很早就把环境保护视为企业的责任。公司建立初期就制定了 2005 节能规划,旨在降低能耗和减少 CO_2 气体的排放[3]。为此,牵引部门主要节能方向是:在牵引供电和机车车辆方面,包括购置新型机车车辆、改变运行技术和发挥其产品的最大负荷能力;在固定设备方面,节能重点是合理制热,有效利用能源,特别是原民主德国铁路地区停用或替换燃烧褐煤的采暖设备。

德铁曾公布铁路当前的环境指数,囊括 2003 年经营年度德铁在气候保护、能源消耗、空气污染、噪声治理和自然景观保护等方面的所有重要数据。这是对每两年公布一次的环境报告的补充,反映了环保方面的新情况。环境指数再一次清楚表明,铁路是最为环保的摩托化交通工具,这不仅对铁路的企业形象有利,而且直接反映在销售额上。保护气候是对铁路提出的最大挑战之一。

加强对司机进行节能培训,使其节能驾驶,可使各运行能耗减少达 10%,企业每年节约资金 800 多万欧元。

另外,德铁采用了使列车的气体制动能转换成电能反馈接触网的节能方案。2003 年德铁的反馈电能为 $281×10^6$ kW·h,相当于 122 座现代化风力发电设备的发电量,其中有 10% 以上的电能来自水力、风力和太阳能,有超过 550 台的内燃机车安装了现代化、有害物质排放少的柴油机。今后所有的内燃机车和动车都要安装颗粒过滤器。

2)铁路旅客运输中"节约能源"规划

德国铁路旅客运输部门从 2001 年开始实施"节约能源"规划,并取得了良好效果。节约能源首先从机车司机着手,即对 14000 名司机进行培训,对 300 名新手进行继续教育。培训司机分三个阶段:①理论学习阶段;②进行模拟训练,使司机掌握最佳驾驶方式,从而节约能源;③实际驾驶,由教师陪同进行节能驾驶。通过模拟培训的分析软件,司机可以与自己的驾驶过程进行对比分析以提高自己的节能驾驶本领;采用燃油消耗显示器的设备,使司机了解燃耗情况,以便对成本、效益进行分析;对司机进行节能培训和节能教育,同时还在 162 列电动车组上安装节能驾驶系统,为司机显示节能驾驶的建议。

3. 瑞典

在 2001 年基础建设通告中,瑞典政府制订了一个范围,到 2030 年集中致力于可持续运输系统的建设,其间包括更好的地区铁路运输、更优质的服务及良好的结构。高效货物运输将通过增强轴的载重来实现;修改的载重标准允许高效使用;铁路网络的延伸将抵达码头的线路。

1)增加载客量

在高速列车运行中,空气动力学的阻力是最明显的,占总运行阻力的 50%~70%。相反,在普通列车中,总能耗的大部分是加减速的列车能耗。考虑到发展战略,与高速列车空气阻力相比,普通列车更多注重列车的载客量,因此就提出了增加载客量的方法,设计出双层列车以及更宽的车体。表 1.1 显示了各种车型的潜在能耗。

表 1.1　各种车型的潜在能耗　　（单位:kW·h/pass-km）

车型	潜在能耗		
	输出能量	再生能量	净能量
机车+3 拖车	0.13	0	0.13
电动车组(一般)	0.11	0	0.11
电动车组(宽车体,再生制动)	0.08	0.01	0.07

2)再生制动

由于三相交流电驱动的引用,制动时能量的再生已经应用了很多年,不仅因为它可以减少能耗,还因为它能减少机械制动的损耗。再生能量的多少很大程度上取决于列车运行的线路,瑞典的 Lotschberg 铁路线有 50% 可以再生,即两列下山的车辆所再生的能量可以驱动一列车上山。对于有着许多刹车和加速环节的区域列车以及中等坡道的条件下,典型的再生率大约为 20%。在城际列车的线路上,再生率可达 30%。

4. 英国

英国政府和铁路管理部门以节能环保为主攻方向,创建英国铁路的"绿色品牌"作为其下一步工作的主要内容之一。

鉴于英国乃至整个欧洲对自然环境和生态保护的严格要求,政府和铁路监管部门对铁路基本建设与更新改造也提出了比较苛刻的要求,无论新线建设还是既有线改造,也无论机车车辆设计制造还是对老型号机车车辆的整形改造,都必须更多地采用节能环保设计。因此,英国铁路在其战略发展构想中,充分采用新型环保材料,采取新的节能措施,运用先进的污物处理手段,广泛采用电力牵引,注重路旁植被保护等措施,力图使铁路成为一个"零"污染的环保行业以回报自然,影响社会。

英国铁路监管局要求铁路公司对列车司机进行培训,以节省列车消耗的能源。铁路监管当局要求列车司机掌握节能技术,准确把握列车停止和加速的最佳点,使列车以惯性速度停靠车站,从而减少耗电量。对于那些习惯一个劲儿加速,到站前又猛踩制动的列车司机,要下岗培训,学会节电技能后才能重新上岗。为了评定司机的实际表现,每列列车需要安装资料记录仪。铁路监管部门还希望在列车上安装电表,以测定哪条铁路线用电最多。

5. 荷兰

荷兰铁路(NS)所采用的节能措施所带来的结果是,1998~2000 年能源的有效利用率上升了 8.7%,如果没有任何节能措施,消耗能源将高达 $1.25 \times 10^8 kW \cdot h$。

NS 主要采用措施如下[4]:设计了 50 节新的双层客车牵引机车且投入使用,同时旧的机车退役;在两列车上安装斩波器的项目;优化列车的行车图,采用更长的列车,以及更弹性化的调车运行;通过减少通风管道的新鲜空气及降低车舱的温度发展双层列车车载温度控制系统。

早期调查显示起初的双层列车车载气候控制装置耗费了大量的新鲜空气,远远超过能达到舒适性的需求量,因此 NS 不得不在达到舒适性需求和节能需求之间做一个平衡。关于车内温度和新鲜空气的舒适性水准是基于车内至少 90% 的乘客应该满意车内气候条件。这种新的控制气候条件软件的安装可以节约 2.1kW · h 的能源,占所有节省能源措施的 16%。

1.1.3　国外铁路新能源利用技术

1. 太阳能供电装置在美国铁路的应用

美国早在 20 世纪 80 年代初就开始在堪萨斯城南方铁路应用太阳能供电装置,在 80 多英里的干线上,装了 59 个太阳能供电装置,为沿线地面信号机、轨道电路和转辙机提供电源。典型的太阳能供电设备由四组太阳电池组成。太阳电池给安装在预制房屋内的镉镍蓄电池充电。通过比较,在很多边远地区,采用太阳电池供电比用公用电网供电的成本要低。假如太阳电池装置坏了,也很容易更换。如果工作不正常,能立即发信号给调度员。装置所需的唯一的维修是定期清扫太阳电池板。电动转辙机、全部必要的照明和调度集中所需的线路、终端编码设备都由太阳电池装置供电。用于道岔的是 24V 装置,用于信号设备的是 12V 装置。

2. 柏林中央火车站 BIPV 光伏系统

柏林中央火车站(原名莱特车站)耗资 100×10^8 €,于 2006 年 5 月第 18 届世界杯足球赛开始之前完工。新柏林总站是德国南北和东西方向长途客运线的交汇枢纽。新的站台大厅棚顶采用玻璃钢结构,成为市中心的标志景观。在这个"太阳能政府办公区",德国铁路股份公司在新的车站建筑物上采用再生能源,即在东西方向延伸的玻璃棚顶上安装高效能的太阳能光电设备。同时,棚顶上的太阳能电池板还起到站台遮阳作用。该棚顶东西长约为 320m,面积约为 1870m²。棚顶分两部分:西边长 172m,东边长 107m,中间的 42m 是为南北车站大厅预留的空间。共安装太阳能板 780 块,每块板有 100 个太阳能电池,总共 7.8×10^4 个。每个太阳能电池尺寸为 125mm×125mm,总面积 1146 m²。太阳能电池效率为 16%,整个太阳能发电设备的额定功率为 $189(1 \pm 10\%)$ kW。逆变器数量 117 个,型号为 Sunny Boy 2000 型,分散式设计。玻璃天顶上安装的太阳能板是长线条形的结构。由于东西方向穿过市中心的轨道在此有一弯道,故这一部分的天顶呈弧形,在上面安装的太阳能小室也由此带有不同的角度,可以达到采光最佳效果。太阳能设备所处方向为东南/南/西南,倾角为 7°～19°。

投入运用后,仅在 2002 年 6 月底至 8 月初的头 4 个星期内,该设备就向公共电网输电 2.2×10^4 kW·h。该太阳能发电设备作为一种示范设备,至少在其技术寿命期内将一直运行发电。这一太阳能电站每年发电 16×10^4 kW·h,加上其他新型能源的应用,德国铁路公司使用环保技术能源的比例将占总能源消耗量的 13%,大大高于目前全德国 6.25% 的平均值。图 1.1 为柏林中央火车站。

图 1.1　柏林中央火车站

3. 纽约 Stillwell Avenue 地铁车站

纽约 Stillwell Avenue 地铁车站与车站建筑结合的太阳能光伏发电系统安装在屋顶上,该光伏屋顶为连拱的屋顶设计,使用与建材一体型的太阳电池组件覆盖了整个车站的屋顶。该项目是目前美国铁路上使用非晶硅薄膜电池光伏屋顶的最大项目。该系统的总安装功率约为 210kWp。该 BIPV 光伏系统每年大约可以产生 250000kW·h 的电能,能够满足该车站每年用电需求的 15%,在天气晴朗的情况下,光伏发电系统的发电电能可以足够供给车站 65% 的电力需求。图 1.2 为纽约地铁车站。

图 1.2　纽约地铁车站

4. 日本铁路太阳能的应用

日本利用车站屋顶的太阳能热水器收集太阳能,储存大量热水代替燃油作为冬季屋顶融雪的能源。为了减少热水的蒸发以提高热水器的效率,采用乙烯盖板和水闸的简单结构。在现场进行了有关水流速率、容量和太阳能热辐射、风速、气温、相对湿度等气候条件的试验,测量了集热水槽进、出口处的温度和热效率等,并利用物理模型进行了理论热平衡计算。

此外,目前国外铁路有个别公司使用生物柴油的案例。2007 年,英国 Virgin 公司在其高速旅客列车上开始试验燃用 20% 生物柴油混合燃料,以减少 CO_2 排放量。2009 年 11 月,加拿大太平洋铁路(CP)公司与加拿大国家自然资源部合作,开展了一项为期 5 个月的生物柴油燃料试验计划,用 4 台 GE Transportation 公司制造的 AC4400 型内燃机车(装用 FDL-16 型柴油机)在卡尔加里和埃德蒙顿之间进行专项运营试验,试验中机车使用 5% 的生物柴油混合燃料。

1.2　国内铁路节能减排现状

近年来,我国铁路在节能减排方面取得了比较明显的成效。各项能耗指标总体上呈现逐年下降的趋势,能耗结构不断优化。由于电力机车、动车组使用量的快速增加,以及新能源技术的不断推广应用,大大改善了碳排放效果。

1.2.1　主要能源消耗趋势

衡量铁路主要能源消费综合性指标包括能源消费总量、主营能源消费量、单位运输工作量综合能耗和单位运输工作量主营综合能耗。能源消费总量可从统计报表中获得。主营能源消费量是能源消费总量中的主要部分,是指直接从事铁路客、货运输服务及其主要运输设备维护管理的生产经营及相关管理工作使用的能源,通过能耗报表直接获得。它包括两个方面:一方面是铁路运输企业完成运输生产作业的机车、发电车所使用的能源;另一方面是铁路运输企业中的机务、车务、车站、工务、电务、车辆、供电、客运等站段进行运输生产经营性作业所使用的能源(包括机关所使用的能源)。单位运输工作量综合能耗和单位运输工作量主营综合能耗通过公式计算获得。计算公式为

单位运输工作量综合能耗 ＝ 能源消耗折算标准煤总量/运输工作量(吨标准煤/百万换算吨公里)

单位运输工作量主营综合能耗＝主营能源消耗折算标准煤总量/运输工作量(吨标准煤/百万换算吨公里)

"十一五"期间国铁运输能耗总体情况如表 1.2 所示,其中,国铁能耗总量为 8369.9×10^4 t 标准煤,主营能量为 6731.9×10^4 t 标准煤,与"十五"期末相比,各项能耗指标下降十分明显。从总体上看,"十一五"期间,随着运输工作量增加,单位运输工作量综合能耗、单位运输工作量主营综合能耗呈下降趋势,2010 年比 2006 年分别下降了 19.3％和 17％。"十二五"期间头两年单位能耗继续呈下降趋势。

表 1.2　2006～2012 年国铁运输能耗综合情况

年份/年	运输工作量/百万换算吨公里	能源消费总量/(×10⁴吨标准煤)	主营能源消费量/(×10⁴吨标准煤)	单位运输工作量综合能耗/(吨标准煤/百万换算吨公里)	单位运输工作量主营综合能耗/(吨标准煤/百万换算吨公里)
2006	2691043	1664.9	1301.83	6.12	4.84
2007	2900864	1676.3	1338.54	5.78	4.61
2008	3138806	1693.9	1373.45	5.60	4.54
2009	3148997	1597.5	1290.00	5.30	4.28
2010	3466307	1737.3	1428.12	5.01	4.12
2011	3721437	1772.5	1451.36	4.76	3.90
2012	3700449	1745.7	1439.48	4.72	3.89

资料来源:铁道部统计中心各年铁道统计资料(至 2012 年)。

1.2.2 铁路主要耗能设备

铁路的能耗设备主要包括以下几类：①机车，为牵引能耗设备，大部分燃油和电力被其耗用；②锅炉，绝大部分为燃煤锅炉，也有少量的燃油锅炉，锅炉是最主要的非牵引能耗设备，国铁煤炭消费均用于锅炉，其中，一部分集中在生活服务单位，另一部分广泛分布于各运输生产单位；③各类变压器损耗，如沈阳局2006年有变压器7359台，其中，节能型2355台，非节能型4004台；④客车发电车，这是车辆段用油的主要设备；⑤照明（含灯塔、灯桥）等用电设备、载货和乘人汽车，广泛分布于各生产基层单位；⑥空调，尤其是大型客站的空调。如果从层次上来划分，包括全路能源消费结构和路局能源消费结构。前者为总体能源消费状况，后者是能源消费的具体分布状况。

1.2.3 铁路能耗构成及分布

近年来，由于铁路电气化率不断提高和蒸汽机车的淘汰，电力在铁路能耗中的比例持续增加，煤炭所占比例逐步下降。以2012年为例，国铁能耗为1745.7×10^4 t标准煤，其中，油料占38.6%，电力占34.3%，煤炭占24.5%，三者合计占97.4%，其他能耗主要有天然气、液化气、城市煤气、外购热力、水等，仅占2.6%。从燃料用途看，2012年用于牵引的电力、油料分别占国家铁路电力消耗量的70.7%和燃油消耗量的76.2%，煤炭消耗则全部用于非牵引。

从铁路局层面来看，以某铁路局为例，能耗分布大致如下：机务段能耗占44.97%，生活服务单位占38.23%，车辆段占7.01%，三者合计占90.3%。机务段能耗高主要是用于牵引（机车）的柴油和电力消耗量大。供暖公司能耗比较高，主要是非牵引用的煤炭（锅炉）消耗了全局71%的原煤，由供暖公司负责对全局进行集中供暖，由于北方地区冬季供暖时间长，这一部分能耗所占比例比较大，这也是北方铁路局能耗的一大特点。车辆段消耗的柴油则主要用于客车发电车。可见机务段、供暖公司和车辆段是这家铁路局的三大主要耗能单位。

其他单位在总能耗中所占比例不大，如果从某种能源消耗来看，其比例关系会发生较大变化。例如，车站能耗在总能耗中所占比例不大，但电和水消耗比一般场段要大。车站用电仅次于供电段，高于车辆段、工务段、车务段，用水量在所有站段里仅次于工务段。近年来，随着大型车站数量的增加，其能耗也在不断增加，成为铁路能耗主要用能单位之一。表1.3为2012年某铁路局的能耗分布结构。

从主要能源品种的消费分布看，约有35%的煤炭消耗集中在生活服务单位（生活小区燃煤取暖锅炉）；70%以上的柴油（75.4%）和80%以上的电力（88.84%）消耗集中在机务段；车辆段的柴油消耗主要是客车发电车，占该局柴油消耗的11.08%。

表 1.3　2012 年某铁路局能耗分布结构

单位	原煤/t		柴油/t		电力/(×10⁴kW·h)		折合标准煤/t		水/t	
	消耗量	比例/%	消耗量	比例/%	消耗量	比例/%	消耗量	比例/%	消耗量	比例/%
机务段	30871.7	9.55	39661.7	75.4	110929.3	88.84	218542.7	44.97	1225570	15.99
供电段	1744.8	0.54	163.4	0.31	3409.53	2.73	5808.54	1.20	93989	1.23
车辆段	29258.5	9.05	5832.8	11.08	1988.99	1.59	34086.9	7.01	604532	7.89
工务段	12285.8	3.80	1185.69	2.25	328.06	0.26	11848.9	2.44	1356018	17.69
电务段	460.70	0.14	31.26	0.06	130.58	0.10	570.45	0.12	23107	0.30
车站	5939.96	1.84	12.33	0.02	2854.18	2.29	8224.26	1.69	1335860	17.43
车务段	9240.4	2.86	3.78	0.01	898.61	0.72	8419.06	1.73	1177263	15.36
供暖公司	229728.4	71.03	96.86	0.18	3189.12	2.55	185775.7	38.23	1122408	14.65
其他	3873.87	1.20	5639.8	10.72	1137.20	0.91	12679.54	2.61	724675	9.46
合计	323404.0	100	52627.6	100	124865.6	100	485956.0	100	7663422	100

资料来源:某铁路局 2012 年能耗统计报表。

　　南方铁路局能耗构成及分布有所差别。从耗能单位看,牵引能耗主要在机务段,非牵引能耗主要在生活服务单位和车辆段、车务段、动车段(所)、工务段、电务段、供电段、车站等生产单位。其中从分布看,机务段能耗占 82.2%,生活服务单位占 5.3%,车辆段占 3.5%,三者合占 91%,机务段能耗主要用于牵引(机车)的柴油和电力,生活服务单位能耗主要是非牵引用的煤炭(锅炉),车辆段能耗则主要用于客车发电车。可见机务段、生活服务单位和车辆段是南方某铁路局的三个主要耗能单位,即它的主要碳排放单位。但与北方局相比,生活服务单位能耗所占比重要低很多。

1.2.4　机车能源消费情况

　　衡量机车能源消费状况主要有四个指标:机车单位运输工作量综合能耗、机车单位牵引工作量综合能耗、内燃机车单位牵引工作量能耗和电力机车单位牵引工作量能耗。其计算公式分别为

机车单位运输工作量综合能耗 ＝机车综合能耗量/运输工作量(吨标准煤/百万换算吨公里)

其中:机车综合能耗量＝内燃机车耗油折算标准煤量＋电力机车耗电折算标准煤量。

机车单位牵引工作量综合能耗＝机车综合能耗量/机车牵引工作量(千克标准煤/万总重吨公里)

其中：机车牵引工作量＝内燃机车牵引工作量＋电力机车牵引工作量。

内燃机车单位牵引工作量能耗 ＝ 内燃机车耗油量/内燃机车牵引工作量(千克/万总重吨公里)

电力机车单位牵引工作量能耗 ＝ 电力机车耗电量/电力机车牵引工作量(千瓦时/万总重吨公里)

"十一五"国铁机车能耗情况如表 1.4 所示，与"十五"期末相比，"十一五"期间机车单位运输工作量综合能耗下降比较明显；除个别指标的个别年份外，绝大部分能耗指标均呈现比较明显的下降趋势。机车单位运输工作量综合能耗、机车单位牵引工作量综合能耗呈现逐年下降的趋势，2010 年比 2006 年分别下降了 19.2% 和 15.3%。机车单位牵引工作量综合能耗和电力机车单位能耗总体呈下降趋势，但电力机车有个别年份出现增长的情况。进入"十二五"后，尽管电力机车单位能耗出现小幅度反弹，但单位运输工作量综合能耗、机车单位运输工作量综合能耗、机车单位牵引工作量综合能耗继续保持下降趋势。

表 1.4　2005～2012 年国铁运输单位工作量能耗指标完成情况

年份/年	单位运输工作量综合能耗/(吨标准煤/百万换算吨公里)	机车单位运输工作量综合能耗/(吨标准煤/百万换算吨公里)	机车单位牵引工作量综合能耗/(千克标准煤/万总重吨公里)	内燃机车单位能耗/(千克柴油/万总重吨公里)	电力机车单位能耗/(千瓦时/万总重吨公里)
2005	6.48	3.99	26.57	24.60	111.80
2006	6.12	3.66	25.77	24.32	110.17
2007	5.78	3.54	24.95	24.63	109.88
2008	5.60	3.48	24.72	24.89	111.40
2009	5.30	3.29	23.32	25.21	108.43
2010	5.01	3.08	21.83	26.40	102.40
2011	4.76	2.61	20.50	26.50	100.60
2012	4.72	2.53	20.00	26.80	102.10

资料来源：铁道部统计中心各年铁道统计资料和《中国统计年鉴》(至 2012 年)。

第 2 章　节　能　技　术

技术节能是指采用先进的技术手段来实现节约能源的目的。具体可理解为，根据用能情况、能源类型分析、能耗现状，找出能源浪费的节能空间，然后依次采取对应的措施减少能源浪费，达到节约能源的目的。技术节能的效应比较明显，往往在短期内就能取得节能效果，因而也成为人们节约能源常用的手段之一。

2.1　铁路建设项目低碳关键技术

近年来我国铁路建设快速发展，建设项目与日俱增，由此也带来了能耗量的快速增长。如何在铁路建设过程中有效节约能源，降低碳排放，对推进铁路沿线及车站周边生态环境建设有着十分重要的现实意义。为此，需要在建设过程中，充分利用低碳关键技术，包括线路的设计、新能源和可再生能源利用技术等，有效节约能源，并通过一些关键技术，进一步减少施工和设备使用过程中的碳排放量。

2.1.1　道路条件及车重对列车碳排放的影响

道路几何条件对碳排放的影响直接由平曲线半径、纵坡、路面状况和道路横坡所决定，此外碳排放也通过车速而受道路几何条件的间接影响（车辆因几何条件变化而加速或减速）。

1. 圆曲线与车重对列车碳排放的影响

圆曲线与车重对列车碳排放的影响关系如图 2.1 所示。

由图 2.1 可知，随着曲线半径的减小，不同车重下碳排放的增长规律相似，都呈非线性增长。同一曲线半径下，随着车重的减小，碳排放也减小。在同一车重下，随着曲线半径的减小，碳排放增大。再将图与由曲线半径单独影响碳排放时得到的图相比较可知，其变化趋势也相似，都是在曲线半径小于 1000m 时，随着曲线半径的减小，碳排放增加迅速，而大于 1000m 时，增加比较缓慢。

2. 圆曲线与旅客数对列车碳排放的影响

为了突出旅客人数和圆曲线综合因素对碳排放的影响，以零载客率时列车的重量为基准来计车重，此时旅客与行李的总重就相当于车重，依此进行碳排放计算，结果如图 2.2 所示。

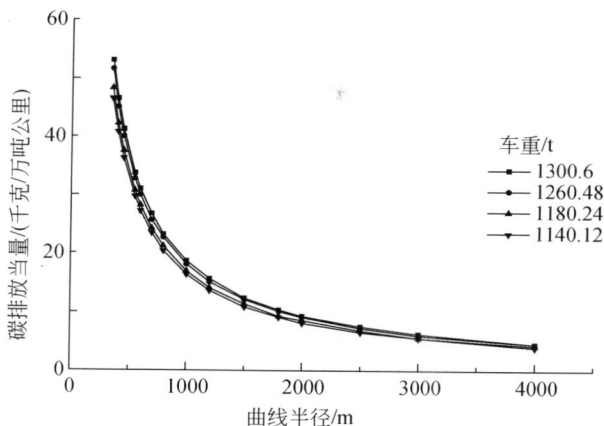

图 2.1　不同曲线半径和车重下的碳排放

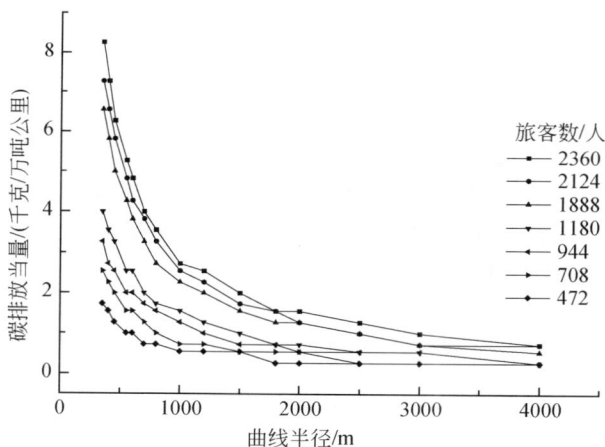

图 2.2　旅客数和曲线半径与碳排放的关系

由图 2.2 可知,同一曲线半径时,旅客数越多,碳排放越大。同一旅客数时,曲线半径越小,碳排放越大。曲线半径越小,旅客数越多,碳排放越大。当曲线半径小于 1000m 时,碳排放随着曲线半径的减小而迅速增大。而当曲线半径大于 1000m 时,随着曲线半径的减小,碳排放的增加比较缓慢。综合可知,曲线半径应尽量大于 1000m,这时候,碳排放随着旅客列车的自重加载重的变化比较小。

3. 限制坡度与车重对列车碳排放的影响

为了研究坡度和车重共同对碳排放的影响,需计算在不同坡度、不同车重下运营列车的碳排放,结果如图 2.3 所示。

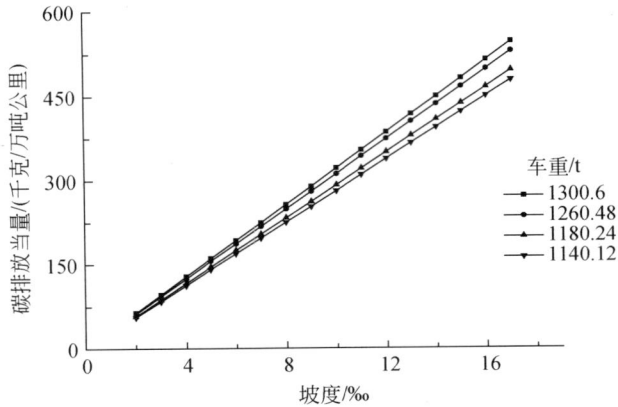

图 2.3　不同坡度和车重时的碳排放

由图 2.3 可知,随着坡度的增大,不同车重下碳排放的增长规律相似,都呈线性增长。同一坡度下,随着车重的减小,碳排放减小。同一车重下,随着坡度的增大,碳排放增大。

4. 限制坡度与旅客数对列车碳排放的影响

同样,为了突出旅客人数和限制坡度综合因素对碳排放的影响,以载客率为零时列车的重量为基准来计车重,此时旅客与行李的总重就相当于车重,在此条件下进行碳排放计算,如图 2.4 所示。

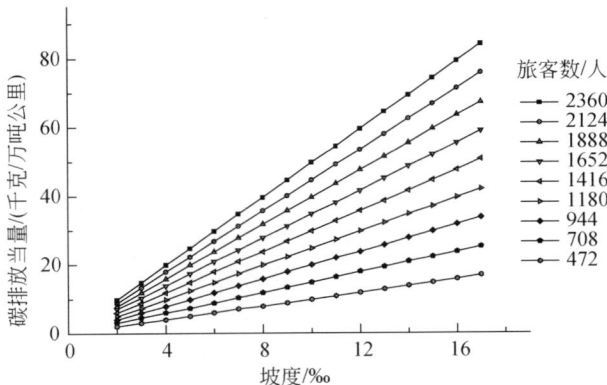

图 2.4　不同坡度和旅客数下的碳排放

由图 2.4 可知,同一坡度时,旅客数越多,碳排放越大。同一旅客数时,坡度越大,碳排放越大。坡度越大,旅客数越多,碳排放越大。因此,坡度应可能小一些,以减少碳排放。

5. 结论

通过上面的计算分析,可以得到以下结论。

(1)曲线半径应该尽可能大于 1000m,以减小曲线半径对碳排放的影响程度。

(2)坡度和车重对列车上坡时的碳排放影响很大,并且这种影响与坡度大小和车重大小成正比。

(3)随着曲线半径的减小,不同车重下的碳排放增长规律相似,都呈非线性增长。同一曲线半径下,随着车重的减小,碳排放也减小。在同一车重下,随着曲线半径的减小,碳排放增大。

(4)同一曲线半径时,旅客数越多,碳排放越大。同一旅客数时,曲线半径越小,碳排放越大。曲线半径越小,旅客数越多,碳排放越大。

(5)随着坡度的增大,不同车重下的碳排放增长规律相似,都呈线性增长。同一坡度下,随着车重的减小,碳排放也减小。在同一车重下,随着坡度的增大,碳排放增大。

(6)同一坡度时,旅客数越多,碳排放越大。同一旅客数时,坡度越大,碳排放越大。坡度越大,旅客数越多,碳排放越大。

2.1.2　太阳能在铁路客运站建设和运营中的应用

1. 光伏发电在客运站应用中的碳减排潜力研究

为了全方位地反映我国各地铁路客运站的光伏发电潜力,根据纬度、气候、太阳能资源量等选择呼和浩特站、哈尔滨站、北京南站、长沙站、成都站、广州站、昆明站、拉萨站八个火车站作为研究对象,在模型计算中所涉及的气象参数采用《中国建筑热环境分析专业气象数据集》中典型气象年的数据,在此不一一罗列。计算得出所选站点的光伏发电系统在不同朝向下的 GWP 值,如表 2.1 所示。

表 2.1　各客运站光伏发电系统在不同朝向下的 GWP 值　（单位：t_{CO_2}）

站点	东向	南向	西向	和建筑物同向
呼和浩特站	−228	−284	−98	−129
哈尔滨站	−175	−235	−78	−205
北京南站	−200	−253	−99	−239
成都站	−138	−147	−80	−84
长沙站	−174	−182	−92	−175
广州站	−180	−189	−121	−128
昆明站	−230	−257	−141	−257
拉萨站	−286	−345	−137	−344

由上可知,从各站点的年发电量可以看出,站点所在地太阳能资源直接影响光伏系统的最终发电量。除去昆明和拉萨这样的高原城市,在平原地区,北方站点的发电量要高于南方站点,这和我国太阳能资源北方比南方丰富的情况相吻合。而昆明、拉萨这样的地区由于海拔高、大气透明度好,太阳能资源非常丰富,有利于光伏系统的应用,进而在这样的地区能发挥更大的碳减排能力。

从各站点所设的太阳能光伏系统年发电量和相应的碳减排量可以看出,二者的变化趋势保持一致,这说明各个站点所在的局域电网的碳排放因子对总碳排放量结果影响不大。

在同一个站点,不同方向的光伏系统年发电量有明显差异。对于固定方向,同一站点的系统年发电量从大到小依次为南向、东向、西向。三者的差异在太阳能资源越丰富、辐射主要以直射辐射为主的站点越明显,而在太阳能资源较为贫乏、辐射主要以散射辐射的站点,三者之间的差异较小。当朝向相同时,决定光伏系统年发电量的主要因素是站点所在地,即当地的太阳能资源情况。对于和建筑物同向的光伏系统,当站点方位角为 90°~180° 和 270°~360°,并且面朝南面时,此时光伏发电系统朝向为东南,年发电量较大。

2. 被动式太阳能采暖在客运站应用中的碳减排潜力

以五个特大型铁路客运站——哈尔滨站、北京站、上海站、长沙站、广州站为例,针对既有铁路客运站模型和被动式太阳能铁路客运站模型计算结果汇总,结果如表 2.2 所示。

表 2.2 不同客源站模型 GWP 值汇总

站点	碳排放量/t (一般型)	减排量/t			减排比例/%		
		被动式1	被动式2	被动式3	被动式1	被动式2	被动式3
哈尔滨站	2505	1895	1799	1597	76	72	64
北京站	1956	1358	1326	1250	69	68	64
上海站	1778	843	876	910	47	49	51
长沙站	1888	842	894	918	45	47	49
广州站	2120	935	939	947	44	44	45

从全年全站总负荷来看,被动式太阳能铁路客运站都比一般型铁路客运站有着巨大的节能潜力,节能比例为 44%~76%。因此,将被动式太阳能建筑设计应用于铁路客运站中有着积极的碳减排意义,是一项值得推广的低碳技术。

综上所述,可得如下结论。

(1)被动式太阳能铁路客运站节能优势明显,这对全年以热负荷为主的北方城市的铁路客运站而言,更值得推广应用。

（2）冬季采暖期时,和空气接触的外围护结构需要有更好的保温性能。而在夏季则相反,太好的热绝缘性不利于室内大量的热量向室外散发,会增加冷负荷。因此以热负荷为主的站点,对外围护结构进行保温改造能极大地降低全年负荷。而对于以冷负荷为主的客运站,保温改造仍然能降低整个客运站全年负荷,进而降低碳排放量,但是效果不如前者明显。

（3）采用节能的玻璃窗形式有助于消减碳排放量,但是在夏季时应要注意对玻璃窗进行有效的遮阳,减少透射得热。

（4）由于被动式客运站是一个较为封闭的建筑,且很好的热绝缘性无形中延长了室内"夏天"的时间,因此,如果能在过渡季节引入室外温度较低的新风,将能缩短空调时间,具有明显的节能和经济意义。

（5）铁路客运站的聚集人数是随时变化的,如果能采用灵活的变风量系统,根据逐时的负荷送风,将减少新风量,从而减少采暖设备、空调机组和风机的能耗,降低碳排放量。

（6）全天聚集人数呈现日间人少、晚间人多的客运站从降低能耗和碳排放量来看,更具有优势,可以在考虑旅客出行方便的前提下,适当增开晚间发车的数量。

（7）被动式太阳能铁路客运站使得冬季采暖时间减短,夏季空调时间延长,但是总的时间减少,并且使得采暖季和空调季的划分更加明显,更有利于机组设备的维护管理以及过渡季节室外新风的引入,从长远来看,这是有着积极意义的。

3. 太阳能液体除湿-独立新风空调系统在客运站应用的减碳潜力

候车室的内部环境由空调系统控制,客运站空调系统运营过程往往占能源消耗总量的 60%～80%,因此客运站空调系统具有巨大的节能潜力。太阳能液体除湿是一种非常有潜力的具有节能节电特性的空调系统,越来越受到广泛的关注。同时独立新风系统也是一种备受关注的新型节能空调系统。根据调研数据分别计算出北京、上海、长沙、广州四站的空调系统耗电量、碳减排能力和碳减排比例,结果如表 2.3 所示。

表 2.3 耗电量与碳减排量

地区	常规空调耗电量/(kW·h)	新型空调耗电量/(kW·h)	节电量/(kW·h)	碳减排量/t	减排比例/%
北京	117848	60866	56982	56.8	48.3
上海	207510	106286	10224	100.9	48.7
长沙	236393	120412	115981	115.6	49.1
广州	307373	153053	154320	153.9	50.2

　　由表 2.3 可以看出,在四个火车站中,广州火车站夏季空调耗电量最大,同时碳减排能力也最强,因为广州火车站位于南方高温高湿地带,夏季空调除湿季节较长。从表中也可以看出,火车站从北到南,夏季空调负荷逐渐增大,碳减排的比例也逐渐增大,这与地域有很大的关联性,同时也进一步说明了液体除湿独立新风系统更适合用于南方地区。

　　4. 地热能在铁路站建设和运营中的应用技术

　　近 30 年来,地热能的利用急剧增长,到 2000 年,世界上 80 个拥有地热资源的国家中,58 个国家已有地热利用的记载,至今世界上有 24 个国家地热发电总装机 8932MW,年生产电力 56951GW·h;地热直接利用的国家有 72 个,年利用地热能 75.943GW·h。中国地热资源丰富,已发现地热区 3200 多处,已完成的大、中型地热田勘查 50 多处,主要分布在京、津、冀、东南沿海、内陆盆地和藏滇地区。

　　1)地热发电

　　地热发电是地热利用的最重要方式。中国适于发电的高温地热资源主要分布在西藏、云南和台湾等地区。

　　按照载热体类型、温度、压力和其他特性的不同,可把地热发电的方式划分为蒸汽型地热发电和热水型地热发电两大类。热水型地热发电是地热发电的主要方式,目前热水型地热电站有闪蒸系统和双循环系统。

　　2)地热直接供暖

　　经过 30 多年的发展,中国地热直接利用已具有相当规模,并且利用面广,在许多地方已形成良性开发。在华北和东北地区,天津已开采到 80℃ 以上的热水,供暖面积 863 万 m^2,利用地热水供生活热水达 4176 万户,近百万市民通过各种渠道享用着地热资源带来的便利。北京地热供暖目前已发展到数十家,供暖面积已超过 $40×10^4 m^2$,供暖方式已由单一的直接供暖向间接供暖(利用换热器)、地板式采暖以及热泵技术配合其他能源的调峰技术供暖等多种方式发展。

　　火车站候车室利用地热水的主要形式为低温辐射地板采暖,虽然中国大部分地区的地热资源不适宜发电,但广大中低温地区的资源却适合地热采暖,与传统的采暖方式相比,优点更多。

　　3)地源热泵

　　热泵是一种利用高位能使热量从低位热源流向高位热源的节能装置,国际上按冷、热源的不同可将热泵分为空气源热泵(ASHP)、水源热泵(WSHP)和地源热泵(GSHP)三大类。地源热泵通过输入少量的高品位能源(如电能),实现低温位热能向高温位转移。通常地源热泵消耗 1kW 的能量,用户可以得到 4kW 以上的热量或冷量。

　　地源热泵具有如下优点。

（1）土壤温度全年波动较小且数值相对稳定,热泵机组的季节性能系数具有恒温。

（2）热源热泵的这种温度特性使得地源热泵比传统的空调运行效率高 40%～60%,节能效果明显。

（3）地下埋管换热器无需除霜,地埋管换热器在地下吸热、放热,减少了空调系统对地面空气的热、噪声污染;同时,与空气源热泵相比,相对减少了 40% 以上的污染物排放量。与电采暖相比,可相对减少 70% 以上的污染物排放量。

（4）运行费用低。据世界环境保护组织(EPA)估计,设计安装良好的地源热泵系统平均来说,可以节约用户 30%～40% 的空调运行费用。

5. 铁路客运站规模对年 GWP 值的影响

铁路客运站的规模大小对该站的能耗也有着影响,主要有两方面:一方面是客运站的使用面积决定照明能耗的大小,并对空调能耗有重要影响;另一方面是客运站的旅客发送量决定热水系统和自动扶梯的能耗,同时也决定空调能耗中人员符合的部分。

铁路客运站碳减排潜力巨大,存在的原因主要如下。

（1）客运站规模设计不合理,很多客运站的建筑面积远远超出所需的建筑规模。在很多时候,站内大部分空间闲置,无人使用,可是这部分空间同样消耗了空调、照明等能耗,因此浪费巨大。

（2）客运站的设计旅客发送量过大。在客运站设计阶段,设计的旅客发送量人数都比实际的旅客人数有富余。这就造成在实际的运营中,一旦客运站的实际发送量不能达到设计值,站内的空间大量闲置,而热水、自动扶梯等与旅客人数相关的耗能设施空载运行,空调舒适性下降,能耗浪费。

鉴于上述原因,在客运站设计阶段,合理选择站体的规模和旅客发送量将使客运站运营时的能耗有效的消减,这是客运站节能和减少碳排放量的根本措施。

2.2 铁路应用地源热泵系统能效评价技术

2000 年,铁道部在沈阳铁路局职工培训中心进行了地源热泵技术示范工程,下达了示范文件《关于沈阳铁路局培训中心地源热泵节能示范工程可行性研究报告的批复》(计建函[2002]174 号)。随后,沈阳、北京、上海、济南、成都、西安、南昌等铁路局及朔黄、邯济铁路等合资铁路公司也开始采用地源热泵技术,收到了显著的经济效益和社会效益。2005 年,铁道部在年初召开的全路节能工作会议上要求,当年凡没有安排地源热泵技术示范的铁路局,要根据所处地域的环境条件,安排一至两个点进行示范;已经进行试点的铁路局,要认真总结经验,扩大应用范围。

为了在铁路行业利用、推广地源热泵技术，铁道部还加强了有关科研工作，2005 年和 2007 年下达了关于地源热泵技术的研究课题：一个是"铁路沿线建筑利用地源热泵技术采暖制冷技术条件和节能、环保效益的研究"(2005Z014)，另一个是"地源热泵技术在铁路沿线建筑应用中地热耦合系统优化方案研究"(2007Z009)。通过这两个课题的研究，解决了铁路利用地热能技术的适应性问题和地热利用技术的优化设计取值问题，为全面推广利用地热技术提供了参考依据。

2.2.1 地源热泵系统在铁路建筑中的应用现状

1. 地源热泵在铁路中的应用

2012 年 11 月 9 日，铁道部计划司为全面掌握热泵系统应用现状，分析影响铁路热泵系统节能效果的实际因素，并为后续项目设计、施工、维管等提供参考，发布了《关于开展铁路热泵系统应用情况调查的通知》，对全路 18 个铁路局热泵系统的应用情况进行了调研，调查包括土壤源热泵、地下水源热泵、地表水源热泵、污水源热泵、空气源热泵在内的热泵系统能耗、应用效果、存在问题等情况。

全路共调研热泵项目 371 处，其中哈尔滨局无热泵项目，沈阳局 7 处，北京局22 处，太原局 11 处，呼和局 7 处，郑州局 8 处，武汉局 12 处，西安局 7 处，济南局16 处，上海局 83 处，南昌局 41 处，广铁集团 86 处，成都局 1 处，南宁局 26 处，兰州局 6 处，乌鲁木齐局 6 处，青藏公司 17 处，昆明局 15 处。各铁路局热泵项目数量如图 2.5 所示。

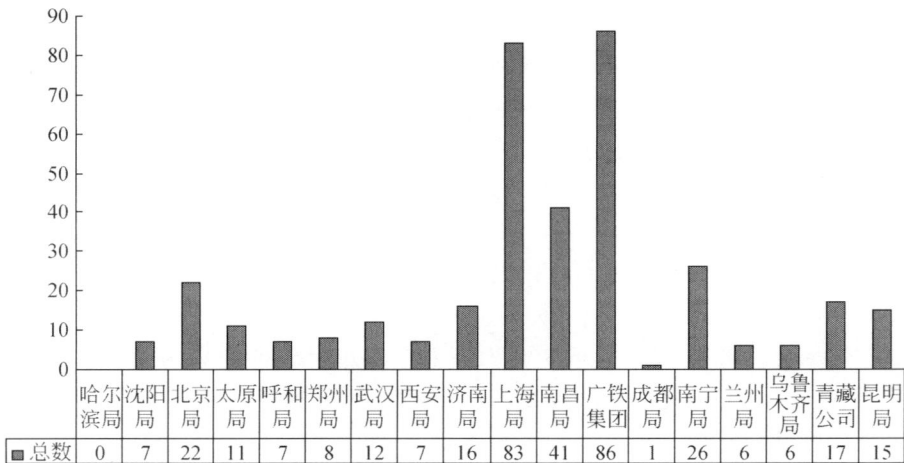

	哈尔滨局	沈阳局	北京局	太原局	呼和局	郑州局	武汉局	西安局	济南局	上海局	南昌局	广铁集团	成都局	南宁局	兰州局	乌鲁木齐局	青藏公司	昆明局
■总数	0	7	22	11	7	8	12	7	16	83	41	86	1	26	6	6	17	15

图 2.5　铁路局热泵项目数量

在调研的热泵项目中，土壤源热泵项目 90 处，占热泵项目总数的 24.26%；水源热泵项目 40 处，占热泵项目总数的 10.78%；空气源热泵项目 233 处，占热泵项目总数的 62.8%;海水源热泵项目 6 处,占热泵项目总数的 1.62%;污水源热泵项目 2 处,占热泵项目总数的 0.54%(详见图 2.6)。

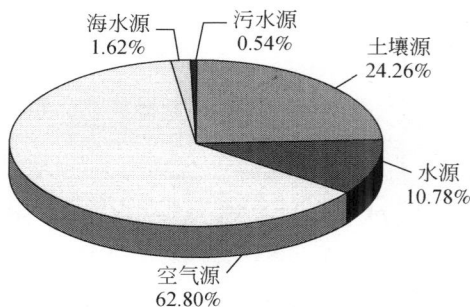

图 2.6　不同类型热泵所占比例

图 2.7～图 2.10 分别给出了各局水源、土壤源、空气源热泵的数量。由图可知,上海局土壤源热泵数量最多,哈尔滨局、南昌局、南宁局、兰州局、昆明局无土壤源热泵;太原局水源热泵数量最多,哈尔滨局、沈阳局、北京局、武汉局、上海局、成都局、南宁局、昆明局无水源热泵;广铁集团空气源热泵最多,哈尔滨局、沈阳局、太原局、呼和局、郑州局、西安局、济南局、成都局、乌鲁木齐局无空气源热泵。

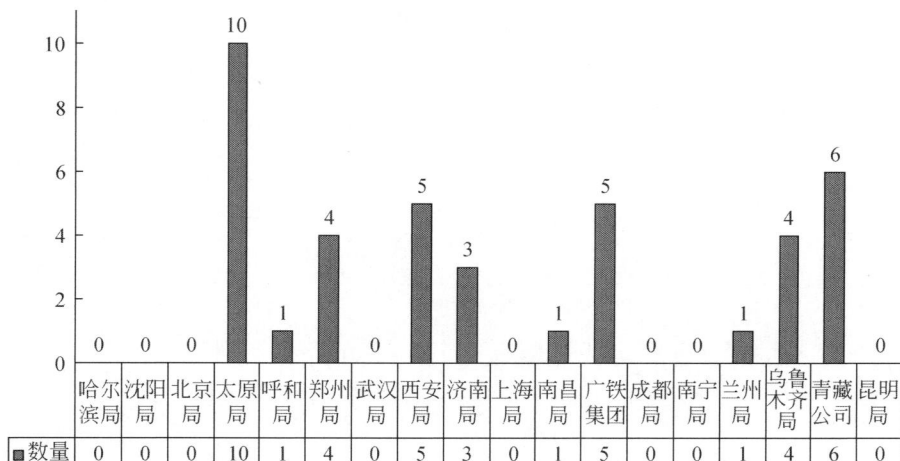

	哈尔滨局	沈阳局	北京局	太原局	呼和局	郑州局	武汉局	西安局	济南局	上海局	南昌局	广铁集团	成都局	南宁局	兰州局	乌鲁木齐局	青藏公司	昆明局
■数量	0	0	0	10	1	4	0	5	3	0	1	5	0	0	1	4	6	0

图 2.7　各局水源热泵数量

2. 地源热泵系统在铁路应用中存在的主要问题

1)设计问题

(1)热泵机组配置过大。近年来,我国无论民用建筑还是公用建筑均采用了节能设计标准,使供暖、制冷能耗大大降低(甚至达到 65% 以上)。但设计院出于种

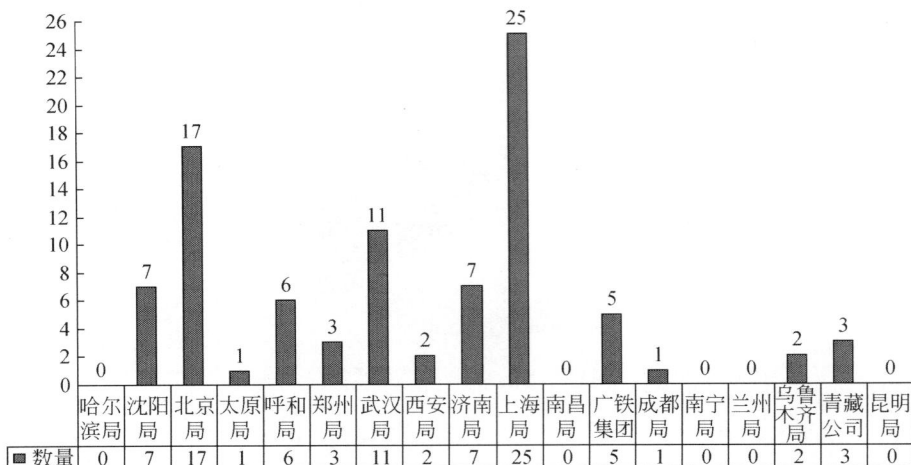

图 2.8　各局土壤源热泵数量

	哈尔滨局	沈阳局	北京局	太原局	呼和局	郑州局	武汉局	西安局	济南局	上海局	南昌局	广铁集团	成都局	南宁局	兰州局	乌鲁木齐局	青藏公司	昆明局
数量	0	7	17	1	6	3	11	2	7	25	0	5	1	0	0	2	3	0

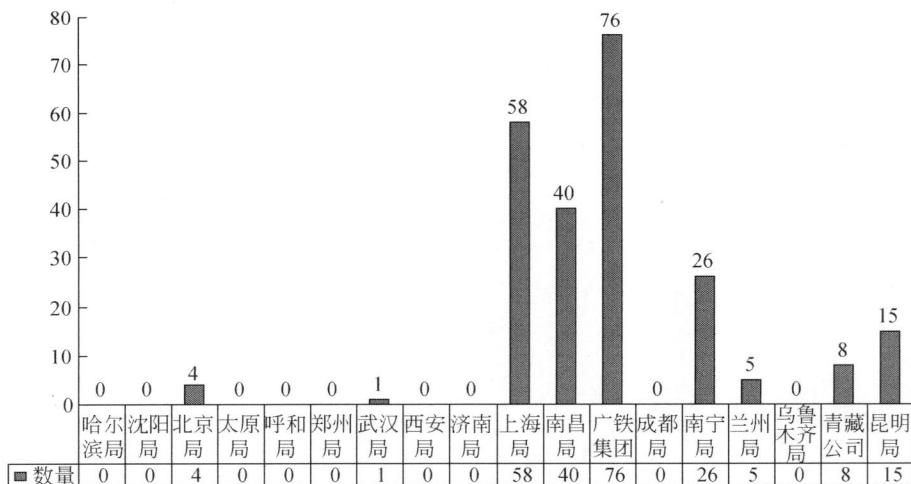

图 2.9　各局空气源热泵数量

	哈尔滨局	沈阳局	北京局	太原局	呼和局	郑州局	武汉局	西安局	济南局	上海局	南昌局	广铁集团	成都局	南宁局	兰州局	乌鲁木齐局	青藏公司	昆明局
数量	0	0	4	0	0	0	1	0	0	58	40	76	0	26	5	0	8	15

种考虑,经常将建筑热负荷取得较大,相应热泵机组配置也较大。

(2)循环泵配置不当。在地源热泵系统中,人们往往只考虑热泵机组的用电情况,而忽视了附属设备的用电能耗。机房内附属设备的用电负荷占整个系统用电负荷的 20%~30%,有的甚至更多。冷热源系统与空调末端系统不同,冷热源系统要求其导流液——水在地耦管内呈紊流状流动,目的是更好地收集土壤的热量(地能热)。从调查情况看,在用的地源热泵项目中,有相当一部分的地耦循环泵配置过大,这不仅浪费电能,更重要的是造成导流液在地耦管内的流速过快、流量过

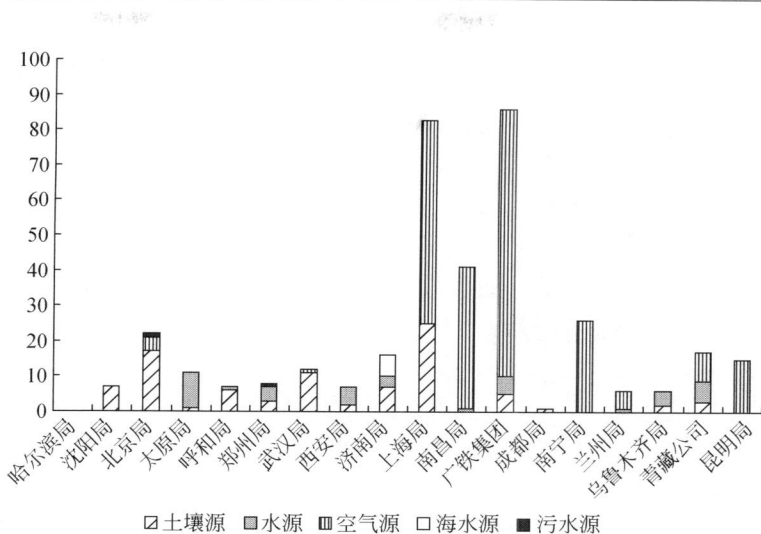

图 2.10 各局土壤源、水源等汇总

大,不能充分获取地热能量(进出水温差小)。

(3)地耦井设置不合理。除上述提到的西安局凤翔站地耦井深度只有 18m,北京局丰西油库地耦井深度只有 45m 这两种情况外,也出现了地耦井或设置过多或设置过少的情况。地耦井设置过多除增加部分投资外,对系统无危害。但地耦井设置过少则后患无穷。一是获取地热能困难,造成热泵机组经常停机保护,室内温度达不到要求。即使地耦系统中加注了防冻液,热泵机组也会在低温下长期运行,造成耗电量过大。二是会使地耦管管群周围分层土壤内的热湿耦合迁移过快,从而引起土壤中水分和蒸汽运动参数及基质势溶质发生变化,造成土壤逐渐板结,使换热器热交换能力不足。这将会形成一种恶性循环,使地源热泵系统供暖、制冷效果越来越差,电能消耗越来越高,直至整个系统不能使用。

(4)地源热泵"一机三能"的作用未能体现,系统性价比不高。在调查的所有项目中,大多数没有利用地源热泵机组的热水供应功能。许多单位再投资设置一套太阳能装置或空气源热泵来制取生活热水。地源热泵机组具有制取热水的功能,并且在夏季是免费的(如不回收热能,将白白排入地下),即使在冬、春、秋季节里,由于地源热泵机组 COP 高(一般情况下 COP>3.5),用它来制取生活热水仍是一个最佳的选择。

2)施工问题

因室外冷热源系统为隐蔽工程,目前无法判断是否规范。大部分室内末端设备也隐藏在天棚或吊顶中,无法评价。只有热泵机房和明装风机盘管给人留有直观印象。部分机房安装不规范,设备摆放凌乱,管路保温做得粗糙,仪表、温度计配备不全,个别管节、阀门漏水。个别明装风机盘管位置不正确,设置过高,造成热损失大,室内取暖效果达不到设计要求。

3)机组设备问题

热泵机组牌子多且杂,质量参差不齐。目前铁路在用的地源热泵机组牌子多达十几个,有的路局属于试验性用,这个牌子用得不好或售后服务差就再换一个,造成售后服务、系统维护、管理出现困难。

多数热泵机组显示功能不全,甚至有的热泵机组无任何显示(尤其早期采用的热泵机组)。由于地源热泵属于智能控制,自动化程度较高,因此,在系统运行时各种数据的显示尤为重要,如地耦进、出水温度,空调进、出水温度,压缩机工作压力,工作电压、电流,压缩机工作时间,报警故障点等都需要及时显示。

热泵机组控制系统不合理。目前在用地源热泵的控制系统,大多数存在的问题是室外冷热源循环泵长期不停机运转(应当在热泵机组开启前 10s 左右运转和热泵机组停机后 5s 左右停机)。这种控制形式将浪费大量的电能,以一个 1000m² 建筑为例,所配冷热源(地耦)循环泵约为 7.5kW,每个采暖期用电费用为(电费 0.9 元/kW·h):0.9 元×7.5 kW×24h×150d=24300 元,而热泵机组每天平均工作时间只有 12h,因此,每台冷热源循环泵每个采暖期相当于多支出用电费用 12150 元。建筑规模越大,所配备的冷热源循环泵越大,电能浪费情况越严重。

售后服务问题突出。由于铁路线长、点多,多数地源热泵项目都在铁路沿线上,多数生产厂家出于经济利益考虑,都不能及时或不愿意进行售后服务或维修,尤其施工与机组设备不是一家的单位,售后服务更差。

2.2.2　地源热泵系统在铁路建筑中的适用性

铁路沿线建筑具有数量众多、位置偏僻和分散的特点,通常与市政的集中供热管网无法连接,只能在沿线建设许多自用锅炉房保证冬季供暖,安装空调保证夏季制冷,运行费用高,而且对环境造成一定程度的污染。地源热泵空调系统适合于铁路沿线建筑应用,一般有足够的地方打孔埋管;空调系统能效比和自动化程度高,经济、节能效益显著。

(1)作为舒适性空调效果良好。冬季室内温度温暖、柔和,没有暖气片那种烘烤的感觉;夏季室内温度凉爽、舒适,没有分体空调机那种生硬的冷风。

(2)节省人工,基本上做到了无人值守。由于地源热泵空调系统自动化控制程度高,整个系统是在电控系统操纵下有序运行,出现故障时能够自动报警、自动停机。避免了以往燃煤、燃油锅炉需要配备若干个专业锅炉操作工人的情况,节省了大量的人工费用。

(3)环保效果显著,无安全隐患。地源热泵空调系统只用电,没有燃煤、燃油等易燃品的危害性,也不用考虑燃煤、燃油、煤渣等存放场地的需求,更无直接碳排放和其他有害气体及污染物的排放。

(4)维修量低,系统使用寿命较长。地源热泵空调系统是在低温、常压的工况下工作;而燃煤、燃油锅炉(高温、高压)产生跑、冒、滴、漏和管路结垢等故障率较高,并且需要每年中、小修一次,3~5 年大修一次,10~15 年报废更新。从目前铁路在用的地源热泵项目看,大多数设备运行平稳,维修量较低,使用寿命较长(如沈阳职工培训中心地源热泵系统已经运行了 8 年),节省了许多维修资金。

(5)管理较好。由于地源热泵空调系统一次性投资较高,属于新的节能技术,科技含量较高。因此,使用单位对地源热泵设备普遍比较重视,选派了专人管理,加强了日常巡视、记录。

(6)新建项目比早期项目质量高、节能效果好。随着地源热泵技术的日趋成熟,地源热泵工程的设计逐渐完善、施工趋于规范、设备质量不断提高、节能效果越来越好。根据对目前路内的 100 个地源热泵项目统计,2006 年以前的项目占19%,许多项目由于采用了小型分体式热泵机组(涡旋压缩机,无能量调节功能),普遍存在节能效果不好、噪声过大等问题。2006 年(含 2006 年)以后的项目,普遍采用了独立的模块式热泵机组,大多数采用了具有四级能量调节功能的螺杆式压缩机,有的甚至是双压缩机、三压缩机配置,使得空调系统的节能效果越来越好,如呼和浩特局的西小召等三个工务工区、太原局太北车辆段等地源热泵项目(2009~2010 年应用)都取得了节省 50%以上的运行费用和节能 60%以上的效果。

设计、施工和以前相比,质量有所提高。例如,某站(2005 年项目)地耦井深度只有 18m,某油库(2003 年项目)地耦井深度只有 45m,达不到获取地热能的目的,靠大量的使用电能来制取冷、热量。而 2006 年以后的地源热泵项目基本没有这种情况出现。

2.3 二氧化碳空气源热泵在铁路沿线供暖应用技术

目前我国铁路运输企业能源消耗中的非牵引能耗主要是供暖能耗,占 40%以上。例如,兰州局供暖能耗占全局 40%,沈阳、哈尔滨局供暖能耗占 55%左右。因此,做好供暖节能减排,对提高铁路运输能效水平意义重大。实践证明,在铁路沿线利用二氧化碳空气源热泵技术,可有效解决职工的供暖需求。

2.3.1 空气源热泵系统在我国铁路中的应用实例

空气源热泵系统在生活热水供应方面已被广泛应用,在铁路沿线工区、办公楼宇和机车车辆恒温检修库等场所,具有很好的应用前景。铁路沿线供暖,是指远离城市、无法实施城镇集中供暖,由各生产单位分散采暖的铁路沿线站房供暖问题。铁路城镇生产生活房屋较大面积冬季供暖,如集中供热面积为上万平方米以上,普遍采用集中供热,供热锅炉吨位大,供热效率较高,锅炉脱硫、除尘能达到国家标准。铁路沿线工区站房点多线长、供暖分散,存在能耗高、污染严重、成本支出大等问题。

目前,上海铁路局已实施了十多个空气源热泵项目,丰富的实践经验和资料为进一步推广应用这项技术奠定了基础。

上海铁路局南京车辆段上、下行两个列检所,共有人员 266 人,每日需要供应洗浴热水 10t,原来采用 2 台燃煤锅炉生产生活热水,年耗煤约 450t。2008 年决定采用空气源热泵系统替代燃煤锅炉,其中上行列检所采用 1 台某品牌空气源热泵卓越系列 MWV-L300T1/ St 热水机组,配置 1 台 7t 水箱;下行列检所采用 1 台相同品牌空气源热泵卓越系列 MWV-LV210T1/S 热水机组,配置 1 台 5t 水箱。整个系统设计专门的循环管路,用循环泵强制循环,以提高整个系统的换热效率。

在经济效益方面,2009 年全年上行列检所使用空气源热泵机组后运营成本仅为改造前燃煤锅炉年运营成本的 47.1%,年节约运行费用约 14.8 万元;下行列检所空气源热泵机组运营成本仅为改造前燃煤锅炉年运营成本的 46%,年节约运行费用约 13.6 万元。

在节能效果方面,上行列检所使用空气源热泵机组后年综合能耗为 39.4t 标准煤,仅为改造前综合能耗的 20.6%;生产 1t 热水的综合能耗为 12.1kg 标准煤,单位节能率达 65.1%。下行列检所使用空气源热泵机组后年综合能耗为 32.2t 标准煤,仅为改造前综合能耗的 19.5%,生产 1t 热水的综合能耗为 11.5 kg 标准煤,单位节能率达 65.3%。

在减排效果方面,2007 年上、下行列检所采用燃煤锅炉产生的二氧化硫排放量分别为 3846kg 和 3330kg,烟尘排放量分别为 9616kg 和 8327kg。由于空气源热泵在工作中不排放废气,在污染减排方面较传统燃煤锅炉优势明显,上、下行列检所安装空气源热泵后,每年累计实现减少 SO_2 排放量 7.1t,减少烟尘排放量 17.9t。

再以兰州局为例。兰州铁路局沿线建筑采用 1t 左右小型燃煤采暖锅炉房有 89 个,桑普炉、小煤炉等其他取暖设备 2040 个,大多热效率低下,煤炭运输困难,煤价逐年上涨,每吨煤价已超 1200 元,并且没有环保处理设备。随着国家节能减排力度逐年加大,对小型燃煤炉逐渐拆除,寻找能代替现有燃煤锅炉的供暖技术非常重要。目前在铁路沿线已成功应用清洁能源的技术很多,如水地源热泵、空气源热泵(供热水);但由于现有室内取暖设备都是金属暖气片,需较高供水温度,并且在严寒地区水地源热泵、空气源热泵却无法很好地解决这种问题。若将小型燃煤锅炉改为电锅炉取暖,优势在于安装后工作场所环境干净整洁,消除了运用燃煤锅炉需要配置专门的人员,消除了煤灰污染和外排 SO_2、烟尘等污染物,但缺点在于能耗高、运行成本大。以供暖面积 1000m² 计算,需要 100kW 功率的电锅炉,运行电费成本是燃煤锅炉的 3 倍。

基于这种背景,寻求一种新能源技术来替代现有采暖方式,是解决铁路沿线站区冬季采暖的现实需求,也是当务之急。

2.3.2 二氧化碳空气源热泵项目设计及实施

1. CO_2 热泵技术研究应用情况

CO_2 作为制冷剂具有独特的优势,加上目前的国际大环境,使得许多研究机构和相关厂商对其工质系统作出了大量深入的研究工作。CO_2 跨临界循环气体冷却器所具有的较高排气温度和较大的温度滑移可与冷却介质的温升过程相匹配,以及气体冷却器出口温度越低,系统性能越好等特性,非常适用于热水系统。CO_2 热泵热水器从而得到了广泛和深远的发展,特别是在发达国家和地区。

20 世纪 90 年代,挪威 SINTEF 能源研究所的 Lorentzen 与 Petter 等率先对 CO_2 跨临界循环在热泵上的应用做了理论和实验上的研究。研究表明,CO_2 跨临界循环不仅具有高的供热系数,而且系统紧凑,产生的热水温度高;在蒸发温度为 0℃时,水温可以从 9℃加热到 60℃,其热泵能量转换系数(COP)可高达 4.3;同时,比起电锅炉器和燃气锅炉,它的能耗可降低 75%。此外,他们发现 CO_2 热泵系统比传统热泵更为显著的优点是,它易于提供 90℃的热水。日本是发展 CO_2 热泵最快的国家,它地处寒冷地带,全年中使用热水器的时间长。据统计,在家庭中 30% 的能量为热水所消耗。早在 1995 年,日本 CRIEPI、东京电力公司和 DENSO 公司 Ssikawa、Kusakari 等就开始合作研究 CO_2 热泵系统,开发家用的以 CO_2 为工质的热泵热水器。通过对性能的计算、相关的理论分析,搭建原型试验台进行试验研究,实现了热泵水器的商业化。当时该机组经改善后,COP 可大于 3.0。2007 年,我国引进 CO_2 热泵技术,并在日本、挪威热泵热水器的基础上研制开发大功率采暖机型,代替电锅炉、燃煤锅炉及燃气锅炉运用在小面积采暖系统。在国外,热泵技术在日本应用最多,在挪威、德国正开始少批量商业运行。目前日本已从商用机应用到家庭,大量应用冷热一体机。全日本已有上百万台小机组运行,达到了低能耗、高效率、全自动无人值守的效果。

2009 年,我国科技部提出加快 CO_2 空气源热泵尽快国产化。但目前国内仅有几个工程在试运行,分散在山东、山西、甘肃,其中在铁路系统中的应用仅为兰州铁路局管内包兰线白银西供电车间(图 2.11)、兰新线深沟变电所(图 2.12)锅炉房采暖期运行,运行效果良好。

2. 项目设计

系统主要有供暖主机 CO_2 空气源热泵、循环系统、补水系统、末端暖气片供暖系统。

1)CO_2 空气源热泵

(1)工作原理。系统由压缩机、气体冷却器、回热器、节流阀、蒸发器、储液器组

图 2.11　白银西供电车间热泵机组

图 2.12　深沟变电所热泵机组

成封闭回路。低温低压的 CO_2 气体在压缩机中压缩至超临界然后进入气体冷却器中被冷却介质（水或空气）冷却，离开气体冷却器后，高压气体在回热器中进一步冷却；然后 CO_2 气体节流降压温度下降，部分被液化，湿蒸汽进入蒸发器中汽化，储液器中出来的低压饱和蒸汽进入回热器，低压侧通道吸收高压侧中超临界流体，吸热量后成为过热蒸汽进入压缩机升压提温，反复循环运动，如图 2.13 所示。

　　（2）CO_2 空气源热泵核心配置特点。①压缩机采用活塞式 CO_2 热泵特种压缩机，理论设计使用寿命 30 年，其特点为：耐高压、耐高温、高效、密封性能好，适合变工况。②微通道换热蒸发器特点为：高效、耐压、压降小，换热系数是壳管式的 3 倍，承压是传统蒸发器的 10 倍；空气流动量可增加 40%，换热量增加 10%，整机能效提高 10.4%；CO_2 分布均匀，工质温度不变，顺流结构。③电子膨胀阀特点为：承压高、耐低温、调节流量宽、破裂压力可到 38MPa。④回热器特点为：二次降温提高效率 10%，减少节流阀热损失，降低系统最佳性能所需的排气压力。⑤盘管式气体冷却器特点为：逆流结构，承受压力高。气体冷却器对提高循环性能起很重要作用。降低气体冷却器出口温度可使制热量达到最大，降低高压压力，减少压缩机耗功。

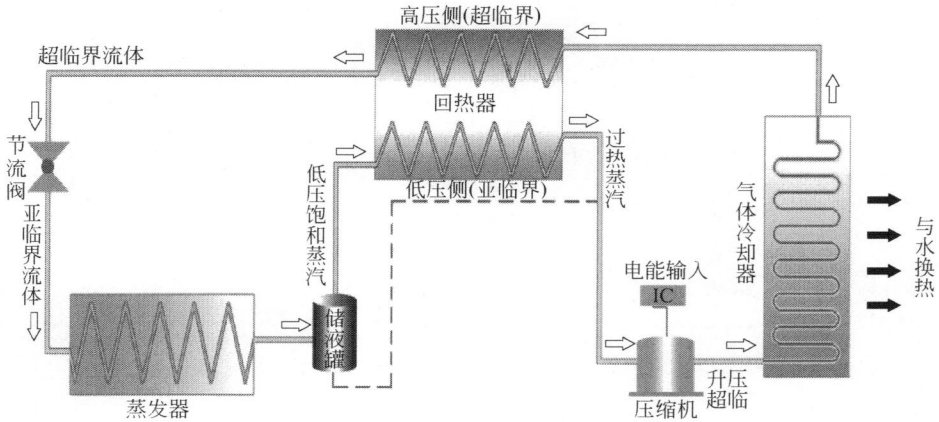

图 2.13 系统工作原理

表 2.4 为各类制冷剂的参数,其中 CO_2 的临界温度和临界压力较低,因此 CO_2 空气源热泵系统为达到较高的运行效率应采用跨临界循环,在这种循环下,气冷器中 CO_2 工质为超临界流体,具有较大的温度滑移,非常有利于高温热水的制备;同时 CO_2 的臭氧潜能值(ODP)为 0,全球变暖潜能值(GWP)为 1,环保效益非常显著。

表 2.4 集中制冷性质的比较

参数	R744	R717	R134a	R12	R22
分子式	CO_2	NH_3	CH_2FCF_3	CCl_2F_2	$CHClF_2$
分子量 M /(kg/kmol)	44.01	17.03	102.0	120.93	86.48
气体常数 R /[J/(kg·K)]	188.9	488.2	81.5	68.7	96.1
绝热指数 k	1.30	1.30	—	1.14	1.20
消耗臭氧层潜能(ODP)	0	0	0	1	0.055
全球变暖潜能 GWP(100 年)	1	0	3100	7100	4200
全球变暖潜能 GWP(20 年)	1	0	1200	7100	1600
临界温度 t_c /℃	31.1	133.0	101.7	112.0	96.0
临界压力 P_c /MPa	7.372	11.42	4.055	4.113	4.974
临界密度 ρ_c /(kg/m³)	465				
凝固点温度 t /℃	−56.55	−77.7	—	−158	−160
标准大气压下沸点 t_s /℃	−78.4	−33.3	−26.2	−29.8	−40.8
0℃时容积制冷量/(kJ/m³)	22600	4360	2860	2740	4344
有毒性	否	是	否	否	否

2)循环系统

循环系统如图 2.14 和图 2.15 所示。

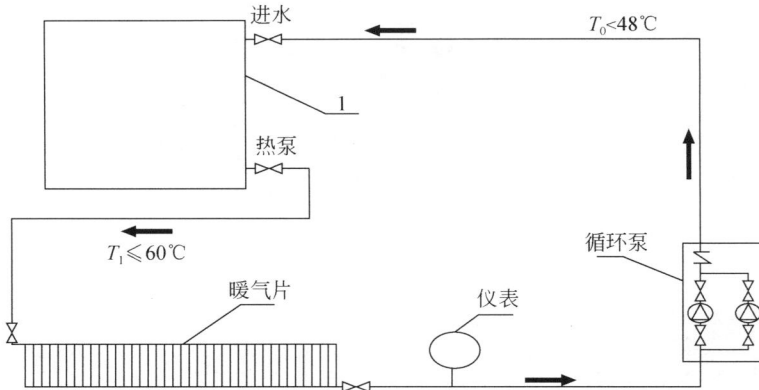

图 2.14　热泵机组与暖气连接设计图

图 2.15　热泵机组与暖气连接运行图

供暖循环泵 2 台 3kW 流量 10m³/h(一用一备)(白银西)。

供暖循环 2 台 4kW 流量 8m³/h(一用一备)(深沟)。

3)补水系统

系统设计有自动补水系统,项目设置有补水水箱,当系统水量有损耗时,补水电动阀自动开启给系统管道补水,提高了系统的智能化。

4)末端暖气片供暖系统

两个测试点末端均采用原有暖气片,由于原有暖气使用年限较长,散热效果差,如采用地暖热损耗会减少 30% 以上。

3. 项目气象条件

1)白银气象条件

包兰线白银西供电车间位于甘肃省西部,距离兰州 87km,白银地处黄土高原向祁连山脉和腾格里沙漠的过渡地带,属于中温带大陆性干旱、半荒漠气候区,四季分明,光照充足,干旱多风,降雨稀少。年平均气温 9℃ 左右,日极端最高气温 37℃,最低气温 −26℃。平均降水量仅有 250mm 左右,而且集中在 7~9 月。太阳年均辐射量 141kcal/cm² ,累计年平均大风日数 52 天。年均无霜期 184 天,供电车间位于白银市西部,建筑面积 973m² ,北侧、西侧内一层平房,东侧二层,主体建筑为砖混结构,原供暖方式为立式小型燃煤锅炉,散热器为普通金属散热器,采暖供暖周期为每年 11 月 1 日至次年 3 月 30 日(建筑无外墙保温)。

2)深沟气象条件

兰新线深沟变电所位于天祝县西面 30km,天祝东经 102°07′～103°46′,北纬 36°31′～37°55′。与之接壤的县市有:南边永登县,东边景泰县,北边武威市凉州区和古浪县,西北边肃南县,西边青海省门源县、互助县、乐都县。天祝地势西部高峻,而东南逐渐变低,属青藏高原、黄土高原和内蒙古高原的交汇地带。海拔 2040～4874m,属寒冷高原性气候。日照时数年均 2500～2700h,年均气温－8～4℃,相对无霜期 90～145 天,年均降雨量 265～632mm。气候复杂多变,常有干旱、冰雹、洪涝、霜冻、风雪等自然灾害发生。表 2.5 为深沟全年气候条件。

表 2.5　深沟全年气候条件

月份	1 月	2 月	3 月	4 月	5 月	10 月	11 月	12 月
平均气温/℃	－11	－10	－5	－2	－5	－1	－5	－9
平均低温/℃	－17	－15	－10	－4	－1	－3	－10	－14

离兰州 175km,隶属兰州铁路局武威房建段管辖,主体结构为砖混一层,面积 758m² ,锅炉房供暖,散热管采暖。

4. 冷水计算温度

表 2.6 为全国各地区的水温度。

表 2.6　全国各地区水温度

地区	地面水温度/℃	地下水温度/℃
黑龙江、吉林、内蒙古的全部,辽宁的大部分,河北、山西、陕西偏北部分,宁夏偏东部分	4	6～10
北京、天津、山东全部,河北、山西、陕西的大部分,湖北北部,甘肃、宁夏、辽宁的南部,青海偏东和江苏偏北的一小部分	4	10～15
上海、浙江全部,江西、安徽、江苏的大部分,福建北部,湖南、湖北东部,河南南部	5	15～20
广东、台湾全部,广西大部分,福建、云南的南部	10～15	20
重庆、贵州全部,四川、云南的大部分,湖南、湖北的西部,山西和甘肃秦岭以南地区,广西偏北的一小部分	7	15～20

此处基础水温按地下水温度 10℃设计。

2.4　铁路利用新能源和可再生能源的节能效果与投资效益

我国已出台了大量新能源和可再生能源的政策支持措施,主要包括可再生能源总量目标制度、可再生能源发电的强制上网制度、分类电价制度和费用分摊制度、专项资金制度、技术研发和产业化项目、税收优惠、财政投资和补贴政策等,主要用于支持风电、太阳能、生物质能和水电产业。这些为铁路行业利用新能源和可再生能源开发利用提供了有力的政策支持。

2.4.1　我国铁路利用新能源和可再生能源的现状

1. 我国铁路利用新能源和可再生能源基本情况及成效

铁路行业一直高度重视节能减排,而且较早就开始研究、开发和推广利用新能源和可再生能源。从 20 世纪 80 年代开始,围绕解决边远铁路沿线职工生活、生产热水问题,开始太阳能热水器、太阳能供热工程的试验推广应用;并在部分偏远线路对太阳能光伏发电在铁路道口、信号、通信等方面的应用开始进行研究试验。20世纪 90 年代以来,在中美可再生能源合作项目的引导下,开始示范研究推广地源热泵采暖制冷技术,并逐步在铁路沿线建筑物上推广。近年来,开始在青藏铁路、北京南站、上海虹桥站、青岛站等领域积极利用太阳能光伏系统。1999 年 9 月颁布的《铁路节能技术政策》明确提出:大力开发太阳能利用,因地制宜选用各类太阳能集热器,推广使用高效、低成本的中、小型光伏发电系统;积极推广生物质能转化技术,能够获得大量有机废水、废弃物,并且铁路沿线燃料获取困难的单位,可以利用沼气技术取得清洁方便的优质能源;在风力资源丰富的缺电地区,积极开发利用风能,建设风力发电和柴油发电与太阳能光伏发电联合运行的供电系统;充分开发地热用于采暖、制冷及其他用途。2007 年 3 月,铁道部颁布了《铁路"十一五"节能和资源综合利用规划》,要求铁路沿线站段等办公场所因地制宜推广太阳能、风能、地热能等新能源和可再生能源用于建筑物采暖、制冷,职工、旅客供用生活热水等。

1) 太阳能热利用

为了解决线路大修职工野外流动作业、职工洗浴难的问题,早在 20 世纪 80 年代铁科院与兰州、呼和铁路局在流动作业车上进行了太阳能热水系统的示范。南昌铁路局在鹰潭线路大修段研制开发了太阳能铁路浴车,解决了线路维修人员的洗澡问题。

20 世纪 90 年代,铁道部投资 120 万元,在上海铁路局的蚌埠铁路医院进行铜铝复合平板式太阳能热水器的示范,安装平板式太阳能 $600m^2$,真空管系统 $60m^2$,家用太阳能热水器 30 台;在铁道部北戴河疗养院和哈尔滨局南戴河疗养院进行热管真空管太阳能热水器示范,并组织了太阳能热利用技术交流会。通过太阳能热利用技术示范、试验、交流和推广,全路沿线各站段得到普遍推广,目前利用太阳能解决铁路沿线职工生活使用热水,已经成为各铁路局可再生能源利用的首选。郑州铁路局在"十一五"期间,共投资 2031.842 万元,推广利用太阳能集热面积 12899.5m²,平均每平方米投资 1575 元,几乎整个铁路局机关和基层站段生产生活的所有场所都利用太阳能集热器,减少了生产生活锅炉用煤量,同时改善了生产生活条件。其他应用典型案例包括:上海铁路公寓太阳能热水系统、武汉铁路局江岸车辆段太阳能浴池、兰州铁路局迎水桥机务段太阳能热水系统、乌鲁木齐西车辆段太阳能设备等。昆明铁路局所有站段几乎普及太阳能热水系统的利用。"十一五"以来,全路已使用 10 万余台太阳能热水器,较好地解决了沿线站段、工区、公寓等职工生活热水供应,节约了燃煤、燃油,减少了烟尘等污染物的排放。

2)太阳能光伏发电

铁道部在 20 世纪 70 年代就针对太阳能光伏发电技术在铁路上的应用进行了科学研究和探索实践。南疆铁路因处在风沙频繁的地区,架空供电线路容易受风沙威胁造成停电。为防止风沙对供电的威胁,保证行车的安全,利用新疆南部光照充足的特点,1999 年在南疆铁路西段库尔勒至喀什段试验建成了光伏发电系统,开创了铁路首次大规模应用太阳能供电的先河。目前,在西段全长 969.88km 间,26 个车站使用的信号、通信及日常用电全部来自太阳能。新建的青藏铁路的沿线 45 个车站中有 30 个无人值守车站安装太阳能光伏发电系统,每站容量 13kWp,总计发电容量 390kWp,面积 3450m²,年发电量 32.5 万 kW·h。青藏铁路格拉段通信太阳能辅供电系统容量为 122.4kW,是目前我国高海拔地区规模最大的太阳能供电系统。这些太阳能供电站集远程送电操作、数据传输和智能检测等电源管理为一体,采用国内最先进的设备和控制技术。太阳能控制器不仅能自动监测电网是否有电,并具有电网充电和太阳能充电自动切换功能和逆变应急输出功能,完全实现远程无人值守操作等。

新建北京南站在站房中央采光带屋面铺设了 3264 块太阳能光伏板,面积 6700m²,占全部采光带的 50% 左右,总发电容量 320kWp,每年可发电 18×10^4 kW·h,可减排 198t 废气,替代 70t 标准煤。新建的京沪高铁上海虹桥铁路客站,采用光伏发电与建筑一体化(BIPV)方式,按照雨篷的结构在南北两侧雨篷共敷设了面积约为 45544m² 的太阳能电池组件,峰值发电功率约 6.57MWp 左右,其装机容量属目前国内规模最大的光伏建筑一体化的太阳能发电厂。预计年平均上网电量 638×10^4 kW·h,年平均节约标准煤 2274t,年平均减少二氧化碳排放量 5837t,减少二氧化硫等污染气体排放量 65t,减少烟尘排放量 364t。图 2.16 为北京南站。

图 2.16 北京南站

2. 我国铁路利用新能源和可再生能源典型案例

1)南昌铁路局向塘西公寓应用地源热泵技术

南昌铁路局向塘西公寓位于南昌市西南郊区的向塘西编组站,是一座宾馆式大型公寓,是主要担负京九线鹰潭、萍乡、向塘的机车乘务员交班前、接班后的住宿、淋浴、就餐等配套的休息场所,平时日均接待乘务员 200 人,最高峰时接待 300 人以上。该公寓分为东西两座楼,总建筑面积 2117m²,住宿房间 65 个,每个房间设有独立卫生间。向西公寓地下含水条件较好,主要为天然降雨和赣江水域补水,极端最高气温为 40.6℃,极端最低气温为 -9.3℃,最热月平均气温为 29.6℃,年平均气温为 17.5℃。原公寓供暖制冷状况是:冬季供暖用 2 台 2t/h 燃煤锅炉(一主一备),除冬季供暖外,一年四季还要提供生活热水;夏季制冷用一台"约克"牌水冷式制冷机组,在机房屋顶放置两个凉水塔,因经常制冷量不足,以及设施设备不完善,影响乘务员的休息,给运输生产带来了安全隐患。2005 年年底,向塘西公寓进行地源热泵空调系统改造,用一台地源热泵机组供暖、制冷并提供生活热水,取消原来燃煤锅炉、风冷式制冷机组两套设备。

(1)地源热泵空调温度参数设定如下:夏季空气调节计算干球温度 35.6℃,夏季空气调节室内计算温度 26℃;冬季空气调节计算干球温度 -3℃,冬季空气调节室内计算温度 18℃;夏季空气调节室外计算相对湿度 75%,夏季空气室内计算相对湿度 74%;冬季空气调节室外计算相对湿度 64%,冬季空气调节室内计算相对湿度 40%;夏季室外风速 2.7m/s,冬季室外风速 3.8m/s。

(2)供热、制冷负荷确定为:按建筑面积计算供热负荷 80W/m²;总供热负荷 80×2117=170kW;总制冷负荷 120 × 2117=254kW。

(3)地源热泵机组满足下列要求:供热负荷 ≥ 170kW,制冷负荷 ≥ 254kW;COP ≥ 4.0;双螺杆式双压缩机配置;钎焊板式抗腐蚀换热器;自动喷液超温保护装置;机组输入功率随负荷量八级自动调节;采用机组液晶汉显电脑控制器。

(4)热水供应系统改造如下。公寓两座楼中一座楼已采用太阳能热水器供应热水,该改造方案只考虑另一座楼的热水供应。在机房中设置一台 2t 保湿不锈钢热水箱,在地源热泵机组冷凝器端加一组换热器(与空调水隔开),由热泵机组提供热源并在热水箱中产生热水,通过循环泵提供至房间中的卫生间内洗手盆和淋浴装置。

向塘西公寓地源热泵空调系统显现出以下优势:一是自动化程度高,操作简便,减少了设备维修、保养、大修费用,节能效果高;二是运行无污染、无燃烧、无排烟、无废弃物,也不消耗水资源,消除了原空调带来的安全隐患和环境污染;质量稳定,噪声小,房间温度适中,是较理想的水暖空调。

2)上海铁路局行车公寓应用地源热泵技术

上海铁路局自 2003 年起对三个行车公寓实施地源热泵中央空调系统的更新改造。行车公寓室外部分均采用地耦管系统。例如,上海铁路局芜湖铁路公寓楼,建筑面积 3120m²,共有乘务员宿舍 56 间,公寓平均每天需供洗浴热水 23t,安装空调的建筑面积为 1770m²。芜湖铁路公寓楼采用美国土-气型地源热泵冷暖空调系统及热水系统向公寓楼提供夏季制冷、冬季供暖和生活热水,替代了原来分体空调和锅炉房供应热水系统。空调系统装有大小容量不同的地源热泵机组 12 台,生活热水系统装有 2 台热水机组。空调系统夏季冷负荷 148.2kW,功率 40kW;冬季热负荷 150.7kW,功率 43.3kW;配置 7.5kW 空调水系统循环泵 2 台,一用一备,0.82kW 热水系统循环泵 1 台。经过上海铁路局节能监测中心对该公寓楼地热空调与分体空调的对比测试,分析结论如下。

(1)地源热泵系统采暖时要保持高效率,即 COP 值在 3.5 以上,地耦管进水温度最低要保持在 4℃ 以上,当进水温度达到 8℃ 以上时,COP 值可达到 4.0 以上,为最佳值。实测室外温度在 4~15℃ 变化时,地耦管进、出水温度始终保持在 6℃ 以上,基本维持在 10~12℃,且温差均在 2℃ 以内。而公寓楼三层楼面的室内温度均维持在 15~20℃。通过调取系统电脑运行记录,在系统运行的最低气温室外温度为 -4~2℃ 范围变化时,室内温度仍保持在 16~17℃,且地耦管进、出水温度温差不超过 2℃,说明供暖能力有裕量,机组完全有能力将室内温度升高至 18~20℃。而在相同环境温度下,地热空调使室内温度上升的速度明显快于分体空调,且系统稳定,一直处于高效率运行。

(2)开停比是空调系统节能效率和经济效益的重要参数。在同一条件下,开停比越小,表示空调系统取得预定空调温度时,机组运行时间越短,其运行效率越高。一般中央空调系统主机开停比为 1,即机组在供暖或制冷时,全时运转。通过对地热空调和分体空调的实际测试,地热空调开停比为 0.46,分体空调开停比为 0.74。

(3)根据测试数据可以看出,地热系统采暖耗电量很小,地源热泵系统电耗比常规分体空调电耗节省 42%~50%,应用于热水制备系统稳定可靠,其电耗比常规电加热节省 60%；当夏季与制冷空调同时运行时，可利用土机排放的冷凝热加热生活热水，仅需很少电耗。

（4）地源热泵系统制冷或制热时室内温度迅速达到设定值，且室内温度不受室外温度变化影响，制冷、制热效果理想；地耦管式地源热泵系统的地下换热器工作较稳定，换热效率大于设计参数。

3）拉萨站应用太阳能供暖

拉萨火车站位于西藏自治区首府拉萨市拉萨河南岸，是青藏铁路的终点站，总建筑面积 19504m²，地上 2 层，建筑总高度 21.4m。其中，地上 1 层分别为旅客进站大厅、候车厅、售票大厅、出站大厅、贵宾候车厅、行包托取厅、办公用房等，除大堂外，房间层高 4.5m；地上 2 层分别为综合商业用房、餐厅、办公用房、行包库等，层高 4.5m。

拉萨属于高日照率、高大气透明度、高日照辐射照度地区，拉萨的冬季日照率为 77%，冬季太阳总辐射平均通量密度约为 197W/m²，具有良好的利用太阳能条件。拉萨整个车站于 2006 年 7 月正式使用，室内采用以地板辐射采暖为主的方式，站房采用太阳能集热器进行供暖，屋顶布置的集热器面积为 6720m，大部分集热器按照 18°角度布置。按照典型设计日全天热平衡的思路，在白天，利用太阳能直接供热，同时将白天多余的集热量以热水形式蓄存，用于不同时刻（如夜间）的供暖需要。本工程采用部分负荷水蓄热方案。经计算，典型设计日白天供热量为 14763kW·h，蓄热量为 4560kW·h。

4）韶关机务段太阳能热水器利用

韶关机务段原来的浴室热水由 2 台 1t 蒸汽锅炉供应。由于浴室的供热供水系统能耗大、水资源浪费严重、运行成本高，该段决定采用太阳能热水器和感应式淋浴节水器对浴室进行节能节水综合改造。该段根据实际情况，经过认真比较，选中真空热管式太阳能集热器。具体改造技术方案要求包括以下几点。

（1）由于地势所限，集热管排列较长，为提高水箱中的水温速度，集热器的连接方式采用串并联结合，在整机循环上采用自然循环和强迫循环相结合的方式。

（2）循环水泵利用光温控自动控制，只要事先设定好参数即可实现全自动控制。

（3）水箱安装浮球阀可自动补水，水箱和连箱的保温采用高密度聚氨酯全发泡技术，保温效果好，导热系数小于等于 0.023。

（4）辅助加热采用 5 万大卡的全自动燃油常压热水炉，当冬天或阴雨天太阳光照度较低时，辅助加热投入系统工作，辅助加热可实现水位、温度、时间全自动控制。

（5）在淋浴头上安装感应式淋浴节水器，当有人在淋浴头下时，管路自动出水，当人离开时，自动关水。

韶关机务段浴室采用太阳能热水器和感应式淋浴节水器进行节能节水改造后，整个浴室实现了自动化管理，满足了职工洗浴的需要，取得了明显的经济效益。改造前，浴室平均每年消耗煤 288t、水 26000t、电 19000 kW·h，运行费用需 17.34 万元，加上人工成本 17.5 万，合计 34.84 万元。改造后（2000 年 4 月 10 日至今），浴室平均每年耗水 12000t、电 3000kW·h，运行费用每年仅需 5.7 万元。浴室改造后每年节约 29.14 万元，一年多即收回投资。

5）北京铁路局应用太阳能热水器

1999 年，北京铁路局为落实国务院提出的"到 2000 年，全国所有工业污染源排放污染物要达到国家或地方规定的标准"的要求，原石家庄分局共拆除 230 余台 1t 以下立式锅炉。这些锅炉主要用于职工蒸饭、饮水、洗浴、采暖等生活用途，存在功能单一，容量小，同一地点茶、浴、锅炉并存，锅炉布局极不合理，设备利用率低，能耗高，污染重，司炉人员浪费严重等问题。为了解决分局管内沿线由于拆除燃煤锅炉或原来就不具备洗浴条件的 280 处职工洗浴问题，该分局于 2001 年、2002 年分别为 200 处沿线班组、工区安装了太阳能热水器，使用太阳能热水器比使用燃油锅炉一年可节约成本 12113.5 元，4 年可收回投资。

6）郑州铁路局应用生物质燃料锅炉房

郑州铁路陇海院锅炉房原有一台额定蒸发量 4t/h 的燃煤蒸汽锅炉，主要为铁路陇海宾馆、检法两院和陇海院三栋老干部住宅提供冬季采暖，同时为陇海宾馆洗浴、开水炉和蒸饭箱提供蒸汽。根据郑州市人民政府《郑州市大气污染防治条例》的要求和郑州市环保局燃煤锅炉拆除推进方案，该锅炉 2007 年即被列入必须拆除或改用洁净燃料范围，并多次收到二七区环保局的限期整改及罚款通知书。因该锅炉房供热区域不在郑州市集中供暖范围内，燃煤锅炉拆除势必造成陇海宾馆、铁路检察院、法院和老干部住宅冬季无法采暖。如果改为燃油或燃气锅炉，昂贵的运行成本将使得使用单位和采暖用户难以承受。

为解决这一问题，从 2008 年开始，郑州局在郑州市环保局允许使用的锅炉洁净燃料范围内，选择了以生物质燃料锅炉替代燃煤、燃油锅炉解决生产、生活供热的调研项目。在路局相关部门协调配合下，经过多次论证，2009 年实施了对铁路陇海院区域供热锅炉的生物质燃料锅炉改造，拆除原已报废期的 4t/h 的燃煤蒸汽锅炉，新购和调拨改造 2t/h 生物质燃料锅炉各一台，并与 2009 年采暖期到来前开始试运行，保证了陇海宾馆、铁路检察院、法院和老干部住宅冬季采暖供热。该锅炉房生物质燃料锅炉投入运行后所产生的良好经济效益和社会效益以及获得郑州市环保局的使用认可，为郑州局郑州市市区建成区内 10t 以下燃煤锅炉的洁净燃料改造提供了成功的范例。据路局节能、环保监测结构检测和使用单位统计数据显示：锅炉排烟中的烟尘浓度低于国家允许排放标准 61%；二氧化硫浓度仅为国家允许排放标准的 2.1%；锅炉热效率高于国家规定同容量燃煤锅炉合格指标 31.6%；本采暖期生物质燃料使用量比上年同期燃煤使用量减少18.2%,同比节约燃料费约27万元。该锅炉房2010年2月8日通过郑州市环保局验收,正式投入运行。

3. 我国铁路利用新能源和可再生能源的主要问题

我国铁路利用新能源和可再生能源起步较早,近年来在太阳能、地热能等利用方面也取得了积极的进展,减少了燃煤、燃油消耗,但总体上铁路利用新能源和可再生能源的程度相对较低,推广应用时也还存在着一些认识、管理、政策等方面的障碍,具体体现在以下方面。

1)开发利用的统筹规划有待加强

目前尽管颁布了《铁路实施节约能源法实施细则》、《铁路节能技术政策》以及《铁路"十一五"节能和资源综合利用规划》等文件,但总体上铁路全行业利用新能源和可再生能源的统筹规划还较为薄弱,多数法规政策文件仅对铁路应用新能源和可再生能源提出了原则性、方向性要求,缺乏较为详细的、可操作的统一规划,铁路应用新能源和可再生能源的基本思路、总体目标、重点任务并不十分清晰。从实践看,各铁路局应用新能源和可再生能源还处于"各自为战"的格局,"以点带面"的效应没有充分显现,影响了新能源和可再生能源技术在铁路的规模化推广利用。

2)长效的激励约束机制还未建立

目前,铁路利用新能源和可再生能源的动力机制主要来自于自上而下的节能减排行政命令,还没有建立规范的、制度化的新能源和可再生能源利用激励约束机制,难以充分调动铁路各单位的积极性,也无法进行有效问责。国铁现行"收支两条线"的财务管理框架,铁路投资新能源和可再生能源项目不能单独核算,项目投资与应用收益脱钩。而且,在现行节能减排考核机制下,铁路单位利用新能源和可再生能源带来的节能减排效益,还可能增加下一年度节能减排指标完成难度,造成"鞭打快牛"的状况,极大地影响了铁路各单位持续扩大新能源和可再生能源利用。

3)项目实施的行业技术指导与服务不足

新能源与可再生能源项目实施具有较强的专业性,不同类型技术应用还需要结合铁路行业特点,而目前铁路行业缺少权威的、专业化的技术指导与服务支撑体系,既懂铁路又懂新能源和可再生能源的复合型人才明显不足,使铁路单位应用新能源和可再生能源面临较大的项目技术风险,影响项目实施效益和效果。

以地源热泵技术应用为例,存在以下一些问题:①热泵系统选择不当,有的地方地下水承压高,地下水回灌很难,却采用了水源式热泵系统,结果地下水不能回灌,导致工程失败。②机组选型不恰当,盲目追求供热、制冷效果,机组设备容量选择偏大,造成大马拉小车现象,浪费电能,提高了投资及运行成本。③设备质量差别大。有的建设单位不清楚应根据建筑物的用途、室外冷热源的形式、机房的面积等因素合理选择地源热泵机组,并对热泵机组中的压缩机、换热器等关键部件做对比选择,而只从降低工程投资角度考虑,选择热泵机组和室内末端设备过于草率,给整个地源热泵空调系统的使用效果和使用寿命留下了隐患。④室外工程施工不规范。地源热泵空调系统室外冷、热源隐蔽工程较多,有的施工单位不规范施工。例如,打井深度不够;地热耦合井回填材料不符合要求;抽灌井洗井时间少,造成井水洁净度差、回灌水外溢等情况发生,使地源热泵空调系统不能正常运行。⑤地源热泵"一机三用"的功能未能充分利用,地源热泵性价比高的价值没有充分体现。

4)国家新能源和可再生能源政策支持利用程度不高

现阶段除了太阳能热水器等少数技术外,很多新能源和可再生能源技术的经济成本较高,规模化开发利用还需要依靠政府的各种政策扶持,这也是建筑、汽车等行业应用新能源和可再生能源的通行做法。目前,国家对太阳能、生物质能等新能源和可再生能源利用,出台了很多补贴等扶持政策,实施了许多示范工程,但总体上铁路行业纳入国家有关部门及地方政府新能源和可再生能源示范工程的项目较少,未能充分利用国家政策,主要依靠各铁路单位的自有资金投资项目。同时,铁路正处于大规模建设阶段,铁路行业自身也很难为新能源和可再生能源项目提供足够的资金支持。

2.4.2　节能减排效果及投资效益

1. 我国铁路新能源和可再生能源项目投资效益评价方法

1)铁路新能源和可再生能源项目投资效益的评价范围

新能源和可再生能源在铁路企业中的应用可行与否,取决于新能源和可再生能源在资源、技术、经济以及社会条件下可持续发展的可行性。铁路新能源和可再生能源项目的投资效益主要体现在两个方面:一方面是新能源和可再生能源项目在铁路运输企业中的利用、推广所代替的常规一次能源的消耗,以及代替一次能源消耗所减少的 CO_2 排放,即节能减排;另一方面是从能源价格、投资回报对新能源和可再生能源项目进行投资效益评价。在市场经济体制下,由于项目投资主体的多元化和政府管理经济的间接性,投资效益的优劣在一定程度上决定了新能源和可再生能源项目的可行性。

(1)铁路利用、推广新能源和可再生能源的节能减排评价。

目前,很多铁路运输企业仍然依靠燃烧煤、燃油、燃气锅炉供暖,资源转换效率低且存在碳排放,铁路应用新能源和可再生能源替代煤炭、石油、天然气等化石能源,相当于实现了节能减排。不过,减排效益属于外部性和体现为社会效益,一般难以作为项目投资收益,需要通过 CDM 等机制实现内部化。

(2)铁路新能源和可再生能源项目投资效益的财务评价。

铁路新能源和可再生能源财务投资效益是指在一定时期内铁路行业用货币表

示的投资活动所取得的成果与所占用或消耗的投资之间的比例关系。铁路新能源和可再生能源的项目投资包含资金、人力、技术和其他经济资源投入。效益可以分为微观效益（企业效益）、宏观效益（社会效益）。宏观效益是指铁路新能源和可再生能源项目的投资和运行对经济社会发展、资源、生态、环境、就业等方面带来的影响。铁路新能源和可再生能源投资效益的财务评价主要是微观效益评价。

铁路新能源和可再生能源项目投资效益财务评价是从利用新能源和可再生能源的铁路运输企业的资产负债与投资收益比等财务效益角度衡量的。一是铁路各个企业在项目投资前对投资可能的收益、风险等进行全面的评价，并要掌握常规化石能源的使用量、常规能源的价格、常规能源的运营成本等相关详细数据；二是项目投资后，对投资产生的效益进行评价，以考察投资新能源项目的效果和效率，以引导铁路今后的新能源项目投资起到引导作用。

2）铁路新能源和可再生能源投资效益财务评价方法

铁路新能源和可再生能源项目财务评价所依据的是国家现行财税制度和价格体系，分析、计算项目直接发生的财务效益和费用，并根据铁路企业自身实际编制报表，计算评价指标，考察项目的盈利能力、清偿能力以及资金平衡状况，作为判定铁路新能源项目的财务可行性。

投资效果的经济评价指标按照是否考虑资金的时间价值可以分为静态指标评价法和动态指标评价法。静态评价指标主要用于技术经济数据不完备和不精确的项目初选阶段；动态评价指标则用于项目最后决策前的可行性研究阶段。

铁路运输企业在进行投资效益财务评价时应采用技术经济评价的动态方法，原因就是动态评价方法充分考虑了资金的时间价值，其实质是对新能源和可再生能源项目寿命期内各年的现金流量赋予不同的权重。与静态评价方法相比，该方法更确切地反映了项目的素质与状态，在新能源和可再生能源项目投资评价的应用中应该作为主导方法。动态评价方法主要有净现值法、内部收益率法。

2. 我国铁路利用新能源和可再生能源的投资效益总体评价

1）地源热泵项目投资效益评价

（1）路局地源热泵推广情况。

郑州铁路局地源热泵项目推广工作始于 2005 年，截至 2010 年 3 月 29 日，郑州铁路局已完成 11 个地源热泵项目的安装使用。除南阳车站外，其余均为替代原燃油锅炉、电锅炉和旧式分体空调向安装场所建筑物（群）制冷和供热采暖。自郑州铁路局地源热泵项目推广，至 2010 年 3 月以来，共投入资金约 1686.1 万元，每年节电约 113 万 kW·h，节油 453 万 t，实现 CO_2 减排 1126.6t 以上。地源热泵系统投入运行以后，节能减排效果均达到郑州路局预期目的。郑州铁路局物资供应总段在 2008 年由郑州铁路局投资 280 万元，将原有的燃油锅炉采暖制冷系统改造为地源热泵中央空调系统,年节约电能约 22 万 kW·h,减少燃油约 35t、水 3200t,节约成本支出约 31 万元,同时实现 CO_2 减排 219.3t,此地源热泵中央空调系统的投资回收期为 5 年。

兰州铁路局 2010 年 3 月计划实施地源热泵节能项目有两处:一是嘉峪关机务段武威南救援办公楼热泵空调系统改造,建筑面积 400m²,并下达投资计划 20 万元;二是银川铁路看守所新建地源热泵空调系统,建筑面积 3500m²,计划投资 120 万元。

西安铁路局地源从 2005 年开始推广热泵项目,截至 2010 年 4 月 8 日,西安铁路局已完成 5 个地源热泵项目的安装使用。制冷和供热采暖面积达到 22390 m²,投资金额 1252 万元。西安铁路局个别地源热泵项目机组、室外打井、室内管网安装,由不同的公司分别承担,没有统一的总承包,使项目完成后不能互相配套和衔接,导致项目运行中经常出现故障,使用效率不高,维修成本加大,对地源热泵技术产生了不应有的影响。

(2)前期投资评价。

从单一供暖看,地源热泵一次性投资比燃煤、燃油锅炉供暖的投资大。但是供暖锅炉及管网等设施维修量大,占地面积大,煤炭、燃油的运输量大,运行费用较高。如果考虑夏季制冷及提供生活热水所需要增加的设备,一次性综合投资地源热泵空调系统节省了燃气锅炉、热网供热和冷却塔的费用,综合成本具有优势。

从课题组实际调研的几个路局数据看,据估算:冷热水机组 600~800 元/kW 冷量;地下钻孔及埋管 800~1400 元/kW;机房水泵、管道、控制等 20~40 元/m²;初期投资 340~500 元/m² 空调面积。表 2.7 为地源热泵空调系统不同面积及冷热源初投资估算。

表 2.7　地源热泵空调系统不同面积及冷热源初投资估算

建筑面积	500m² 以下	500~2000m²	2000~5000m²	5000m² 以上
初投资/(元/ m²)	400~500	350~460	350~420	0~400

注:根据华北地区地质条件,采用地耦式地源热泵空调系统费用测算。

目前主要供暖的能源消耗形式是燃煤、燃油、燃气、电力。通过测算,在几种能源消耗方式中,电能的利用效率最高,显示出地源热泵能效比高的特性。表 2.8 为几种供暖形式能耗量及成本费用比较。

表 2.8　几种供暖形式能耗量及成本费用比较

项目	燃煤锅炉	燃油锅炉	燃气锅炉	地源热泵
能源种类	煤炭	柴油	天然气	电力
消耗数量	2.13kg	1.16kg	3.18m³	2.91kW·h

续表

项目	燃煤锅炉	燃油锅炉	燃气锅炉	地源热泵
成本费用/元	1.94	6.36	9.53	2.04
折合标准煤/kg	1.68	1.69	4.63	0.36

注:产生 10000kcal 热量所需的能源消耗量。其中燃煤单价:0.7 元/kg,柴油单价:5.5 元/kg,燃气单价:2.5 元/m³,电单价:0.7 元/(kW·h)。折标系数:燃煤 0.791t 标准煤/t;燃油 1.4571t 标准煤/t;燃气 12.143t 标准煤/(万 m³);电 1.229t 标准煤/(万 kW·h)。

(3)运行费用评价。表 2.9 为地源热泵运行费用。

表 2.9 地源热泵运行费用(热指标 100W/m²)

季节		夏季	冬季
能源形式			电/kW·h
价格/元			0.5
热值/W			1000
燃料消耗量	/(m²·h)	0.021	0.029
	/(m²·季)	13.23	28.02
燃料费用/[元/(m²·季)]		6.6	14.0
机房运行费用合计/(元/m²)			4.5
全年运行费用合计/(元/m²)		25.1	

综合几个项目的测算和评估得到结论:地源热泵用 30% 的电能产生 70% 的热能,能源利用效率提高了一倍以上;同时可以用电能和地热能替代燃油、燃煤、燃气等化石能源,减少碳排放,节能减排效果比较显著。总体上,地源热泵项目投资效益优于燃煤、燃油和燃气锅炉。

2)太阳能热利用项目投资效益评价

郑州铁路局对太阳能热水系统推广始于 2006 年,截至 2010 年 3 月,郑州路局共有 51 个单位推广太阳能热水系统,太阳能集热面积达到 12899.5m²,总共投资 2031.84 万元,平均每平方米的投资成本为 1575.1 元。西安铁路局从 2005 年推广太阳能热水系统,截至 2010 年 4 月,西安铁路局共有 16 个单位应用了太阳能热水系统,太阳能集热面积达到 2670 m²,总共投资 707 万元,平均每平方米的投资成本为 2647.9 元。

通过几个路局对太阳能热水系统的应用及运行情况,对太阳能热水系统的投资效益进行评价,并和传统的供热系统进行对比,如表 2.10 所示。总体来说,太阳能热水系统项目投资效益优于其他加热系统,一般情况下,可在 2~4 年内全部收回投资。

表 2.10 太阳能热水系统与其他加热方式比较

供热方式	燃油锅炉	燃气锅炉	电锅炉	太阳能
能源类型	柴油	天然气	电	电+光
常规能源燃值	10200kcal/kg	7000kcal/m³	860kcal/(kW·h)	860kcal/(kW·h)
转换热效率/%	85	75	95	年均 250
常规能源单价	4.8元/kg	2.2元/m³	0.6元/(kW·h)	0.6元/(kW·h)
每10t水燃料消耗	51.9kg	85.7m³	551kW·h	204kW·h
每10t水需用费用/元	249	188.6	330.6	123
年燃料费用/万元	9	6.9	12	4.5
人工费用/万元	4	2	无	无
年费用合计/万元	13	8.9	12	4.5

3)生物质燃料锅炉使用情况

在调研中,郑州铁路局陇海院生物质燃料锅炉房的生物质燃料锅炉,投入运行后节能减排效果显著,它是郑州路局首个生物质燃料锅炉房。表 2.11 为该路局节能、环保监测机构监测和统计的数据。

表 2.11 路局节能、环保监测机构监测和统计的数据

主要减排项目	节能减排效果
烟尘排放浓度	低于国家允许排放标准 61%
二氧化硫浓度	低于国家允许排放标准 97.9%
锅炉热效率	高于国家规定同容量燃煤锅炉合格指标 31.6%
节约燃料	生物质燃料使用比上年同期燃煤使用量减少 18.2%, 同比节约燃料费约 27 万元

4)影响新能源和可再生能源项目投资效益的关键因素

结合调研的资料可知,影响铁路新能源和可再生能源项目投资效益的关键因素主要包括:①开发利用的新能源和可再生能源的技术特点。以地源热泵为例,不同地质条件下的地源热泵技术选择存在差异,也对项目投资及运行成本具有重大影响;②开发利用的新能源和可再生能源的经济成本,既包括应用新能源和可再生能源的投资及运行成本,也包括其替代的常规能源的投资及运行成本。该成本主要受能源价格及使用量的影响。

2.4.3 我国铁路利用新能源和可再生能源的思路及对策

1. 指导思想与目标

1)指导思想

按照铁路行业节能减排的总体要求,坚持因地制宜、经济适用、成熟可靠、多能

互补的方针,围绕铁路沿线站段等工作,居住区的供暖、制冷、热水、供电及供气等需求,以太阳能和地热能利用为重点,加强统筹规划,强化政策支撑,创新实施机制,完善技术服务体系,促进铁路新能源和可再生能源铁路的系统化、规模化、科学化应用,充分发挥应用新能源和可再生能源在铁路节能减排中的作用,推动铁路清洁、节约和可持续发展。

铁路应用新能源和可再生能源应当坚持以下基本原则:①坚持政府推动与市场运作相结合,加强和争取国家、地方及行业对新能源和可再生能源项目的政策支持,以市场化运作为基础确保项目运行效率;②坚持统筹规划与重点突破相结合,既要做好铁路行业新能源和可再生能源应用的资源、技术、环境和实施能力的总体评估和规划,又要针对现实突出矛盾和薄弱环节力求重点突破;③坚持因地制宜和量力而行,要紧密结合铁路各单位的具体情况,选择经济适用、成熟可靠的新能源和可再生能源技术,注重项目实效,避免盲目投资和"贪大求洋";④坚持调动全路积极性,强化铁路各单位、各部门应用新能源和可再生能源的意识和责任。

2)总体目标

"十二五"时期,铁路应用新能源和可再生能源的范围和程度显著提高,占铁路非牵引能耗的比例有较大幅度增加,在有条件的地方要基本替代燃煤、燃油锅炉供暖及供应热水,初步建立铁路行业应用新能源和可再生能源的技术指导与服务支撑体系。

2. 应用重点领域

作为国家重要基础设施、国民经济大动脉和大众化交通工具,铁路运输直接关系到人民群众的生命财产安全,因此,铁路能源供给必须以保证安全为第一要务。铁路新能源和可再生能源直接应用范围应当聚焦于非牵引能耗。综合考虑铁路适用的新能源和可再生能源技术成熟程度、产业化应用水平以及经济性,结合我国铁路特点,现阶段我国铁路应用新能源和可再生能源的重点领域如下。

1)太阳能集热系统

进一步扩大推广太阳能热水器应用范围。在有条件的地方,对已有建筑物使用太阳能热水器替代原有的燃煤锅炉供应热水;对新建铁路建筑,将太阳能热水系统纳入建设设计,促进太阳能利用的建筑一体化。

根据我国铁路涉及的地域范围广、气候环境不同、热利用的需求不同等情况,积极采用太阳能供热的多种综合系统,充分发挥太阳能热利用的效果:利用太阳能集热与热泵(空气源、水源、地源)技术的综合系统供热和制冷;太阳能集热系统与锅炉连接,充分发挥太阳能的补热效果;太阳能集热系统与电加热的组合,解决因气温和太阳光辐射不足而不能满足热需求的问题。

2)地源热泵技术

凡有条件利用地下浅层热能资源的铁路沿线建筑,尽量优先采用地源热泵技术,替代燃煤、燃油、燃气等传统采暖、制冷设备,并力争实现"一机三用"。

3)太阳能光伏发电

积极探索太阳能光伏发电在铁路以下领域的应用:①自然条件恶劣或地处偏远地区的车站,将光伏发电用于车站照明或通信工区的备用电源;②在国家或地方政府政策支持下,利用大型客运车站的屋顶资源,实施光伏发电示范工程;③在确保铁路运输安全的情况下,加强太阳能光伏发电在铁路道口预警信号、桥梁、隧道、站场照明等研究开发和应用。

4)生物质能利用

铁路沿线燃料获取困难的单位,可以利用沼气等技术取得清洁方便的优质能源。在有条件的地区,利用传统生物质料锅炉替代燃煤、燃油或燃气供暖。

3. 推广应用路线图

综合考虑我国新能源和可再生能源的技术及产业化水平,以及铁路的实际情况,现阶段还不具备在适用领域全面普及新能源和可再生能源,需要分类别、分项目、分阶段稳步推进。

(1)对于太阳能热水器、地源热泵等较为成熟的领域,应当因地制宜,逐步全面推广应用,强制性要求有条件的地区必须优先采用,替代原有的燃煤、燃油等供热或供应热水系统。

(2)对于光伏发电系统,应当选择若干示范地区或示范工程,逐步积累经验,在其技术成熟程度及经济性符合条件时,再在全路全面推广应用。

(3)选择若干铁路运输企业(路局),实施铁路应用新能源和可再生能源综合示范工程,鼓励示范路局积极应用各类适宜的新能源和可再生能源技术,探索应用环境、技术路径、实施机制及配套保障条件,全面总结示范的经验及教训,为全路推广应用方案提供系统参考与借鉴。

4. 对策措施

1)加强铁路新能源和可再生能源应用的规划指导与组织实施

加强铁路新能源和可再生能源应用的基础统计工作,全面、准确掌握我国铁路新能源和可再生能源应用的资源、条件、潜力及需求。在此基础上,研究编制铁路新能源和可再生能源利用规划,明确铁路利用新能源和可再生能源的重点范围、适用技术、总体目标与主要任务,并加强铁路新能源和可再生能源应用规划与铁路科技规划、铁路节能规划等专项规划的衔接配套,充分发挥规划的导向与约束作用,确保认识到位、组织到位、措施到位。

加强铁路新能源和可再生能源利用规划实施监督,将规划完成情况纳入铁路各有关部门及单位的考核评价体系,增强规划实施的严肃性和可问责性。落实铁路各有关部门及单位的责任分工,建立规划"编制—实施—评估—调整—实施"的滚动编制与实施机制,加强规划实施的跟踪监测和中期评估,及时掌握规划实施进展和政策措施落实情况,结合实际提出改进意见,确保规划目标顺利实现。

2)创新铁路新能源和可再生能源应用的管理与运行机制

适当调整国铁现行财务管理制度,增强各铁路单位投资新能源和可再生能源项目的收益预期,推动铁路新能源和可再生能源项目投资规模扩大。完善铁路新能源和可再生能源应用的激励机制,采取多种手段鼓励、支持和引导有条件的铁路运输单位优先开发利用适用的新能源和可再生能源技术。创新铁路应用新能源和可再生能源融资机制,探索 CDM(清洁发展机制)、EMC(合同能源管理)等在铁路中的应用,积极拓宽项目市场融资渠道,多渠道筹集项目资金。规范和完善铁路新能源和可再生能源项目市场化运作机制,确保项目投资决策的科学性,提高项目运行效率和效益。

3)建立健全铁路新能源和可再生能源应用技术支撑体系

加强铁路新能源和可再生能源应用的行业技术指导,研究编制《铁路新能源和可再生能源应用技术指导目录》。发挥铁路科技重大专项的引导作用,选择若干具有战略性、前瞻性的铁路新能源和可再生能源应用技术进行科研攻关。构建铁路行业层次的新能源和可再生能源应用的技术指导与服务平台,建立铁路新能源和可再生能源开发利用技术信息库和专家资料库,及时跟踪和分析国内外新能源和可再生能源发展动态及其在铁路的应用情况,研究制定有关技术标准和规范,积极为铁路各单位新能源和可再生能源项目实施提供权威技术指导、培训和服务。积极培育专业化的铁路新能源和可再生能源技术服务中介机构,发挥技术推广以及信息、咨询等作用,减少铁路新能源和可再生能源项目实施技术风险。加强铁路与其他行业、铁路系统各单位之间应用新能源和可再生能源的技术交流与信息共享机制,加快成熟适用技术的推广应用。鼓励新能源和可再生能源的科研院所及企业与铁路运输企业建立技术创新与应用战略联盟。

4)加大铁路新能源和可再生能源应用的政策支持力度

积极争取将铁路新能源和可再生能源项目纳入国家有关部门及地方政府新能源和可再生源项目示范工程、专项投资、财政补助和财税、信贷等政策优惠范围,增强铁路新能源和可再生能源项目的经济可行性。加大铁路对新能源和可再生能源应用技术研发投入及项目实施投资补助,探索设立铁路新能源和可再生能源基金,专项支持铁路有关单位开发利用新能源和可再生能源。

5. 政策建议

1)对铁路建筑采用地源热泵技术的几点建议

(1)建立铁路新建建筑工程中建筑节能标准和建筑材料及暖通等节能编审查

机制。各设计院所设计的建筑物采用的建筑材料,暖通中的采暖、制冷设备、能源消耗种类等项内容,应由铁道部、铁路局组织有关人员进行严格节能审查,凡有悖于中国节能技术政策及国家建设部、铁道部有关节能技术规范要求,一律不予审批。凡有条件利用地下浅层热能资源的铁路沿线建筑,应因地制宜地充分利用当地有利条件(如海水、江河水、地下水),积极采用地源热泵技术。

(2)目前,我国铁路沿线建筑有数百处采用燃油锅炉供暖和提供生活热水,每年消耗燃油约 10 万 t。石油是世界性的重要战略物资,我国燃油消费量对国外的依赖程度越来越高。随着国际市场油价的飙升,我国燃油价格也在不断提高,造成铁路运输成本不断加大。因此,对铁路在用的燃油锅炉应优先考虑进行更改,凡有条件采用地源热泵技术的更改项目,中国铁路总公司、铁路局应给予鼓励和政策上的支持。据初步估算,采用地源热泵技术对目前在用的燃油锅炉数量改造 50%,大约需要一次性改造资金 1 亿元,每年可节约能源费用支出约 0.8 亿元。按地源热泵空调系统使用寿命 15 年计算,可累计节约能源费用支出 12 亿元。

(3)随着铁路快速发展的推进,铁路客运专线、电气化铁路陆续建设,新线建设标准高、起点高。因此,对新建铁路沿线建筑的供暖、制冷应优先考虑采用地源热泵技术。新建项目施工条件好,有利于室外冷、热源工程的实施。避免采用能耗高、效率低的设备装置和同时采用多套供暖、制冷、提供生活热水的设备装置,以免日后重复投资。

(4)由于北方铁路沿线独立小建筑的供暖设备普遍落后、陈旧、效率低,造成能耗高、浪费大。加之煤炭、燃油价格的上涨,运输费用的增加等因素,使财务成本支出不断加大。因此,铁路沿线新建和改建的小建筑应优先考虑采用地源热泵技术,既减少了供暖、制冷的运行费用,也极大地改善了职工的工作、生活条件,充分体现了"以人为本"的原则。

(5)对已安排的地源热泵空调系统的建设项目,应由有设计资质的设计部门和信誉度高、经验丰富的施工单位进行设计、施工。在保证地下水能够回灌的前提下,要充分利用地下水资源;设备选型要合理、可靠;充分利用"一机三用"的特点;确保工程施工质量,使地源热泵空调系统能够长期处于经济、安全、可靠的状态下运行。

(6)利用召开现场会、举办技术培训班等形式,组织设计院、铁路局有关人员参加,普及地源热泵技术知识,使地源热泵技术得到进一步的推广和应用。

2)对铁路建筑采用光伏发电的几点建议

光伏发电是我国新能源发展的重点,也是国际上应对气候变化、减少温室气体排放的重要举措。今后应大力发展光伏发电产业,铁路行业应当适应国家低碳经济发展的新形势,加大光伏发电系统的推广和应用。

(1)在铁路边远地区的车站要发展光伏发电应用于照明,通信工区的备用电源。

（2）在大的铁路车站利用大面积的屋顶资源，利用政府投资或市场融资的方法，建设较大规模的光伏发电系统。

（3）加大太阳能光伏发电在铁路道口预警信号、桥梁、隧道、站场照明应用的研究试验，逐步达到推广应用的目的。

（4）光伏发电系统的应用存在投资大、上网难、技术复杂等问题，在铁路推广应用的难度较大，铁路在利用光伏发电应采取示范试点，逐步推进，应当享受国家政策和资金支持，并且在并网、光伏发电的使用技术等方面得到应有的支持。

（5）为了达到大规模的推广，应加强宣传教育培训。

3）对铁路建筑采用太阳能集热系统的几点建议

根据铁路沿线利用太阳能热水器的现实状况，提出如下几点建议。

（1）现有太阳能热水器的使用都是在各铁路局根据节能减排的要求及节约能源成本的前提下，由各局在更新改造资金中安排对原有建筑和供热设施的改造中建成的，取得了较好的节能减排效果。虽然在新建铁路建筑中，有的根据当地情况，在新建项目中也设计和利用了一部分太阳能热水系统，但还不普遍。建议在新建建筑中，根据条件和需要，尽可能将太阳能热水系统在设计中得到落实，做到太阳能利用的建筑一体化，避免重复改造，同时也扩大了太阳能热利用从基建投资中的资金渠道，扩大太阳能热利用的规模。为了实现这一建议，在铁路建筑设计规范中增加太阳能热利用的有关条文，以便设计人员有所遵从。

（2）根据我国铁路涉及的地域范围广、气候环境不同、热利用的需求不同等情况，建议采用太阳能热利用的多种综合系统，充分发挥太阳能热利用的效果。可以利用太阳能集热与热泵（空气源、水源、地源）技术的综合系统，形成供热、制冷的效果；太阳能集热系统与锅炉联接，充分发挥太阳能的补热效果；太阳能集热系统与电加热的组合，解决因气温和太阳光辐射不足而不能满足热需求的问题。

（3）建议制定太阳能热利用的使用维修管理办法。

2.5　铁路站场能耗监测控制技术

铁路站场能耗占整个铁路系统能耗的 $13\%\sim15\%$。对铁路站场进行能耗监测是开展综合节能控制管理的基础工作。实行能耗控制是节能的一种手段，实行智能化管理是提升企业管理水平的有效措施。下面以武汉动车段为例进行说明。

2.5.1　武汉动车段能耗现状

1. 大功率机电设备能耗现状

机电设备具有种类多、功能多、数量多等特点，除了几台压风机外，大部分设备的电机功率小、安装分布较为分散、总机负载功率大。例如,动载试验台总功率达 1200kW,有大大小小电机上百台,功率从 1.1kW 到 5kW、7.5kW、11kW 不等。这些设备大部分是电机作为动力源。经现场考察,除几台压风机外,大部分电机没有采取节能措施。

2. 建筑环境机电设备能耗

建筑环境机电设备种类较多,主要包括地源热泵机组、燃气锅炉机组、多联机空调系统、风机盘管系统、送排风系统、排污系统、电动门窗系统、照明系统、变配电监测系统等。

(1)设备厂房空间和跨度非常之大,机电设备种类繁多,布置分散,虽然采用了 BAS 系统,但仅对照明系统和变配电系统进行了简单的监测,对大部分机电设备运行状况都没有进行集中管理。

(2)机电设备监控范围小。建筑环境机电设备中地源热泵系统、锅炉系统、通风系统、排污系统等长期运行设备都没有进行远程监控和管理。

(3)机电设备监控功能不完善,无法实现节能控制,保障工作环境。

3. 照明设备能耗

按照光源种类归纳,目前铁路站场内所用灯具主要有:金卤灯、高压钠灯、三基色节能灯、荧光灯、各种蓄能应急照明灯、少量无极灯、半导体发光二极管等。照明设备使用中存在问题有:①绝大多数灯具目前很难达到设计标准;②较多装置场合为增加照明效果采取措施不合理;③荧光灯防护罩配备不合理,作业现场使用带防护罩的荧光灯,两层作业面安装高度均大致与操作人员等高;④现有灯具有效照射光效普遍偏低;⑤现有灯具维护成本高。

4. 水资源利用管理现状及分析

目前,铁路站场普遍存在用水总量多、用水浪费、计量不清等现状。水资源的计量方式主要采取人工读表。铁路站场水资源利用管理普遍存在以下几个问题:①水表数量多,人工读表工作量大;②水表安装和布局存在不合理之处,且不能准确计量不同作业单元的水资源消耗量;③难以及时发现给水管路发生损坏导致水资源大量浪费等异常和突发情况。

2.5.2 武汉调度楼能耗现状

建筑环境可管理的设备总功率为 9400 多千瓦,主要包括冷热源系统、通风空调系统、机房工艺空调系统、给排水系统、电梯系统、照明系统、其他系统(如 UPS、EPS 系统,柴油发电机系统,大屏幕显示系统等)。

　　节能设施配置有 BAS 系统、冷冻站中央空调测控系统、大功率设备(循环水泵)本身采用了变频调速节能控制技术、地源热泵系统、智能照明系统。存在问题主要包括:①能耗设备多且分散,缺少有效的综合节能管控手段和系统管理平台;②已设置的能耗监测设施较为分散,增加了管理难度;③已设置的能耗设施仅具有监测功能,未能实现能耗管理控制的要求。

2.5.3　武汉站能耗现状

　　建筑环境的机电设备种类较多,主要包括冷热源系统、通风空调系统、排污系统、照明系统、电梯系统、风幕机系统以及其他系统。

　　节能设施配置主要包括 BAS 系统、大功率设备(循环水泵)本身采用了变频调速节能控制技术、地源热泵系统、智能照明系统。存在的主要问题包括:①BAS 系统不完善;②智能照明系统粒度不够;③冷热源系统人工设定高能耗运行;④设备的维护力度不够;⑤大功率设备变频节能控制无法启用。

2.5.4　节能改造综合解决方案

　　针对节能中存在的问题,铁路站场的节能改造解决方案主要包括以下四个方面。

　　(1)能耗监测方案,对铁路站场整体电、气、水进行实时精确计量能耗,对能耗数据进行统计分析,通过数据、图表、报表等形式充分展示。

　　(2)能耗管理方案,根据设备类型、用能部门、时间阶段、区域等进行统计分析,体现能效状况,对能耗进行评估审计,科学地确定能耗指标,并对能耗支出情况进行展示。

　　(3)能耗设备管理方案,通过管理控制系统,实现对能耗设备专业化、自动化、可视化、智能化和全面系统的科学维护管理。

　　(4)节能管理方案,从能耗点到整体单位能耗的节能评估、诊断、数据挖掘、策略优化、管控实施和效果的检测、验证,精确计量、定点单位能耗分布、进行统计分析挖掘节能空间和潜力,优化管理控制实现节能增效,充分展示效能、节能直接和间接效益。

　　此外,针对大功率机电设备和建筑环境机电设备,提供专业的能耗管理技术措施。

　　1. 能耗实时数据监测

　　能耗按不同能源类型进行实时的能耗数据监测,表格显示环境传感器/控制器实时采集数据,可监测某站点、某设备类型,甚至是某设备的实时能耗数据。图 2.17 为 EMS 全时动态能源管控系统图。

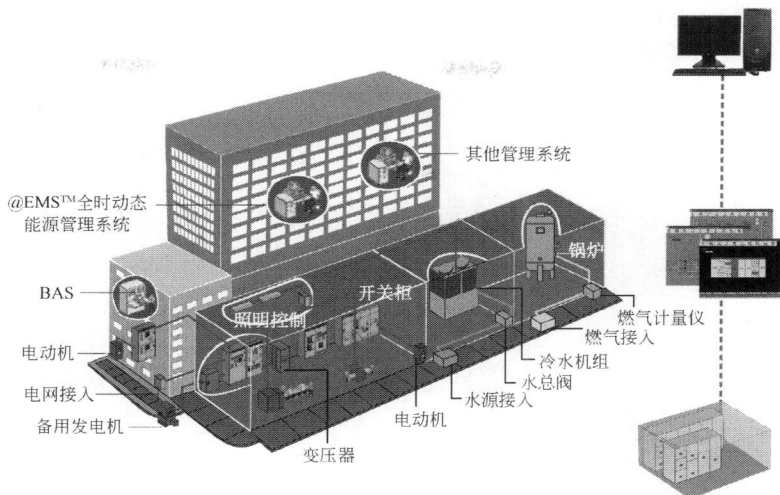

图 2.17 EMS 全时动态能源管控系统

在设备树状菜单中至多可选择 4 个设备进行实时能耗监测对比,也可在设备类型树状菜单下进行实时能耗监测对比。以此对不同设备、不同设备类型的实际能耗进行对比监控。

图 2.18 为能耗监测系统管控界面,该系统能对能耗数据进行分类统计。

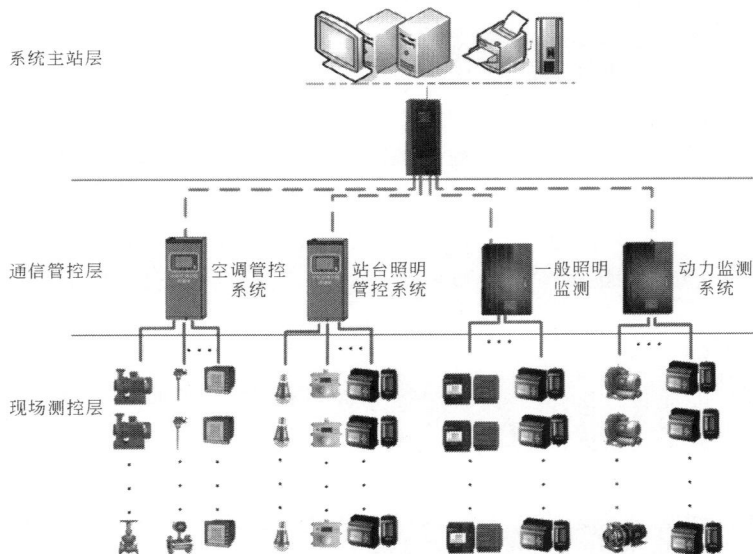

图 2.18 能耗监测系统管控界面

能耗按不同能源类型进行所占能耗百分比和实际消耗量的统计展示。可选择

不同时间段进行能耗查询,直观地展示不同能源类型的能耗占用率状况。图 2.19
为能源类型能耗比重图。

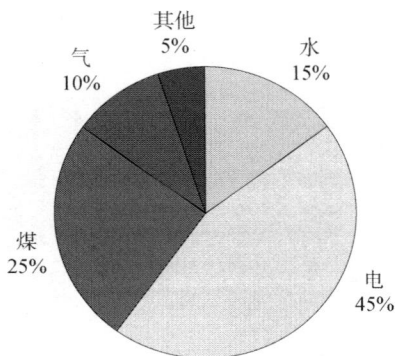

图 2.19　能源类型能耗比重图

2. 能耗管理解决方案

1)设备类型能耗统计

能耗按不同设备类型进行能耗百分比和实际消耗量的统计展示。可选择不同
时间段进行能耗查询,直观地展示不同设备类型的能耗占用率状况。图 2.19 左侧
饼图大扇形代表设备分类,外侧小扇形代表同一设备分类下的不同能源类型的能
耗占用率。

2)用能部门能耗统计

能耗按不同用能部门进行能耗百分比和实际消耗量的统计展示,直观地展现
各用能部门的能耗情况,尤其是能耗较多的用能部门。

3)区域能耗统计

区域能耗统计是对站点进行物理区域的划分后进行的能耗统计。它包含多区
域的能耗比重,以及某区域内子区域的能耗比重。图 2.19 右侧柱图为实际能耗值
对比。

4)时间段能耗统计

按月统计能耗百分比,并且统计出该月份下不同能源类型所占能耗百分比,以
及月份实际能耗量的数据展示。

按季度统计能耗百分比,并且统计出季度下不同能源类型所占能耗百分比,以
及季度实际能耗量的数据展示。

按年度统计能耗百分比,并且统计出年度下不同能源类型所占能耗百分比,以
及年度实际能耗量的数据展示。

5）能耗状况汇总

能耗的使用情况和节能状况的汇总展示，可选择不同时间段，不同设备或者设备类型，不同能源类型，甚至是具体能耗值范围的多条件组合搜索。

3. 能耗设备管理解决方案

能耗设备管理系统对设备进行如下管理：对设备、设备分类进行详细信息的维护和管理；对设备的工况信息进行管理；对设备进行自控管理，包括对运行状态监测、设备自动控制、日程控制、手动控制等管理。

通过以上管理，实现了对能耗设备专业化、自动化、可视化、智能化和全面系统的科学维护管理。

1）设备、设备分类信息管理

能耗设备管理系统中内设的站点显示出所有设备分类和设备信息，可进行设备及设备分类信息管理。

2）工况监测

工况监测是对站点下所有设备的工况进行实时监测，能够详细展示设备首次启用时间、额定运行寿命、额定放置寿命，以及设备当前的运行状态和设备累计运行时长。

3）设备自控管理

（1）设备运行状态监测。

通过直观动态的客户友好性图形界面展现设备的当前运行状态，设备运行状态界面完全自定义生成，可根据显示需要定制生成，设备运行状态界面的图形编辑工具实现"所见即所得"的编辑功能，功能强大且易于操作。

自定义设备状态显示的流程如图 2.20 所示。

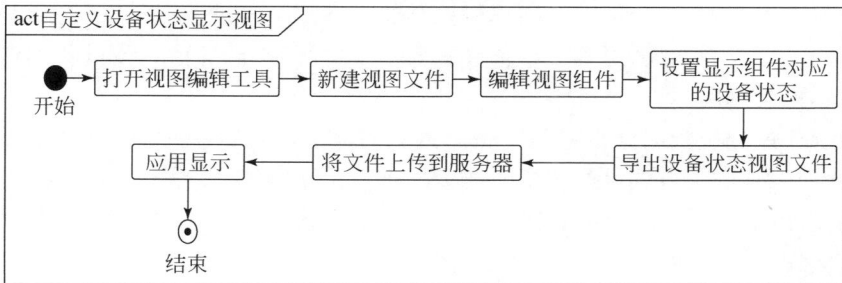

图 2.20　自定义设备状态显示视图流程

首先打开视图编辑工具软件，新建一个视图文件，然后编辑该视图文件添加相应的显示组件及图片文字等，显示组件设置完成后将要监测的设备运行状态设置到显示组件中，之后就可以将设备状态视图文件导出了，最后将该视图文件上传到服务器并应用显示。

（2）设备自动控制。

设备可以由逻辑控制程序自动控制，系统中可以查看各个设备的逻辑控制程序，并且以友好的图形方式将逻辑控制程序的结构展现出来，操作人员可以直观地查看逻辑程序的运行状态，并及时修正及优化逻辑控制程序。

逻辑控制程序可以以时间、日期、温度、湿度、光照度、风速等环境参数作为输入条件，然后经过一系列的计算处理最后输出控制指令控制设备，理论上任何设备自动控制场景都可以通过逻辑控制程序实现。

（3）日程控制。

日程控制功能是实现以日期和时段作为条件通过逻辑控制程序实现设备自动控制，每个逻辑控制程序可以与多个日程相关联，如一台设备需要在某个日期的某个或者某几个时段内启动，就可以通过日程的关联来实现。

日程设定首先要选择日程应用的逻辑控制程序，然后新建日程，再选择日程要应用的逻辑控制程序中对应的时钟，之后再设置日程的日期和时间域，最后保存日程使新日程生效。图 2.21 为日程设定相关操作流程示意图。

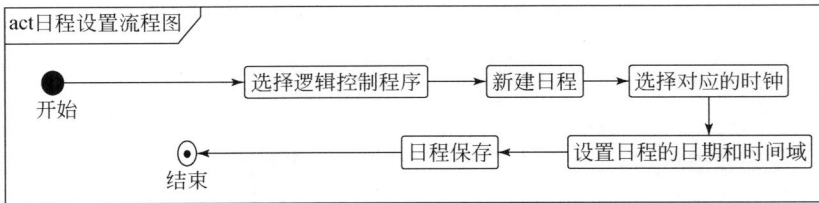

图 2.21　日程设定相关操作流程示意图

（4）手动控制。

除自动控制外，每个逻辑控制程序控制的设备都可以设置成手动控制，并且手动控制的优先级为最高，当某个设备设置为手动控制时，自动控制该设备的逻辑控制程序不再起作用。

系统通过分析能耗分布和能耗峰值数据的显示，对能耗数据进行评估、诊断、挖掘，继而对从能耗点到单位整体节能策略进行优化，对能耗设备进行管控实施。

通过优化管理控制实现节能增效，充分展示效能、节能直接和间接效益。也就是说可实现如下功能。

①能耗分布。按能耗百分比和实际消耗量的统计展示。在相应的页面上可用饼图大扇形代表单位能耗，而外侧小扇形则代表多种能耗类型的能耗比率。

②能耗峰值查询。查询站点在哪一天的能耗达到最大值，也可以指定时间段对峰值数据进行查询。

③策略优化。以提高人员舒适度和节约能源为目的的逻辑控制程序可以称为

节能策略,舒适度的提高和能源的节约都是通过逻辑控制程序自动控制设备来实现完成的。

系统提供可视化逻辑程序开发工具来开发逻辑控制程序,此工具将设备的自动控制程序以友好的图形表现出来,并且工具实现"所见即所得"图形编辑功能,使专业人员可以很容易方便地开发出逻辑控制程序,并且逻辑程序编辑工具提供模拟运行功能,使开发人员可以随时调试逻辑程序,并且通过调试的运行参数可以很直观地测算逻辑控制程序运行后的人员舒适度和能源节约效果。

关于策略管控实施,系统中可以对节能策略进行管理,包括节能策略的增加、修改、删除以及策略应用。

关于节能收益,对设备能耗统计汇总,将未使用节能策略的能耗与使用节能策略的能耗对比,得出使用节能策略的节约数据,体现节能策略的优势,并直观地显示节能应用状况,体现节能效果。

4. 技术措施

1)大功率机电设备能耗管理技术措施

由于用于生产检修机电设备种类和数量繁多,功率大小不等,多数为成套生产线设备,若对每一设备进行能耗统计和设备监测,实现起来施工和技术难度太大,又由于其工作时间的不确定性,由生产任务决定,低效工作状态很少,不同设备由不同设备厂家直接进行维护,故障率低,节能改造空间很小。因此对该类设备,建议可对其进行整体能耗监测,进而反推出某一类设备的运行情况。

据现场统计的电力智能监测仪表,分为四类型号,实施后具体可实现如下功能。

(1)实时测量和记录(掌控设备运行情况,便于统计分析)。

(2)开关监测,故障预警(事故发生前及时消除事故隐患)和事故记录功能(分析事故原因)。

(3)能量消耗累计(电费分解到各个厂房、各类设备,利于内部核算)。

(4)电能需求统计(制定电能使用计划,节约电费支出)。

(5)电能质量分析(谐波峰值不平衡度等避免设备非预期损坏)。

2)建筑环境机电设备节能技术措施

加大建筑环境机电设备监控范围,从技术措施上优化设备与系统的运行管理。将地源热泵系统、锅炉系统、通风空调系统、电动窗系统、排污系统及大屏幕 LED 显示屏等典型耗能设备纳入集中监测和节能管理范围内,提供最优节能控制策略。

(1)地源热泵系统优化控制策略。

地源热泵系统由于系统受控设备较多,并随着大楼冷热负荷变化随时调整,其节能控制较为复杂,仅凭人工和简单控制线路将无法实现其自身功能。

①空调侧循环水系统,由两台型号相同的水泵并联组成,其中一用一备。

检测循环水供回水主管压力,计算差压值。系统刚开始运行时,启动一台循环泵,给出最小运行频率 25Hz,此时 DDC 控制器根据压差设定值(设计为 0.08MPa)和现场反馈压差进行 PID 运算,对泵的运行频率进行调节,当系统末端负荷增加时,压差下降,经过 DDC 控制器的 PID 运算后增大变频器输出频率,自动调整恒压差变量供水。当系统末端负荷减少时,一台泵已经在最低允许频率下运行,现场反馈压差仍高于设定值而且高于保护压差值(设计 0.12MPa),电动旁通调节阀将自动打开,并根据保护压差值和反馈压差做 PID 调节,维持泵最小流量。

②地埋侧循环水系统,由两台型号相同的水泵并联组成,其中一用一备。

检测循环水供水温度,夏季工况当其小于设定温度(设计温度 25℃)时,启动第一台循环泵以最低频率 25Hz 运行,反之当高于设定温度时,DDC 控制器根据设定温度和供水温度进行 PID 运算,对泵的运行频率进行调节,当系统末端负荷增加时,温度降低,经过 DDC 控制器的 PID 运算后增大变频器输出频率,自动调整供水温度。

检测循环水泵运行状态和故障状态,并累计各泵运行时间。每天首次启动时,先启动累计运行时间少的循环泵;若第一台泵出现故障,则启动另一台泵,同时提醒维护者进行设备维护。当系统需要启动两台循环泵,而此时常用循环泵中一台存在故障时,则备用泵自动启动,同时提醒维护者进行设备维护。

实时检测水源侧供回水温度,掌握地埋侧情况及换热器交换能力,为整个系统集中控制提供数据参考。

③热泵机组,由 2 台型号相同的热泵机组并联组成。

根据各时段工况要求,由控制器发出两种模式(制冷、制热)中一个启动信号给热泵机组本身控制系统,由其实现闭环控制。同时可根据室外环境情况,重新设定调整机组出水温度,实现最大限度节能增效。

检测热泵机组运行状态和故障状态,并累计各机组运行时间。

检测蒸发器回水流量开关和冷凝器回水流量开关,同机组启动信号联锁,只有当两者均有水流流过才可发出机组启动信号,以保证机组稳定运行。

检测蒸发器回水温度和冷凝器回水温度。

(2)燃气锅炉系统优化策略。

可通过集成接口对燃气锅炉进行远程监测,包括供出蒸汽压力、供出蒸汽温度、燃气压力、环境可燃气体浓度、锅炉水位监测及过高和过低报警、锅炉和循环泵运行状态、过载故障状态,通过直观的动态图形显示锅炉工作状态,保障设备安全可靠运行,同时可根据室外环境情况,重新设定调整锅炉出水温度,实现最大限度节能增效。

（3）通风空调系统优化控制策略。

根据事先排定的工作及节假日作息时间表或其他操作条件，定时启停风机。房间可以根据室内热负荷决定启动风机台数和顺序。检测风机的运行状态、手/自动状态及故障信号，故障时弹出报警提醒维护。自动累计排风机的运行时间，提示维护设备。系统同电动窗系统进行联动，根据室内外的焓值决定排风机和电动窗启停，充分利用室外自然风，进行节能控制。

以上工作状态、参数及流程图形可在中央控制主机上动态显示，并可经打印机输出记录。

（4）排污系统优化控制策略。

检测污水坑高、低液位，水位超过超高液位则弹出报警提醒维护。

液位控制：液位上升至高液位时，启动排污泵。当液位低于低液位时，停止排污。

检测泵的运行状态、手/自动状态及故障信号，故障时弹出报警提醒维护。

监测污水坑处一氧化碳浓度，浓度过高则弹出报警提醒开启该区域通风系统。

自动累计排污泵的运行时间，提示维护设备。

以上工作状态、参数及流程图形也可在中央控制主机上动态显示，并经打印机输出记录。

（5）照明系统控制策略。

该系统由原来智能照明系统组网控制，但由于未完成调试工作，均处于手动控制方式，本次改造首先完善原控制系统网络，其次进行如下节能控制策略。

①每天可根据工作时间段进行自动通、断电操作；可保证工作日、节假日按不同的时间自动通、断电；可对用电设备进行分区、分线路管理。

②根据天气情况和实际光的照度，自动控制灯具的开/关和灯具的亮度，如在不好的天气时及时打开照明等，自动调节开关灯的组合实现最佳的亮度，提高用户满意度，使照明更加人性化。

③控制灯具的开/关和亮度，从而可以显著延长灯具的有效寿命，减少灯具更换次数，节约资源。可以远程设置节点控制参数，实现节点的灵活控制。在夜里无人工作但又必须保证照明的时候，则控制路灯保持较低照度的照明。这样做主要优点就是在调光的同时，也大幅降低了电耗，节约用电，同时还可以延长灯源寿命。

④自动累计各路照明的运行时间，提示维护设备。

以上工作状态、参数及流程图形可在中央控制主机上动态显示，并可经打印机输出记录。

（6）LED 大屏显示系统控制策略。

LED 大屏显示系统设备较多，能耗大，分布分散，同时是通过计算机控制，不便于维护人员本地手动操作控制，致使设备全天后 24h 运行，既浪费能耗，又缩短了 LED 设备使用寿命,改造后具体控制策略如下:每天可根据工作时间段对不同检修车间设备进行自动控制;可保证重大节日按不同的时间自动通、断电;夜间及不必要开启区域自动关闭该显示系统。自动累计各路大屏的运行时间,提示维护设备。

3)水资源管理技术措施

针对水资源利用方面存在的问题和实际需求,建议可在现有供水管路关键位置加装流量传感器、电磁阀等监控设备,实现水量自动监测、统计和突发预警等功能。

2.5.5 技术经济分析

节能综合管理控制系统是近年开发并逐步推行的一项高科技建筑机电设备节能管理系统,包括先进的硬件系统设备及优化的软件管理思维,硬件模块化,控制本地化,管理集中化,施工简单化,与以往的建筑设备常规管理比较,有明显的优越性及显著的经济效益。通过本项目实施能实现节能应用覆盖范围的直接节能收益10%～15%,同时还为能源管理、节能管理、设备运维管理等的精准性、科学性、智能化等提供可靠的基础平台,提高工作环境舒适度的同时,还延长被控设备的使用寿命。

1. 设备管理层面上的显著收益

节能综合管理控制系统即将建筑中所有的设备(包括生产设备、冷热源、空调、变配电、给排水、电梯、照明等系统)进行监视并通过计算对以上设备进行最优控制。该控制系统实现了智能化、自动化的集中监控,并具有显著的效益:①节省能源;②节省管理费用;③延长设备使用寿命;④提高管理可靠性;⑤规范管理制度。

2. 节能综合管理控制系统的经济效益

以武汉动车段建筑面积在 18 万 m^2 左右的建筑为例来计算,若采用节能综合管理控制系统,所需增加的设备有操作站、网络控制器及直接数字控制器、能源管理软件等,增加的数量视所需控制的设备数量而定,若无特别的要求,投资约 500万元,与工程总投资比较只占其 0.03%～0.05%。所带来的效益分析如下。

1)直接经济效益

电力及照明系统。每年可直接节约电量 28 万 kW·h,直接经济价值 28 万元左右。

2)间接经济效益

(1)降低人为事故概率,提高设备使用效率。

(2)能耗实时监测,提高决策效率。

（3）运用节能综合管理控制系统的建筑可以提供比较舒适宜人的环境。

综上所述,节能综合管理控制系统能够提供用户安全、健康、舒适、温馨的生活环境与高效的工作环境,并能提高系统运行的经济性和管理的智能化,由此可见,节能综合管理控制系统的效益是极高的。

2.6　大秦线再生制动降耗技术

大秦线自开行 2×10^4 t 重载列车以来,不仅运营安全稳定,而且还取得了比较明显的节能效果。目前大秦线已成功试验运行 3×10^4 t 大列,标志着我国铁路重载技术提升到一个新的台阶。

和谐型电力机车由于采用了世界先进的交流传动控制技术和再生制动技术,提高了机车功率因数和机车运用效率,而且机车在实施电制动时,牵引电机成为发电机,将动能转化成电能回馈给电网,既达到了节能、节电的目的,又有利于环境保护。统计结果表明,和谐型机车投入运行以来,大秦线万吨公里牵引能耗显著降低,成为通过提升运输装备技术水平,实现从源头节能降耗的范例。

和谐型机车功率因数的提高和机车效率的提高,使牵引网无功电流和有功电流同时减小,这种电流减小使大秦全线牵引网电压损失减小;导致机车从牵引网取用相同功率时,由于牵引网电压升高,牵引网电流减小,使得牵引电流在牵引网内产生的损耗下降。

第3章 结 构 节 能

结构节能是指通过调整产业结构、产品结构、企业结构以及改善工业布局、生产规模等途径,使得费能型经济结构逐步变为省能型经济结构,间接地收到节能的效果。具体到铁路行业,结构节能主要是指通过牵引结构的变化使得能耗品种比例发生变化,表现为无碳或者低碳能耗品种比例上升,高碳能耗品种比例下降,从而改善铁路能耗结构,产生节能减排效应。

3.1 铁路行业结构节能评估方法

分析铁路节能效应,需要从两个视角展开:一是外部效应,包括节能效应和节油效应。其中,外部节能效应是指用铁路替代其他运输方式所产生的节能量,外部节油效应是指铁路用电力牵引替代内燃牵引或者用铁路替代其他运输方式所产生的节油量。二是内部效应,是指铁路因能效改善直接产生的节能量,主要体现在铁路单位运输量的能耗变化。

3.1.1 铁路对公路替代的节能评估方法

客观地说,每种运输方式都有各自的特性和优势,既有替代性又有互补性,不可能完全替代,需要各种运输方式协调发展。因此,替代总是有条件的,只在一定范围内适用。从节能减排角度看,替代性的研究重点集中在大运力、大众化的运输方式之间。就我国而言,内河和民航的客货运输量较小,综合交通运输体系中的节能替代效应主要体现在铁路与公路之间。中国、美国、日本各类运输方式的客货单位周转量能耗如表 3.1 所示。

表 3.1   中国、日本、美国的运输方式单位能耗

运输方式		单位能耗		
		中国	日本	美国
旅客运输	小汽车/[kcal/(车·km)]	约 950	——	864.1
	[kcal/(人·km)]	——	600.0	——
	营业性汽车/[kcal/(人·km)]	155	172.0	675.8
	铁路客运/[kcal/(人·km)]	41.5	49.0	405.0
	航空客运/[kcal/(人·km)]	481	563.0	486.0

运输方式		单位能耗		
		中国	日本	美国
货物运输	道路货运/[kcal/(t·kg)]	1060	785	825.3
	水路货运/[kcal/(t·kg)]	71.4	60	98.6
	铁路货运/[kcal/(t·kg)]	68.1	240	55.2
	航空货运/[kcal/(t·kg)]	5380	5179	—

资料来源:中国数据见李连成、吴文化《我国交通运输业能源利用效率及发展趋势》,综合运输 2008 年第 3 期。美国数据见《美国交通能源数据手册(第 27 版)》,日本数据见《日本能源经济统计(2007 年)》。中国、日本为 2005 年数据,美国为 2007 年数据。

显然,无论客运还是货运,铁路都是节能运输方式。在客运方面,铁路与公路之间的替代性主要在经营性汽车运输上,中国、日本更具代表性,2005 年中国、日本经营性汽车客运的单位能耗分别是铁路的 3.7 倍和 3.5 倍。如果以铁路替代经营性汽车,每 10^4 人·km 中国可节约标准煤 162.1kg,日本可节约标准煤 175.7kg,两者平均铁路对经营性汽车的节能替代效应约为 169kg 标准煤/(10^4 人·km)。在货运方面,中国、美国更具代表性,两国公路货运单位能耗分别是铁路的 15.6 倍和 15.0 倍。如果以铁路替代公路货运,每 10^4 t·kg 中国可节约标准煤 1417kg,美国可节约标准煤 1100kg,两者平均铁路对公路货运的节能替代效应约 1259kg 标准煤/(10^4 t·kg)。

另据耿勤等研究,按我国运输行业综合运量和能源消耗统计口径,在铁路、公路、水运、航空及管道 5 种运输方式中,铁路单位换算周转量能耗较低(仅比水运高)。2007 年铁路每万吨公里能耗为 125kg 标准煤,公路 608kg 标准煤,水运 52kg 标准煤,航空 5112kg 标准煤,管道 559kg 标准煤。也就是说,2007 年公路单位运输量能耗约是铁路的 5 倍。

铁路对公路的结构替代节能是指因铁路运输市场份额提高或降低而实现的节能量,反映了铁路发展所导致运输结构变化而产生的节能效应。在我国主要考虑铁路与公路之间的替代,即假设铁路市场份额的变化全部转移到公路运输。其计算公式为

$$\Delta T_i = Q_i(r_i - r_{i-1})(n_{i-1} - d_{i-1}) \tag{3.1}$$

式中:ΔT_i 为铁路对公路的结构替代节能量;Q_i 为全社会运输周转量;r_i 为铁路占全社会周转量比例;n_i 和 d_i 分别表示公路、铁路的单位周转量能耗;i 表示年份。鉴于 $n_i > d_i$,ΔT_i 为正数表示因公路比例上升而导致的能源浪费,负数相反。

3.1.2　铁路电气化节能评估方法

目前国铁的机车牵引只有电力和内燃两种形式,两者之间是替代关系。铁路

电气化的替代节能效应是指因电力牵引替代内燃牵引而产生的节能效果。按表3.2对两种牵引方式单位运输量能耗的测算,电力牵引比内燃牵引更节能。而且,随着电力工业的技术进步,我国发电煤耗、厂自用电率、线损率等能效指标逐年改善,电气化铁路在节能方面的替代效应更加明显。2010年铁路单位运输工作量的能耗,电力牵引比内燃牵引低9.8kg标准煤/(万t·km)。

表3.2　2005～2010年国铁内燃、电力牵引的单位能耗

年份	内燃牵引			电力牵引		
	单位油耗/[kg/(万t·km)]	折算系数	单位标准煤耗/[kg/(万t·km)]	单位电耗/[kW·h/(万t·km)]	折算系数 g/(kW·h)	单位标准煤耗/[kg/(万t·km)]
2005	24.6	1.4571	35.8	111.8	302.5	33.8
2006	24.3	1.4571	35.4	110.0	306.5	33.7
2007	24.6	1.4571	35.8	109.5	297.1	32.5
2008	24.9	1.4571	36.3	110.6	279.2	30.9
2009	25.2	1.4571	36.7	107.9	280.7	30.3
2010	26.4	1.4571	38.5	102.4	280.7	28.7

资料来源:电力、内燃牵引能耗来源于相关年份的《全国铁路统计资料汇编》,电力折算系数按照中国电力企业联合会等有关部门的统计数据测算。铁路单位运输工作量为国铁客货牵引总重。2008年电耗折算标准煤系数按2007年计算。

特别需要说明两点:一是关于运量周转量的统计口径。按现行的统计口径,用牵引总重而不是净运输周转量计算机车工作量,因此这里测算的单位运输量能耗与前面的口径有所不同。但鉴于机车和车辆自重占总重的比例较小,而且是分析不同牵引动力的能效水平,因此采用该口径对结果影响不大。二是关于电力折算标准煤的问题。电力属于二次能源,在生产、输配电等领域都有损耗。而比较电力与内燃牵引的能效,需要将电力倒推至一次能源消费量,因此应按照发电煤耗法的系数折算电力消费。

铁路电气化的结构替代节能效应是指因铁路电力牵引占机车牵引的比例提高而实现的节能,反映了铁路电气化所导致牵引结构变化而产生的节能效应。其计算原理与铁路对公路的结构替代节能相同。

3.1.3　铁路电气化节油评估方法

我国电力以煤电为主,2010年火电发电量占总发电量的80.81%。因此,提高铁路电力机车牵引的比例,不但可以起到节能的作用,还能通过"煤代油"取得节油效应。

铁路电气化的结构替代节油是指因铁路电力牵引所占比例提高而节约的燃油

消耗量。其计算公式为

$$\Delta E_i = Q_i(r_{i-1} - r_i)k_i \tag{3.2}$$

式中：ΔE_i 为铁路电气化的结构替代节油量；Q_i 为机车牵引总重，t·km；r_i 为内燃牵引占总重的比例；k_i 为内燃牵引的单位总重耗油量；i 表示年份。

3.1.4　铁路对公路替代节油评估方法

铁路对公路替代的节油效应是指由公路全部承担铁路的实际运输量而多消耗的油料数量。其计算公式为

$$\Delta G_i = Q_{ni}(y_i - t_i) + Q_{di}y_i \tag{3.3}$$

式中：ΔG_i 为铁路对公路替代的节油效应；Q_{ni} 和 Q_{di} 分别为铁路内燃和电力牵引的运输周转量；y_i 为公路的单位运输周转量油耗；t_i 为铁路内燃牵引的单位运输周转量油耗；i 为年份。

由于客货单位周转量的差异很大，因此应按式(3.3)分别对客运和货运进行测算，然后加总得出铁路对公路替代的总节油量。

鉴于从目前的统计口径无法得到式(3.3)需要的参数，因此只能采用简单粗略的办法进行初步匡算。其计算公式为

$$\Delta G_i = TK_i \cdot C_{ki} + TH_i \cdot C_{hi} - NC_i \tag{3.4}$$

式中：ΔG_i 为铁路对公路替代的节油效应；TK_i 和 TH_i 分别为铁路客货运输周转量；C_{ki} 和 C_{hi} 分别为公路与铁路客货单位运输周转量的油耗量的差额；NC_i 为铁路内燃牵引的耗油量；i 为年份。

3.1.5　铁路能效提高的节能评估方法

铁路能效是指单位运输周转量的能耗。对各种运输方式或同一种运输方式内的各种运输工具而言，客运和货运的能效都有很大差异，因此，国际上普遍对客货运输能效单独进行统计和分析。鉴于目前缺乏我国铁路客货能效的基础数据，这里采用换算运输周转量来反映铁路能效变化及其节能效应。其计算公式为

$$\Delta TE_i = TZ_i(p_{i-1} - p_i) \tag{3.5}$$

式中：ΔTE_i 为铁路能效提高而实现的节能量(正值为节能，负值相反)；TZ_i 为铁路换算周转量；p_i 为铁路单位换算周转量耗量；i 表示年份。

3.1.6　铁路内部节能的因素分析评估方法

铁路内部节能就是指因铁路能效提高而实现的节能。2006～2010 年铁路内部节能量中，牵引部分节能占 38.2%，非牵引部分节能占 61.8%。换言之，2008 年单位换算周转量能耗比 2005 年降低 13.6%，其中牵引部分贡献了 5.2%，非牵引部分贡献了 8.4%。

非牵引部分能耗包括生产辅助能耗和生活保障系统能耗(主要是生活小区供暖等)。尽管非牵引部分对铁路内部节能的贡献较大,但目前缺乏这方面的数据,尚不具备对非牵引部分节能进行因素分析的条件。因此,我们把重点放在牵引部分的节能因素分析上。

结构调整、技术进步和改善管理是提高能效的基本因子。因此,可以把提高能效的节能(内部节能效应)分为结构节能、技术节能和管理节能三部分。对铁路牵引而言,结构节能主要就是铁路电气化的结构替代节能效应,而技术节能和管理节能涉及因素较多,对牵引能效的影响也比较复杂。为突出重点,这里将采用排他法,除对货车重载化节能单独分析外,其余均归集为其他。也就是说,影响牵引能耗的因素包括电气化、货车重载化和其他因素。

在具体分析时,需要说明两点:首先,分析铁路电气化的结构节能因子,基本参数的选择应与内部节能的统计分析口径一致,即采用热当量法系数(0.1229)将电力折算为标准煤能耗。这一点与前面分析铁路电气化的替代节能效应有根本区别。其次,货运重载化是个综合系统,准确评价其节能效果需要考虑很多因素。为此,我们选择货运有效运量系数作为综合指标,通过分析该指数变化对能效的影响,大致反映货运重载化的节能效应。

3.2　铁路行业结构节能的战略需求

铁路行业发挥节能优势的一个最主要途径就是加大对能耗结构的调整和优化,这不仅是自身低碳节能的发展战略需求,而且也是赢得与其他交通方式竞争的比较优势,确定在综合运输未来发展中优先发展的战略需求。

3.2.1　中国铁路能耗结构演变的阶段性特征

中国铁路能耗结构变化发展的阶段性变化十分明显,大致可以把它分为三个阶段。

第一阶段,以节约煤炭为主的低碳发展阶段,这一阶段发展时间比较长,从20世纪50年代至80年代中期。这阶段主要特征是节约煤炭以减少碳排放。低碳技术的发展也是围绕如何有效降低煤炭需求的技术攻关,主要体现在降低机车和锅炉耗煤技术上。

第二阶段,以燃油为主的低碳发展阶段,从20世纪80年代中期至今,还可能延续到2020年左右。这阶段主要特征是节约燃油以减少碳排放,其主要技术特点是推广使用燃油添加剂、生产新型大功率内燃机车等。

第三阶段,以电力为主的低碳发展阶段,这一阶段为2020年之后的发展时期。这阶段主要特征是推广"代油节电",大面积使用电力牵引作业,其主要技术特征是实现机车牵引动力结构的根本性变革、提高节电技术等。

第四阶段,以新能源利用为主的发展阶段,这一阶段可能要到 2050 年之后。新能源和可再生能源比例超过电能。低碳发展要求是如何进一步节约新能源的使用。

3.2.2 铁路能耗结构面临的新形势

1. 经济发展方式转变(产业结构调整)

以加快转变经济发展方式为主线,是关系我国发展全局的战略抉择。而推进经济结构战略性调整,则是加快转变经济发展方式的主攻方向。对产业结构进行调整和优化是其中的重点任务之一。战略性新兴产业、先进制造业、现代农业、现代服务业等将成为未来产业发展的方向。根据以往的进展,产业结构调整在未来10 多年的时间内会比较缓慢。2030 年之后,三次产业比例关系将发生重大变化,服务业的比例将超越工业而成为第一大产业,工业内部轻工业的比例将超越重工业。这样的产业结构调整将对铁路运输提出新的要求。首先,货物向轻量化方向发展,需要及时调整铁路运输组织,以适应铁路重载运输的需要;其次,产业结构调整对货物流向产生重大影响,如何避免或者减少空车运送,有效提高能源利用效率,将是铁路低碳运输需要解决的关键问题之一。

2. 新型城镇化发展需求

城镇化是实现中国由农业社会迈向工业社会的一条重要途径。未来数年城镇化进程将会加快,对交通运输产生较大的需求。根据国家统计局发布的《2011 年国民经济与社会发展统计公报》中披露的数据,2011 年中国城市人口首次超过农村人口,占全国总人口的 51.3%。随着户籍制度改革的不断到位以及社会保障体系的不断完善,未来数年城镇化率还将会进一步提升。城镇化率必将刺激和带动相关产业的发展,其中首当其冲的就是旅游业和交通运输业。据统计,我国城镇居民的年均出行次数是农村居民的 8~9 倍,城市人口规模的扩大将导致客货运输量的显著增长。2012 年"两节"期间,全国公路水路共运送旅客 6.6 亿人,同比增长 8.8%,相当于我国一半人口东南西北大流动一次。铁道部假日办数据也显示,9 月 27 日~10月 7 日,全国铁路不亚于春运的"热度",累计发送旅客 8033 万人,同比增长 13.4%。城镇化发展对交通运输的一个最明显的影响就是中长途运量将会得到进一步提高,进而会加大对铁路运输的需求量。预计未来一段比较长的发展时期,城镇化对铁路客货运输的需求将会提速,尤其是未来对客运的需求将更为迫切。

3. 交通运输工具的重大技术突破

当前,我国主要运输装备及核心技术水平与世界先进水平存在较大差距。从技术节能的角度看,中国铁路低碳运输面临着运输工具的重大技术突破。首先,是机车节能技术要实现较大突破。从运输工具看,铁路能耗绝大部分发生在机车,因此,机车节能是关键。无论内燃机车、电力机车还是目前动车组,都面临着节油、节电技术进一步提升的问题。其次,是车辆制造技术需要实现突破。车辆自重状况对机车牵引产生影响,从而对能耗产生影响。国外车辆发展的一个趋势是轻量化,我国车辆技术与国外相比,还有一定的差距。因此改进车辆制造技术是今后铁路低碳发展面临的一个关键技术问题。最后,是发电车技术需要实现突破。目前发电车节能效果直接影响耗油量。上述这三类工具如果能实现重大技术突破,将对低碳铁路的发展产生重大影响。

4. 能源结构的低碳化发展

目前,我国以煤为主的能源结构无法适应低碳经济的要求。因此,调整和优化能源结构是加快我国低碳经济发展的一个重要内容。主要思路就是要降低煤炭和石油消耗比例,提高可再生能源和新能源的比例。"十二五"我国能源结构调整的目标是:到 2015 年,煤炭在一次能源消费中的比例将从 2009 年的 70% 以上下降到 63% 左右,天然气、水电与核能以及其他非化石能源(主要是风能、太阳能和生物质能)的电力消费比例将从目前的 3.9%、7.5% 和 0.8% 上升到 8.3%、9% 和 2.6%。力争到 2020 年,天然气在一次能源消费结构中的比例由现今的 3.6% 增至 10%~12%,相应的煤炭所占比例由 70.7% 减少至 57% 左右。如果这两大阶段性目标能够实现,将大大减少煤炭使用而带来的碳排放。

能源结构低碳化的另一种趋势就是减缓石油需求增长速度。目前我国石油对外依存度已接近 60%,将长期面临石油供应短缺的困境。减缓石油需求增长,一方面可以相对缓解石油供应紧张的局面,另一方面可以减少因石油消费过程产生的碳排放。

显然,能源结构低碳化发展趋势对铁路运输提出了挑战:一是推进牵引能耗的"以电代油"工程,不断提高电力机车使用效率和比重;二是加快对供热、供气的燃炉改造,实现非牵引用能结构的不断优化。

5. 交通运输结构的战略性调整

低碳交通是低碳经济的一个重要组成部分,交通的低碳化发展将对整个经济的低碳化发展产生重要影响。这主要是因为低碳交通运输能够"节油代油",从而大大减少因使用燃油而产生的碳排放。但目前的交通运输发展距离低碳交通目标还有相当大的差距。从世界范围来看,目前欧洲道路交通所消耗的能源比工业所消耗的能源还要多,占整个能源总消耗的 80%,而且这一数字还在不断上升。欧盟各国认为,交通运输结构的失调是造成这一问题的主要原因,因此只有对交通运输结构实行战略性调整,才能有效地使用能源,优化各种交通工具的配置,降低能耗尤其是石油消耗,保护环境。

中国的资源、环境和人口状况决定了中国交通运输的发展必须走资源节约型、环境保护型的可持续发展道路。从国外发达国家交通运输发展的经验和教训来看,只有大力发展那些对生产危害最小、产生污染最低、消耗自然资源最少、运输效益最大的交通运输方式,才能实现交通运输的可持续发展。而铁路特别是高速铁路正是满足上述条件的最理想的交通方式。

3.2.3　未来中国铁路运输低碳发展的重大战略需求

尽管铁路本身具有低碳交通的一些特点,作为一种绿色环保型的交通工具,铁路未来发展仍然面临着十分繁重的低碳发展战略。从战略需求角度来看,主要包括能耗结构调整和优化的需求、牵引动力结构优化的需求、低碳管理制度完善的需求、关键节能技术重大突破和创新的需求等。

1. 能耗结构的调整和优化

结构性节能减排是中国铁路运输低碳发展最根本的战略需求。从目前中国铁路能耗结构来看,由于燃油占主要比重,显然离优化的目标尚有比较大的差距。因此,如何推进"以电代油"工程,不断提高电能在能耗中的比重,是今后中国铁路运输低碳发展的重大战略需求。

2. 电气化率快速提升

尽管近年来中国铁路电气化率有了大幅度提升,2012 年已接近 50%,但未来数年依然是中国铁路面临的主要任务。根据铁路"十二五"规划,至 2015 年中国铁路电气化率要达到 60%。这一目标任务比中长期铁路网规划中提出的任务提前了 5 年。预计到 2020 年中国铁路电气化率将达到 70% 左右。这也就意味着中国铁路电气化率迈入了世界电气化率最高国家的行列,远远超过了之前的法国、俄罗斯、德国等老牌铁路发达国家。高速电气化是世界铁路发展的基本方向。中国铁路应充分利用大发展的机会,持续地发展高速电气化铁路,充分发挥电气化铁路的优势,实现以同量的铁路里程完成最大量的运输任务。

3. 关键节能技术的突破

从铁路目前的运输设备来看,大部分已经老化,需要更新换代,应使用节能产品。新设备也存在节能技术进一步提高的空间。例如,高速动车组虽然速度大大提升了,但同时能耗也相应提升。如果在保持高速度的同时,能够有效降低能耗,实现能效的最大化,也是未来研发新型动车组需要攻克的技术难关。由此可看出,无论技术改造还是新技术的研发,都需要在关键节能技术实现突破。

4. 低碳运输管理制度的完善

铁路运输低碳发展对现有的节能减排管理制度提出了新的更高的要求。首先,对能耗的监测提出了更高的要求。目前传统的通过仪表和人工进行监测的方式已经不能满足未来发展的需求。未来我国在能耗监控方面,有望变现有的单位自行上报为在线实时监控,一方面避免获取的滞后性和被动性,消除迟报、漏报、未报、误报等情况,另一方面也便于节能减排预警调控。能耗的在线监测既提高了能耗统计的及时性、准确性和科学性,同时提高了劳动效率。其次,对节能减排的考评制度提出了更高的要求。铁路低碳运输发展需要对其节能减排的现状进行准确的评估,并根据评估结果进行公正、公平的奖惩,才能推动铁路节能减排有效的开展,真正把目标任务、有关规定落到实处。

3.3 中国铁路节能减排的政策措施

中国铁路节能减排的政策措施包括积极的财政政策、合理的技术政策以及科学的管理制度。比较而言,积极的财政政策显得尤为关键,这是决定铁路能耗结构优化进程的重要因素,也是决定铁路能效水平的重要因素。

3.3.1 中国铁路运输低碳发展的财政支持政策

1. 增加国家财政拨款力度

纵观世界铁路发展的历史,铁路在大发展时期都得到了政府在征地、投资、税收、补贴等项政策的鼎力扶持。美国铁路运营里程最长达到了 40 万公里以上,很大程度上得益于联邦政府对铁路资助政策,主要包括土地赠与和财政支持。所以,从赢利性角度来看,最直接的补贴最好是让铁路直接从土地升值中获得补偿,即土地赠与政策。但从我国的实际情况来看,由于土地资源日趋紧张,政府部门除了在铁路直接用地上给予保证外,基本上已无法进行土地赠与。因此,试图借鉴国外铁路建设融资模式在中国已经难以奏效,在这种情况下,需要国家加大对铁路发展的财政支持力度。

2. 建立铁路产业发展投资基金

发展产业投资基金,是一种理想而又卓有成效的筹资方式。铁路产业投资基金作为一项金融工具创新,符合铁路建设和发展的客观需要。从效率来看,这种方式比通过公开上市进行融资更便捷;从融资成本来看,产业投资基金没有硬性的利息负担,投资者的回报只是与项目的赢利程度相关联,因此,它比银行贷款成本低得多,能够有效减缓铁路负债率上升速度;从产权结构来看,它可以改善我国铁路建设长期以来以政府单一投资为主体的产权结构,建立国家、法人为持股主体,集合中小投资者资金的产权明晰、股权分散、资源配置效率较高的产权结构;从投资风险来看,它可以改善现有铁路投资体制在风险控制与风险约束机制方面的缺陷,发挥产业投资基金的商业性投资主体作用,以其规范化的产权制衡机制,强化投资主体法人责任制和投资风险约束机制,提高投资效益。

3. 建立铁路行业节能专项基金

目前,铁路总公司还没有实现从政府到企业的转变。受长期计划经济和政企不分的体制影响,铁路行业节能资金支持力度不够,缺乏比较充分的激励机制。建立铁路行业节能专项基金,一方面可以弥补铁路节能项目投资的不足,另一方面,可实施比较充分的激励机制。

3.3.2 中国铁路运输低碳发展的技术政策

铁路运输低碳技术主要包括:大力发展电力牵引,合理发展内燃牵引,淘汰蒸汽牵引,改善铁路牵引能源消费结构,提高铁路牵引的能源利用率;发展适应铁路重载和高速运输的功率因数高、谐波分量少的大功率交流传动电力机车和高效、大功率内燃机车;发展大型、专用化车辆,提高轴重、减轻自重;发展重轨、超高强度的淬火钢轨和无缝线路,均衡提高轨道整体承载能力;提高电力牵引供电功率因数,减少谐波分量和负序电流,发展和推广功率因数补偿技术;推广机车节油、节电、节煤的综合节能技术;推广电动机、风机、泵类设备和系统的经济运行技术、电机调速技术、电力电子技术,提高电能利用率;推广清洁煤技术,采用综合节能技术改造工业锅炉、工业炉窑,提高设备的热效率,根据经济合理性推广热电联产,提高热能利用率;推广采用高效节能光源、灯具及其控制技术,提高照明质量,节约照明用电;按照因地制宜、多能互补、综合利用、讲求效益的方针,大力开发利用太阳能、风能、沼气、地热等可再生能源和新能源;回收利用余热余能资源和水资源;推广国家公布的先进通用耗能设备和节能技术,限制或者淘汰国家明令公布的能耗高的落后技术、工艺、设备和材料。为推进上述技术的发展,应制定与之配套的技术政策。

1. 铁路运输低碳技术政策导向

铁路未来发展趋势将会进一步改变目前铁路系统的能源结构,最终完全形成电力和燃油(其中以耗电为主)的能源消费结构。可以预测,适应这一能源结构的节能降耗战略可以定位为"节油代油"技术,即机车推广节油技术和以电代油技术。在机车的使用和发展上,做到合理使用内燃机车,大力发展电力机车,逐步淘汰蒸汽机车。围绕着这一定位,节能技术路径包括两大项:节油技术和节电代电技术。

铁路运输低碳技术未来发展方向主要集中在两大方面,一是大力推进"以电代油"工程,实现能源结构根本性调整和优化;二是继续推进内涵式扩大再生产,通过改善和调整运输组织,挖潜节能。相比较而言,起核心和关键性并且具有战略性和全局性作用的还是实施"以电代油"工程。因此,加快铁路电气化建设,积极推进节约和替代石油工程,仍将是未来铁路节能工作的一项重要目标。据测算,通过提高既有线电气化率和电力机车牵引比重,"十一五"期末,在运输能耗总量增长幅度低于换算周转量增长幅度的基础上,铁路行业将实现以电代油 1200 万 t,铁路牵引成品油消耗量将比"十五"期末下降 90 万 t。

1)大量使用电力机车

铁路以电代油的关键环节是大量使用电力牵引,合理利用并逐步降低内燃机车的比重。根据铁道部的计划要求,"十一五"期末电力机车牵引比重要达到 80%以上的目标。新建客运专线,要全部使用电力牵引。目前电力机车的比重离这一要求还有相当大的距离。2006 年国家铁路电力机车在所有机车中所占比例为32%,在某些铁路局电力机车的比重还低于全路的平均水平。因此,使用电力机车还有很大的空间。未来的机车构成中,电力机车要成为绝对主力,主要干线全部实现电力牵引。在电气化线路使用内燃机车牵引,从某种意义上来说,也是资源的极大浪费。内燃机车只在支线或者用于特殊条件下救急之用,例如,因严重雪灾或者暴风雨导致电力接触网中断供电,电力机车无法运行,应迅速启用内燃机车救急。

同时,要扩大机车向客车供电技术应用范围,在电气化区段逐步取消柴油发电车,无特殊要求的禁止使用燃油锅炉。实践证明,电力牵引会带来许多效益。高速铁路由于使用动车组,节能效果更为明显。例如,"和谐号"CRH2 型和 CRH3 型动车组,采用了流线型车体和轻量化技术,重量比一般铁路客车轻 30%以上,降低能耗效果显著。大致测算,CRH3 型"和谐号"动车组列车每小时人均耗电仅 15kW,从北京南站到天津站人均耗电 7.5kW·h,是陆路运输方式中最节省能源的。

2)提高电气化铁路比重

2000 年在南非召开的世界铁路大会上,许多国家知名专家认为,在客货运量比较大、基础设施比较好的国家,像中国和俄罗斯,应大力发展电气化铁路,其电气化率应在 50%~60%,承担的运量应在 80%~90%。但从世界能源形势和中国未来发展的需求来看,这一目标仍然偏低。加快铁路电气化建设,无疑是我国铁路未来发展的主要方向。近年来,我国电气化率提升很快,2012 年已超过 50%,达到了52.3%,近 10 年来实现了翻番(2003 年电气化率为 25.7%),已经跨入世界电气化铁路先进国家的前列。从目前的进度来看,已圆满实现了"十二五"期末铁路电气化率 60%的目标。从中长期来看,电气化铁路的目标仍需进一步提高。目前的电气化率与西方某些发达国家相比仍然有一定的差距。例如,西欧国家电气化铁路平均达到了 80% 以上,有的国家甚至达到了 99%。因此,提高电气化铁路的比重就成为我国铁路运输低碳发展的一个主攻目标。比较可行的路径是:继续改造存量,保证增量,即对繁忙的既有线实行电气化改造,新建线路全部按电气化线路进行设计和投资施工。这个方案有三点非常关键:一是新建铁路线路全部实现双线电气化,做到"一步到位",避免二次改造;二是煤运通道全部实现双线电气化,个别线路即使初期难以做到,也应该预留电气化发展空间;三是在客货混跑的既有线中,做到主要干线全部实现电气化。

3)提高机车牵引效率

由于铁路能源消耗主要集中在机车的使用上,因此,提高机车牵引效率直接关系到能耗效率。机车能耗包括有效能耗和无效能耗,有效能耗的高低取决于机车本身的性能,无效能耗的高低取决于运输组织的优劣。降低机车有效消耗的更佳途径是改进机车的性能,例如,尽量使用电力机车,使用内燃机车也应该向大功率的内燃机方向发展,降低机车有效能耗。

但在既定的机车条件下,降低无效能耗更容易收到实效。因此,如何降低无效消耗理应成为今后节能工作的一个重点。

产生无效能耗的情形有两种:第一种是机车站停超时形成的柴油机空转耗油浪费,这跟行车调度以及车站组织工作有关系;第二种是列车在运行途中出现了停车或减速所造成的动能损失。其原因有三:一是因故非正常停车再启动运行所造成的;二是列车在运行途中由于司机操纵不当造成的浪费;三是单线区段列车交会处置不当造成的浪费。显然,降低或避免无效浪费的关键是要创新运输组织结构以及出台一些制度性的奖励和约束措施。

4)新式的站房设计采用新技术,实现节能环保

新修建的高速铁路和客运专线除了使用电力机车,能实施"以电代油"工程外,其新式的站房设计由于采用了新技术,实现了节能环保。例如,北京南站、天津站均设计了超大面积的玻璃穹顶,在各层地面还作了透光处理,充分利用自然光照明。北京南站采用了热电冷三联供和污水源热泵技术,可以实现能源的梯级利用,该系统产生的年发电量能满足站房 49% 的用电负荷。北京南站还采用了太阳能光伏发电技术,充分利用了太阳能。根据我国中长期铁路网规划,未来十余年我国将有一批客运专线和高速铁路投入建设和运营,如果其配套的新站房能在节能技术上进一步提高和完善,将对我国铁路系统整个的节能降耗产生更为积极的影响。

2. 铁路运输低碳技术重点支持政策

1)节油技术政策

首先,改进和提高内燃机车的技术装备水平,使内燃机车燃油消耗率达到国际先进水平。具体方法就是采用加装机车新型轮轨自动润滑节能装置,强化柴油机

结构和性能参数等技术措施。

其次,提高柴油的使用技术。例如,采用高冷凝点的柴油;推广使用零号柴油技术;推广润滑油、燃油添加剂和节油装置的应用;发展电子燃油喷射技术等。

最后,加强技术管理。具体措施包括:应用内燃机车用油计算机管理系统,监督内燃机车用油执行全过程,保证计量准确,为节奖超罚提供科学依据;加强对内燃机车用柴油、润滑油的质量检验,保证燃油质量;组织试验筛选质量好、效率高的添加剂产品;组织对各炼油厂油品热值参数适用性研究分析,指导机车合理应用和油品采购;开展内燃机车使用代用油的适用性研究,为内燃机车"代用油"的应用做好技术准备。

2)节电技术政策

首先,研究开发、扩大运用交流传动电力机车。推广机车向客车供电技术,电气化区段运用的新造客车采用 DC600V 供电制式,逐步减少发电车为客车供电。

其次,改进电气化线路质量,包括:采用各种节电技术,提高电气化铁路的电能质量和供电效率;合理配置电气化铁路用电容量,提高牵引变压器的利用效率;电气化铁路牵引供电网采用高性能的动态无功补偿技术,提高功率因数和变压器的容量利用率;减少谐波分量和负序电流;合理选择接触线线材,提高弓网受流性能。复线电气化铁路区段牵引供电系统推广采用平衡变压器。

3.3.3 完善铁路低碳减排制度体系

我国国内铁路低碳建排工作早已启动,主要是依靠逐步完善的节能管理条例。最近几年,铁路主管部门着力加强能耗及碳排放的统计、监测、考核及评价指标体系建设,尤其是推动能耗统计向能耗监测控制转变。能耗监测控制通常是在管理者进行长期的观察和分析、全面掌握能源种类和比例及能源使用效率的基础上,通过测算和统计来确定的。能耗监测的确定,能够为部门的能源管理提供量化的依据。实践证明,建立严格的能耗监测控制制度,是加强科学管理,确保将节能降耗工作目标落实到位的主要手段之一。不仅传统能源的消耗需要进行监测,而且作为新能源的地源热泵系统所产生的能耗也需要进行监测,并进行能效评估。

第4章 节能管理

铁路管理节能是指运用管理手段和管理制度,使得铁路行业能耗降低。铁路管理节能手段主要包括运用统计、监测和考核评价指标对铁路用能单位进行分析和评估,通过经济奖惩和行政处罚等手段来约束用能单位的能源消耗。通过健全组织管理体系,强化精细化管理来提高能效。

4.1 运输组织优化管理

蓬勃发展的铁路事业对铁路运输组织产生了重大的影响,运输组织方式的这一新变化又引起了对能源利用效率的影响。运输组织方式的变化主要包括货运组织方式实施重载运输、货物装卸技术变化、行车调度方式的变化以及整个运输组织结构的简化等方面。铁路运输实际上是一个通过铁路组织网络中的各个环节实现资源优化和高效率的过程。因此,创新运输组织结构不仅可以使铁路通过挖潜改造,实现自身的大发展,而且可以在发展中有效地降低能耗,节约成本。

4.1.1 实施重载运输

实施重载运输已成为铁路运输的发展方向之一,除了能够提高铁路运输效率以外,还能节约能源。西澳大利亚的 BHP 重载铁路公司从 1980 年到 2000 年,由于开行重载列车,车轮、钢轨寿命提高了 3～5 倍,劳动生产率提高了 5 倍,达到了 6000 万 t·km/(人·年),动力油耗下降了 43%。与国外相比,我国铁路重载运输相对落后,但经过 20 多年的努力,也取得了重大的突破。其发展过程可以概括为:通过两种途径,经历了三个阶段和采用三种不同的运输组织模式。两种途径就是新建大能力、高标准的重载列车运输专线和有计划地对既有线进行配套改造。三个阶段和采取三种运输模式为:第一阶段为 1984～1990 年,开行组合式重载列车,1989 年 9 月 19 日第一列万吨重载列车在大秦线试验成功,20 世纪 90 年代我国铁路重载技术开始向生产力全面转化;第二阶段为 1990～1992 年,新建大同至秦皇岛铁路运煤专线,开行单元式重载列车;第三阶段为 1992 年以后,对沿海繁忙干线逐步改造,开行整列式重载列车。对煤炭运输采用重载运输,不仅提高了运力,缓解了煤炭的运输压力,而且有效地降低了能耗。因此,今后应在改造后的既有线和新建煤运通道上,更多地组织 1 万 t 大列,并向 1.5 万 t 或 2 万 t 大列目标方向迈进。

4.1.2　提高货物装卸效率

提高货物装卸效率是提高运输生产力水平的又一个关键技术环节,尤其是对于煤炭运输。提高货物装卸效率,可以大大增强铁路运力,缩短机车停时,降低油耗。其途径包括:一是通过开行直达列车,实施整列配空装车、整列卸车,实践证明,这种"点对点"的运输方式提高了运输组织效率;二是对装卸场所进行改造,打造战略装车点,除了装卸设备进行现代化改造之外,还应对装车线进行改造。这些措施有助于从运输组织上进行优化,提高机车运用效率,实行节约用油和用电的目的。

4.1.3　改进列车调度技术,实现信息现代化

信息技术在铁路运输中的使用大大提高了铁路作业技术的现代化,并对原有的工作方式和作业流程产生了革命性的变化。例如,CTC 和 TDCS 在列车调度中的运用就彻底地改变了原有的列车调度方式,大大提高了工作效率,实现了科学合理地编制列车运行图,使最大化地配置铁路运输资源成为了可能。信息技术实现了列车运行计划的计算机程序设定,列车计划调度人员根据计算机提供的充分信息能对运行图进行灵活、快速的调整,以确保运输组织的各环节更为紧密协调地运作,为科学合理地组织行车调度指挥创造了有利条件:一是可以做到优化机车运用,最大限度地减少机外停车,少放单机,减少备用机车;二是能够均衡上下行车流,避免不合理空车、欠重车;三是能优化牵引定数,合理配置机车。机车与牵引吨位合理配备,组织满载货物运输,减少欠重欠轴,避免功率浪费、损坏机车等,提高机车运用效率。列车调度手段的现代化最直接的效果之一就是大大提高了能源利用效率,降低了能耗,节约了能源。

4.1.4　优化运输中间环节的资源配置

压缩铁路运输中间环节是最大化利用铁路现有资源,提高运输生产率,实现铁路内涵式扩大再生产的重要手段。代理理论认为,代理链越长,越不利于管理者对执行人员进行控制,组织的效率也就越低。随着市场经济的进一步发展和铁路生产力水平的不断提高,对运输组织中间环节进行改革,优化铁路资源的时机已经逐渐成熟。

1. 精简机构,简化流程

2005 年 3 月 18 日,全国铁路成功实施了铁路局直接管理站段体制改革,取消了铁路分局;2003 年 8 月至 2006 年 3 月,铁道部对全路运输生产力布局进行了大范围调整。实践表明,这两项重大改革彻底打破了我国铁路延续 50 多年的运输管

理体制和运输生产力布局,使铁路运输组织结构得到优化。首先,提高了线路资源使用效率。机构改革打通了原分局分界口,解决了过去由于运输站段过多、人为分割运力资源的问题,为统筹利用路网能力、进一步提高列车速度、增加客货列车对数、发展重载运输创造了有利条件。其次,提高了机车车辆运用效率,促进了编组站的优化分工、机车车辆的优化配属及合理运用,大大提高了机车车辆运用效率。与 2004 年相比,2006 年全路机车日产稳步提高,货车周转时间进一步压缩,节约了大量机车车辆购置费。最后,提高了运输指挥效率。全路四大工种调度台大幅度压缩,调度指挥里程大幅度延长,铁路局直接指挥行车,为实现运力资源优化配置、提高运输组织效率创造了积极条件。

2. 压缩机车在站无效等待时间

降低和避免无效能耗的方法有以下几种:①加强对计划调度人员技术培训,提高其作业水平。造成机车站停超时的一个重要原因是列车调度人员指挥不当,工作缺乏效率。因此,需要加强计划调度工作。②认真组织提高列车阶段计划的准确性,计划调度员和机车调度员要及时沟通,安排好机车叫班点,做到不早叫,压缩机车在站无效等待时间。③合理安排好列车的交会和待避时刻,减少机车的中间站停留等待时间。尤其在干线要按照列车运行图的时刻行车是非常关键的,调度员只有按图组织、按线条运行才能尽量减少列车中间站停留时间。

3. 切实提高机车乘务员途中操纵水平

司机操纵不当,主要表现在途中因为速度控制不好,在接近限速时被迫使用制动减速,一般情况下一次制动将使列车速度下降 5km/h,会造成列车运行中能耗的浪费。

4.2 节能制度精细化管理

为加快推进节能减排能力建设,铁路"十二五"节能减排规划中提出加强节能减排统计、监测和考核体系建设;推进节能标准化建设,组织修订能源审计、节能量测验证标准以及节能监测、节能技术评价等标准;逐步建立节能监测体系。

4.2.1 铁路行业节能管理规定

为加强铁路节能基础工作,铁道部颁发了《铁路运输企业能源消耗与节约统计规则》《关于将节约能源指标和铁路建设项目管理纳入铁路局经营业绩考核的通知》等规定;为加强铁路工程节能管理,颁布了《铁路工程节能设计规范》等标准。另外,近年来加大了对铁路节能政策法规的研究力度,组织开展了《铁路节能技术政策研究》、《客站节能技术的研究》、《现代铁路客运站能耗标准及节能管理对策研究》、《铁路机车跨局运输能源统计及动车组能耗统计分析研究》、《内燃机车节能技术及标准研究》等专题研究,为健全完善铁路节能法规标准体系奠定了基础。

2015年6月23日,中国铁路总公司印发了《中国铁路总公司节约能源管理办法》,就节约能源范畴、考核评价主体、机构与职责、节能管理、重点用能单位节能管理、节能宣传培训等内容作出了明确规定。停止执行原铁道部印发的《铁路实施〈节能能源法〉细则》(铁计〔1998〕85号)。

4.2.2　路局、站段节能管理规定

各铁路局根据以上政策精神,制定了相应的实施细则,进一步落实了能耗统计分析、节能奖惩考核办法。例如,沈阳铁路局根据《铁路实施〈节约能源法〉细则》(铁计〔1998〕85号)文件精神,结合铁路局实际,制定了《沈阳铁路局节约能源管理办法》,从机构及职责、科技节能、用能管理、水电管理、能源监察、站段评比标准等几个方面对沈阳铁路局节能工作做了相关规定。在牵引能耗管理方面,各铁路局机务段根据铁路行业相应规定,都制定了细化的规定,主要包括《机务段机车能源节约考核奖分配办法》、《机务段燃油管理办法》等。

第二篇 环 保 篇

第 5 章　铁路环境污染特点

　　铁路是一种线型工程,它对环境的影响建设期以生态环境为主,运营期以(水、气、声、渣、振动、电磁干扰等)污染(物排放)为主,影响范围局限于线路两侧一定距离内的带状地区,其特点如下。

　　建设期:铁路工程由于线路、站场、建设占用大量土地,改变线路两侧及站场周围地区原有生态系统(农业、森林、草原、湿地、荒漠等);施工过程中原地表植被和地形、地貌被破坏或改变,切割生境,影响野生动物的迁徙及栖息;雨季由于地表裸露,土壤被侵蚀而引发局部地区水土流失;某些主体工程如隧道开挖大量出碴的弃置,以及由于涌水而使地表水资源漏失;桥梁施工使河水浊度增加,影响行洪等造成生态环境损害。铁路建成投入运营后由于各类防护工程发挥作用,种植的各类植物成活,取弃土场复垦、绿化的实施,以及临时占地的再利用,建设期被损坏的生态环境得到了补偿或恢复。施工期对生态环境影响主要集中在取弃土量大的站场,隧道、桥梁等主体工程以及某些特殊工点。

　　运营期:运营期对环境的污染主要集中在铁路进入城市的区段,以及编组站、区段站等到铁路设施集中的地区。铁路在输送旅客、货物,进行运输生产作业过程中,对周边环境状态产生影响,形成铁路运输环境的主要问题。

1. 噪声

　　列车运行产生的噪声(轮轨噪声、空气动力噪声、受电弓噪声、机车鸣笛噪声等),大型维修机械产生的噪声,车站作业产生的噪声,站场空压机、站段水阻试验产生的噪声,对线路两侧及周围的居住区、学校、医院等需安静环境的设施会产生干扰,影响人们生活、学习。

2. 振动

　　机车车辆运行中路基产生的振动,对沿线附近建筑物产生影响;列车运行产生的振动沿地表传播,一般情况下离铁路 60m 以内的三类建筑室内地面有可能受到振动影响,铁路临近地区若建有地震观测站台和对振动敏感的设施也可能受到干扰,影响其测试结果。

3. 电磁辐射

　　电力机车运行受电弓与接触网由于瞬时离线产生宽频无线电干扰波,使线路邻近地区居民电视产生干涉条纹和雪花,影响电视收看质量;某些对电磁波敏感设施的功能也将受干扰。

4. 固体废物

旅客列车排放的固体废物,主要是旅客生活垃圾与厕所排放的污物。目前旅客生活垃圾已由列车收集,在指定车站定点卸载,交当地环卫部门处置。旅客列车中的动车组和一部分高档次客车已安装使用密闭式厕所,做到厕所排放的污物集中收集;但目前大多数普速旅客列车仍是直接排放,抛洒车体本身和线路两侧及轨道上,不仅污染环境,而且影响线路作业人员的身体健康。

5. 大气影响

内燃机车排放废气中的碳氢化合物、氮氧化合物和油烟,旅客列车餐车煤炉排烟,运煤列车扬尘,机车车辆检修中由于用汽、用热需要的煤、油等锅炉燃烧产生的废气、烟尘,会使线路两侧和周边地区一定范围内的空气中的有害物质浓度增加,降低空气质量。

6. 水污染

水污染包括机车整修整备中产生的废水、客车整备中洗车产生的废水、客车备品洗涤产生的洗涤废水。

第6章　铁路污染治理与监测

6.1　水污染治理

本节在分析了铁路系统产生的水污染特点及治理要求的基础上,分类明确相应的水污染治理技术,结合研究成果,给出了青藏线高寒站区低温生活污水处理案例。

铁路系统产生的污水主要有生产废水和生活污水两大类。生产废水主要有机务车辆整备检修过程中产生的含油污水、客车整备洗涤卧具过程中产生的洗涤污水和列车集便器粪便污水;生活污水是车站站房和铁路沿线居民区排放的,产生于旅客旅行和铁路职工家属工作和生活过程中。

因为目前环境保护部门尚未提出对铁路实行污染物总量控制的要求,故铁路污水一般仅要求做到达标排放。依据受纳水体的功能要求,环保部门要求执行不同的排放标准,一般要求处理后达到污水综合排放一级标准,较少要求达到二级,也有要求很高的,如青藏线长江源头地区要求达到生活饮用水源水质二级标准。需要根据污水水量和水质,依据不同的排放标准采用不同的处理工艺处理污水,以保护铁路沿线的环境。

6.1.1　水污染特点

本节主要对含油废水、洗涤污水、铁路中小站区生活污水、列车集便器粪便污水这几种常见铁路污水,以及特殊线路条件下如青藏线高寒站区生活污水的特点进行分析。

1. 含油废水

含油废水主要为机务段、车辆段机车和车辆整备与大修中过程中产生的生产废水,因污水中石油类浓度较高而得名。污水数量主要与整备的机车或车辆的作业量有关,单个工点污水量一般大于 $200\text{m}^3/\text{d}$,小于 $1500\text{m}^3/\text{d}$。一般情况下,每日不同时段污水排放量不均匀,污水排放量与车间班次作息时间对应,大流量集中在早上上班后、中午午餐后和下午下班后 3 个时段,最大时流量系数可达 2 以上。

目前各站段现场仅对含油生产污水中的石油类、COD、SS、氨氮和 pH 等指标进行检测。对多个机务段和车辆段污水水质调查的结果表明,铁路不同站段含油生产污水水质无较大差别,以石油类、COD、SS 等为主要污染物,其污染物浓度范围分别为 57~300mg/L、200~400mg/L 和 50~200mg/L;一天之内不同时段污水水质变化较大,工作时间污染物浓度高。

2. 洗涤污水

全路共有 66 个洗涤工点,洗衣总量 152 万件/d,排放污水总量 $1.5×10^4 m^3 · d$。调查检测了全国 8 个铁路局 17 个洗衣房,铁路洗涤污水水质如表 6.1 所示。

表 6.1　铁路洗衣房洗涤污水水质

项目	COD/(mg/L)	BOD$_5$/(mg/L)	SS/(mg/L)	LAS/(mg/L)
最高值	862	124	340	69
最低值	30	19	25	0.5
均值	243	83	110	15

调查结果表明,不同地区洗衣房的铁路洗涤污水污染物浓度差异较大,主要是洗涤过程中添加的洗衣剂的品种和数量不同所致;各工点采用的洗涤程序有差异,有的采用四道工序,有的采用三道工序,漂洗次数越多,污水中污染物浓度越低;不同的洗涤工序排放的污染物的浓度差别大,洗涤工序污水污染物浓度远高于漂洗工序污水污染物浓度。

3. 铁路中小站区生活污水

大型站区的生活污水水质基本和当地市政污水水质相仿,一般情况下,排水均汇入市政污水管道,集中在地方污水处理厂进行处理,不需单独对生活污水进行处理。但铁路中小站区所在地区一般未建污水处理厂,需要铁路单独进行处理达标后再排入周围的地表水体中。

铁路中小站区(不含区段站)生活污水水质主要由污水组成决定,同时也受其他因素影响;中小站区生活污水水质一般好于市政污水;大量的检测资料统计出的污水水质如表 6.2 所示。

表 6.2　铁路中小站区生活污水水质

项目	COD/(mg/L)	BOD$_5$/(mg/L)	SS/(mg/L)
最高值	250	150	100
最低值	120	50	50
均值	200	80	80

铁路中小站区生活污水水量主要由车站旅客数量和铁路职工家属人数决定;中小站区生活污水水质一天之内变化很大,早上和中午水质较差,下午和晚上水质

较好。

4. 列车集便器粪便污水

考虑到列车直排式厕所排放粪便污水对环境卫生的危害，列车集便器开始广泛使用，目前在动车上均设置了列车集便器，运输途中旅客和乘务人员排出的粪便以及冲洗厕所的水均被收集到集便器内，到车站或动车所后再排放。列车集便器污水是随着铁路现代化发展新产生的一种污水。

有研究报告对真空式卸污方式列车集便器粪便污水水质进行了监测，污水中杂质较多，如粪便、卫生纸等。水质监测数据表明，卸污混合液主要污染物 COD 浓度在 $13768 \sim 18500$ mg/L；BOD_5 浓度在 $2550 \sim 10400$ mg/L；SS 浓度在 $9870 \sim 12100$ mg/L；氨氮浓度则高达 3000mg/L 以上。列车集便器粪便污水相比市政粪便污水水质和铁路生活污水水质具有不一样的特点，氨氮浓度高是列车集便器粪便污水水质的突出特点，因此深度脱氮处理集便器污水是该类污水处理的难点。

为了考察污染物随时间变化的关系，又对不同静置时间后的污水进行了监测，结果表明，污水静置 12h 后 COD 浓度仍在 $3590 \sim 7875$ mg/L；BOD_5 浓度在 $2132 \sim 4210$ mg/L；SS 浓度在 $873 \sim 1380$ mg/L。将此数据与国外监测数据相比较，其污水水质相接近。

5. 青藏线高寒站区生活污水

寒冷冬季在青藏线德令哈站区实测车站含粪便生活污水水质如表 6.3 所示。

表 6.3 青藏线车站含粪便污水水质

项目	COD/(mg/L)	BOD_5/(mg/L)	SS/(mg/L)	水温/℃
最高值	263	74.4	155	7
最低值	178	56.3	16.7	5
均值	213.8	66	88	5

和其他铁路中小站区生活污水比较，污染物种类和浓度基本相仿，但水温较低，另据格尔木实地检测，冬季寒冷季节的污水水温仅为 4℃，和其他地区不同，低温污水处理技术是青藏线站区生活污水处理中的难点。

6.1.2 水污染治理要求

按照国家污水综合排放标准的规定，地方环境保护管理部门根据当地情况依污水的受纳水体确定污水排放标准，不同种类污水控制不同的污染物指标。

铁路含油废水和洗涤废水一般执行《污水综合排放标准》（GB 8978—1996）（一级）排放标准；铁路生活污水一般执行《污水综合排放标准》（GB 8978—1996）（一

级)排放标准,少量受纳水体要求不高且污染物总量控制允许的地区执行《污水综合排放标准》(GB 8978—1996)(二级)排放标准;列车集便器污水在一些场合需要处理后满足《污水综合排放标准》(GB 8978—1996)一级标准,另一些场合执行《污水综合排放标准》(GB 8978—1996)二级标准或三级标准排放污水。

各类污水考核的污染物指标和标准限值如表 6.4 所示。

表 6.4　铁路污水排放标准　　　　　　(单位:mg/L)

项目	COD	BOD$_5$	SS	石油类	pH	LAS	氨氮
含油废水(一级)	100	20	70	5	6~9		
洗涤废水(一级)	100	20	70		6~9	5	
生活污水(一级)	100	20	70		6~9		15
生活污水(二级)	150	30	150		6~9		
集便器污水(一级)	100	20	70		6~9		15
集便器污水(二级)	150	30	150		6~9		25

对极少数环境敏感区,如青藏线长江源头沱沱河车站,环保部门要求沱沱河站污水处理后达到《生活饮用水水源水质标准》(CJ 3020—1993)(二级),沱沱河站污水水质检测项目及排放标准限值如表 6.5 所示。

表 6.5　沱沱河站污水水质检测项目及排放标准限值　　(单位:mg/L)

项目	色度	pH	LAS	硝酸盐氮	氨氮	高锰酸钾指数
生活饮用水水源水质二级标准限值	不应有明显的其他异色	6.5~8.5	≤0.3	≤20	≤1.0	≤6

按照《铁路回用水水质标准》(TB T3007—2000),以应用最广泛的用于洗车、扫除、冲洗地面、厕所和便器冲洗、浇洒道路和绿化的铁路生活杂用水水质要求如表 6.6 所示。

表 6.6　铁路生活杂用水水质标准

项目	色度	浊度	臭	pH	LAS	铁	锰	COD	石油类	总大肠杆菌	游离氯
标准值	30	10	无不快感觉	6.5~9.0	1.0	0.4	0.1	50	5	18	≥0.3

和 6.1.1 节对照,无论含油废水、洗涤污水、列车集便器粪便污水还是铁路站区生活污水,直接排放的污水水质均不能达到相应的排放标准要求,更达不到回用

水水质标准要求,必须进行处理。

6.1.3　水污染治理技术

1.含油废水处理

铁路系统很早就开展了含油废水的治理技术研究,以气浮为主要处理工艺的污水处理技术较成熟。目前在全路范围内对含油废水进行了广泛的治理,所有的含油废水污染源均已建设污水处理设施。

比较常见的处理工艺流程为:污水→集水井→调节隔油→投加混凝剂→两级气浮池→石英砂过滤→排放。

调节隔油池主要起调节水量和水质作用,同时去除水中的漂浮油;絮凝剂一般投加 PAC;两级气浮池主要去除有机物、悬浮物和乳化油;经过滤后进一步净化,出水一般可达一级排放标准。

采用混凝气浮法处理污水需要考虑污染物颗粒亲水性与憎水性对气浮处理效果的影响,亲水性颗粒不易与微气泡黏附,不宜采用气浮法处理,而憎水性颗粒易与微气泡黏附,宜用气浮法去除。铁路含油废水中常见的烷烃、油、脂肪和多数含有油脂的物质均是憎水性物质,故含油废水中的分散油粒具有极强的憎水性,而且其中的悬浮颗粒与油分相互作用结合,也增强了悬浮物的憎水性。所以,机务车辆部门含油废水和客运部门洗车废水适宜用混凝气浮法处理。

近年来,随着水资源日益紧张,开始考虑将处理后的污水回用,一般采用在上述工艺流程的基础上再增加活性炭吸附和氯消毒两道工艺,处理后一般可达到《铁路回用水水质标准》(TB T3007—2000),可回用于绿化、景观和洗车等。

2.洗涤废水处理

全路大多数客运洗涤站点均建设了污水处理设施,比较常见的处理工艺流程为:污水→调节→混凝气浮→过滤→排放。

和含油废水处理工艺比较,仅减少了隔油一道工艺,但因污水中的污染物性质不同,实际处理效果却有较大差异。这是因为洗涤废水中的合成洗涤剂增大了废水中悬浮颗粒的亲水性。在洗涤过程中,合成洗涤剂分子的憎水基插入油滴中,而其亲水基在油滴外面插入水中,这样油滴及其与油滴结合的颗粒物等被合成洗涤剂分子包裹起来,再经摩擦、振动,污垢就被分散脱离纤维织品,而分散到水中形成乳浊液,从而达到洗涤目的。由此可见,洗衣废水中的污染物颗粒是被合成洗涤剂分子包裹的,外表面被合成洗涤剂分子的亲水基覆盖,从而具有了极强的亲水性,增加了气浮处理难度。所以目前铁路洗涤污水采用气浮工艺处理时效果不是很好,有时不能做到达标排放。

采用混凝气浮方法选择聚合氯化铝作为絮凝剂时,若采用泵前投药,虽然在混合阶段混凝剂与废水充分混合,但破坏了混合阶段初级矾花、小矾花形成的物理化学过程,气浮处理效果差。多年来的实践和分析研究表明,采用气浮法处理洗涤污水时,宜采用泵后投药,并和溶气水同步加入,初级矾花及小矾花形成和絮凝体形成的过程与气浮过程同步进行,颗粒吸附和气泡裹夹贯于整个混凝反应阶段的反应过程,通过颗粒吸附和气泡裹夹使絮凝体内部或表面结合了更多的微气泡,才会有良好的气浮处理效果。为了提高采用气浮工艺处理洗涤污水的处理效果,可对既有的泵前加药的工艺进行改进,改为泵后加药,改造费用低,但处理效果提高较多。

铁路洗涤污水处理技术的难点是去除洗涤污水中的阴离子表面活性剂(LAS),目前已建成的铁路洗涤污水处理装置,多采用沉淀加气浮的处理工艺,虽然建设投资较小、运行费用较低,但LAS经处理后仍很难达标,据国内其他行业的经验,比较可靠且成熟的洗涤污水处理工艺为沉淀气浮后加生物氧化或过滤吸附,虽然建设投资和运行费用均较高,但出水水质可稳定达标。

膜生物反应器(MBR)是一种将活性污泥法和膜分离技术结合起来的污水处理技术,由膜分离组件和生物反应器两部分组成。根据膜组件和生物反应器的组合方式,MBR可分为分置式、一体式和组合式三种类型。与许多传统的污水处理技术相比,MBR具有出水水质好且处理效果稳定、剩余污泥少、占地面积小、可去除LAS等难降解有机物等优点,比较适合处理铁路洗涤污水,目前已在杭州等地已得到应用,处理效果较好,处理后的水质可稳定达到一级排放标准要求。以后建设的洗涤污水处理工程应优先考虑采用MBR处理工艺,但也应进一步开展因洗涤污水中氮磷等营养物质含量偏低对微生物增殖的影响相关研究工作。

当要求出水水质满足《铁路回用水水质标准》(TB T3007—2000)时,可在膜生物反应器处理工艺前增加调节沉淀及厌氧水解,在膜生物反应器处理工艺后增加消毒工艺。

3. 生物脱氮新技术处理旅客列车密闭式厕所粪便污水

以前,我国铁路厕所污水直接排放,排出的粪便污水随高速气流形成气溶胶微粒,呈雾状飞出,可能再进入车厢,对列车内部环境造成污染,同时对铁路沿线的环境卫生也造成严重污染,恶化了车下铁路作业员工的作业环境,对员工的身体健康造成严重威胁,排出的污水又对铁轨等造成锈蚀。为解决此问题,近年来铁路系统逐渐开始采用密闭式厕所,将列车上的粪便污水收集到集便器中,列车到达车站或整备场后排放。该粪便污水氨氮浓度特别高,且处理后需要满足污水综合排放一级或二级标准排放的要求,深度脱氮是列车集便器粪便污水处理的难点,处理难度较大,成为铁路环保面临的新课题。

　　1)污水生物脱氮新技术

　　传统的先硝化后反硝化的生物脱氮工艺一直是国内外广泛采用的废水脱氮工艺,如 A/O 工艺、A_2/O 工艺等,都能有效地去除废水中的氮。随着对微生物作用机理认识的深入及对实际污水处理工艺运行状况的认真分析,发现传统生物脱氮工艺仍存在如下问题:①硝化菌群增殖速度慢且难以维持较高生物浓度,特别是在低温冬季,因此造成系统总水力停留时间(HRT)较长,有机负荷较低,增加了基建投资和运行费用;②系统为维持较高的生物浓度及获得良好的脱氮效果必须同时进行污泥回流和硝化液回流,增加了动力消耗及运行费用;③抗冲击负荷能力弱,高浓度氨氮和亚硝酸盐进水会抑制硝化菌生长;④为中和硝化过程中产生的酸度,需要加碱中和,增加了处理费用。

　　然而近年来,随着科技工作者对生物脱氮工艺的进一步研究,发现了一些超出传统认识的新现象,这些新现象为探索研究生物脱氮新工艺提供了新的思路。最近,一些新的研究表明自然界中存在着多种新的氮素转化途径,如好氧反硝化(aerobic denitrification)、异养硝化(heterotrophic nitrification)、厌氧氨氧化(anaerobic ammonium oxidation)或者由自养硝化细菌引起的反硝化(denitrification by autotrophic nitrifying bacteria)等。对这些新的氮素转化途径的研究导致了多种新型生物脱氮工艺的出现,目前研究较多的生物脱氮新工艺主要有同步硝化反硝化脱氮(simultaneous nitrification denitrification,SND)、短程硝化反硝化工艺(shortcutnitrification denitrification)和厌氧氨氧化脱氮(anaerobic ammonium oxidation,ANAMMOX)等。

　　同步硝化反硝化现象在一些不存在严格缺氧的系统中得到证实。而基于传统的理论,反硝化过程一直被认为是一个严格的厌氧过程。以往的研究表明,反硝化细菌作为兼性菌优先利用 DO 进行呼吸(甚至在 DO 浓度低达 0.1mg/L 时也是如此),这一特点阻止了它以硝酸盐和亚硝酸盐作为电子受体。然而,近几年人们不断地在实际工程中发现好氧条件下的总氮损失,在许多实际运行中的好氧硝化池中常常发现有 30% 的总氮损失。

　　2)生物流化床污水处理技术

　　对于污水生物处理技术,为加强微生物群体降解污染物的能力,强化处理效率,关键的技术条件有两方面:一方面提高处理设备单位容积内的生物量;另一方面强化传质作用,加速污染物从污水中向微生物细胞的传递过程。对第一项条件采取的技术措施是扩大微生物栖息、繁殖的表面积,提高生物膜量,同时相应提高污水的充氧能力。对第二项条件采取的技术措施是强化生物膜与污水之间的接触,加快污水与生物膜之间的相对运动。生物膜法的发展过程,就是对这两项条件采取的具体技术措施的发展过程。20 世纪 70 年代出现的生物流化床基本上能满足上述两项基本条件。流化床是最初用于化工领域的一项工艺,从 70 年代初期开始,受到污水生物处理领域专家的重视,一些国家将这一技术应用于污水生物处理领域,开展了多方面的科研工作。国内外的试验研究结果表明,生物流化床用于污水处理具有有机负荷高、处理效果好、占地少等优点,而且运行适当还可以取得脱氮的效果。

生物流化床与其他生物反应器相比具有以下优点:①单位体积内的生物量大;②强化传质作用,加速污染物从污水中向微生物细胞的传递过程;③不会因为生物量的累积而引起体系阻塞;④BOD_5容积负荷高,处理效果好;⑤占地面积少,投资省;⑥流化床反应器脱氮效果好。

生物流化床是用于废水处理领域的一项高效、简捷的工艺技术,特别适宜中、小型污水处理工程,生物流化床的核心就是在悬浮床、膨胀床或流化床中将微生物固定在颗粒载体上。美国环保署最早在1970~1973年开展了生物流化床处理有机物废水的研究,后因容易发生堵塞而中断。1973年美国Johns等成功地把好氧流化床推广到废水中BOD_5的去除和氨氮的硝化处理上来。美国Ecolotrol公司于1975年首次获得生物流化床处理废水的专利,用于废水的二、三级处理。其后,美国DorrOliver公司在流化床的实用性方面做了许多研究,尤其是在充氧装置与进水分布系统上取得了很大进展,开发了名为Oxitron的流化床反应器。英国和美国水研究中心又分别对充氧方式进行了改进,并成功地用厌氧-好氧两段流化床对废水进行全面的二级处理。日本在20世纪70年代中期开始对生物流化床进行研究,80年代初开展了大量的研究,有代表性的是三菱公司的工作,主要着眼于中小型工厂的废水处理。

我国在生物流化床方面的研究起步较晚。1978年,兰州石化公司研究院环保所开始进行纯氧曝气生物流化床处理石油化工废水的研究工作,先后进行了石油化工综合废水、丁烯氧化废水、甲醇废水和油漆废水处理的研究。除中国兰州石化公司研究院外,国内研究主要集中在空气曝气流化床。1980年,成都市市政工程设计研究院、北京环保所、哈尔滨工业大学、武汉给排水工程设计院等单位根据国家建设委员会城市建设管理局下达的研究生物流化床的任务,以城市污水为对象进行了比较广泛的探索和研究,推出了以兼气床为主的流化床工艺。生物流化床处理污水的优越性已在各种试验研究及工程应用实例中表现出来。兰州石化公司应用曝气生物流化床处理高浓度氨氮工业废水,取得较好的同步硝化反硝化脱氮效果。

3)试验装置及工艺设计

本试验装置及工艺设计是在同步硝化反硝化生物脱氮机理和生物流化床特点的启发下,在前期实验研究的基础上进行的。考虑到列车集便器废水的水质特点及曝气生物流化床特点,对传统的气流动力流化床进行改进,设计了一种新型的曝气生物流化床反应器,如图6.1所示。

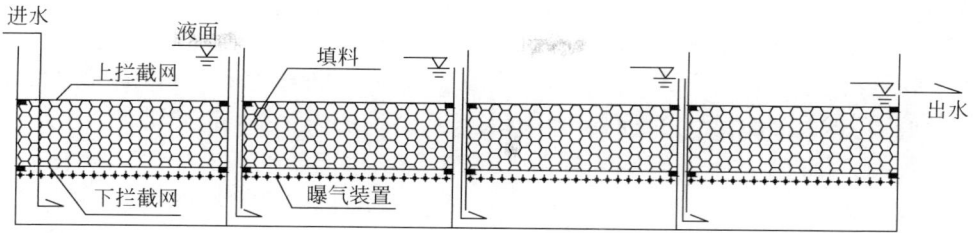

图 6.1　生物流化床反应器试验装置示意图

试验工艺的主要设计思路及试验装置如下。

(1)采用多级反应器串联。由于集便器粪便污水浓度高,为提高反应速率,采用多格串联形式,形成格与格之间的浓度梯度。单格反应池为完全混合式反应器,四格完全混合式反应器串联,使反应器整体呈推流式特点。

(2)在曝气生物流化池内,为防止载体流失并保证流化态的形成,设置上、下拦截网。本试验采用的是一种涤纶丝编织网。下拦截网位于曝气管上方。上、下拦截网之间装填载体填料,为主反应区。

(3)曝气系统由微型气泵、管路、曝气装置三部分组成。微型气泵选用CQ3028N 型,输出压力 30kPa;曝气管道设阀门,调节曝气量。曝气装置出气孔位置应在同一水平面,使各出气孔均匀供气。

(4)每级反应池均从底部进水,上部出水,四级反应池串联,污水重力自流至下一反应器。

(5)本试验采用兰州捷辉生物环境工程有限公司生产的 JHE-2 型微生物载体填料。该载体将高分子材料改性为纤维状的双层管式结构。载体上带有氨基、羧基、环氧基等活性基团,与微生物肽链氨基酸残基形成离子键或共价键结合形式的固定微生物细胞。附着生物膜后的载体密度接近于水的密度,在气泡剪切的作用下,载体在水中呈现流化态。载体管壁中大孔与微孔相结合,气、液、固三相在孔隙中进行传质,载体内外表面呈波纹状、凹凸不平,易于挂膜,形成的生物量大,提高反应器的处理效率。载体表面凹陷处形成的生物膜较厚,可形成好氧、兼性、缺氧共存微环境,形成比较丰富的生物膜菌群,既有好氧菌、兼性菌,又有厌氧菌,使同步硝化反硝化脱氮成为可能。

4)曝气生物流化床反应器处理效能试验研究

(1)反应器的启动。

本试验为了强化反应器的处理效能,缩短生物培养时间,采用微生物接种培养法,按投加种菌—闷曝—连续流培养的方式进行。当微生物培养驯化 3 周时,在进水COD 容积负荷为 2.08kgCOD/(m³ • g)、氨氮容积负荷为 0.87kgNH₃-N/(m³ • m)的运行条件下,反应器对 COD 及氨氮的去除率分别达到 94.4%和 99.7%,载体成功挂膜,完成反应器启动。

(2)容积负荷对去除效果的影响研究。

试验结果证明,当 $NH_3\text{-}N$ 容积负荷在 $0.55\sim1.66kg/(m^3\cdot m)$ 范围内变化时,随着容积负荷的提高,反应器对 COD、氨氮、TN 的去除率均随之降低。

容积负荷在 $0.55\sim1.13kgNH_3\text{-}N/(m^3\cdot m)$ 时,反应器氨氮出水小于 15mg/L,容积负荷达到 $1.36kgNH_3\text{-}N/(m^3\cdot m)$ 时,虽然氨氮去除率高达 98.6%,由于进水氨氮浓度高,出水氨氮浓度大于 15mg/L,已超过污水综合排放标准一级限值 15mg/L 要求,认为此时已超过该反应器氨氮达标处理能力。

容积负荷在 $0.55\sim1.66kgNH_3\text{-}N/(m^3\cdot m)$ 内变化时,出水 COD 值在 375～780mg/L,COD 去除率在 90.4%～95.4% 内变化。随着容积负荷从 1.13 继续降低,出水 COD 值变化不大,稳定在 380mg/L 左右,去除率基本不再提高。出水 COD 不能满足《污水综合排放标准》(GB 8978)综合排放一级标准限值 100mg/L 要求,BOD_5/COD 比值为 0.07 左右,出水残留的有机物难生物降解。

容积负荷在 $0.55\sim1.66kgNH_3\text{-}N/(m^3\cdot m)$ 内变化时,对总氮去除率的影响不大,进水总氮值在 5400mg/L 左右,出水总氮值在 812～1047mg/L,总氮去除率在 85.1%～80.5% 内变化。由于动车集便器粪便污水 C/N 比值低,碳源不足,使反硝化反应受到抑制,随着容积负荷的降低,水力停留时间增加,出水总氮浓度不再明显降低。试验结果表明了反应器在试验条件下处理动车集便器粪便污水COD、总氮的最佳出水效果。

(3)DO 对去除效果的影响。

研究表明,DO 浓度在 2.0mg/L、2.5mg/L、3.0mg/L、4.0mg/L 范围,反应器对 COD 去除率的影响较小,DO 浓度在 1.5mg/L 时,COD 去除率明显降低;DO 浓度在 2.5mg/L、3.0mg/L、4.0mg/L 时,氨氮去除率达 99.7% 以上,出水氨氮小于 15mg/L,DO 浓度在 2.0mg/L、1.5mg/L 时,出水氨氮大于 15mg/L;DO 浓度在 2.0mg/L、2.5mg/L 时,总氮去除率最佳,达 84% 左右,DO 浓度在 4mg/L 时,反应器对总氮去除率 79.1%,在高 DO 条件下也表现出了较高总氮去除率。

(4)最佳运行工况。

温度在 18～25℃ 内变化,反应器对 COD、氨氮、TN 去除率均比较稳定,影响不明显。当温度在 18～25℃ 时,确定反应器最佳运行工况为进水氨氮容积负荷 $1.13kgNH_3\text{-}N/(m^3\cdot m)$、DO 2.5mg/L。在此工况条件下,反应器对 COD、氨氮、TN 的去除率分别达 95%、99.8%、84%,反应器在好氧条件下取得良好的同步硝化反硝化脱氮效果。

(5)微生物特性。

通过显微镜和扫描电镜观察生物相,论述了各级反应器内生物膜的微生物组成和形态特征,分析了反应器内的微生物特性。结果表明,一级和二级反应器中存在大量硝化菌和反硝化菌,反硝化菌产气可能是造成生物膜多孔的原因。在三级和四级反应器中,载体表面负载大量的球状硝化细菌,以致整个载体呈棕黄色,同时有大量表壳虫存在,表明反应器硝化效果良好。

5)曝气生物流化床反应器同步硝化反硝化脱氮研究

通过试验,考察了 DO、C/N 比、温度和 pH 等因素对曝气生物流化床反应器同步硝化反硝化脱氮效能的影响,并对好氧流化床反应器同步硝化反硝化脱氮机理进行了分析。

在不影响硝化效果的前提下,合适的 DO 有助于保持反应器内缺氧微环境,提高反应器的反硝化能力。试验结果表明,DO 浓度在 2.5mg/L 时,反应器达到最佳同步硝化反硝化效果;高 DO 浓度(4.0mg/L)时,反应器有一定的同步硝化反硝化脱氮效果。

在试验条件下,C/N 比对反应器氨氮去除率影响不大。C/N 比对总氮的去除效果产生影响,随着 C/N 比的提高,总氮去除效率提高。在进水氨氮浓度 3478.8mg/L、TN 浓度 5128.3mg/L、C/N 比值 1.6 的条件下,一级反应器取得 74.4% 的氨氮去除率、61.2% 的总氮去除率,反应器在低 C/N 比条件下表现出良好的同步硝化反硝化脱氮性能。

好氧曝气生物流化床反应器能够较好实现硝化和反硝化两个过程。反硝化反应产生的碱度可部分补充硝化反应消耗的碱度;动车集便器粪便污水 pH 高,也可为硝化反应补充提供部分碱度,使系统需要外加补充的碱度少。反应器实现同步硝化反硝化的最佳 pH 范围为 7.0~8.0,pH 低于 7,反应器同步硝化反硝化效能下降。

在 HRT 为 3d、DO 在 2.5mg/L 的运行条件下,进水氨氮平均浓度为 3314.4mg/L,出水氨氮平均浓度为 6.7mg/L,对氨氮平均去除率为 99.8%,出水满足国家污水综合排放一级标准要求,反应器具有很好的硝化能力。进水总氮平均浓度为 5422.7mg/L,出水总氮平均浓度为 864mg/L,反应器对总氮平均去除率达 84.1%,反应器在曝气好氧条件下,能够实现良好的同步硝化反硝化脱氮效果。

好氧曝气生物流化床反应器同步硝化反硝化脱氮机理可以从微环境理论加以解释,反硝化脱氮主要发生在生物膜内的厌氧微环境,反硝化反应由厌氧反硝化菌完成。

相比其他工艺好氧反应器,流化床反应器之所以能取得较好的同步硝化反硝化脱氮效果,主要由于载体表面的生物膜存在好氧、兼氧、厌氧微环境,硝化与反硝化反应能够在一个反应器中完成。同时流化床反应器传质效果好,有利于微生物对污染物的吸附和降解,也强化了生物膜的处理效率。

6)曝气生物流化床反应器动力学模型研究

由 Monod 方程推导出反应器有机物(COD)降解的动力学模型,并对温度范围为 20~25℃时的试验结果进行拟合,求解出反应器有机物降解的动力学参数,得出不同反应器降解有机物动力学模型。

曝气生物流化床一级、二级、三级和四级反应器有机物降解动力学方程为

$$U_1 = 352.6 \tag{6.1}$$

$$U_2 = 38.8 \times \frac{S_2}{110.9 + S_2} \tag{6.2}$$

$$U_3 = 28.4 \times \frac{S_3}{117.5 + S_3} \tag{6.3}$$

$$U_4 = 24.3 \times \frac{S_4}{122.9 + S_4} \tag{6.4}$$

从反应器有机物降解动力学方程可以看出,曝气生物流化床反应器对有机物的降解速率主要受有机物浓度的限制。从一级到四级反应器,随着有机物浓度的逐级降低,有机物的降解速率逐级减小。到第四级反应器,出水 BOD_5 仅为 30mg/L, BOD_5/COD 比值不足 0.1,剩余的主要是难降解有机物。

在分析同步硝化反硝化机理的基础上,建立了同步硝化反硝化动力学模型,温度范围为 20～25℃时,一级反应器同步硝化反硝化动力学模型为

$$-(dC_{NH}/dt)_{硝化} = 140.9 \quad 单位:mgNH_4^+-N/(L \cdot h) \tag{6.5}$$

$$-(dC_{NO_3}/dt)_{反硝化} = 96.5 \quad 单位:mgNO_3^--N/(L \cdot h) \tag{6.6}$$

曝气生物流化床反应器处理动车集便器粪便污水,高氨氮浓度没有对硝化菌产生明显的抑制作用,一级反应器在混合液高氨氮浓度(1000mg/L左右)的情况下,温度 20～25℃时,维持溶解氧 2.5mg/L 左右,氨氮硝化反应速率和硝态氮反硝化反应速率基本保持稳定,氨氮硝化反应速率均值 $140.9mgNH_4^+-N/(L \cdot h)$,硝态氮反硝化反应速率均值 $96.5mgNO_3^--N/(L \cdot h)$,模型可为工程设计提供参考。

从模型可以看出,在一级反应器中,发生了较充分的同步硝化反硝化反应,在好氧状态下,溶解氧在 2.5mg/L 左右,反应器硝态氮反硝化速率达到 $96.5mgNO_3^--N/(L \cdot h)$。模型反映了曝气生物流化床反应器同步硝化反硝化结果,从量化的角度分析了反应器中发生的同步硝化反硝化(SND)现象。

7)集便器粪便污水中难生物降解有机物处理研究

污水中有机物不能被生物降解的原因有多种,但大致可分为三类:对微生物有毒害作用;化学结构稳定;环境因素影响。难降解有机污水治理是水处理领域的一个热点问题,在这一方面发展了许多处理技术:超声波技术;物理方法,如膜分离技术、活性炭吸附等;各种高级氧化技术,包括化学氧化技术、电化学氧化技术、湿式氧化技术、电催化氧化技术、光催化氧化技术等。

集便器粪便污水经四级好氧曝气生物流化床处理后,出水具有以下特点:出水中残留的有机物难生物降解。出水浓度 COD 为 325～465mg/L,平均浓度为371mg/L,出水 BOD_5 仅为 30mg/L 左右,BOD_5/COD 为 0.08 左右。出水色度较高,颜色呈黄色。生化方法很难对高色度和难生物降解有机物进一步处理。对粪

便污水中难生物降解有机物处理,国内有一些工程实例。重庆大溪沟粪便污水处理工程采用活性炭吸附,去除生化处理出水中的难生物降解有机物和色度;河南某市日处理量为 200t 的粪便污水处理厂采用反渗透装置对生化处理出水进行深度处理。

针对粪便污水生化处理出水特点,探讨二氧化钛光催化法对此种污水的处理效能,设计了试验装置并进行了试验,探索技术上和经济上都较优的后续处理工艺,使列车集便器粪便污水最终出水达到有关排放标准要求。

实验得出如下结论。

(1)粉末状和负载型的光催化剂对 COD 降解影响不大,为便于重复利用,采用负载型光催化剂。

(2)当光催化剂的用量大于 2g/L 时,加大催化剂用量对 COD 的变化影响不大,当光源为 15W 紫外灯,催化剂二氧化钛为 2g/L 时,光源的利用率达到极限。

(3)pH 对光催化氧化的效率有较大影响,酸性条件更利于反应的进行。酸性条件下 TiO_2 分子表面会产生一定的电势,在这种电势的作用下,光生电子位置发生迁移,从而抑制光生电子与空穴的复合,使得 TiO_2 的光催化活性提高。

(4)投加 0.2ml/L 30% 的双氧水,可大大加快 COD 的降解速率,4.5h 降解率达 90%,COD 达到一级排放标准。

8)工程推荐工艺及设计

如处理后出水水质要求达到《污水综合排放标准》(GB 8978—1996)三级,主要指标浓度限值为:BOD_5 300mg/L、COD500mg/L、氨氮未做要求。建议采用如下工艺,如图 6.2 所示。

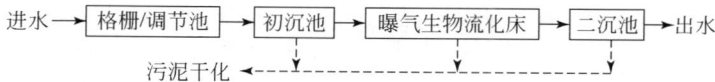

进水 → 格栅/调节池 → 初沉池 → 曝气生物流化床 → 二沉池 → 出水
污泥干化 ←----

图 6.2　污水处理工艺流程图(三级排放标准)

如处理后出水水质要求达到《污水综合排放标准》(GB 8978—1996)一级,主要指标浓度限值为:BOD_5 20mg/L、COD100mg/L、氨氮 15mg/L。建议采用如下工艺,如图 6.3 所示。

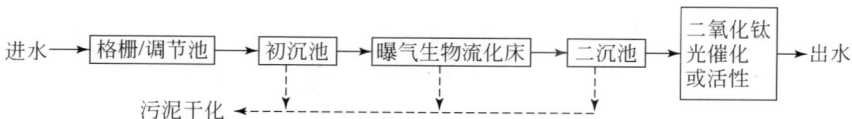

进水 → 格栅/调节池 → 初沉池 → 曝气生物流化床 → 二沉池 → 二氧化钛光催化或活性 → 出水
污泥干化 ←----

图 6.3　污水处理工艺流程图(一级排放标准)

铁路行业粪便污水处理,一般处理对象为动车段化粪池污水,该化粪池污水为列车集便器粪便污水、生活污水及其他污水的混合水,因几种污水在混合水中所占比例各地不尽相同,应具体分析化粪池污水来源及比例构成,检测或预测化粪池污水水质,为曝气生物流化床设计提供基础数据。

曝气生物流化床设六级串联,每级反应器有效容积相同,设计进水氨氮容积负荷为 $1.13kg/(m^3 \cdot m)$、DO2.5mg/L。在上、下拦截网之间装填生物载体,装填量50%(填料堆积容积和上下拦截网之间容积比值),上、下拦截网之间为反应器有效容积。

曝气生物流化床处理列车集便器粪便污水具有容积负荷高、占地小、不需要污泥回流、不产生污泥膨胀、脱氮效率高等优点。

由于铁路列车集便器粪便污水中通常含有一定数量的难生物降解有机物,造成污水经生化工艺处理后,出水 COD 往往大于 100mg/L,难以达标,在生化处理工艺后,可考虑采用其他工艺对难生物降解的有机物进行深度处理。

4. 青藏线高寒站区低温生活污水处理

青藏铁路格尔木至拉萨段,是世界上海拔最高、自然条件最为艰苦的高原铁路。沿线珍稀物种丰富,生态类型独特原始,环境极其敏感脆弱,一旦被破坏很难恢复。青藏铁路建设中有效保护环境是一项重要任务,也是国内外关注的焦点。为保护沿线的水环境,原国家环保总局要求车站和武警桥隧守护点产生的生活污水执行《污水综合排放标准》(GB 8978—1996)一级标准;沱沱河站位于三江源保护区,站区生活污水经处理后排入沱沱河,沱沱河站污水排放则执行《生活饮用水水源水质标准》(CJ 3020—1993)二级标准。生活污水处理要求达到生活饮用水水源水质标准,这在国内尚属首次,体现了国家对三江源水环境保护的高度重视和三江源水环境保护的重要意义。

处理生活污水满足污水综合排放标准,在一般地区有成熟的技术和工艺。青藏铁路多数站区海拔 4000m 以上,高寒缺氧,空气稀薄,污水水温最低低于 5℃,在该地区开展污水处理没有工程实践;沱沱河站污水执行生活饮用水水源水质标准排放,国内外没有先例。针对青藏铁路污水处理特殊条件及处理水质的特殊要求,没有相应的成熟技术和工艺可借鉴,迫切需要根据青藏铁路污水处理具体情况,开展科研攻关,研究适合青藏铁路低温缺氧特殊条件及污水处理特殊要求的经济合理先进可靠的污水处理新技术。

1)混凝沉淀处理低温生活污水试验研究

(1)实验室试验。采用低温生活污水(冷却到水温5℃)为试验原水,采用三种混凝剂聚合硫酸铁(polyferric sulfate ,PFS)、聚合氯化铝(polyaluminium chforide,PAC,别名碱式氯化铝)、WPC 净水剂进行试验,分别投加不同剂量,进行相同的搅拌作业,静置一段时间后,检测主要污染物浓度,计算污染物去除率,以确定三种混凝剂的最佳加药量、最佳沉淀时间,进行混凝剂优选比较分析。

不同加药量试验结果表明,PFS和PAC的最佳加药量为100mg/L,WPC的最佳加药量为400mg/L;三种混凝剂均可达到50%以上的COD去除率,在各自最佳的投药量条件下,对低温生活污水中主要污染物去除率相差不大。

从不同沉淀时间混凝试验可以看出,三种混凝剂的沉淀规律均是刚开始时沉淀很快,污染物去除率增加很快,以后随着沉淀时间的增加,污染物去除率增大趋缓,确定最佳沉淀时间为60min。

从以上试验结果看,试验的三种混凝剂在其最佳加药量时的去除率相差不多,所以,混凝剂的优选主要考虑成本因素,以药剂单位成本负荷核算。结果表明,PAC的药剂单位成本负荷在三种污染物中为最高,说明试验三种混凝剂最佳加药量时,PAC的成本最低,同时考虑到PAC为固体,采购、保管容易,使用方便,确定对于低温生活污水,三种混凝剂中PAC为最优。

(2)中试试验。在实验室小试的基础上,设计混凝沉淀反应器,进行中试试验研究。现场中试试验在格尔木某铁路小区进行。反应器设计处理水量为1m³/h,处理污水为小区化粪池出水。试验用混凝剂采用浙江佳磁集团公司生产的固体聚合氯化铝(PAC),符合GB 1589—1995聚合氯化铝技术指标要求。采用实验室试验确定最佳加药量和沉淀时间。

试验结果表明,主要污染物去除率为:COD 46.80%、BOD_5 41%、SS 61.5%,和实验室静态试验平均去除率比较接近,说明混凝反应器的设计是成功的,达到了预期的效果。涡流反应器与折返沉淀区组合成的一体式混凝反应器主要设计参数为:反应区——圆锥中心角为40°,进口流速1.2m/s,圆柱段上升流速2.12~3.2mm/s,停留时间4.7~7min;沉淀区——停留时间90min,上升区流速0.20mm/s。

2)催化电氧化技术处理低温生活污水试验研究

应用电化学技术,针对高寒缺氧条件下低温生活污水深度处理要求,在研究新型电催化阳极和反应器中固体活性催化填料的基础上,自主研制开发了催化电氧化装置,对催化电氧化技术处理低温生活污水进行实验室试验研究。

(1)试验流程。

处理试验流程如下:原水→混凝沉淀→储水箱→催化电氧化反应器→出水。

(2)催化电氧化反应器试验装置。

该装置由反应槽、电催化电极、复合催化填料和直流稳压电源组成。阳极采用自制的钛基质金属氧化物涂层电极;阴极采用不锈钢板。反应槽采用聚丙烯制的矩形容器,其有效容积为50L。直流电源采用WYJ电源利用15A晶体管直流稳压电源。填料为自制多孔复合催化填料。

(3)试验结果与分析。

①阳极材料对处理效果的影响。

本试验主要对阳极板材料对催化电氧化反应器处理低温生活污水中有机物的

处理效果进行了对比试验研究,自制的钛基质金属氧化物电极具有比不锈钢电极和石墨电极更高的稳定性。在连续运行 210h 之后,自制阳极处理出水水质比较稳定;而不锈钢和石墨电极去除有机污染物效果有下降趋势,石墨电极和不锈钢电极,其表面出现了凹凸不平的细小微孔,极板有腐蚀的迹象。

②填料对低温生活污水处理效果的影响。

为了提高电流效率、降低能耗,通过在极板间填充填料构成复三维电极来提高污水中有机污染物的去除效果。试验中分别研究了石英砂 S、活性炭 H、复合填料 FH 和复合催化填料 FHC 对低温生活污水中 COD 的去除效果的影响。

采用细石英砂为填料反应器对低温生活污水处理效果较差,COD 去除率仅为 60% 左右,出水 COD 在 100 mg/L 左右。采用活性炭、复合填料 FH 和复合催化填料 FHC 对低温生活污水中 COD 均有较高的去除效果,尤其是选用复合催化填料,COD 去除率在 95%～99%。

③槽电压对处理效果的影响。

由试验结果可知,槽电压从 6V 升高到 10V 时,污水中 COD 去除率从 59% 增至 96%,电化学指数 EOI 由 523% 缓慢上升到 567%,但是当槽电压超过 10V 并继续增大时,COD 去除率增长缓慢,电化学氧化指数却随槽电压的升高急剧下降,且温度升高迅速大大增加了能耗(ECR)。当槽电压降低至 10V 以下时,催化电氧化反应器处理出水水质相对较差,达不到反应器对低温生活污水中有机污染物有效去除的目的。通过以上分析可知,10V 槽电压为催化电氧化反应器处理低温生活污水的最佳运行电压。

④污水停留时间对低温生活污水处理效果的影响。

阳极采用自制电极,阴极采用不锈钢板,主电极板间距为 5cm,极板间填充复合催化填料,调节直流稳压电源,使输出电压稳定在 10V,相应的电流强度为 0.6A,分别选取停留时间为 30min、60min、90min、120min、150min,取样测定不同停留时间下的 COD 值。试验结果说明,停留时间越长,污染物的去除效率越高,但停留时间超过 90min 时,污染物的去除率增加缓慢。由于青藏铁路沱沱河站低温生活污水处理出水水质要求达到《生活饮用水水源水质标准》(CJ 3020—1993)二级标准的要求,因此为保证催化电氧化反应器对沱沱河站生活污水处理达标,污水在反应器内的停留时间选取 120min 是合理的。

⑤温度对催化电氧化反应器处理生活污水效果的影响。

槽电压分别选取为 4V、8V、10V、12V、15V 时,通过改变试验进水水温研究温度对催化电氧化反应器处理生活污水效果的影响关系,污水水温分别控制在 3℃、5℃、8℃、10℃、15℃、20℃。试验结果表明,温度对催化电氧化反应器处理生活污水的效果与槽电压的选取有关,当槽电压较低(4～8V)时,温度对该反应器去除有机污染物的影响较大,当槽电压升高到 10V 及以上时,电化学氧化指数随污水温度的变化趋势比较平缓,该试验结果表明,在催化电氧化反应器中,若加载在反应器上的槽电压增大到 10V,污水温度对反应器的污染物处理效果影响不大。通过温度对催化电氧化反应器处理生活污水效果影响的试验研究,表明了催化电氧化反应器处理像青藏铁路沱沱河站年平均水温在 5℃左右的低温污水切实可行。

　　⑥极板间距对处理效果的影响。

　　通过试验研究了极板间距对污水中 COD 去除效果的影响。试验结果表明,催化电氧化反应器最佳极板间距为 5cm 时,反应器处理水质既可达到满意的处理效果,更有利于设备的安装和运行管理。

　　⑦最佳条件下催化电氧化反应器对低温生活污水处理效果试验。

　　选取该反应器试验最优运行参数,即阳极采用自制的钛基金属氧化物涂层 DSA 阳极板,阴极采用不锈钢板,主极板间距 5cm,反应器内填加复合催化填料,工作槽电压为 10V,相应的电流密度在 25mA/cm² 左右,污水停留时间为 2h,对低温生活污水(经强化混凝沉淀后出水,水温控制在 4～5℃)进行连续动态运行,试验时间为 30 天,每 3 天随机抽样测试一次,出水水质稳定,初步认为可以应用于青藏铁路特殊的自然条件下生活污水深度处理。

　　3)处理低温生活污水达生活饮用水水源二级标准技术现场试验研究

　　在实验室试验研究的基础上,研制开发了中试规模的催化电氧化试验装置。因青藏铁路二期工程正在建设中,无站区生活污水产生;经实地调查,目前沱沱河地区其他单位也没有足够水量的生活污水产生,不具备做现场试验的条件,故比选后并经研究大纲审查组审查同意,选定格尔木为现场试验地点。

　　(1)混凝沉淀加催化电氧化试验研究。

　　①工艺流程。

　　首先采用了如下工艺流程进行试验,如图 6.4 所示。

```
                            混凝剂
                              ↓
        污水 ──→ 混凝沉淀器 ──→ 催化电氧化反应器 ──→ 排放
                              ↓
                            污泥
```

图 6.4　催化电氧化试验工艺流程图

　　②试验装置及试验方法。

　　以实验室试验为依据,混凝沉淀器选用涡流反应区与沉淀区组合的一体式设备,现场试验所用催化电氧化反应器以自制钛基质涂层 DSA 为阳极板,阴极采用不锈钢板,主极板间距 5cm,反应器内填加复合催化填料,工作槽电压为 10V,相应的电流密度在 25mA/cm²,污水停留时间为 2h,对低温生活污水进行连续动态运行。

③试验结果及分析。

共进行了小流量(处理水量 0.2m³/h)和大流量(处理水量 0.8m³/h)两组试验。

小流量时,COD$_{cr}$平均出水浓度为 9.66mg/L,COD$_{cr}$平均去除率为 96.1%,出水能达到水源水质二级标准;高锰酸钾指数平均去除率为 94.2%,平均出水浓度为 3.25mg/L,出水能达到水源水质二级标准;氨氮平均去除率为 72.2%,试验用原水氨氮值较高,均值为 52.5mg/L,出水不能达到生活饮用水水源水质二级标准,但当无粪便污水排入时。出水也能达到生活饮用水水源水质二级标准。

大流量试验时,随着流量加大,吨水电耗降低,污染物去除率也降低。COD$_{cr}$去除率从 96.1%降到了 78.8%,高锰酸钾指数去除率从 94.2%降到了 79.4%,氨氮去除率从 72.2%降到了 42.4%,催化电氧化反应器电耗则从 7kW·h/m³污水降到了最低 3.8kW·h/m³污水。

(2)混凝沉淀加膜过滤加催化电氧化试验研究。

①工艺流程。

为进一步提高前置单元污染物去除效率,降低催化电氧化单元的污染物负荷,尤其膜过滤 100%去除 SS,可有效防止催化电氧化单元中的催化填料因污水中悬浮物堵塞,利于催化电氧化单元运行操作,提高工艺工程实用价值,因此又采用了如下工艺流程进行试验,如图 6.5 所示。

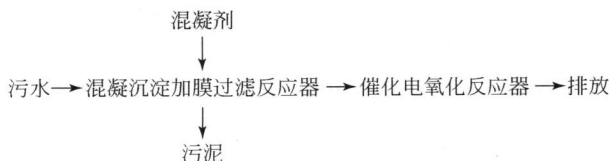

混凝剂
↓
污水 → 混凝沉淀加膜过滤反应器 → 催化电氧化反应器 → 排放
↓
污泥

图 6.5　混凝沉淀加膜过滤加催化电氧化试验工艺流程图

②试验结果及分析。

格尔木现场检测结果和甘肃省环境监测站检测结果均表明,采用混凝沉淀加膜过滤加催化电氧化工艺流程后,COD$_{cr}$浓度由进水的 338mg/L 降至处理后的 13.87mg/L,总去除率为 95.9%,和混凝沉淀加催化电氧化工艺相同流量 0.5m³/h 试验结果相比,COD$_{cr}$去除率提高了 6%。氨氮浓度由进水的 71.9mg/L 降至处理后的 11.3mg/L,总去除率为 84.3%。和混凝沉淀加催化电氧化工艺试验结果相比,氨氮去除率提高。

试验结果分析:和混凝沉淀催化电氧化工艺相比,加上膜过滤以后,一方面降低了催化电氧化处理单元的污染负荷,另一方面由于膜过滤 100%去除 SS,有利于提高催化填料反应效率,催化电氧化处理单元电耗显著降低本工艺流程氨氮去除率虽比混凝沉淀加催化电氧化工艺有较大的提高,但因进水氨氮浓度高,出水仍不能达标。但根据水质分析预测沱沱河车站不含粪便污水的氨氮浓度为 3.12mg/L，混凝沉淀膜过滤加催化电氧化工艺氨氮去除率为 84.3%，处理后氨氮可以达到水源水质二级标准 1.0mg/L。

4)低温生活污水深度去除氨氮试验研究

青藏铁路沱沱河车站设置污水处理站处理车站生活污水，要求处理后出水水质达到《生活饮用水水源水质标准》二级，排入沱沱河。依据前期试验研究及专家评审意见，并根据青藏总指的要求，确定采用混凝沉淀＋强化 MBR＋催化电氧化污水处理工艺。

青藏铁路站后工程污水处理科研试验原设计文件中规定的沱沱河站污水为不含大小便的生活污水，而在设备现场实际使用中，污水已将小便汇入，造成设备进水的氨氮值高达 40~80mg/L，与原设计水质条件有较大差异。夏季污水水温较高，设备生化处理系统运转良好时，氨氮的去除率已达到 90%，出水仍然不能达到《生活饮用水水源水质标准》二级要求的氨氮 1mg/L 的浓度限值。为了确保沱沱河站的生活污水经处理后氨氮达标排放，需在原处理系统末端增设去除氨氮工艺单元，对氨氮进行深度处理。

(1)除氨氮单元工艺分析。

通过现场调查及多次水样检测，确定由于小便的汇入导致污水中氨氮浓度大幅增高，实测数据表明氨氮浓度高达 40~80mg/L，原工艺设计氨氮 90% 的去除率已不能满足出水要求。考虑原处理工艺出水除氨氮超标外，其他要求水质指标均满足生活饮用水水源水质二级标准，针对出水中其他污染物含量少的水质特点，考虑处理污水水量较小及现场操作使用条件，增设的除氨氮单元拟采用折点加氯法。折点加氯法去除污水中氨氮工作原理如下：

污水加氯后次氯酸极易与污水中的氨进行反应，在反应中形成三种氯胺。

(2)折点加氯去除氨氮试验。

试验污水为沱沱河车站含粪便生活污水经生化处理后的出水，NaClO 溶液便于保存，投加方便，试验采用的氧化剂为次氯酸钠溶液，有效氯含量为 10%。

①投加量试验。

取三份等同试验水样，以次氯酸钠投加量作为试验控制参数，试验水样 pH 为 6.8，反应时间 2min，考察不同投加量对氨氮去除效果的影响，找出在试验条件下的最佳投药量。pH 为 7 左右时，理论上当次氯酸钠与氨氮(以 N 计)质量比达到 8∶1 到达折点。试验表明，因污水中其他污染物影响，次氯酸钠投加量需大于理论投加量，加药比以次氯酸钠∶氨氮(以 N 计)为 10∶1 为宜。折点加氯脱氮反应产生酸，若加氯为氯气，需补充碱度。本试验加氯为次氯酸钠，由于投加的次氯酸钠溶液呈碱性，反应结束 pH 略有升高，变化不大，因此不需要补充碱度。

②反应速度试验。

取三份等同试验水样,以反应时间作为试验控制参数,试验水样 pH 为 6.8,投加量次氯酸钠:氨氮(以 N 计)为 10:1,考察不同反应时间对氨氮去除效果的影响,根据试验结果确定工程上需保证的反应时间。试验表明,折点加氯脱氮反应在 30s 内应已完成,反应时间继续增加,脱氮效果基本不变,工程上 12min 的接触时间足够。

③反应 pH 试验。

取三份等同试验水样,分别投加 HCl 和 NaOH 调节水样 pH 为 5、7、9,以反应 pH 作为试验控制参数,次氯酸钠投加量:氨氮(以 N 计)为 10:1,反应时间 2min,考察不同 pH 对氨氮去除效果的影响,根据实验结果确定反应最佳 pH。

④污水与氯混合程度对处理效果的影响试验。

取三份等同试验水样置于烧杯,用移液管沿杯壁投加等量次氯酸钠溶液,次氯酸钠投加量:氨氮(以 N 计)为 10:1,反应时间 2min,三份水样投加次氯酸钠后分别不搅拌、轻微搅拌和剧烈搅拌,考察污水与次氯酸钠溶液混合程度对氨氮去除效果的影响。试验表明,污水与次氯酸钠药剂混合程度影响氨氮去除效果,混合不充分时脱氮效果不好,污水与次氯酸钠药剂充分混合条件下得到满意的脱氮效果。

以上试验结果表明,可以采用次氯酸钠氧化法作为沱沱河站生活污水处理去除氨氮辅助工艺。根据试验结果确定,次氯酸钠投加量与氨氮(以 N 计)的质量比为 10:1,反应时间 2min,反应 pH 在 7 左右为宜。

(3)折点氯化去除氨氮装置。

根据试验结果,氯化反应速度在 pH 为 7 左右时,污水与加氯能充分混合的情况下,折点氯化去除氨氮反应在 30s 内完成,工程上保持 2min 的接触时间足够。折点加氯除氨氮装置必须能够实现次氯酸钠与污水的良好混合,并为除氨化学反应提供必要的反应时间。

综合考虑以上因素及要求,设计制造了折点加氯除氨氮装置,如图 6.6 所示。在 U 型管路两立管上各装一个管道混合器,U 型管路既作为加氯脱氮反应的反应器,为脱氮反应提供必要的停留时间,同时 U 型管路两立管上的管道混合器又能起到良好的反应混合作用,设备投资少、操作简便。生产性试验及现场使用情况表明,U 型管的水封作用使管路时刻保持满流,在间歇进水的时候也能实现良好混合,确保脱氮反应彻底进行,去除氨氮效果稳定可靠,出水氨氮值低于 1mg/L,可确保氨氮达到水源水质二级标准。

5)处理低温生活污水达污水综合排放一级排放标准技术研究

研究适用于青藏铁路除沱沱河车站外的其他车站污水处理技术,在实验室对几种物化处理技术研究基础上,选择混凝沉淀＋膜过滤＋活性炭吸附和生物处理两种工艺进行现场试验研究,试验场地、污水来源、试验装置等同生活饮用水水源

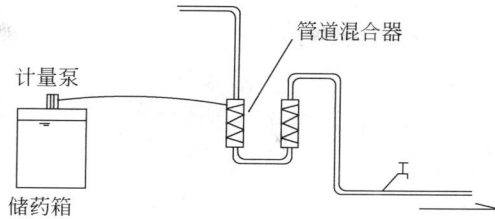

图 6.6　折点加氯除氨氮设备示意图

二级标准试验。

(1)混凝沉淀＋膜过滤＋活性炭吸附试验。

①试验工艺流程。

试验工艺流程将污水接入混凝沉淀加膜过滤反应器,通过投放混凝剂,将污水引入活性炭吸附罐并排出污泥,再排放处理后的污水。

②试验结果及分析。

试验结果表明,在全部试验组次中,混凝沉淀加膜过滤平均 COD 去除率为75.2%,出水浓度范围为 79.8～98.8mg/L,平均为 85.9mg/L,达到《污水综合排放标准》(GB 8978—1996)(一级),但 BOD_5 达不到一级排放标准。再经过活性炭吸附后,COD 浓度进一步降低,出水 BOD_5 也可达到一级排放标准。

试验用原水 COD 浓度范围为 304～387.6mg/L(均值为 348.6mg/L),高于预测的非多年冻土区车站含粪便污水污染物浓度(COD 浓度范围为 263～178mg/L,均值为 213.8mg/L),该工艺可用来处理非多年冻土区车站污水,但存在着处理成本高、活性炭无法再生等缺点。

(2)生物处理试验研究。

生物处理是生活污水处理中最常用的方法,其主要优点是有机物去除率高、运行成本低,生物处理也是城市污水处理和可生物降解的工业废水处理的主导工艺。目前,寒冷地区低温污水处理一直是水处理中的难点,在我国一些寒冷地区,一年中的大部分时间处于低温环境,排水温度一般在 10℃ 以下,而生物处理一般要求水温在 13℃ 以上,为保证微生物的正常生长,水温应为 10～35℃(20～35℃ 最佳),水温 10℃ 以下即属低温,污水温度低于 10℃ 时,污泥活性降低,有资料表明,当温度低于 10℃ 时,污水中的中温微生物已不能代谢外源物质,这就给污水生物处理带来很大困难。但在实际工程中发现,当水温低于 10℃ 时,活性污泥仍有一定去除有机物的能力。一般认为,生物处理在低温时的效果不理想,但关于生物处理低温(水温 5℃ 左右)运行的实际效果如何,采用哪种生物处理工艺低温运行效果较好,是否具有实际工程意义,有必要做进一步的试验研究。

①小试试验。

小试采用 SBR 反应器集储水、曝气和沉淀于一体,间歇进水,间歇排水,处理水量为 1L/h。试验所用接种污泥为兰州市雁儿湾污水处理厂二沉池回流污泥,该污泥性能良好,镜检发现大量活跃钟虫和少量线虫,污泥上清液清澈透明。将接种污泥加入反应器中,并加入部分生活污水在低温(5~7℃)下闷曝 24h,逐步加大进水负荷,间歇进水,间歇排水,逐步培养驯化活性污泥,至生物相逐步恢复正常,污泥性能稳定,经 20 天后,污泥浓度达 2g/L。待污泥培养驯化完成后,正式进行运行试验,考察在不同的技术参数下试验装置低温运行 COD 处理效率。

在常温下,SBR 法处理生活污水,一般 COD 去除率均可达 90% 以上。从低温运行试验结果可以看出,SBR 反应器在低温(5~7℃)下运行对污水中有机物去除效率比常温降低,下降幅度较大,但仍有 50% 的去除率。并且在相同温度、相同进水 COD 浓度下,在最初的 4h 内表现出较高的 COD 去除效率,随着污水停留时间的增长,未见去除效率有明显提高,到 8h 后基本保持稳定。分析其原因,认为这可能是因为低温条件下活性污泥的活性大部分来自冷适应微生物(耐冷菌、嗜冷菌),这类耐冷菌、嗜冷菌能降解的有机物种类是有限的,不能降解生活污水中的全部有机物。

另一方面,有机物去除效率下降的原因是,低温运行的条件下,污泥沉降性能不好。这与 SBR 在常温下运行情况是不同的,在常温下,良好的污泥沉降性能是 SBR 工艺运行的优点之一,原因是 SBR 法处理工艺特有的性质(如反应器中存在较大的浓度梯度、缺氧与耗氧状态并存等)使丝状菌的生长得到抑制,可有效防止污泥的膨胀问题,利于污泥的沉降和泥水分离。但是在低温运行的情况下,试验发现,低温活性污泥比较细碎,不易形成大块絮凝体,沉降后的上清液仍有细小的悬浮颗粒随水流出,且低温环境下,水的黏滞性增加,固体颗粒沉降阻力加大,降低了泥水分离效果,故导致处理效果变差。

②生产性中试试验研究。

试验设计了处理水量为 12t/d 的一体式膜生物反应器(IMBR),研究该装置对青藏铁路站区低温生活污水的处理效果,并对影响 COD 去除效果的因素、COD 去除机理进行分析探讨。

试验设备为一体式膜生物反应器。设备箱体为不锈钢,生物反应器尺寸长宽高为 $1.5m \times 1.2m \times 2.8m$,容积 $5m^3$。设计处理水量为 12t/d,水力停留时间为 8h。膜组件采用日本三菱(RAYON)公司生产 MBR 专用中空纤维帘式膜组件,型号为 SUR334LA×40,膜组件安装在生物反应器中央位置,膜组件周边挡板与反应器箱体内壁之间位置装置软性填料。膜组件设在线药液反冲洗并考虑外浸渍清洗。厂家提供该膜组件处理生活污水时膜通量取 $15L/m^2$,考虑设备在低温使用的实际条件,设计膜通量为 $5L/m^2$,曝气量为 700L/min,气水比为 80:1,按膜组件清洗所需的空气量设计。设备连续进水,间歇出水(膜工作 9min 停止 3min)。设备由 PLC 控制自动运行。设备使用地点海拔 4500m,空气中氧含量不到平原地区的 60%,设备安装在室内,冬季最低温度为 5℃。处理污水为车站产生的生活污水。

试验初期培养活性污泥,所用接种污泥为某啤酒厂污水处理站 SBR 工艺剩余污泥,该活性污泥性能良好,污泥上清液清澈透明。将接种污泥加入池中,加入部分生活污水,对污水加温至 20℃,闷曝 24h,逐步加大进水负荷,间歇进水,间歇排水,逐步培养驯化活性污泥,至生物相逐步恢复正常,污泥性能稳定,经 30 天后,污泥浓度达 2g/L,填料上的生物膜迅速增长,颜色逐渐变成棕褐色,生物膜中的钟虫、纤虫等固着型纤毛虫逐渐增多,并成为优势原生动物,生物膜趋于成熟。取消污水加温措施,污水水温为 6~9℃,继续间歇进水,间歇排水,20 天后,未见污泥浓度有明显提高,镜检发现大量的微生物,钟虫等固着型纤毛虫及少量活跃的线虫,污泥呈黄褐色,说明微生物逐步适应了低温和进水水质,进入了污泥的成熟期,测得 MLSS 为 2g/L。污泥培养驯化结束,正式进行设备低温运行试验。设备以设计参数连续运行三个月,每隔 5 天取进出口水样测 COD,期间,为考察反应器抗冲击负荷能力,两次通过人为大幅提高进水 COD 浓度。

在常温下,膜生物反应器处理生活污水,一般 COD 去除率可达 90% 以上。从试验结果低温运行效果看,膜生物反应器在低温(6~9℃)下运行对污水中 COD 去除效率比常温降低,但仍能保持比较高的去除率。运行一个月后,反应器 COD 去除效果稳定在 80% 左右。常温下,膜生物反应器处理生活污水污泥浓度能达10g/L,但在低温运行过程中,MLSS 浓度仅维持在 2g/L 左右,微生物增殖困难,运行期间没有排泥。

③研究结论。

在低温条件下,活性污泥含有冷适应微生物嗜冷菌和耐冷菌的存在。低温条件下活性污泥的活性大部分来自冷适应微生物。这类耐冷菌、嗜冷菌能降解的有机物种类是有限的,不能降解生活污水中的全部有机物。低温情况下,污泥沉降性能不好,从物理现象上来看,低温活性污泥比较细碎,不易形成大块絮凝体,沉降后的上清液仍有细小的悬浮颗粒随水流出,从水质特点上分析,低温环境下,水的黏滞性增加,固体颗粒沉降阻力加大,降低了泥水分离效果。以上两个方面的原因导致了生物处理技术低温处理效果下降。

膜生物反应器采用膜进行固液分离有效克服了与污泥沉降性能有关的限制条件;在反应器内污泥浓度较低的情况下,反应器内置填料表面生长的生物膜增加了生物量,丰富了生物种类,强化了反应器处理有机物的能力,使反应器在低污泥浓度下仍然取得较好的 COD 处理效果,同时膜及膜面凝胶层的强化过滤也进一步强化了反应器抗冲击负荷能力,使反应器在较低污泥浓度的情况下能够维持较强的抗冲击负荷性能。

处理青藏铁路低温生活污水达到污水综合排放一级标准,生物处理技术建议采用一体式膜生物反应器,在生物反应器内装置软性生物载体填料以强化反应器处理有机物的能力。设计水力停留时间为 8h,气水比为 80:1,按膜组件清洗所需的空气量设计。设计膜通量应考虑设备在低温使用的实际条件,低于常温时设计膜通量。

6)工程推荐工艺及设计参数

(1)处理低温生活污水达综合排放一级标准工艺推荐。

处理青藏铁路站区生活污水出水水质达到《污水综合排放标准》一级,可以采用混凝沉淀膜生物反应器一体化设备,设备工艺流程图如图 6.7 所示。

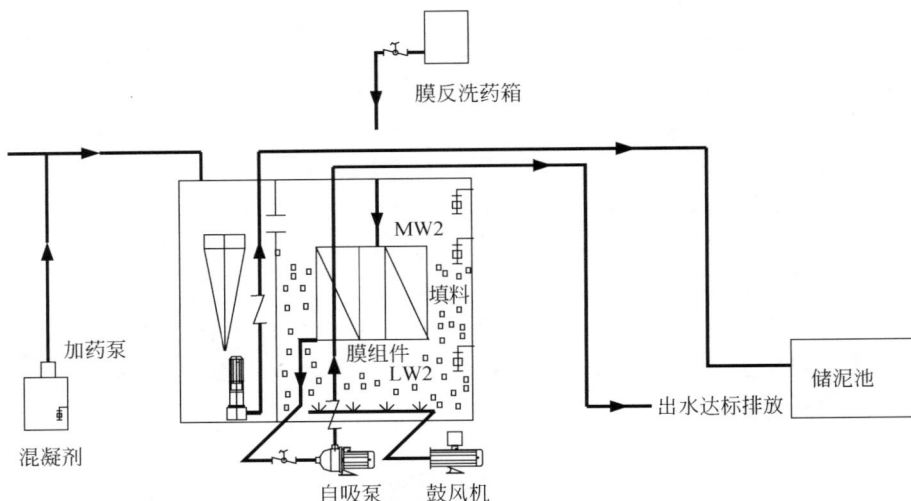

图 6.7　混凝沉淀膜生物反应器一体化设备工艺流程图

(2)处理低温生活污水达生活饮用水水源二级标准工艺推荐。

处理青藏铁路站区生活污水出水水质达到《生活饮用水水源水质标准》二级,推荐采用混凝沉淀加强化 MBR 加催化电氧化组合工艺,后置折点加氯除氨氮器,工艺流程图如图 6.8 所示。

7)工程实施情况

在以上研究成果的基础上,中国铁道科学研究院研制开发了污水处理设备,在青藏铁路二期工程中全线各车站和武警守护点 17 个站点得到应用,投入运营后经过多次检测,其结果表明,沱沱河站和沱沱河大桥武警守护点污水处理后达到了水源水质二级标准;其他车站和武警守护点污水护理后达到了污水综合排放一级标准。

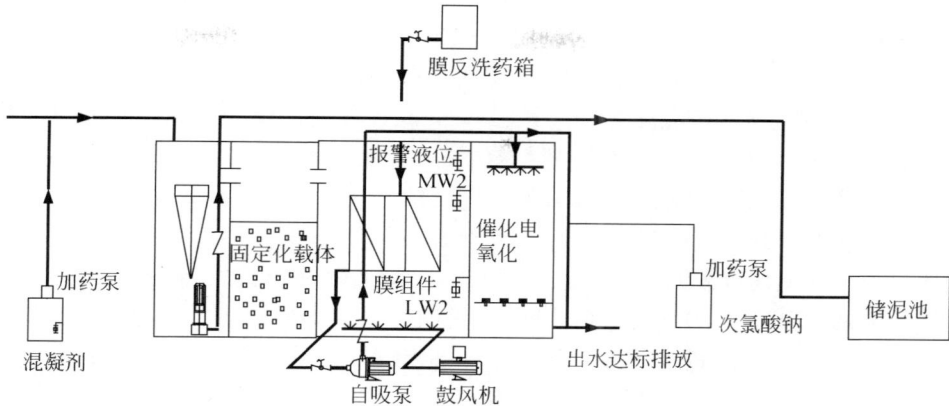

图 6.8　沱沱河站、沱沱河桥污水处理工艺流程图

6.2　噪声及振动防治

本节在介绍国内外铁路环境噪声振动标准基础上,给出了高速铁路和常速铁路的环境噪声振动影响源特性,并对目前国内主要采用的声屏障降噪措施加以详细论述,给出了地屏障减振措施的试验研究结果。

6.2.1　铁路环境噪声排放标准

根据我国《环境噪声污染防治法》规定,铁路环境噪声影响需满足铁路环境噪声排放标准要求,否则将构成铁路噪声环境污染,因此铁路环境振动至少应保证铁路环境噪声振动影响达到排放标准要求。

欧美国家也是将列车运行辐射噪声限值作为排放噪声标准加以限定。其中奥地利、芬兰和意大利等国将列车运行辐射噪声限值作为强制执行标准;德国关于列车运行噪声辐射限值正在制定过程中。德国在制定列车辐射噪声限值时,分为两个阶段实现,十年期间将列车运行辐射噪声限值降低 8dB(A),意大利也是分阶段制定不同的列车辐射噪声限值,十年期间降低 2dB(A)。美国环保局于 1976 年颁布了铁路噪声限值排放标准。该标准为强制执行标准;标准中规定根据不同列车运行速度,确定不同标准限值。对于机车运行,要求最大声级 L_{max}≤90dB(A);对于车辆运行,当列车运行速度低于 72km/h 时,最大声级 L_{max}≤88dB(A);当列车运行速度高于 72km/h 时,最大声级 L_{max}≤93dB(A)。美国铁路噪声排放标准限值对应的测量点位:距离轨道中心线 30m,高于轨面 3.5m。

我国 20 世纪 80 年代末制定了《铁路边界噪声限值及其测量方法》(GB 12525—90)标准,制定时采用的方法与国外制定铁路环境噪声标准的方法相似,除综合考虑了当时我国的技术经济可行性外,还通过社会调查来了解铁路沿线各相关方对环境噪声的要求,以此作为制定标准限值的基础依据之一。因此该标准评价量与欧美国家的排放噪声标准不同,采用等效声级评价量而非列车运行最大声级评价量。当初制定该标准的本意是在 30m 的边界处评价和控制铁路噪声的水平,如能达到标准的要求,说明铁路噪声的影响能够被大多数居民接受,不会产生较大的环境干扰,具有环境噪声质量控制标准的含义。

当时的社会调查结论与 1998 年国外学者 Miedema 汇总的世界范围内对交通运输主观烦恼度调查数据基本一致。即对不同交通噪声源特性,烦恼度统计结果有较大区别。对应于 20% 的高烦恼度,飞机噪声影响的昼夜等效声级 $L_{dn}=62dB$(A),公路噪声影响的昼夜等效声级 $L_{dn}=67dB$(A),常速铁路噪声影响的昼夜等效声级 $L_{dn}=73dB$(A),说明在这三种交通运输工具中,人们对飞机噪声最为敏感,对常速铁路噪声反应较小。

欧盟委员会于 2002 年公布的噪声专家网络"噪声暴露剂量与影响"工作组(WG2)的研究报告,给出的烦恼度研究成果为:对应于 20% 左右的高烦恼度,飞机噪声影响的昼夜等效声级 $L_{dn}=60\sim65dB$(A),公路噪声影响的昼夜等效声级 $L_{dn}=65\sim70dB$(A),常速铁路噪声影响的昼夜等效声级 $L_{dn}=70\sim75dB$(A)。该研究结果与 Miedema 汇总的 3 种交通运输主观烦恼度调查结果相吻合,即对于同样烦恼度时,常速铁路噪声可比交通噪声高出 5dB(A)左右,换言之当铁路噪声比交通噪声高出 5dB(A)时,才会对人体产生同样程度的影响。

基于上述研究成果,国际标准 ISO 1996—1:2001《声学 环境噪声的描述、测量和评价 第一部分:基本量和评价程序》[5],给出了用于评价常速铁路噪声的修正值,即铁路噪声标准限值应宽松于公路交通和工业噪声限值 3~6dB(A),一般可按 5dB(A)计算。该标准值与欧盟委员会的研究成果一致。

表 6.7 给出了国外发达国家常速铁路噪声烦恼度调查结果,即多数国家对常速铁路噪声的主观烦恼度值 $L_{eq,24h}\leqslant70dB$(A)[6]。

表 6.7　各国常速铁路噪声烦恼度阈值所对应的噪声水平

国家名称	欧盟	美国高速铁路	瑞典既有铁路	法国高速铁路	德国既有铁路	日本新干线
评价量	L_{eq}	L_{eq}	$L_{eq,24h}$	$L_{eq,昼间}$	$L_{eq,24h}$	$L_{eq,24h}$
等效声级/dB(A)	70	70	70	65	65	60

综上所述,国外各种研究结果表明,常速铁路噪声源特性有别于其他噪声源,人们对常速铁路噪声感觉烦恼的声级宽松于其他交通运输工具,当常速铁路噪声比交通噪声高出 5dB(A)时,才会对人体产生同样程度的影响,当常速铁路噪声影

响 $L_{eq,24h} \leqslant 65 \sim 70 dB(A)$ 时,80%以上的人群是可接受的,可作为常速铁路噪声的控制标准最大允许值。世界卫生组织(WHO)在 1999 年的《社区噪声指南》中也提出 $L_{eq,24h} = 70 dB(A)$ 是环境噪声的最大允许值。

2008 年 8 月 1 日,国家环境保护总局颁布了《铁路边界噪声限值及其测量方法》(GB 12525—90)修改方案[7]。该修改方案将铁路边界噪声标准分为既有铁路及新建铁路两大类执行不同噪声排放标准限值。

既有铁路项目指 2010 年 12 月 31 日前已建成运营的铁路或环境影响评价文件已通过审批的铁路建设项目以及改扩建既有铁路,铁路边界铁路噪声限值昼间、夜间等效声级 L_{Aeq} 均不得高于 70dB(A)。

新建铁路,即 2011 年 1 月 1 日起,环境影响评价文件通过审批的新建铁路(含新开廊道的增建铁路),铁路边界铁路噪声限值昼间等效声级 $L_{Aeq,昼} \leqslant 70 dB(A)$,夜间等效声级 $L_{Aeq,夜} \leqslant 60 dB(A)$。

6.2.2　噪声源及振动源特性

1. 高速铁路噪声源源特性

目前我国高速铁路线路以桥梁线路为主,以京沪高速铁路为例,桥梁线路占线路总长的 80.4%,且 90%以上为简支箱型梁。本节所述的我国高速铁路噪声源强和声场分布的试验研究结果,主要基于箱型桥梁线路噪声源特性的试验结果。路基区段噪声源特性试验结果和桥梁区段的试验结果相同,本节不再细述。

1)试验概况

根据《新建时速 200~250 公里客运专线铁路设计暂行规定》、《新建时速 300~350 公里客运专线铁路设计暂行规定》以及《高速铁路设计规范》,2009 年前设计施工的箱型桥梁线路桥面宽度为 13.4m,采用高防护墙,距离线路中心线 2.2m,高于桥面 1m;2009 年以后设计施工的桥梁线路桥面宽度调整为 12.9m,采用与相邻轨道轨面等高防护墙,距离线路中心线 2.2m,一般高于桥面 0.7m。

本节给出的我国高速铁路噪声源特性试验研究,分别对应上述两种桥梁线路的试验结果,即分别对应京津城际铁路和京沪高速铁路桥梁线路条件。

试验区段桥梁线路均为 CRTSⅡ无砟轨道板,对应于 32m 的双线简支箱梁,列车试验速度为 200~420km/h,京津城际试验动车组分别为 CRH2-300、CRH3,京沪高速铁路试验动车组分别为 CRH380AL 、CRH380BL。

2)试验方法

(1)测量。

铁路环境噪声标准采用等效连续 A 声级评价量。对于高速铁路噪声源特性的测量采用列车通过暴露声级评价。

（2）测点布置。

高速动车组运行辐射噪声源强及声场分布特性的试验研究测点布置如图 6.9 所示。其中总噪声源强测点对应于距离线路中心线 25m、高于轨面 3.5m；声场分布特性测点分别距离线路中心线 15m、25m、50m，高于轨面 0～5m。

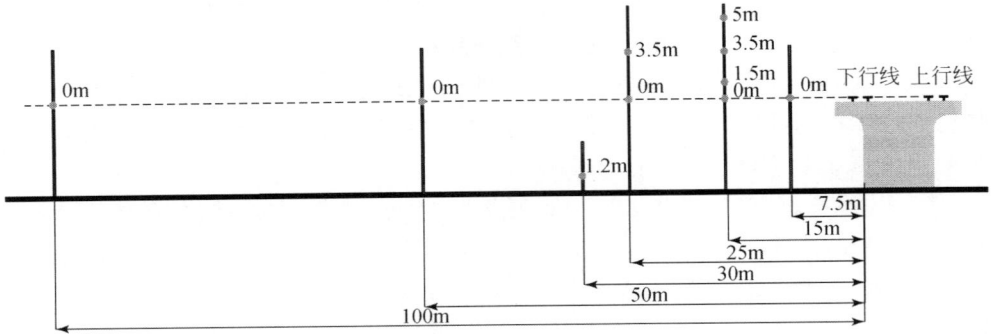

图 6.9　桥梁区段高速动车组运行辐射噪声源强及声场分布测点分布示意图

（3）测试系统。

采用 B&K 公司多通道声学实时数据采集分析系统。

3）试验结果

（1）高速动车组运行辐射总噪声源强。

桥梁区段高速动车组运行辐射总噪声源强如图 6.10 和图 6.11 所示。

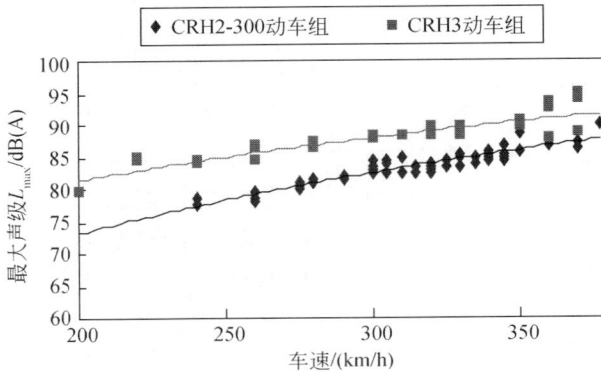

图 6.10　13.4m 宽桥梁区段动车组运行辐射噪声源强测试结果

对于 13.4m 宽且设有高于桥面 1m 高防护墙的简支箱型桥梁区段，距线路中心线 25m、轨面以上 3.5m 处，动车组以 200～380km/h 速度运行时，CRH2-300 型辐射声级水平为 79.2～87.1dB（A）；CRH3 型动车组辐射声级水平为 85.1～91.4dB（A）；两种车型的辐射噪声水平差别较大，CRH2-300 型动车组低于 CRH3

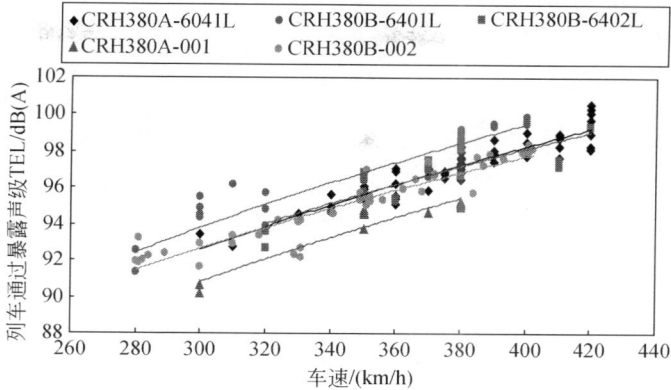

图 6.11　12.9m 宽桥梁区段动车组运行辐射噪声源强测试结果

型动车组辐射声级水平为 4～6dB(A)。CRH2-300 型高速动车组运行辐射噪声水平随速度级的增长,系数范围为 27～56,即当车速由 200km/h 提高至 380km/h 时,噪声源强增长 8～16dB(A);CRH3 型高速动车组运行辐射噪声水平随速度级的增长,系数范围为 34～67,即当车速由 200km/h 提高至 380km/h 时,噪声源强增长 9～19dB(A)。

对于 12.9m 宽且设有高于桥面 0.7m 高防护墙的简支箱型桥梁区段,距线路中心线 25m、轨面以上 3.5m 处,动车组以 280～420km/h 速度运行时,CRH380AL 型辐射声级水平为 90.8～99.3dB(A);CRH380BL 型动车组辐射声级水平为 92.7～100.5dB(A);两种车型的辐射噪声水平差别不大。CRH380AL 型和 CRH380BL 型高速动车组运行辐射噪声水平随速度级的增长,系数范围均为 45～46,即当车速由 280km/h 提高至 420km/h 时,噪声源强增长 6～7dB(A)。

由上述结果可见,CRH380AL 型和 CRH380BL 型动车组在采用流线型头车、加大长细比、优化头型断面梯度、合理配备鼻锥曲面、优化转向架结构参数和悬挂参数、优化受电弓结构参数、合理设置双弓受流间距、提高弓网接触压力的动态稳定性等措施后,其辐射噪声水平随速度级的增长系数比 CRH2-300 型和 CRH3 型高速动车组低,表明上述动车组对气动噪声源的控制措施起到了明显的降噪效果。

(2)高速动车组运行辐射噪声时域及频率特性。

图 6.12 给出了动车组以 350～410km/h 速度通过桥梁区段时,距铁路外侧轨道中心线 25m,高于轨面 3.5m 处的辐射噪声频率特性;图 6.13 给出了 CHR380AL 和 CRH380BL 动车组以 350～380km/h 速度通过桥梁区段时的时域和频域变化云图。

由上述图中可见,各试验车型动车组高速运行时有以下特性。

①时域特性。由列车辐射噪声声级的时间历程曲线可见,当车头通过测点时,

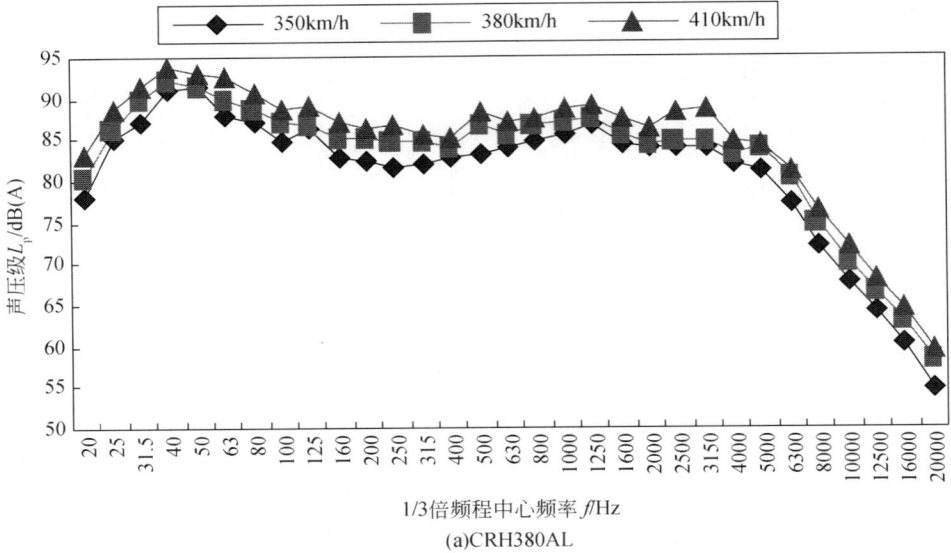

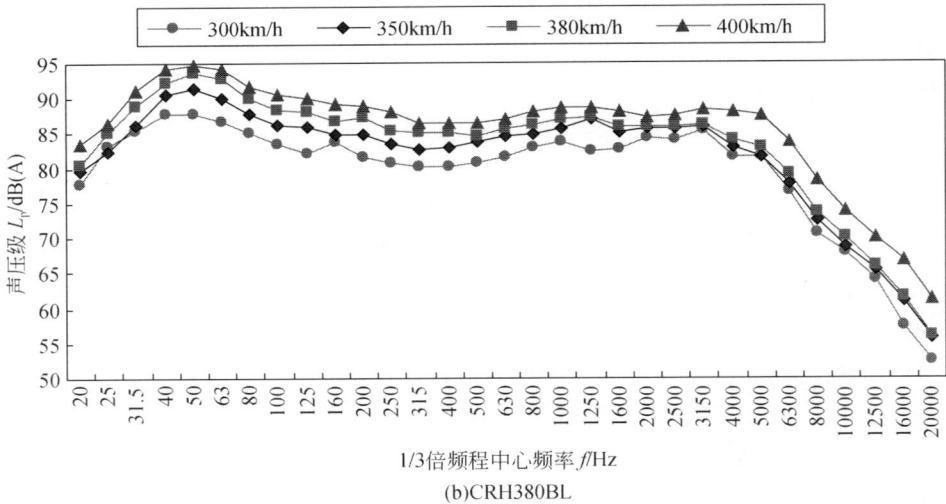

图 6.12 不同车速时辐射噪声频谱对比

瞬时声级迅速增大,最大声级变化率在 10dB(A)/s 以上;当车尾通过测点时,瞬时声级迅速降低,最大声级变化率在 8dB(A)/s 以上;随着车速的提高,声级变化率呈逐渐增大的趋势,通过时段内的瞬时声级水平高于背景噪声 40dB(A) 以上。该噪声源特性相对于常速铁路噪声源特性,将对人体产生更高的烦恼度影响。

②频域特性。对于 12.9m 宽且设有高于桥面 0.7m 高防护墙的简支箱型桥梁区段,CRH380AL 车型和 CRH380BL 车型动车组高速运行时,在 20～4000Hz 范

(a) CRH380AL

(b)CRH380BL

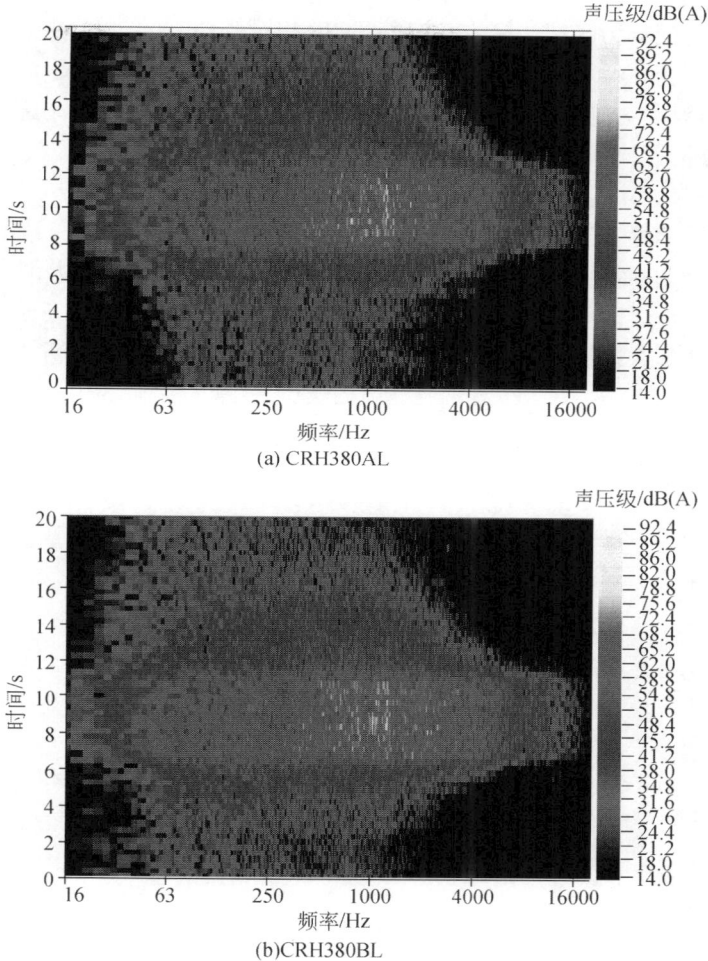

图 6.13　高速动车组运行时辐射噪声声压级时频域变化云图

围呈宽带特性,最大声级主要集中在 31.5～125Hz 的低频段,4000Hz 以上高频分量迅速减小。31.5Hz 的峰值频率特性主要因 CRH380AL、CRH380BL 动车组车辆振动受到来自轨道板、轨道梁、钢轨、轮对滚动的激励,这些激励在一定速度范围内会与车辆的固有特性相耦合。在 300～350km/h 范围内,CRH380AL 的轮对滚动激励与车体 32.471Hz、35.645Hz 的振动频率在 314km/h、345km/h 时产生耦合,CRH380BL 的轮对滚动激励与车辆 31.372Hz 的振动频率在 325km/h 时产生耦合。

　　③不同车速频率特性。随着车速的提高,各频带声压级呈现总体升高的趋势,高频分量(1kHz 以上)增长较慢,低频分量(250Hz 以下)增长较快,这主要是由于

高频分量主要对应钢轨和轮振动辐射噪声,其随车速增长速度相对较慢,而低频分量主要对应空气动力噪声,其随车速增长速度相对较快。

④时频域变化特性。低频噪声对受声点的作用时间相对较长,随着频率的提高,高频噪声对受声点的作用时间相对较短,能量主要集中在列车通过测点位置处,其主要原因是高频噪声分量衰减较快。

(3)不同车速声场分布特性。

①辐射噪声距离衰减特性。

当 CRH2-300、CRH300、CRH380A-6041L、CRH380B-6042L 型动车组以 300～410km/h 通过桥梁区段时,距外侧轨道线路中心线 7.5m、15m、25m、50m 和 100m、与轨面等高处列车通过暴露声级 TEL 随速度的变化趋势如图 6.14 所示。

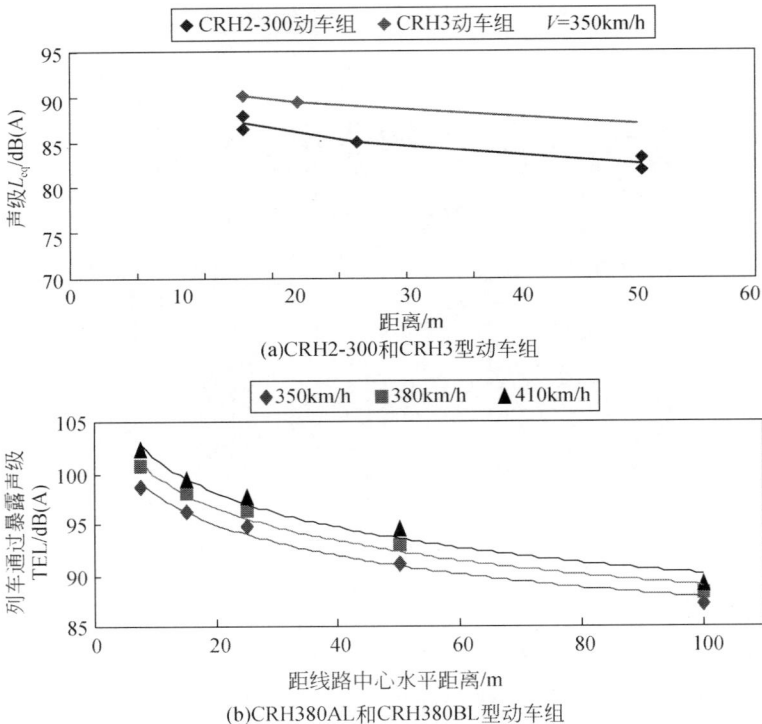

(a)CRH2-300和CRH3型动车组

(b)CRH380AL和CRH380BL型动车组

图 6.14　高速动车组运行辐射噪声距离衰减特性

由上述试验结果可见,在试验速度范围内,各型试验动车组通过桥梁区段,各车型高速动车组通过暴露声级 TEL 随距离对数的衰减系数围为 -5.5～-12.2,即在 7.5～100m 范围内,距离增倍,声级衰减 3～4dB(A)。满足有限长线声源衰减规律。

②辐射噪声垂向分布特征。

当 CRH380AL、CRH380BL 型动车组以 350～410km/h 通过桥梁区段时,距外侧轨道线路中心线 15m、距轨面以上 0m、1.5m、3.5m 和 5m 处列车通过暴露声级 TEL 随速度的变化趋势分别如图 6.15 和图 6.16 所示。

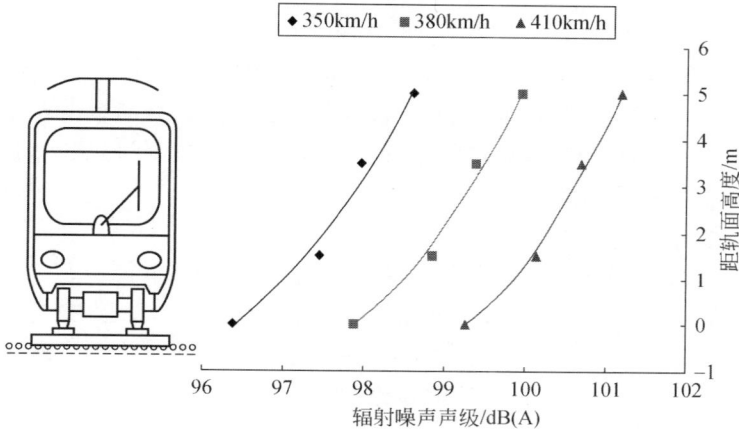

图 6.15　CRH380AL 动车组辐射噪声垂向分布特性
距离铁路外轨中心线 15m,轨面以上不同高处

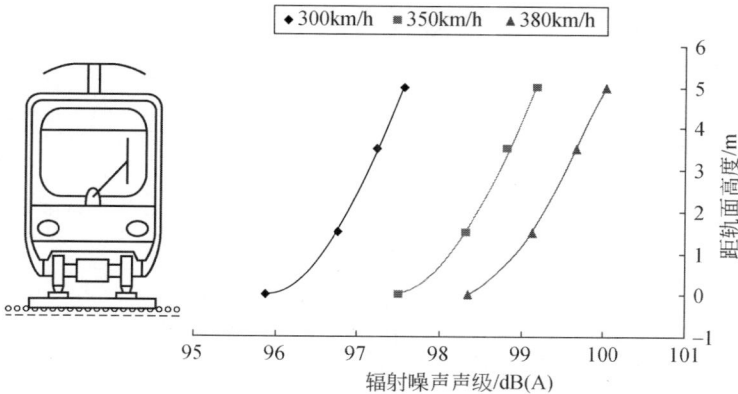

图 6.16　CRH380BL 动车组辐射噪声垂向分布特性
距离铁路外轨中心线 15m,轨面以上不同高处

由上述试验结果可见,在试验速度范围内,各型试验动车组通过桥梁区段,在距线路中心线 15m、轨面以上 0～5m 处,辐射噪声水平随着距轨面高度的增大而逐渐增大,近似呈二次函数关系,轨面处辐射噪声声级最小,随着测点高度(0～6m 范围内)增大,声级逐渐增大,其值高出轨面测点辐射噪声声级约 2dB(A)。总体上,随着速度的增加,各测点辐射噪声相应增大,不同速度下的辐射声场垂向分布

形式相似。此声场垂向分布特性与常速铁路的声场垂向分布特性不同,对于常速铁路声场垂向分布呈蝶翼状,声级辐射噪声水平最大值出现在与轨面夹角 6°~24°处,高于此角度后声级水平随着距轨面高度的增大而逐渐降低。

2. 高速铁路噪声源识别结果

1)试验概况

高速铁路噪声源鉴别试验,分别在京津城际铁路和京沪先导段试验现场应用声传感器阵列测试技术,进行列车运行噪声的测试,识别各型动车组高速运行时的主要噪声源,以掌握高速动车组不同车型、不同速度下噪声源组成、空间分布位置、频率构成及各噪声源贡献量。

2)试验方法

(1)试验测试原理。

高速列车声源鉴别试验主要依据波束形成法,波束形成法虽然是一种比较传统的阵列信号处理算法,但该算法简单,不受声源相关性的影响,是目前大多数商业阵列噪声源识别系统采用的噪声测试方法。

(2)试验方法。

本次声源鉴别试验测点位置如图 6.17 所示;数据采集流程如图 6.18 和图 6.19 所示。动车组通过期间,阵列传声器拾取的噪声信号经放大器和 A/D 转换器转变为数字信号存储于计算机,同时可利用系统的 DSP 模块实时计算得到动车组通过时瞬时的噪声分布结果。

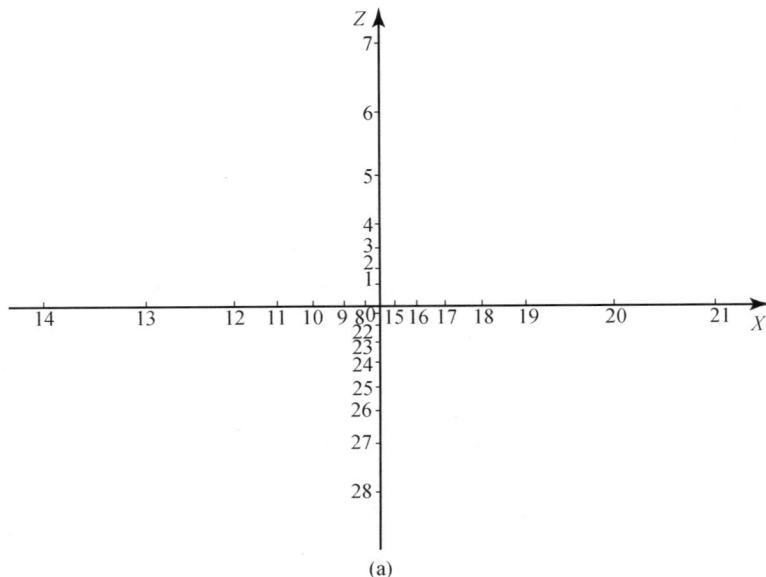

(a)

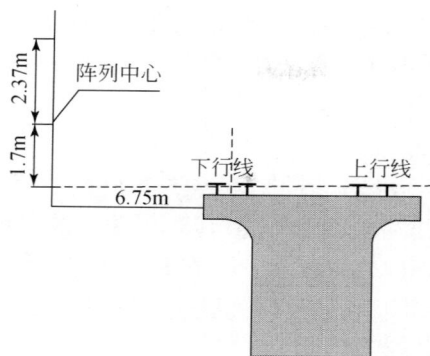

(b)

图 6.17　阵列测点布置

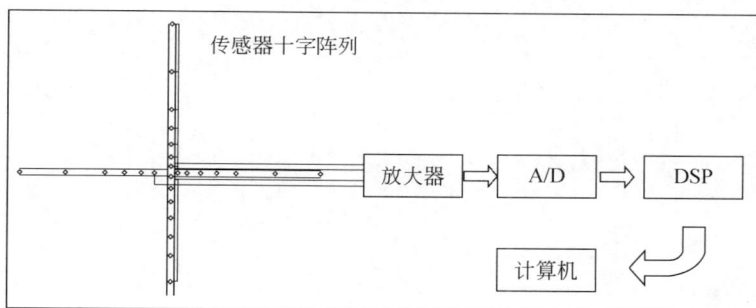

图 6.18　采集流程图

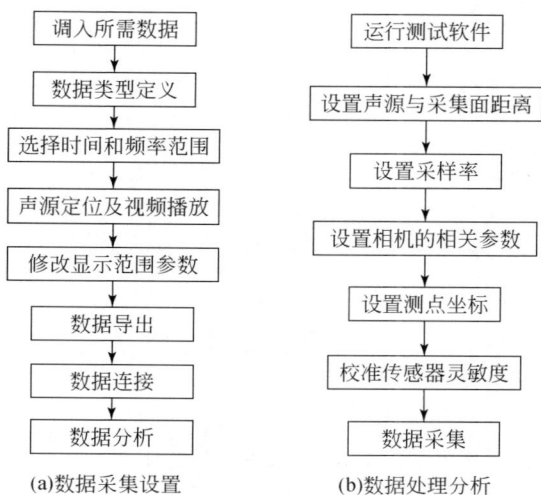

(a)数据采集设置　　　　(b)数据处理分析

图 6.19　数据采集和处理过程

数据采集时相关设置参数:采样率设定为51.2kHz,分析时间段为列车通过时间,后处理时采用Beamforming算法计算得到列车通过时瞬态噪声声压级分布结果。试验有效分析频带为400~5000Hz。

(3)测点布置。

京津城际铁路采用B&K公司生产的轮形声阵列系统(72通道),京沪高速铁路采用不等间隔优化的十字型传声器阵列(30通道),测点距离线路中心线7.5m。试验场地周围100m范围内无障碍物、反射物以及较大的噪声干扰源等。试验有效数据选择气象条件风速在5m/s以下,昼夜温度变化在10℃以内。阵列系统相对线路位置与距离如图6.20所示。

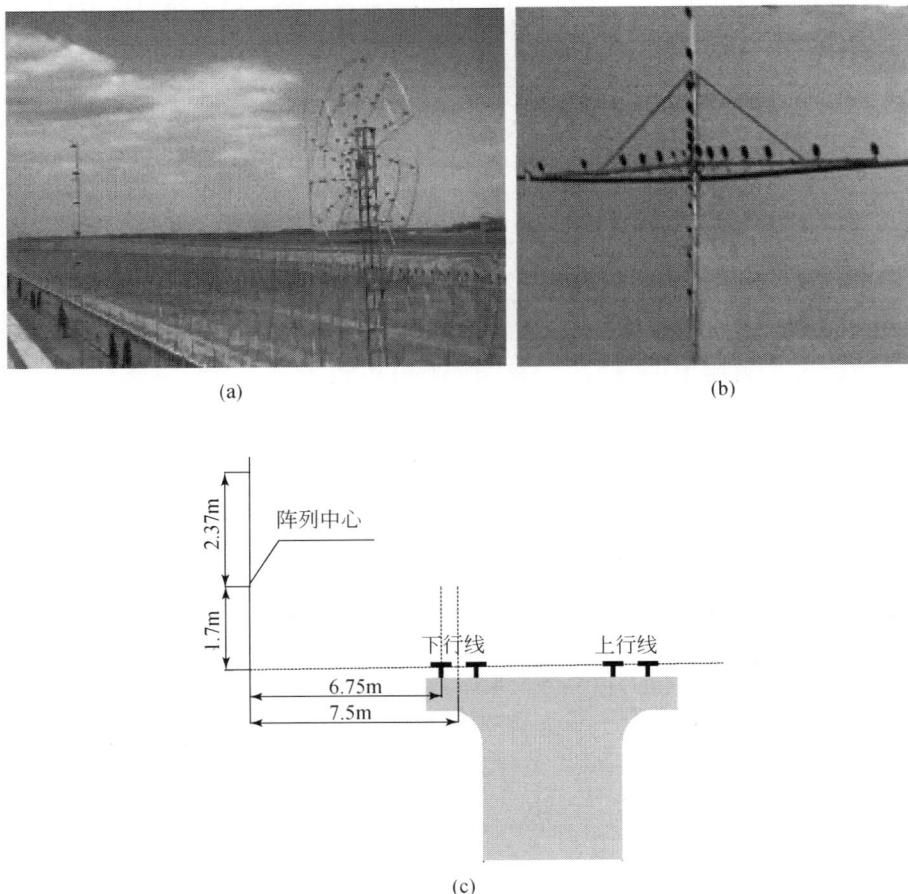

(a)　　　　　　　　　　(b)

(c)

图6.20　阵列布置示意图

　　3）试验结果

　　（1）主要噪声源定位。

　　将列车噪声源按 6 个主要区域，垂向断面上划分为车辆上部区域（含受电弓区域）、车辆中部区域（车体区域）、车辆下部区域（含轮轨区域），纵向断面上划分为头车前部区域和尾车区域、风挡区域、中部车辆区域。

　　应用阵列测试系统对 CRH2-300、CRH3、CRH380AL、CRH380BL 高速动车组运行过程中的声源分布进行了试验分析。图 6.21 示出了上述 CRH380AL 试验列车在 350km/h 下的整车及细化各节车的声源空间分布（400～5000Hz）。由图中可见，从垂向分布来看，主要噪声源分布于车辆下部区域（含轮轨区域），其中主要为各节车的轮对和转向架位置，由于车体表面转向架两侧存在很大豁口，加上车轮高速旋转，引起车轮底部气流分离和流动干扰，气流不断喷射与回流，形成较明显的气动噪声源；其次为车辆上部区域（含受电弓区域），其中受电弓位置附近声源强度最大，是因气流经过受电弓部件、车顶部件等部位产生了漩涡脱落和涡流纯音噪声；而车辆中部区域（车体区域）声源强度相对较低，该区域噪声主要因列车高速行驶时，车轮表面与周围的空气流畅产生剧烈的相互作用，流场在车体表面形成一个边界层，产生强大的分离流、涡流及湍流。流动中的涡流和湍流相互作用产生强大的脉动压力场，形成车体波动载荷，造成车身结构强迫振动，进而产生车身振动辐射噪声。从纵向分布来看，主要噪声源分布于车头区域，尤其是头车的转向架位置存在强声源，其次，风挡区域也存在较强声源，这是因为头车及风挡附近表面状态变化集中，气流变化大，形成明显的空气动力噪声。该声源空间分布特性与动车组周围流场速度及车体表面压力云图吻合。即动车组运行时，在车头部位产生正压、司机室上方弧顶产生负压以及在对应于一些干扰部件处产生正压，车辆中间部位压力分布均匀。由于司机室前窗与车体存在小幅倾角，形成车头位置的次高压区。在车顶曲率最大处形成负压区。气流在流经鼻锥后被导向车顶和车底的两个方向，气流在接近动车组鼻锥时逐渐减速，在鼻锥前端滞止为零，在动车组鼻锥位置形成驻点和高压区。流向鼻锥下方的气流经过动车组表面加速后，在排障器附近速度迅速降低，最终在排障器处再次滞止为零，形成第二驻点和对应的高压区；流向车体下方的气流经过鼻锥下部加速后，绕过排障器尖端，通过排障器与路基的缝隙流向车后，在排障器尖端下部达到最大速度，转向架周围凸出部位出现负压，转向架周围和尾车鼻锥处出现了绕流，流动比较混乱，将造成压差阻力的增大。

　　由 1/3 倍频程噪声源空间分布结果可见，车辆下部区域（含轮轨区域）噪声在各频带（400～5000Hz）都十分显著；车辆上部区域（含受电弓区域）噪声主要集中在 400～630Hz 范围内，这主要是由于受电弓系统主要为空气动力噪声源，该类声源主要集中在中低频带。

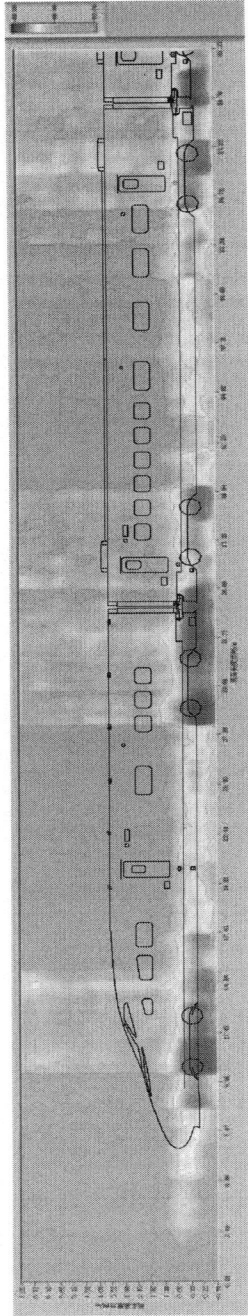

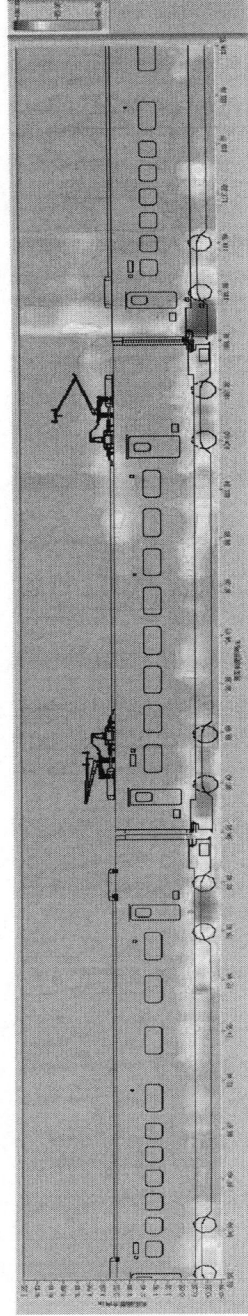

(a) 380AL1~3车

(b) 380AL3~5车

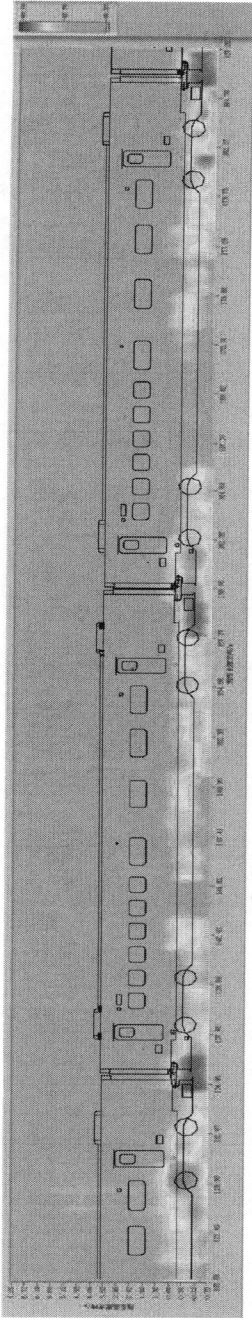

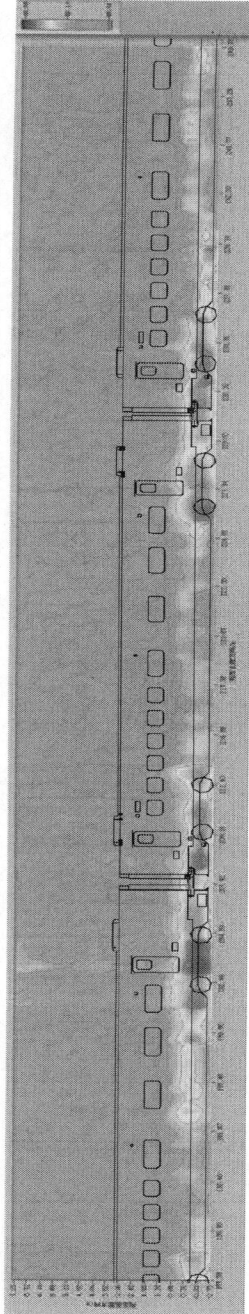

(c) 380AL5~8车

(d) 380AL8~10车

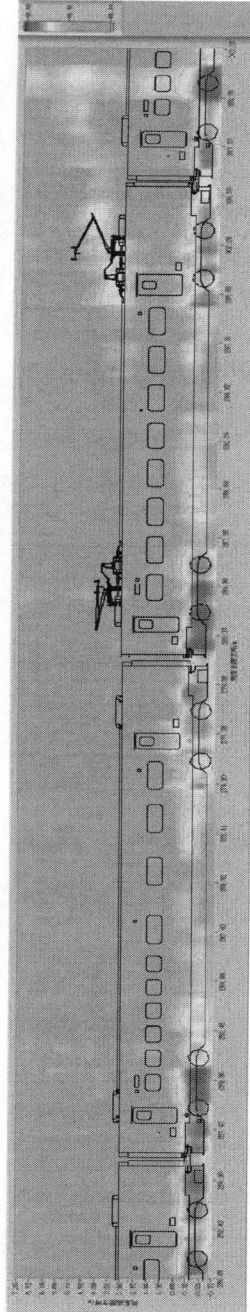

(e) 380AL10~12车

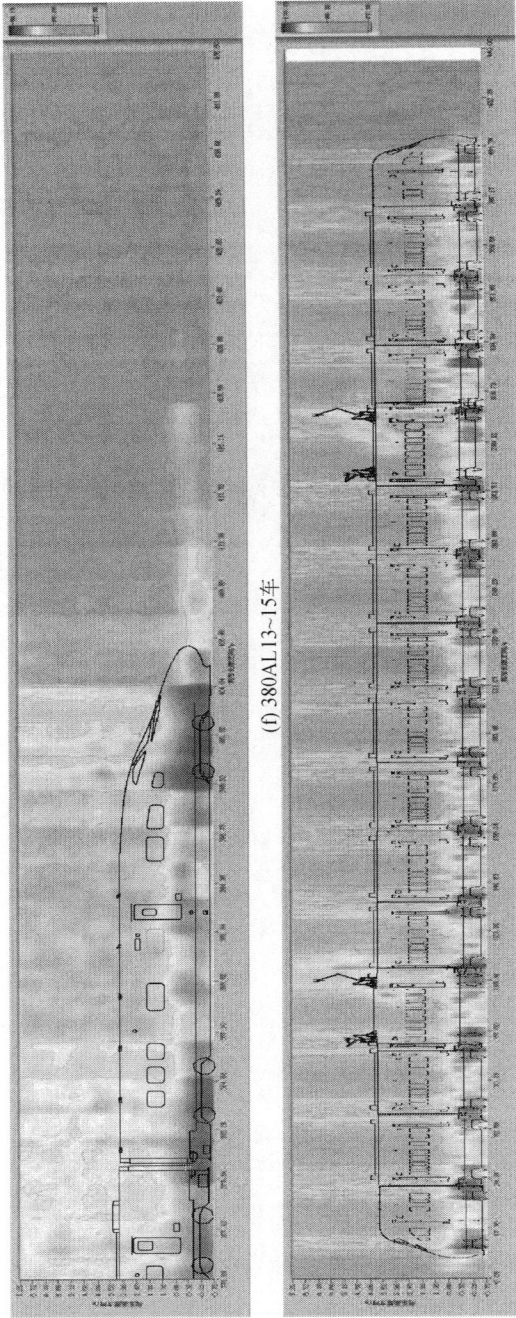

(f) 380AL13~15车

(g) 380AL全车

图6.21 CRH380AL动车组运行噪声声源空间分布(V=350km/h)

（2）主要噪声源频谱特性。

应用阵列测试系统对 CRH380AL 和 CRH380BL 动车组的主要声源位置进行频谱分析。分析的主要声源位置包括头车区域、车辆下部区域（含轮轨区域）、车辆上部区域（含受电弓区域）及风挡区域。由上述不同车型动车组各噪声源频谱的试验结果可见：车辆下部区域（含轮轨区域）的噪声峰值频率主要出现在 400～3150Hz 范围内，其中频率为 800～1600Hz 的噪声主要由钢轨振动辐射噪声引起，频率为 2000～3150Hz 的噪声主要由车轮振动辐射噪声引起；车辆上部区域（含受电弓区域）噪声峰值频率集中在 630Hz 以内，而高频分量相对较小。头车区域的噪声峰值频率主要分布在 400～1250Hz 和 2000～3150Hz 频带，对应于空气动力噪声和轮轨振动引起的噪声；风挡区域噪声能量主要分布在 400～1000Hz 频带。

（3）主要噪声源贡献量。

CRH2-300 动车组最大声源主要来自车轮贡献的轮轨噪声，位于高速列车车轮位置，其次来自弓网噪声，位于高速列车受电弓位置；CRH3 动车组最大声源来自弓网噪声，位于高速列车受电弓位置，其次主要来自钢轨贡献的轮轨噪声，位于高速列车轮轨相互作用位置。其中车辆下部噪声源贡献率为 18%～24%，车辆上部空气动力噪声源贡献率为 37%～40%，集电系统噪声源贡献率为 39%～42%。

CRH380AL 型动车组车辆上部（集电系统区域）噪声、车辆中部（车体区域）噪声及车辆下部（轮轨区域）噪声在总噪声中所占的百分比是随时间变化的，在受电弓区域以外的位置处，车辆下部噪声所占的比例最高，为 37.5%～60%。而在集电系统区域则是受电弓附近噪声最大，占通过时总噪声的 55%～60%。

CRH380A 动车组各部位噪声值随列车运行速度的增加不断增大，其中轮轨区域的噪声最大，其次为上部受电弓区域。

从声源分布对比来看，试验的 4 种车型的主要噪声源皆位于轮轨、受电弓、风挡、车体下部、车头及车尾等部位。对于车头部位噪声，CRH380AL 噪声的增加速率比 CRH380BL 慢，该特性缘于 CRH380AL 动车组增加了长细比、调整截面积变化率、头部造型平顺化、车体断面形状加大侧顶圆角半径，车体截面形状基本不变。上述车型的改变，一定程度地改善了头部区域的空气动力噪声性能。CRH380BL 在受电弓导流罩、空调机组导流罩等方面加以改进，因此该车型集电系统区域噪声得到较大改善，轮轨区域噪声突出。

在试验车速范围内，CRH380AL 和 CRH380BL 车型列车通过时段内，其上部区域噪声贡献率为 26%～32%，中部区域噪声贡献率为 24%～31%，下部区域噪声贡献率为 41%～48%，再次表明车型的优化设计可一定程度地改善中部及上部区域空气动力噪声影响，使得中、上部区域的噪声源贡献率降低，突出了下部区域的噪声贡献率。此外，CRH380AL 和 CRH380BL 动车组牵引总功率高达 18400～20440kW，相对于 CRH2-300 和 CRH3 型动车组牵引总功率 7728～8800kW 高出 2.3 倍，而动车组的牵引电机位于车辆下部的转向架位置,增大了下部噪声辐射;同时对于京津城际铁路 13.4m 宽的简支箱型桥梁设有高于桥面 1m 防护墙,可起到一定的声屏障作用,降低车辆下部噪声影响,理论计算其降噪效果为 1.4~1.9dB(A)(表 6.8)。而对于京沪高速铁路采用 12.9m 宽的简支箱型桥梁,防护墙高度仅高于桥面 0.7m,与轨面等高,对车辆下部噪声已难以起到屏障作用,理论计算值为 0。因此,CRH380AL 和 CRH380BL 动车组在京沪高速铁路运行时,相对于京津城际铁路采用的 CRH2-300 和 CRH3 型动车组,下部区域噪声影响更加突出。综上所述,CRH380AL 和 CRH380BL 动车组下部区域噪声贡献率达 41%~48%。

表 6.8　桥梁防护墙附加理论计算结果

防护墙高度/m	理论计算点	降噪效果计算结果/dB(A)	
		近轨	远轨
1	距离铁路线路 30m,高于地面 1.2m 处	1.7	1.9
	距离铁路 25m,高于轨面 3.5m 处	1.6	1.4
0.7	距离铁路线路 30m,高于地面 1.2m 处	0	0
	距离铁路 25m,高于轨面 3.5m 处	0	0

由理论计算结果可知以下几点。

①试验结果给出了 CRH2-300、CRH3、CRH380AL、CRH380BL 高速动车组运行过程中的声源空间分布图。由试验结果可以看出,当动车组高速运行时,各车型的声源空间分布具有相似性,主要噪声源分布于轮轨、受电弓、车头前部、风挡等部位。

②对高速动车组主要声源位置进行噪声频谱分析,其主要声源位置包括车头、轮轨、受电弓及风挡部位。结果表明,在中高频区域,轮轨部位的噪声值较高,在较低频区域受电弓及车辆中部的噪声值较高,轮轨部位噪声的峰值频率出现在 800~1600Hz 的频带内。

③各型试验动车组不同区域的噪声最大值随速度的变化关系表明,对于列车头部(不含轮轨)、列车尾部(不含轮轨)、轮轨区域,车体表面(含风挡)、车体下部及受电弓,各部位噪声值随列车运行速度的增加不断增大。其中受电弓噪声最大值、车体噪声最大值随列车运行速度的增加而快速增大,且增加的趋势相近;车体下部噪声值增大相对缓慢。

④各型动车组以 350km/h 运行时,车辆上部噪声、中部噪声及下部噪声在总噪声中所占的百分比是随时间变化的。对于京津城际铁路采用 13.4m 宽且设有高于桥面 1m 防护墙的简支箱型桥梁区段,因防护墙起一定的声屏障作用,理论计算值为 1.4~1.9dB(A),所以在此桥梁线路条件下,CRH2-300 和 CRH3 型动车组运行时,车辆下部区域噪声源贡献率为 18%~24%,中部区域噪声源贡献率为 37%~40%,上部区域噪声源贡献率为 39%~42%,噪声源主要集中在车辆中部、上部区域。对于京

沪高速铁路采用 CRH380AL 和 CRH380BL 动车组运行时,车辆下部区域噪声贡献率为 41%～48%,中部区域噪声贡献率为 24%～31%,上部区域噪声贡献率为 26%～32%,噪声源主要集中在车辆下部区域。一方面源于 CRH380 动车组通过对车辆外形的优化设计,一定程度地改善中部及上部区域空气动力噪声影响,使得中、上部区域的噪声源贡献率降低;另一方面 CRH380AL 和 CRH380BL 动车组牵引总功率是 CRH2-300 和 CRH3 型动车组 2.3 倍,位于车辆下部转向架位置的牵引电机噪声影响更大;此外,随着京沪高速铁路桥梁防护墙高度的降低,采用高于桥面 0.7m 防护墙与轨面平行,防护墙对车辆下部噪声已无声屏障作用,理论计算值为 0,使得下部区域噪声影响突出。因此,CRH380AL 和 CRH380BL 动车组下部区域噪声贡献率高于 CRH2-300 和 CRH3 型动车组下部区域噪声贡献率。

4)小结

(1)本节根据列车通过暴露声级测量值,给出了我国 CRH2-300、CRH3、CRH380AL、CRH380BL 4 种典型高速动车组在桥面宽度分别为 13.4m 和 12.9m 的两种典型简支箱型桥梁线路上运行时,运行辐射噪声源强值、频率特性、声场分布特性、噪声源定位、噪声源贡献量的试验研究结果。

(2)不同车型、不同线路条件,高速动车运行时声场分布特性和主要噪声源空间分布特性基本相同,但运行辐射噪声源强值、频率特性、噪声源贡献率有所不同,同等边界条件下,CRH380AL 和 CRH380BL 动车组运行辐射噪声源强值高于 CRH2-300、CRH3 动车组的运行辐射噪声源强值,约高 5dB(A);当动车组速度为 300～350km/h 时,我国高速铁路运行辐射噪声高于目前国外高速列车运行辐射噪声水平 1～5dB(A)。

(3)同一车型,在同样列车运行速度条件下,运行在 14.3m 宽简支箱型梁且设有高于桥面 1m 防护墙的桥梁线路区段,其动车组的运行辐射噪声源强值相对于 12.9m 宽简支箱梁设有高于桥面 0.7m 防护墙桥梁线路噪声源强低 1～3dB(A)。试验数据与理论计算结果接近。

(4)CRH380AL 和 CRH380BL 动车组运行辐射噪声频率特性在 20～4000Hz 范围呈宽频特性,而 CRH2-300、CRH3 动车组运行辐射噪声峰值频率集中在 31.5～63Hz,呈低频特性;高速动车组运行时,对环境的瞬时声级迅速增大,最大声级变化率在 10dB(A)/s 以上,高于背景噪声 40dB(A)以上。上述噪声源特性相对于常速铁路噪声源特性,将对人体产生更高的烦恼度影响。

(5)京津城际铁路对应于 13.4m 宽且设有高于桥面 1m 防护墙的简支箱型桥梁区段线路上运行的 CRH2-300 和 CRH3 型动车组通过时段内,上部区域噪声源贡献率最大,为 39%～42%;而京沪高速铁路线路上运行的 CRH380AL 和 CRH380BL 动车组下部区域噪声贡献率最大,为 41%～48%。鉴于本节研究成果将主要应用于新建铁路环境噪声影响预测评价,因此后续的研究内容将主要基于

CRH380AL 和 CRH380BL 高速动车组,得到运行辐射噪声源强值、频率特性、声场分布特性、噪声源空间分布特性及主要噪声源贡献率的试验研究结论。

(6)无论何种桥梁线路,当各车型动车组高速运行时,其辐射噪声水平距离衰减特性均随距离呈对数关系衰减,在 7.5～100m 范围内,距离增倍,声级衰减 3～4dB(A)。近似满足有限长线声源距离衰减规律。而垂向分布特性均随着距轨面高度的增大而逐渐增大,近似呈二次函数关系,轨面以上 6m 处的辐射噪声声级高出轨面测点辐射噪声声级约 2dB(A)。

3. 高速铁路环境振动源特性

1)试验方法及限值标准

环境振动 Z 振级的测试方法主要依据《城市区域环境振动测量方法》(GB 10071—88)、《铁路环境振动测量方法》(TB/T 3152—2007)等标准中相关技术要求和规定。环境振动测点布设在距铁路外侧轨道中心线 30m 处,振动传感器应平稳地安放在平坦、坚实的地面上。在距铁路外侧轨道中心线 30m 外,昼夜间铅垂向最大振级不得高于 80dB(A)。

(1)数据采集及分析方法。

环境振动评价因子为:铅垂向最大 Z 振级($VL_{z,max}$)。分析频率范围为 1～80Hz。

(2)测点布置。

分别选择典型桥梁区段和路基区段进行振动源及传播规律试验,桥梁区段分别在 7.5m、15m、30m、45m、60m 设测点,路基区段分别在 30m、45m、60m 设测点。

2)试验结果与分析

(1)列车运行振动在大地中的传播机理。

当列车运行时,由轮轨相互作用产生的振动通过轨道系统传入基础结构(路基和桥梁结构),进而传入临近大地,振动以体波(压缩波、剪切波)、表面波(如 Rayleigh 波)、界面波(如 Stoneley 波)形式在大地中向四周环境传播,其中以表面波形式沿地面传播的 1～80Hz 振动频率成分为人体全身所能感知的环境振动。

列车运行产生的振动主要来自以下几个方面。

①列车以一定的速度运行时,对轨道的周期性重力荷载作用产生的冲击。

②列车在轨道上运行时,轮轨相互作用产生的车轮与钢轨结构的振动。

③当车轮滚过钢轨接头时,轮轨相互作用产生的车轮与钢轨结构的振动。

④轨道的不平顺和车轮的损伤也是系统振动的振源。

由运行列车对轨道的冲击作用产生振动,通过结构(路基、桥梁墩台及其基础、隧道基础和衬砌等)传递到周围的地层,并经过地层向四周传播,激励附近地下结构或地面建筑物产生振动并进一步诱发室内结构和家具的二次振动和噪声,从而对建筑物的结构安全以及建筑物内人们的工作和生活产生影响。

影响铁路环境振动的主要因素有车辆类型、载重、行车速度、铁路轨道的不平顺、车轮的不平顺、钢轨接头、轨道的结构特性、路基的弹性特性等。

（2）试验结果分析。

①不同线路条件下对地面环境振动影响。

对距铁路桥梁线路中心线 30m 处的列车运行 Z 振级与速度的变化关系进行回归分析，得到不同车型在桥梁区段环境振动与速度变化的关系如下：

$$VL_{z,max} = 16.3 \times \lg(V/V_0) + 65.2 \tag{6.7}$$

式中：V 为车速，参考速度 $V_0 = 300$km/h。

路基区段 CRH380BL 试验，对距铁路线路中心线 30m 处的列车运行 Z 振级与速度的变化关系进行回归分析，得到不同车型在路基区段环境振动与速度变化的关系如下：

$$VL_{z,max} = 17.4 \times \lg(V/V_0) + 62.3 \tag{6.8}$$

试验结果表明，CRH380 型动车组均使用了无摇枕空气弹簧转向架，增加了抗侧滚扭杆，带两组抗蛇行减震器，加强了二系悬挂空气弹簧柔度，在提高了转向架的稳定性和减震效果的同时，也降低了环境振动影响，当列车运行速度达 350km/h 时，距离铁路桥梁、路基线路中心线 30m 处的环境振动 $VL_{z,max}$ 均低于 80dB(A)，满足《城市区域环境振动标准》要求。

②环境振动频域特性。

桥梁区段 CRH380BL 试验结果如图 6.22 和图 6.23 所示。

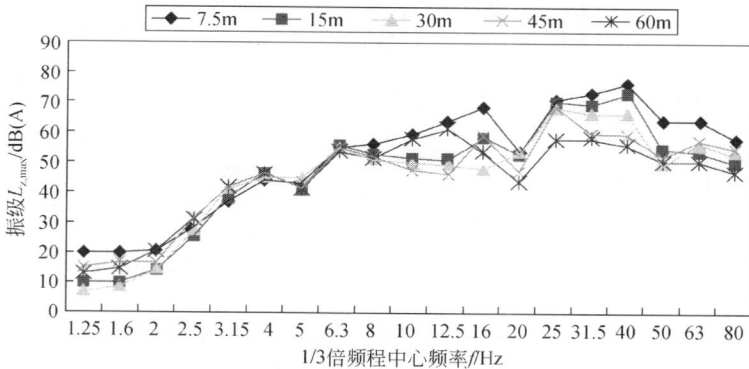

图 6.22　CRH380BL 列车通过桥梁区段环境振动频率特性（$V = 350$km/h）

由时域特征图可看出各轮对产生的振动波形，振动最大值一般由动车产生，拖车振动明显低于动车。

当动车组通过测点位置时，通过振级明显高于本底振动，动车组以不同速度通过桥梁、路基区段时，环境振动主频集中出现在 31.5～63Hz。随着动车组运行速度的提高，环境振动垂向振动主频提高。随着距线路距离的加大，环境振动垂向振

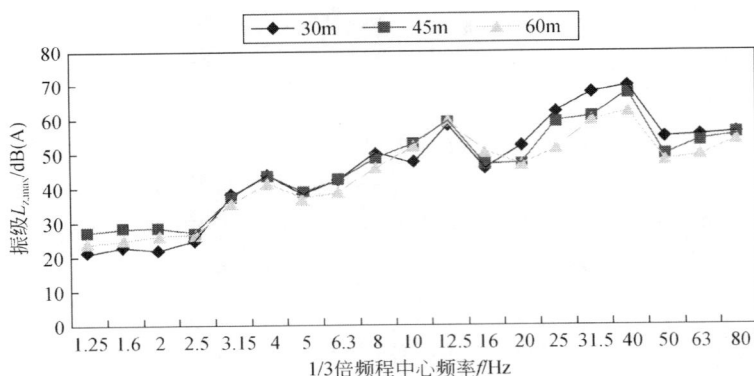

图 6.23　CRH380BL 列车通过路基区段环境振动频率特性（$V = 350\text{km/h}$）

动主频降低；在 45m、60m 距离处，在 10～12.5Hz 频率范围往往也出现一个峰值。

③环境振动频域特性分析。

当列车以速度 V 通过桥梁、路基线路时，由于动车组轴重荷载的规则性排列，会对线路产生周期性的动力作用，动车组对线路的竖向加载频率主要取决于列车速度 V 和车长 d，动车组对路基、桥梁线路的激励频率成分主要为 $nV/(3.6d)$（$n = 1, 2, 3 \cdots$），其中 $n = 1$ 起主要成分。

其中轮轨系统的振动是主要振源之一。振动依次通过在轨道系统、支撑基础、周围土体及相邻建筑物进行传递和改变，在建筑物内可产生能感知的振动。振动源、传播途径及受振体系统如图 6.24 所示。轮轨相互作用产生的振源如图 6.25 所示。

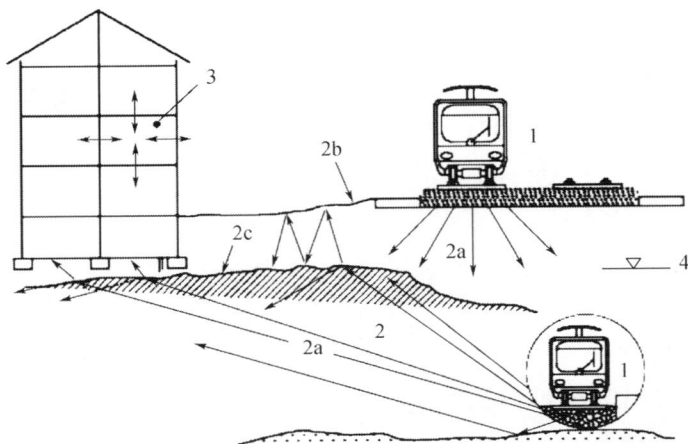

图 6.24　振动源、传播途径及接受者系统

1-振动源；2-传播途径；2a-体波（压缩波、剪切波）；2b-表面波（如 Rayleigh 波、Love 波）；
2c-界面波（如 Stoneley 波）；3-接受者（振动，二次辐射噪声）；4-地下水位（承雨底线）；
由振动源、传播途径和接受者组成的系统呈相互依存

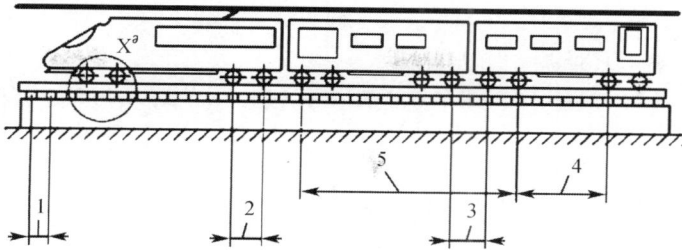

图 6.25　与振动相关的动车组参数示意图

1-钢轨支撑间距;2-(同一转向架)轴距;3-相邻两车轴距;4-同一车辆轴距;5-相邻车辆轴距

表 6.9 列出了 380A 动车组和 380B 动车组的轴距。

表 6.9　CRH380 动车组轴距参数表　（单位:m）

与图 6.25 对应序号(间距)	380A 动车组	380B 动车组
1	0.625	0.625
2	2.5	2.5
3	6.25	5.55
4	15	14.875
5	28.75	27.925

表 6.10 和表 6.11 分别给出了 CRH380A 和 CRH380B 动车组的环境振动特征频率。

表 6.10　CRH380A 动车组振动特征频率　（单位:Hz）

速度/(km/h)	f_1	f_2	f_3	f_4	f_5
300	133.3	33.3	13.3	5.6	2.9
350	155.6	38.9	15.6	6.5	3.4
380	168.9	42.2	16.9	7.0	3.7

注:f_1 为轨座通过频率,f_2 为(同一转向架)轴距通过频率;f_3 为相邻两车轴距通过频率,f_4 为同一车辆轴距通过频率,f_5 为相邻车辆轴距通过频率。

表 6.11　CRH380B 动车组振动特征频率　（单位:Hz）

速度/(km/h)	f_1	f_2	f_3	f_4	f_5
300	133.3	33.3	15.0	5.6	3.0
350	155.6	38.9	17.5	6.5	3.5
380	168.9	42.2	19.0	7.1	3.8

结果表明,在频率范围 1~100Hz 的自谱中,CRH380A 动车组以速度 350 km/h 运行时,主振频率对应于 35Hz,CRH380B 动车组以速度 350 km/h 运行时,主振频率对应于 38.5Hz,该频率特征与转向架车辆轴距的特征频率相吻合,说明车辆轴距的特征频率是环境振动的主振频率,即转向架的振动特性对环境振动影

响最大。

④不同车型对环境振动影响分析。

CRH380A 和 CRH380B 动车组在桥梁区段产生的环境振动影响试验结果如图 6.26 所示。

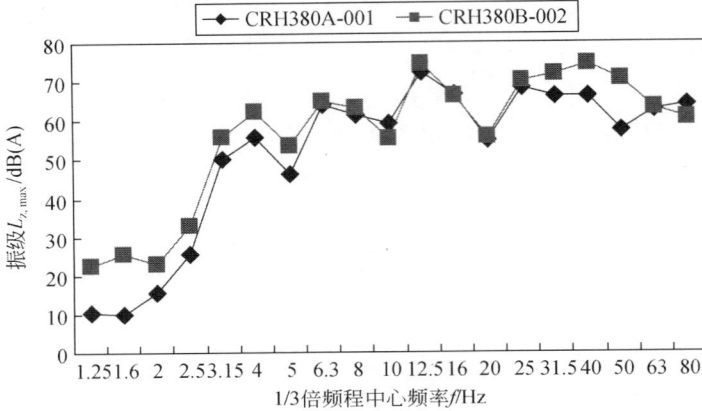

图 6.26　不同车型以 350km/h 速度通过桥梁区段环境振动影响

从图 6.26 中可以看出，CRH380A 动车组和 CRH380B 动车组以 350km/h 通过 K735＋000 桥梁区段时，其环境振动的频谱图相近，不同频率下 CRH380B 动车组产生的环境振动水平略高于 CRH380A 动车组，反映了轴重大的动车组所产生的环境振动也大。

⑤轨道-线路-大地系统振动能量衰减特性。

CRH380AL 和 CRH380BL 动车组以不同速度通过典型桥梁和路基区段 CRTSⅡ型板式无砟轨道测试工点时的钢轨、轨道板、底座/支承层、梁面/路基面及大地距离轨道中心线 30m 和 60m 处的垂向振动加速度有效值和振动能量传递比值分别如图 6.27～图 6.30 所示。

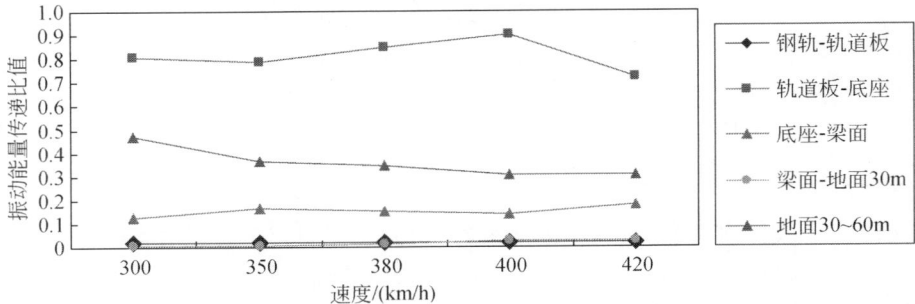

图 6.27　CRH380AL 动车组不同速度下的桥梁区段振动能量传递比值

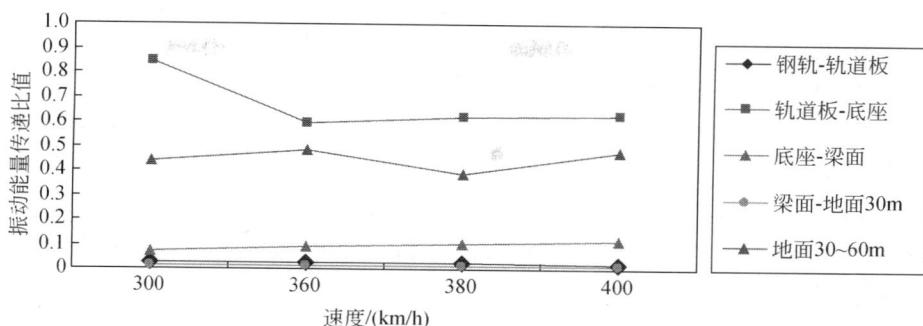

图 6.28　CRH380BL 动车组不同速度下的桥梁区段振动能量传递比值

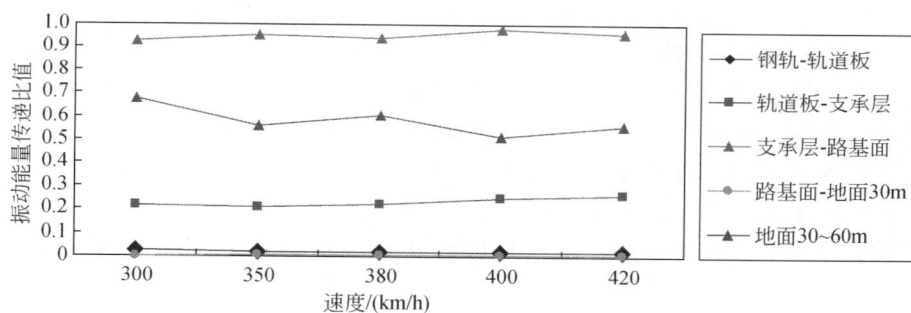

图 6.29　CRH380AL 动车组不同速度下的路基区段振动能量传递比值

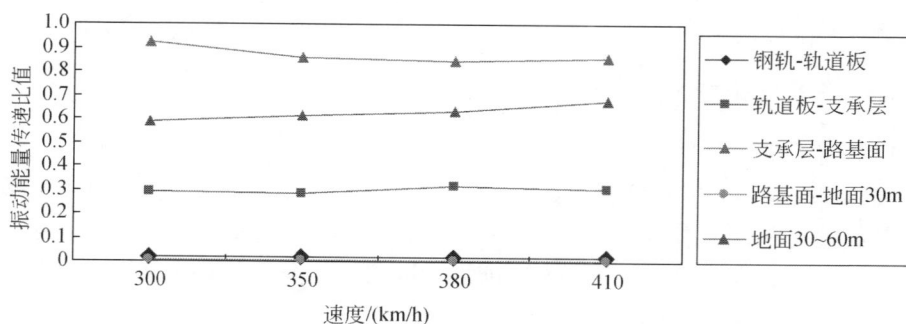

图 6.30　CRH380BL 动车组不同速度下的路基区段振动能量传递比值

由上面对各速度级的动车组产生的振动加速度有效值在钢轨-轨道板-底座/支承层-梁面/路基面-地面 30m-地面 60m 处的衰减规律分析得出以下结论。

(a)CRH380AL 和 CRH380BL 动车组以不同速度通过桥梁和路基区段 CRTS Ⅱ型板式无砟轨道测试工点时,钢轨、轨道板、底座/支承层、梁面/路基面和大地系统的振动加速度平均值(平均功率)随着速度的提高均有不同程度的增大趋势,钢轨振动的平均功率增大的幅度远大于其他部件。

(b)对于桥梁区段,振动由梁面传至地面过程中衰减最大,振动能量传递比值为 0.008~0.028;其次是钢轨至轨道板,振动能量传递比值为 0.017~0.028;底座至梁面的振动能量传递比值为 0.073~0.179;振动由地面 30m 传至地面 60m 处,振动能量传递比值为 0.302~0.482;轨道板至底座的振动衰减最小,振动能量传递比值为 0.597~0.901,主要原因是 CRTS Ⅱ型板式无砟轨道的弹性主要由钢轨与轨道板间扣件系统的橡胶垫板提供,而轨道板通过砂浆充填层与底座板粘接在一起,底座板通过"两布一膜"与梁面分开,与轨道板形成质量较大的整体,振动能量从轨道板传至底座板衰减较小。

对于路基区段,振动由路基传至地面过程中衰减最大,振动能量传递比值为 0.003~0.006;其次是钢轨至轨道板,振动能量传递比值为 0.019~0.024;轨道板至支承面的振动能量传递比值为 0.207~0.317;振动由地面 30m 传至地面 60m 处,振动能量传递比值为 0.515~0.678;轨道板至路基面的振动衰减最小,振动能量传递比值为 0.842~0.982,主要原因是 CRTS Ⅱ型板式无砟轨道的弹性主要由钢轨与轨道板间扣件系统的橡胶垫板提供,连续铺设的 30cm 厚的支承层直接在路基基床表层浇注,参振质量较大,且受线间填充混凝土和线路外侧沥青混凝土防水层垂向约束的影响,支承层与路基面间振动衰减幅度较小。振动由路基面传至地面衰减率比较高的原因是路基地面所采取的 CFG 桩提供了很大的刚度。

(c)在桥梁区段,振动能量由钢轨至地面 60m 处各部位传递比值约为 1∶0.022∶0.016∶0.002∶0.00003∶0.00001;在路基区段,振动能量由钢轨至地面 60m 处各部位传递比值约为 1∶0.021∶0.0055∶0.005∶0.000023∶0.000014。

4. 常速铁路噪声源及振动源特性

1)常速铁路噪声源

常速铁路噪声源以轮轨噪声为主,其产生的机理来源于轮轨表面粗糙度激励、车轮振动、钢轨振动、轨枕振动及其产生的声辐射。钢轨表面和车轮踏面粗糙。当轮对在轨面上滚动时,粗糙会导致轮轨相对运动及本身的弹性振动,引起轨下基础部件如轨枕的振动,并向空气中辐射噪声。

目前我国铁路线路上运行的常速铁路列车主要包括旅客列车、货物列车及集装箱列车。不同类型列车的噪声源特性如表 6.12~表 6.19 所示[8]。

(1)旅客列车噪声源强(表 6.12)。

线路条件:Ⅰ级铁路,无缝、60kg/m 钢轨,轨面状况良好,混凝土轨枕,有砟道床,平直、低路堤线路。对于桥梁线路的源强值,在表 6.12 基础上增加 3dB(A)。

参考点位置:距列车运行线路中心 25m,轨面以上 3.5m 处。

（2）普通货物列车噪声源强（表 6.13）。

线路条件：Ⅰ级铁路，无缝、60kg/m 钢轨，轨面状况良好，混凝土轨枕，有砟道床，平直、4m 高路堤线路。对于桥梁线路的源强值，在表 6.13 基础上增加 3dB(A)。

表 6.12　160km/h 及以下速度旅客列车噪声源强

速度/(km/h)	50	60	70	80	90	100
源强/dB(A)	72.0	73.5	75.0	76.5	78.0	79.5
速度/(km/h)	110	120	130	140	150	160
源强/dB(A)	81.0	82.0	83.0	84.0	85.0	86.0

表 6.13　普通货物列车噪声源强

速度/(km/h)	30	40	50	60	70	80
源强/dB(A)	75.0	76.7	78.2	79.5	80.8	81.9

车辆条件：构造速度小于 100km/h，转 8 A 型转向架。

参考点位置：距列车运行线路中心 25m，轨面以上 3.5m 处。

（3）新型货物列车噪声源强（表 6.14）。

线路条件：Ⅰ级铁路，无缝、60kg/m 钢轨，轨面状况良好，混凝土轨枕，有砟道床，平直线路。路堤 1m 高。桥梁 11m 高，简支 T 型梁，盘式橡胶支座。对于桥梁线路的源强值，在表 6.14 基础上增加 3dB(A)。

车辆条件：构造速度大于 100km/h。

参考点位置：距列车运行线路中心 25m，轨面以上 3.5m 处。

表 6.14　新型货物列车噪声源强

速度/(km/h)	50	60	70	80	90	100	110	120
源强/dB(A)	74.5	76.5	78.5	80.0	81.5	82.5	83.5	84.5

（4）双层集装箱列车噪声源强（表 6.15）。

线路条件：Ⅰ级铁路，无缝、60kg/m 钢轨，轨面状况良好，混凝土轨枕，有砟道床，平直线路。路堤 1m 高。桥梁 11m 高，简支 T 型梁，盘式橡胶支座。对于桥梁线路的源强值，在表 6.15 基础上增加 3dB(A)。

参考点位置：距列车运行线路中心 25m，轨面以上 3.5m 处。

表 6.15　双层集装箱列车噪声源强

速度/(km/h)	50	60	70	80	90	100	110	120
源强/dB(A)	73.5	75.5	77.5	79.0	80.5	81.5	82.5	83.5

2)常速铁路振动源

(1)旅客列车振动源强(表 6.16)。

线路条件:Ⅰ级铁路,无缝、60kg/m 钢轨,轨面状况良好,混凝土轨枕,有砟道床,平直、路堤线路。对于桥梁线路的源强值,在表 6.16 基础上减去 3dB(A)。

轴重:21t。

地质条件:冲积层。

参考点位置:距列车运行线路中心 30m 的地面处。

表 6.16　160km/h 及以下速度旅客列车振动源强

速度/(km/h)	50~70	80~110	120	130	140	150	160
源强/dB(A)	76.5	77.0	77.5	78.0	78.5	79.0	79.5

(2)普通货物列车振动源强(表 6.17)。

线路条件:Ⅰ级铁路,无缝、60kg/m 钢轨,轨面状况良好,混凝土轨枕,有砟道床,平直线路。低路堤或 11m 高桥梁。对于桥梁线路的源强值,在表 6.17 基础上减去 3dB(A)。

车辆条件:车辆构造速度小于 100km/h。

地质条件:冲积层。

参考点位置:距列车运行线路中心 30m 的地面处。

表 6.17　普通货物列车振动源强

速度/(km/h)	50	60	70	80
源强/dB(A)	78.5	79.0	79.5	80.0

(3)新型货物列车振动源强(表 6.18)。

线路条件:Ⅰ级铁路,无缝、60kg/m 钢轨,轨面状况良好,混凝土轨枕,有砟道床,平直线路。路堤 1m 高。桥梁 11m 高,简支 T 型梁,盘式橡胶支座。对于桥梁线路的源强值,在表 6.18 基础上减去 3dB(A)。

车辆条件:车辆构造速度大于 100km/h。

地质条件:冲积层。

轴重:21t。

参考点位置:距列车运行线路中心 30m 的地面处。

表 6.18　新型货物列车振动源强

速度/(km/h)	60	70	80	90	100	110	120
源强/dB(A)	78.0	78.0	78.5	79.0	79.5	80.0	80.5

（4）双层集装箱列车振动源强（表 6.19）。

线路条件：Ⅰ级铁路，无缝、60kg/m 钢轨，轨面状况良好，混凝土轨枕，有砟道床，平直线路。路堤 1m 高。桥梁 11m 高，简支 T 型梁，盘式橡胶支座。对于桥梁线路的源强值，在表 6.19 基础上减去 3dB（A）。

地质条件：冲积层。

轴重：25t。

参考点位置：距列车运行线路中心 30m 的地面处。

表 6.19　双层集装箱列车振动源强

速度/（km/h）	60～80	90～100	110	120
源强/dB（A）	77.5	78.0	78.5	79.0

6.2.3　噪声及振动控制技术

控制和降低铁路列车运行引起的环境噪声、振动的影响，主要包括三个方面：①噪声、振动源强的控制；②噪声、振动传播途径的控制；③受保护建筑的控制。

1. 噪声振动源控制技术

1）列车噪声振动源控制技术及其降噪效果

高速列车噪声源控制技术主要包括优化设计了流线型动车组头型、车体平滑化和轻量化，以降低高速列车运行时的空气性动力噪声；对受电弓导流罩、空调机组导流罩进行了改进，使得集电系统区域噪声得到较大改善；研发高气密性车体和车内隔声、吸声材料的应用，降低了车内噪声水平。

（1）头车流线型设计。

以京沪高速铁路为例，采用新一代"和谐号"CRH380 型高速动车组。CRH380A 动车组采用低阻力流线头型，增加了长细比，车头造型比普通动车组的车头长 2.6m，调整截面积变化率、头部造型平顺化、车体断面形状加大侧顶圆角半径，使头车气动阻力降低 15.4%，气动噪声降低了 7%。CRH380BL 动车组头车司机室外部蒙皮流线型结构与头车客室形成统一的整体结构，车头两侧向上、向后延伸的"凹槽"贯穿全车，减小了运行空气阻力 10%。

（2）转向架优化设计。

高速动车组优化了转向架设计参数。CRH380 型动车组采用无摇枕转向架，增加了抗侧滚扭杆及抗蛇行减震器，加强了二系悬挂空气弹簧柔度，相对于优化前的转向架系统，车头转向架位置区域产生的气动噪声降低了 2.1dB（A）。

（3）受电弓罩优化设计。

CRH380B 动车组使用 DSA350 型高速受电弓，主动控制低气流扰动双弓受流技术,在受电弓两侧设挡板,在受电弓导流罩、空调机组导流罩等方面进行了改进,导流罩呈箱体形结构,其外表面呈流线型,导流罩前后两端的迎风面大致呈椭球面,受电弓在升弓状态时产生的气动噪声比改进前减小了 2.4dB(A)。

(4)车内噪声控制技术。

动车组车内噪声控制采取了隔声、吸声、阻尼等措施,在不同部位采用了不同的地板隔声阻尼结构,目前该车在 350km/h 时速运行时,CRH380 型车内噪声已低于 70dB(A),其声级水平与早期的 160km/h 速度的普通客车车内噪声水平持平,低于民航客机飞行时机舱内噪声[80dB(A)]及速度 120km/h 的小汽车内噪声[76dB(A)]。

2)工程结构物噪声源控制技术及其降噪效果

高速铁路线路采用了 ±1mm 轨距允许偏差、<2mm 轨道高低和轨向偏允许偏差的轨道铺设控制精度、跨区间无缝钢轨、CRTSⅡ型板式无砟轨道结构和弹性扣件,以及运营中钢轨的打磨养护,实现了轨道的高平顺性;桥梁采用大体量混凝土箱梁和墩身;路基、桥涵和隧道结构物过渡段采取了刚度过渡措施;增大隧道净空有效面积,隧道进、出口洞门根据隧道长度采取了不同形式的缓冲结构,以降低隧道洞口周围环境的微气压波影响。

(1)高平顺性轨道设计。

CRTS Ⅱ型板式无砟轨道在钢轨与轨道板间的扣件系统设置橡胶垫板,路基区段在路基基床表层直接浇注 30cm 厚的支承层;桥梁区段轨道板通过砂浆充填层与底座板粘接在一起,底座板通过"两布一膜"与梁面分开。有效降低了钢轨振动传递到路基面和桥梁面的振动,振动功率衰减达 99.7% 以上。

同时京沪高速铁路在运营中采用钢轨打磨措施,以降低钢轨和车轮表面的粗糙度。京沪高速铁路钢轨顶打磨后,动车组脱轨系数、轮重减载率、横向平稳性、垂向平稳性等动力学相应指标均有不同程度的减小,动车组运行稳定性得到改善。钢轨打磨后可降低噪声 3~6dB(A)。

(2)采用大体量桥梁结构。

京沪高速铁路采用以 32m 简支箱梁为主型梁的常用跨度简支梁,具有足够的横向、竖向刚度和良好的动力性能;桥梁墩台采用流线型圆端实体桥墩、双线单圆柱形桥墩、空心墩、矩形双柱墩等型式,桥梁基础根据沿线地质条件采用桩基础、明挖基础和挖井基础。京沪高速铁路桥梁横向振动均以墩梁一体的横向振动为主,桥墩的横向振幅小于 0.1mm,避免了桥梁二次结构噪声影响。

(3)增大隧道净空有效面积。

京沪高速铁路采用有效净空不小于 100m² 的隧道断面,相对于日本新干线早期近 70 m² 的隧道断面,其微气压波对隧道周围环境的噪声影响可减小约 1.5dB(A)。沿线隧道设置缓冲洞口结构后,对微气压波的减缓作用为 10%~40%。

2. 噪声传播途径控制技术

目前应用最广的铁路两侧设置声屏障的降噪措施始于 20 世纪 90 年代中期，最早应用于广深准高速铁路石龙桥、京广铁路郑州铁一中及京山铁路北京幸福小区及夕照寺，近年来已在铁路线路两侧大量采用。

1) 声屏障设置原则

一般声屏障设计主要包括如下 7 个方面。

(1)全面了解保护目标的性质、规模、周围环境特征及声环境现状，同时给出保护目标与铁路的相对位置关系。

(2)噪声环境预测：根据铁路噪声源状况，预测铁路噪声对保护目标的噪声影响。

(3)确定降噪设计目标：根据预测结果及有关标准要求和声屏障降噪效果的实际限制等多项因素确定降噪目标。

(4)明确声屏障的安装位置：根据工程情况及受声点要求，确定声屏障的最佳设置位置。

(5)声屏障的声学设计：根据降噪目标值、铁路与受声点的相对位置关系和声屏障的安装位置进行声屏障声学计算。

(6)声屏障的材料与结构设计：根据声学计算确定的屏障高度及屏障所处线路类型(路基或桥梁)，充分考虑屏障的强度、刚度、耐候和耐火性能、造价、美观性、施工维护(包括屏障本身和线路构筑物)的便捷性等多方面要求，选择声屏障的材料并进行结构设计。无论材料或屏障结构的选择都应做多方案的比较，并按推荐方案提供屏障重量、风载荷及其他设计资料。屏障材料主要注重其耐候性、吸声性能、强度指标和价格；屏障结构则应满足高速列车运行时的脉动力作用要求，以尽可能易于施工安装且较为美观的形式实现降噪目标。

(7)声屏障的基础设计：包括路基屏障的基础设计和桥梁屏障的连接设计。应按屏障的结构、材料、重量、风荷等选定合适的屏障基础或联结方式，并提出屏障安装与联结要求(如路基加宽要求或桥梁预留安装条件等)。声屏障的基础设计应与屏障材料和结构设计基本同步。

声屏障的声学设计中应根据前述的铁路噪声源频谱特性，对声屏障材料的隔声量、吸声系数针对性地选择和确定；对声屏障设置的位置应尽可能靠近声源位置，对于桥梁声屏障，一般在主梁侧面处；对于路堤声屏障，一般设置在路肩外侧边缘处；对声屏障高度除主要与受保护目标的相对位置有关外，还基于声屏障的重量受路基和桥梁承载的限制，自然风载和列车通过时风压，以及沿线景观，机车乘务人员瞭望，列车视野，屏障、线路和桥梁构筑物的维护等多种因素制约。应根据具体工程和环境条件确定；对于声屏障长度，单侧总长度应大于列车长度，或根据保护目标沿线路方向的长度,再在两端各加长一定量;在桥梁声屏障的设计中,应考虑结构振动辐射噪声影响。

此外高速铁路的声屏障景观设计不容忽视,对声屏障的结构造型、材质、整体色彩的选用,应充分考虑到与周围环境相协调,充分考虑声屏障的景观要求及美学要求。声屏障的经济效益损益分析应综合考虑声屏障降噪效果、受保护目标人数及建设声屏障所需费用,使得该项噪声控制措施可有效做到经济、技术、环境效益的统一。

2)声屏障有效防护距离

通过对秦沈客运专线、京秦客运通道声屏障有效防护距离的降噪效果实际测量,可得如下结论。

(1)距离声屏障越近的测点,声屏障对其降噪效果越明显。对同一受声点,声屏障对距其较近股道通过列车时的降噪效果比远股道通过列车时的降噪效果好。距线路中心30m处远股道通过列车时的插入损失约为6dB(A)(1000Hz),60m处远股道通过列车时的插入损失约为4dB(A)(1000Hz),80m处远股道通过列车时的插入损失约为3dB(A)(1000Hz),与近股道插入损失有明显的差别,30m、60m、80m处远股道通过列车时的插入损失约比近股道分别少6dB(A)、3dB(A)、3dB(A)。

(2)同种材料、同一高度的声屏障,路基高度越高,其防护距离越大。当路基高度小于2m时,2.5m高的吸声式声屏障对距线路中心60m的受声点可降低噪声5dB(A)左右。因此,对于较低路堤,当敏感点距离线路中心60m以外时,不宜设置2.5m以下的声屏障降低铁路轮轨噪声。当路基高度大于3m时,2.5m高的吸声式声屏障对距线路中心80m的受声点可降低噪声5~7dB(A),当路基高度大于3m时,80m内的敏感点可采取声屏障降噪。

(3)高架桥路段,由于受桥面的遮挡,声屏障对距线路中心20m处的测点降噪效果不明显,对距线路80m处的降噪效果反而好,说明在高架桥路段,桥梁结构噪声在一定范围内影响较大;对于桥梁,当敏感点距离线路较远时,亦可采用声屏障降低噪声。

距离线路不同距离处声屏障降噪效果测试结果如表6.20所示。

表6.20　距离线路不同距离处声屏障降噪效果测试结果　　　　(单位:dB(A))

序号	列车速度 /(km/h)	上、下行	列车通过时的 L_{Aeq}					
			距线路中心距离(无声屏障,路基高2m)			距线路中心距离(2.5m吸声式声屏障上行侧,路基高1.5m)		
			20m	35m	60m	20m	35m	60m
1	115	上行	88.3	83.2	83.0	74.6	74.3	75.9
			插入损失值			13.4	8.9	7.1

序号	列车速度 /(km/h)	上、下行	列车通过时的 L_{Aeq}					
			距线路中心距离(无声屏障,路基高 2m)			距线路中心距离(2.5m 吸声式声屏障上行侧,路基高 1.5m)		
			20m	35m	60m	20m	35m	60m
2	58	下行	75.6	70.2	69.4	64.2	62.1	62.9
			插入损失值			11.4	8.1	605
3	107	下行	81.2	76.1	75.9	67.1	67.0	69.5
			插入损失值			14.1	9.1	6.4
4	112	下行	79.6	74.6	74.1	65.9	65.9	67.5
			插入损失值			13.7	8.7	6.6
5	115	下行	83.4	77.6	76.4	68.4	68.7	70.5
			插入损失值			15.0	8.9	5.9
6	153	上行	72.5	72.1	72.6	68.1	68.0	70.7
			插入损失值			4.4	4.1	1.9
7	116	下行	86.4	80.2	80.6	71.1	71.6	74.1
			插入损失值			15.3	8.6	6.5

注:各测点的线路轨道条件均为无缝线路,跨区间 60kg 长钢轨,碎石道床。

声屏障加长量的研究,由于有限长声屏障在声源声场中,需考虑两侧声绕射的影响衰减,即声屏障长度应保证侧端声绕射影响降至最低。

通过研究声屏障沿敏感点两端的加长量实测结果(表 6.21～表 6.24),得出如下结论。

(1)高架桥、高路堤路段,距线路中心 30m 及距线路中心 60m 的测试断面监测结果表明,距声屏障端部 50m 和 70m 的降噪效果基本相同,距声屏障端部 20m 与50m 的降噪效果差别也不明显,因此,在高架桥段声屏障加长量不是声屏障降噪效果的主要控制参数,声屏障加长量选取 50m 可满足控制要求。

(2)对于一般路堤路段,距线路中心 30m 处的测试断面监测结果表明,声屏障加长量为 40m 和 70m 时的降噪效果差别不大,但是距线路中心 60m 处的测试断面监测结果却表明声屏障加长量为 20m 和 50m 时的降噪效果差别不大,比起加长量 70m 的降噪效果差 2～3dB(A)。这一结果说明,声屏障的加长量与受声点距线路中心的距离有关,若受声点距线路中心 30m,声屏障的加长量为 40m 足以,但受声点距线路中心 60m 时,其加长量也应适当加大,70m 为宜。表 6.21 按《联邦德国环境保护手册》推荐的计算公式估算结果:当声屏障的插入损失值达到 10dB(A)时,对受声点距线路中心 30m,声屏障的加长量应为 45m;对受声点距线路中心60m,声屏障的加长量应为 90m,与实际测量结果基本一致。

（3）对于远股道，声屏障加长量 20m 或 50m，降噪效果没有明显区别，亦即声屏障距线路 10m 及更远时，声屏障降噪效果非常差，声屏障加长量已经不是降噪的主要控制参数。

表 6.21　沿线路方向距声屏障端部不同距离处的 L_{Aeq} 值　　　（单位：dB(A)）

序号	列车速度/(km/h)	上、下行	列车通过时的 L_{Aeq}							
			距声屏障端部距离（距线路中心 30m，路基高 1～2m）				距声屏障端部距离（距线路中心 60m，路基高 1～2m）			
			20m	40m	70m	100m	20m	40m	70m	100m
1	110	上行	67.9	65.0	63.9	63.4	64.3	63.5	61.6	61.1
2	118	下行	71.1	70.4	70.4	70.3	70.0	70.2	69.8	69.8
3	124	上行	69.8	66.8	66.4	65.8	66.1	65.4	63.9	63.0
4	98	上行	73.7	70.5	69.4	69.0	70.3	70.3	68.1	67.2
5	106	上行	70.3	67.5	66.1	65.3	68.2	67.6	65.9	63.9
6	109	下行	68.2	67.5	66.5	66.4	66.8	66.9	65.6	65.8
7	109	下行	66.8	65.1	65.3	65.2	65.0	64.7	64.0	65.2

表 6.22　沿线路方向距声屏障端部不同距离处的 L_{Aeq} 值　　　（单位：dB(A)）

序号	列车速度/(km/h)	上、下行	列车通过时的 L_{Aeq}							
			距声屏障端部距离（距线路中心 30m，桥高 15m）			距声屏障端部距离（距线路中心 45m，桥高 15m）			距声屏障端部距离（距线路中心 60m，桥高 15m）	
			20m	50m	70m	20m	50m	70m	20m	50m
1	156	下行	65.1	63.5	65.0	65.1	64.4	63.9	64.3	65.1
2	135	下行	65.7	65.9	65.6	65.2	64.6	64.8	65.0	64.6
3	133	下行	62.9	62.3	62.2	63.3	62.4	61.6	62.9	62.3
4	133	下行	62.4	62.1	61.5	62.0	61.5	60.8	61.6	61.0
5	137	上行	71.8	70.3	70.0	72.3	70.4	69.7	71.5	70.1
6	114	上行	73.1	71.2	70.7	73.5	71.4	70.8	73.0	71.6
7	129	上行	70.5	68.7	68.0	71.2	68.9	68.0	70.4	69.0
8	128	上行	71.7	69.7	68.9	72.4	7.07	69.0	71.3	69.3

表 6.23　沿线路方向距声屏障端部不同距离处的 L_{Aeq} 值　　　（单位：dB(A)）

序号	列车速度/(km/h)	上、下行	列车通过时的 L_{Aeq}							
			距声屏障端部距离（距线路中心 30m，路堤高 10m）			距声屏障端部距离（距线路中心 60m，路堤高 10m）			距声屏障端部距离（距线路中心 75m，路堤高 10m）	
			20m	50m	70m	20m	50m	70m	20m	50m
1	147	下行	64.5	64.1	62.6	63.3	64.2	64.1	64.5	63.8
2	157	下行	64.7	65.3	65.4	65.2	66.1	65.3	65.9	65.1
3	137	下行	64.3	64.3	63.1	64.4	65.1	64.8	65.1	64.1

序号	列车速度/(km/h)	上、下行	列车通过时的 L_{Aeq}							
			距声屏障端部距离(距线路中心 30m,路堤高 10m)			距声屏障端部距离(距线路中心 60m,路堤高 10m)			距声屏障端部距离(距线路中心 75m,路堤高 10m)	
			20m	50m	70m	20m	50m	70m	20m	50m
4	119	上行	77.8	71.8	69.9	73.2	74.3	72.2	72.2	71.4
5	153	上行	75.4	69.0	68.3	71.2	70.9	68.6	69.3	68.8
6	132	上行	74.1	68.3	66.5	70.6	70.2	68.2	68.7	67.3
7	123	下行	61.9	61.9	60.7	61.4	62.3	62.2	62.2	61.4
8	138	上行	76.1	69.8	68.3	72.0	70.2	69.9		

表 6.24　声屏障的有效附加长度估算

声屏障插入损失/dB(A)	15		10	
线路到接收点的距离/m	30	60	30	60
声屏障附加部分长度/m	68	135	45	90

3)声屏障对楼房敏感点降噪效果计算分析

(1)平路堤声屏障控制范围分析。

由于平路堤(路堤高度为 0m)声屏障基础设置有比较富裕的空间,因而声屏障有效高度一般最高可以做 4~5m,如按 5m 考虑,声屏障距线路中心 4.4m,由图 6.31 可知,距线路 30m 处声屏障对近股道列车通过噪声的有效控制高度约为 10 层楼,约 30m,对远股道列车通过噪声的有效控制高度约为 6 层楼,约 18m,声屏障对 6 层楼及以上敏感点几乎不起作用;理论降噪效果约为 9dB(A)。平路堤 5m 声屏障控制范围如图 6.31 所示。

(2)高路堤或桥梁路段声屏障控制范围分析。

根据铁路限界及路基横断面布置要求,声屏障立面宜采用直立式,高度不宜超过车窗下缘,即轨面以上 2m,轨面距路肩一般约 1.0m,同时考虑高路堤或桥梁声屏障的稳定性及安全性,一般高路堤或桥梁路段声屏障高度控制在 3m,下面就 3m 高声屏障控制范围进行分析,如图 6.32 所示。

由图 6.32 可知,6m 高路堤或桥设 3m 高声屏障,对于远股道五层楼及以上高度敏感位置几乎不起作用,即声屏障对远股道列车通过噪声的控制高度约在路肩或桥面以上 6m;对于近股道八层楼及以上高度敏感位置几乎不起作用,即声屏障对近股道列车通过噪声的控制高度约在路肩或桥面以上 18m。

若近股道插入损失按最小 5dB(A)考虑,通过理论估算,路堤或桥声屏障控制高度约为路肩或桥面以上 11.55m,此时,声屏障对远股道不起作用。

因此声屏障的设置对平房敏感点降噪效果较好。平路堤声屏障对远股道列车

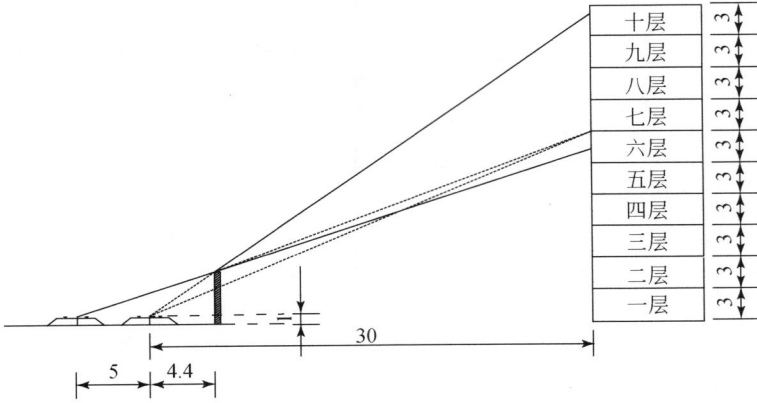

图 6.31　平路堤 5m 高声屏障控制范围示意图(单位:m)

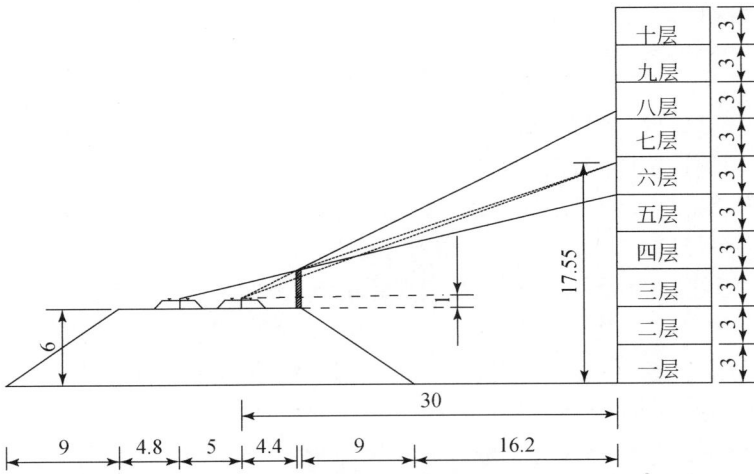

图 6.32　6m 高路堤或桥声屏障控制范围示意图(单位:m)

通过噪声的有效控制高度约为 6 层楼,约 18m,声屏障对 6 层楼及以上敏感点几乎不起作用,因而,建议铁路两侧 30 处有 6 层楼以上高层建筑时,应考虑在线间设置声屏障。高路堤或桥梁路段声屏障对远股道列车通过噪声的控制高度约在路肩或桥面以上 6m,铁路两侧 30 处轨面以上有 6 层楼以上高层建筑时,应考虑在线间设置声屏障。

4)我国铁路声屏障主要技术标准和指标

目前我国铁路声屏障设计中主要依据的技术标准如表 6.25 所示,重要技术指标如表 6.26 所示。

表 6.25　我国高速铁路声屏障主要技术标准和技术要求

序号	标准号	标准名称	主要技术要求
1	通环(2009)8323A	《时速 350km/h 客运专线铁路桥梁插板式金属声屏障》[9]	(1)满足隔声、吸声技术要求；
2	通环(2009)8325	《时速 350km/h 客运专线铁路路基插板式金属声屏障》[10]	(2)抗冲击性能；(3)抗变形性能；(4)防腐性；
3	HJ/T 90—2004	《声屏障声学设计和测量规范》[11]	(5)耐候性；(6)防火性；
4	TB/T 3122—2010	《铁路声屏障声学构件技术要求及测试方法》[12]	(7)性能评价

表 6.26　铝合金复合吸声板性能指标要求

序号	检验项目	质量要求
1	降噪系数	≥0.7
2	隔声量	≥25dB(A)
3	面密度	≤40kg/m² (且≥20 kg/m²)
4	抗冲击	符合《铁路声屏障声学构件技术要求及测试方法》
5	防火性能	满足《建筑材料及制品燃烧性能分级》中规定的 B2 级及以上
6	防腐蚀	金属部件防腐蚀年限不小于 25 年
7	抗变形性能	符合《铁路声屏障声学构件技术要求及测试方法》
8	耐候性能	符合《铁路声屏障声学构件技术要求及测试方法》
9	使用年限	不低于 25 年
10	材质	背板及面板采用标号不低于 5A03 的铝合金材料
11	厚度	背板及面板厚度不小于 1.5mm,背板及面板需进行铬酸钝化或类似预处理

5)高速铁路声屏障结构形式

目前我国高速铁路广泛使用的声屏障结构形式主要以插板式金属声屏障为主,占声屏障总数量的 90％以上,分为桥梁插板式金属声屏障和路基插板式金属声屏障两大类。声屏障安装位置一般距铁路线路外侧轨道中心线 3.40 ～ 4.175m,高度高于轨面 2.15～3.15m。此外,还设有少量的混凝土整体式、插板式声屏障,如图 6.33 和图 6.34 所示。

図 6.33　插板式金属声屏障

图 6.34　插板式混凝土声屏障

6)声屏障应用降噪结果

根据对现有的高速和普速铁路声屏障降噪效果测试结果表明,目前投入运营的声屏障高度在 2~3m 时,在距离线路 30m 轨面 0~1.5m 高处,对于时速 250km/h 的高速,路基线路声屏障降噪效果大多为 3~7dB(A);桥梁线路在距离线路中心线 2.2m 处设置高于桥面 1m 防护墙条件下,降噪效果大多为 2~5dB(A),桥梁防护墙高度降到桥面 0.7m 高时,降噪效果大多可达 4~7dB(A);对于时速 350km/h 的高速,路基线路声屏障降噪效果大多为 5~8dB(A);桥梁线路在距离线路中心线 2.2m 处设置高于桥面 1m 防护墙条件下,降噪效果大多为 3~6dB(A),桥梁防护墙高度降到桥面 0.7m 高时,降噪效果大多可达 10dB(A)左右;对于既有铁路,低路堤声屏障在声影区内的降噪效果为 3~7dB(A)。

7)声屏障结构优化设计

当声屏障的长度、高度几何尺寸因景观或视野的要求固定尺寸,声屏障距离轨道中心线因建筑限界要求也无法变更时,对声屏障结构的优化设计仅可通过顶端形状的改变,试图提高受声点处的降噪效果。图 6.35 给出了顶端降噪器声屏障原

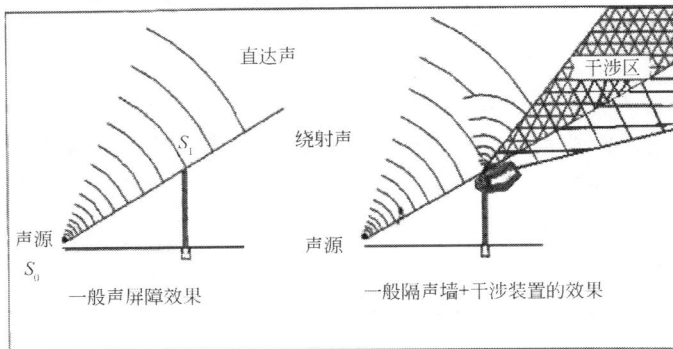

图 6.35　声屏障顶端干涉器声绕射原理图

理示意图。从图中可见,声源一侧因声屏障产生的声波干扰,使得声波相位改变,而声屏障顶部及背部的声波相位相等,呈半自由场的声波辐射特性,即声屏障的声影区内还可能形成以声屏障顶端为新的虚拟声源的声场向外辐射。若能减小声屏障顶端的虚拟声源强度,则可降低声屏障声影响区内的声压,以提高降噪效果。

根据声屏障顶端声场分布特性分析,可在直立式声屏障顶部加装不同类型的降噪器,以增加既有声屏障的降噪效果。目前日本、韩国等国采用的顶端降噪器分别有吸声型、干涉型、共鸣型和合成型等类型。

各类声屏障顶端降噪器的应用效果如表 6.27 所示。

表 6.27　各类声屏障顶端降噪器的应用

分类	吸声型	干涉型	共鸣型
插入损失附加衰减值	≥3dB(A)	≥2dB(A)	≥3dB(A)
频谱特性	宽频 200～5000Hz 中、低频效果较好	宽频 125～4000Hz 低频效果较好	宽频 200～5000Hz

目前,铁科院已研发了干涉型降噪器,以进一步提高铁路声屏障的降噪效果,该类产品已在北京南站、沪杭城际、太中银铁路等铁路线路上使用。对于铁路两侧敏感点为多层或高层建筑而声屏障高度要求有限值时,加装声屏障顶端降噪器可有效控制声屏障高度并提高声屏障的边际降噪效果。声屏障顶端干涉器的结构如图 6.36 和图 6.37 所示。经对北京南站顶端干涉器现场应用效果测试可知,该干涉器对 125～500Hz 的中低频铁路噪声降噪效果较好;距离铁路外轨中心线 15m、距地面不同高度(距地面 3～9m 高)时干涉降噪器附加衰减 1.3～2.4dB(A);在距离铁路外轨中心线 55m 的 6 层楼敏感点窗外 1m 处,干涉降噪器附加衰减 1.7dB(A)。测试结果如图 6.38 所示。

图 6.36　声屏障顶端干涉器图

图 6.37　北京南站现场应用声屏障顶端
干涉器示意图

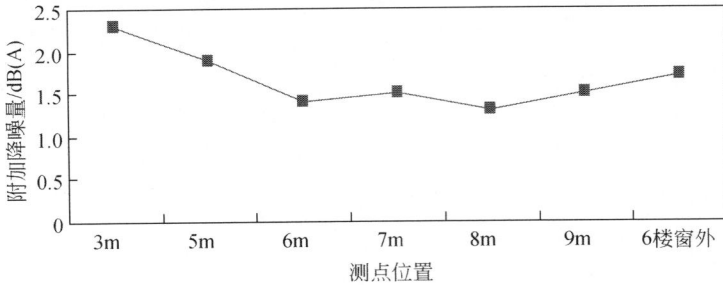

图 6.38　不同高度处干涉降噪器附加降噪效果

3. 振动传播途径控制技术

1）隔振原理

铁路列车运行产生的振动，主要以表面波的形式在大地表面传播。若在线路与建筑物之间设置隔振屏障，可以阻隔振动传播的路径，从而起到隔振的作用。振波受到屏障的阻隔，仍然会有一部分能量通过各种途径传播到屏障之后的区域，地屏障的减振效果主要是由这些透过能量的大小所决定。透过屏障的能量越大，则屏障效果越差，反之，则屏障效果越好。表面波穿透屏障的主要路径有下面几种，分别分析如下。

（1）绕射波。

表面波的能量主要集中在地表面一定深度内，以圆柱面的形式向周围传播，表面波的能量主要集中在两倍波长以内。当地屏障的深度小于这一深度时，就会有一部分能量绕过屏障，传播到屏障之后。绕射波的大小主要与屏障的设置深度及位置、大地参数以及振波的频率有关。一般振波频率越低，表面波波长越长，需要设置的屏障深度也就越深。

（2）透射波。

振波从一种介质传播到另一种介质，一部分能量会反射回去，另一部分能量会穿透界面，穿透界面的波就是透射波。透射波的能量主要取决于屏障的材料和屏障结构布置。

（3）散射波。

非连续屏障（排桩等）的基本隔振机理就是散射。散射的效果主要取决于桩径与桩间距。

（4）地面埋置屏障的振波散射干涉。

当均质地基土面存在异相障碍物（屏障）时，工程设计中常需预测其散射干涉效应，利用其屏蔽效应作为工程隔振。

2)地屏障隔振措施的一般方法

在治理由列车诱发的大地震动时可采用屏障隔振技术,即在振源与被保护的对象之间设置一道隔振屏障,以阻断波能的传播。屏障隔振的方式主要有沟屏障隔振、排桩隔振和波阻块隔振三种措施。

(1)沟屏障隔振。

已有的研究结果认为,明沟的减振效果最好,填充沟其次,排桩的减振效果不如沟屏障。明沟几乎不允许波能透射,国外研究认为,在主动控制时当最小沟深达到 0.6 倍瑞利波波长,或在被动控制时最小沟深达到 1.33 倍瑞利波波长时,振动级能减小 75%。对于沟屏障有下列结论:①在中、高频段,明沟和填充沟的减振效果都很好,但对低频段的减振效果不太明显;②沟深是影响减振效果的重要因素,无论明沟还是填充沟,沟越深,其有效隔振频率的下限就越低,减振效果越好;③明沟的减振效果优于填充沟;④填充沟中的填充材料对减振效果起着重要的作用,填充材料和原始土之间的阻抗 $IR = \dfrac{\rho_1 c_{s1}}{\rho_2 c_{s2}}$(其中 ρ_1、ρ_2、c_{s1}、c_{s2} 分别指填充材料和原始土层的密度和剪切波波速)相差越大,减振效果就越好;⑤明沟的不足之处,一是其深度受到土层稳定性和地下水位的限制,二是不适合波长较大的情况。

(2)排桩隔振。

以排桩为代表的非连续屏障在同等条件下,其减振效果稍逊于沟槽,但排桩隔振由于能够满足对屏障深度的要求,所以对于铁路交通引起的低频振动有较好的减振效果。对于排桩隔振有下列一般结论:①在影响排桩减振效果的诸多因素中,径距比是最重要的一个指标,径距比越大,减振效果越好,控制相邻排桩单体间距 $S_p = (3.0 \sim 3.5)a$,其中 a 为桩的半径,其减振效果可满足一般工程的要求;② 刚性桩比柔性桩的减振效果好,非连续屏障(排桩)应采用刚性材料;③ 桩深 H 的影响:近场波源产生的能量大,影响深度大,故近场隔振的 H 应该大一些,而远场隔振主要针对 R 波,H 可以适当减小,对于同样的 H,近场减振效果要比远场减振效果好,而且 H 对近场隔振影响比较大,H 越大,减振效果越好;④ 对于刚性屏障,远场减振效果随着屏障有效面积($L \times H$)的增大而提高,其中 L(排桩宽度)影响较大,在近场隔振中 L 可以适当减小,在远场隔振中 L 应该适当增大;⑤多排桩屏桩的宽度主要取决于桩的排数,与桩的尺寸关系不大。随着排数的增加,其刚度就越大,屏障减振效果就越好。多排小尺寸桩与单排桩相比减振效果有较大提高。此外排桩隔振具有稳定性好、施工速度快、造价低等优点。

(3)波阻块隔振。

日本冈山大学教授 Hirokazu Takemiya 对波阻块进行了理论研究,发现该措施具有很好的减振效果。由于波阻块宽度较大(通常为 20m 左右),对绕射波和透射波的阻隔作用较好。该方法的缺点是造价较高。

3)地屏障减振效果仿真计算研究

(1)蜂巢桩计算结果。

蜂巢桩设置于距离线路20m处,蜂巢桩具有很好的减振效果,从桩后到距离线路100m的范围内,减振效果平均可以达到15dB(A)。3排蜂巢桩减振效果略好于2排蜂巢桩但相差不大,平均相差2dB(A)。

蜂巢桩设置于距离线路30m处,蜂巢桩具有很好的减振效果,从桩后到距离线路100m的范围内,减振效果平均可以达到15dB(A)。与距离振源20m的蜂巢桩相比,两种工况效果差别不大。

(2)空沟、刚性墙和夹心墙计算结果。

屏障设置于距离线路20m处,对于同样15m深度的地屏障,三种屏障中空沟的减振效果最好,夹心墙次之,刚性墙最差。空沟在20～100m的范围内效果较为稳定,减振效果平均为6～8dB(A)。夹心墙在墙后10m的范围内有超过5dB(A)的减振效果,10m之后减振效果逐渐减弱,平均为1～3dB(A)。刚性墙的隔振规律与夹心墙相似,只是效果比前者差1dB(A)左右,在距离振源80m处,振动甚至出现了放大。当空沟为8m宽、5m深时,三种工况的隔振效果相差不大,夹心墙比刚性墙的效果稍好,空沟的隔振效果随距离变化不稳定,且在沟屏障前有振动放大现象。

屏障设置于距离线路30m处,各屏障减振效果的规律与屏障设置在20m处工况基本一致,只是效果比以上工况差2dB(A)左右。

三排桩设置于距离轨道中心20m和30m处,从排桩设置前后振级仿真计算结果可以看出,三排桩体系在桩后一定距离都具有一定的减振效果,超过一定距离后,减振效果逐渐减小甚至出现反弹。

在距离轨道中心线20m处设置排桩体系时,在桩后40m的范围内都有减振效果,其中在20m的范围内可以达到5～8dB(A),超过20m效果减弱到3～5dB(A),40m后几乎没有效果甚至出现反弹。

在距离轨道中心线30m处设置排桩体系时,仅在桩后20m的范围内有减振效果,平均可以达到5～8dB(A),20m后振动出现放大的现象。

可见,三排桩设置在距离振源20m处的效果更好。

(3)典型地屏障建设方案设计。

根据上述对典型地屏障仿真计算减振效果表明,在所分析的6种地屏障中,按照减振效果从好到差的顺序,依次为3排蜂巢桩、2排蜂巢桩、空沟、夹心墙、刚性墙、3排桩;其中3排桩的减振效果与2排蜂巢桩差别不大,因此在建设方案设计中,选择了2排蜂巢桩方案;刚性墙和夹心墙的减振效果相同,因此在建设方案设计中,选择了夹心墙方案。根据上述研究结果,本次在地屏障实验研究建设方案设计中确定了4种典型地屏障措施,均位于路基线路一侧距离线路中心线30m处,如表6.28所示。

表 6.28　典型地屏障设计方案确定总汇

序号	地屏障措施	屏障宽度 D/m	屏障深度 h/m	仿真计算减振效果 $\Delta VL_{z,max}$/dB(A)
1	双排蜂巢桩	13.87	13.4	15
2	夹心墙	4.00	15.0	5
3	空沟	3.10	8.0	6~8
4	多排桩	7.60	9.8	3~5

(4)典型地屏障减振效果现场试验研究。

①蜂巢桩减振效果。蜂巢桩试验工程减振效果测试结果表明,当试验列车以 70km/h 运行时,在桩后 5~10m 处(距离线路中心线 35~40m),2 排蜂巢桩的减振效果最大可达 4.9dB(A),1 排蜂巢桩的减振效果为 2.3dB(A),2 排蜂巢桩减振效果优于 1 排桩 2~3dB(A)。该测试结果与仿真计算结果规律变化近似。仿真计算认为,3 排蜂巢桩的减振效果优于 2 排蜂巢桩约 2dB(A)。但仿真结果给出,2 排蜂巢桩的减振效果可达 15dB(A),该结果与实际测试结果相差较远。

②多排桩减振效果。测试结果表明,1~4 排桩均有不同程度的减振效果;随着排桩数量增加,减振效果增大,其中 1 排桩的减振量约为 1dB(A);2 排桩的减振量为 1~3dB(A);3~4 排桩的减振效果接近,为 4~5dB(A)。该测试结果与 3 排桩的仿真计算结果接近,略低于计算值 0~3dB(A)。

③空沟减振效果。测试结果表明,8m 宽、5m 深的空沟减振效果可达 4~5dB(A)。仿真计算结果给出,对于 2m 宽、15m 深的空沟,减振效果可达 6~8dB(A)。由于原设计的 13m 深沟屏障在工程实施中难以实施,目前仅能评价 5m 深的沟屏障减振效果。

上述典型地屏障实际测量的减振效果与仿真分析给出的规律性结果基本一致。但蜂巢桩的仿真计算结果优于实际测量结果,差值较大。排桩的仿真计算结果与实际测量结果差别较小。

6.3　生态保护技术

本节在概述铁路建设主要生态问题、评价指标基础上,明确了生态保护原则和相关技术,并给出了两项新建铁路分别对动、植物生态系统影响评价的案例。

6.3.1　概述

1. 铁路建设主要生态问题

铁路工程属线形工程,施工周期长,跨越空间大,动用土石方工程量大,沿线取、弃土场多;主要涉及植物、动物等生物因子以及地形地貌、土壤、水等物理因子。其对生态环境的影响应分阶段进行分析,主要包括勘测设计、施工期建设及运行期等不同的阶段。不同的时期产生的生态环境问题有所不同,但主要表现在施工期工程建设阶段。铁路建设生态影响方式主要包括占用或破坏区域生态系统中植物、动物及相关能流、物种流、信息流交换等,从而影响生态系统结构、功能,进而影响生物多样性、生态系统稳定性和生态系统的服务功能;影响途径主要包括工程征占用土地、工程土石方施工、基础开挖等。铁路建设引起的生态问题叙述如下。

　　1)水土流失影响

　　在工程建设中,由于扰动、开挖原地貌,从而使得原地表土壤、植被遭到破坏,植被覆盖率降低、土壤结构受到不同程度损害,增加了裸露面积,降低了地表的抗侵蚀能力,遇到高强度、短历时,或大风等外力作用时,将会产生大量水土流失,扩大沿线水土流失面积。在戈壁荒漠、山地荒漠等荒漠化区域,这种活动会因扰动地表"结皮"或"砾幂",破坏脆弱生态系统地表稳定性而打破该地区既有平衡状态,极易激活沙地,加大风力侵蚀现象的发生。在高寒地区,工程建设引起冻土环境的变化,将会改变地表的水热条件,加速冻土融化,产生人为干扰的热融湖塘和洼地,促使冻土上限下降,从而引起冻融侵蚀的变化,加剧高寒地区冻融侵蚀形式的水土流失现象。

　　2)生物多样性影响

　　铁路工程施工期生物多样性影响突出表现在对物种多样性的影响,其影响途径主要包括几个方面:①占用耕地、破坏植被,使区域土地利用格局和地表土壤使用现状改变,可能会影响到保护物种的栖息地分布,会使原来栖息于这些地区的野生动植物失去部分自然栖息、生长繁殖、活动的场所及食物基地,一些敏感的、对栖息环境要求较高的野生动植物将会受到铁路建设的影响;②在生态脆弱区,破坏后生态系统的恢复难度会加大,也可能造成该区域生物多样性的变化;③铁路工程也会对沿线动植物分布区域内动植物物种迁移造成阻断影响,将生境一分为二,使整体区域内生态系统的物流、能流、物种流被迫发生改变,由此也会引发生物多样性保护问题。

　　3)生态水资源影响

　　铁路工程建设对水资源的影响,突出表现在对生态型用水的影响,这种现象主要发生在我国对水资源特别敏感的区域。生态型用水是指保证恢复和维持生态系统健康发展所需的水量,即提供一定质量和数量的水给自然生境,以求最小化地改变自然生态系统的过程,并保护物种多样性和生态完整性。生态型用水的作用往往在人类的开发活动中被忽视。以青藏铁路建设为例,青藏铁路建设对生态型用水的阻隔主要表现在四个方面:①部分河谷地区线路在冲洪积扇顶切过,切断了流往下游的漫流性质的地表径流,影响下游区域的生态用水;②高寒草甸、草原区域内部分线路在缓坡上部经过,切断了坡面漫流性质的地表径流向坡面下方汇集,影响坡面下方生物生态用水;③高寒草甸区域部分线路要从湿地内穿过,将会切断线路两侧湿地生物生态用水的交换与联系;④采砂作业对河道的堵塞,影响下游生态型用水的补给。青藏铁路建设不可避免会造成部分区段内生态型用水的阻隔,如果不采取有效措施将会破坏下游或坡面下方植被生存条件,降低区域生物组分的生长能力,出现干旱化倾向,在高寒草原及草甸区域易形成荒漠化。

4)保持生态系统完整性

生态系统完整性主要反映生态系统在外来干扰下维持自然状态、稳定性和自组织能力的程度。生态系统完整性主要包括三个方面:①系统的组成成分是否完整,即系统中物种种类是否齐全;②系统的组织结构是否完整;③系统的功能是否健康。铁路工程属于线型工程,由于地形条件、技术标准、经济据点分布等方面限制,工程建设可能会影响沿线生态系统完整性。铁路跨越河流等水生生态系统时一般都采用桥梁方式,这种跨越方式水生生态系统完整性影响相对较小,而铁路工程建设对陆地生态系统完整性影响相对较大。实际评价工作中,要分析工程建设对生态系统物种组成、组织结构、功能等方面的影响来论述工程建设对生态完整性的影响,并针对性提出预防保护措施。主要评价指数包括群落指数(物种丰富度、种类丰富度等)、生物完整性指数(物种总科数、总目数等)、生产力指数(生物量等)、生态系统演替进展(植被覆盖类型、植被覆盖率等)。

5)景观影响

不同的建设类型对景观的要求是不同的,对于铁路景观应更多地关注生态、视觉。铁路工程活动对沿线景观造成的影响主要体现在以下几个方面。

(1)不合理地设置取弃土场、沙石料场不仅在施工期影响景观,而且造成的影响难以消除,长久性地影响景观的美感与和谐,施工完毕后,如果这些场地恢复措施不得力,这些区域和周边环境呈现明显的不协调,给人一种"疮疤"的感觉。

(2)施工营地和场地的选址如果无序地设置将直接加大对景观的影响,并扩大了对沿线地表面积的破坏,增加恢复的难度,施工营地和场地在使用后,若不进行及时清理、整治,可能出现油污满地,垃圾遍布,植被枯死,一片狼藉的景象,使景观的自然性与和谐性失去平衡。

(3)施工便道设置如果只考虑施工方便,可能分割自然景观,造成景观断裂。施工机械偏离便道随意行驶,将导致地表植被退化、枯死,留下车辙痕迹等,造成视觉污染。

(4)位于景观敏感地带铁路特大桥桥梁型式选择、车站景观选择不当,均会带来不良的景观影响。

6)生态脆弱区及生态敏感性影响

生态脆弱区主要是指两种不同类型生态系统的交界过渡区域,这些交界过渡区域的生态环境条件与两个不同生态系统的核心区域有明显的区别,是生态环境变化明显的区域,也是生态保护的重要领域,一般也属于限制性开发区域,其基本特征为:抗干扰能力弱、时空波动性强、对环境变化敏感、边缘效应明显、环境异质性高。因此生态脆弱区内建设项目生态评价技术要求高、重点突出、难度较大、技术手段要求多样。我国的生态脆弱区主要包括:东北林草交错生态脆弱区、北方农牧交错生态脆弱区、西北荒漠绿洲交接生态脆弱区、南方红壤丘陵山地生态脆弱区、西南岩溶山地生态脆弱区、西南山地农牧交错生态脆弱区、青藏高原复合侵蚀生态脆弱区、沿海水陆交接带生态脆弱区8种。为了加强生态脆弱区保护,促进生态脆弱区发展,维护生态系统的完整性,环保部于2008年9月发布了"全国生态脆弱区保护纲要",明确了生态脆弱区的地理分布、现状特征及其保护指导思想、原则和任务,为恢复和重建生态脆弱区生态环境以及生态脆弱区建设项目生态评价提供了技术依据。

生态敏感性是指生态系统或环境对各种自然和人类干扰活动的反应程度或变异程度,用来反映区域生态环境遇到干扰时偏离平衡状态的概率,以及产生生态退化的难易程度或可能性。生态敏感性是生态脆弱性必不可分的组成部分,脆弱性是敏感性和自我恢复能力叠加的结果。生态脆弱性的评价包括生态敏感性和自我恢复能力两个评价组成部分。铁路建设生态敏感性评价应明确工程建设可能发生的主要生态问题类型与可能性大小,同时根据有关生态问题形成的机理,分析生态环境敏感性的区域分布规律,明确特定生态问题可能发生的范围和程度。根据生态问题分布特征,铁路工程建设生态敏感性评价的主要内容包括土壤侵蚀敏感性、沙漠化敏感性、盐渍化敏感性、石漠化敏感性等,评价的主要生态因子包括地表水、坡度、土壤、植被多样性、边缘因子等。

2. 铁路建设生态评价主要指标

1)水土流失评价指标

铁路建设项目生态评价中水土流失评价指标,可依据铁路建设项目特点,参考水利部、环保部有关技术标准和规范进行选择,通常考虑的现状指标有水土流失类型、现状土壤侵蚀模数、土壤侵蚀强度、土壤容许流失量等,水土流失影响评价指标有扰动土地整治率、水土流失总治理度、土壤流失控制比、拦渣率、林草植被恢复率、林草覆盖率。

2)生物多样性评价指标

理想的生物多元性评价指标是对所有的生态系统和所有的物种都进行评估,全面了解生物多样性现状及工程建设对生物多样性的影响。其评价指标在具有科学性的基础上应简单明了,同时能反映生物多样性变化的趋势,为影响评价提供科学依据。常用的生物多样性指标包括物种数目(丰富度)、特有物种种类与数目、濒危物种种类与数目、重要资源植物种类与数目、生态系统数量与质量、保护地分布与数量及相关指数,包括多样性指数、辛普森指数(Simpson 指数)、辛浓威尔指数、均匀度指数、优势度指数等。

　　3)生态用水评价指标

　　生态用水量和生态需水量是有差别的。生态需水量是指为达到某种生态环境水平或者维持某种生态平衡现状所需要的水量,水量配置是合理和持续的;而生态用水量是指生态系统所使用的水量,未必是合理和持续的水量。如果生态用水量等于生态需水量,生态系统的功能可以得到维护,生态系统不会恶化,否则将会恶化。根据铁路工程特点及生态用水目标分布,其评价指标主要有植被生态用水量和湿地生态用水量两种。植被生态用水量计算可以粗略用降雨量减去径流量得到,例如,我国西北地区荒漠植被,盖度为 20%～60%,分布地区年降雨量 200～450mm,年径流深 5～50mm,土层深厚,几乎不形成地下径流,因此该地带性荒漠植被年生态用水量为 200～450mm,这种计算得到的生态用水量包括了当地植被以往的生物用水,是一种粗略的计算方法。湿地基本生态用水,目前还没有可行的方法,一般可采用湿地的陆域和水域蒸发量代替。

　　4)景观评价指标

　　景观评价一般包括景观格局、景观视觉质量及景观相容性等评价内容。评价指标的选取主要包括两个层次,首先是景观敏感性指标,其次为阈值指标、生态美学价值指标、资源价值指标与视觉价值指标等方面。其中,敏感性指标包括视距、相对坡度、特殊性、相融性等;阈值指标包括地形地貌(地形、坡度、土壤侵蚀强度)、景观生态(植物丰富度、动物丰富度、水体丰富度);生态美学价值指标包括生物多样性、森林植被自燃性、植被覆盖率、植被代表性等;资源价值指标包括历史性、实用性和特殊性;视觉价值指标包括地形、植被、水体、色彩、空间配置、奇异罕见景观等。

　　5)生态敏感性评价指标

　　生态敏感性评价可以从土壤侵蚀敏感性、沙漠化敏感性、盐渍化敏感性、石漠化敏感性等方面来论述,其评价指标可以从上述各方面的主要生态敏感因子中进行选择,如坡度、植被多样性、植被覆盖率、土壤厚度、水源涵养重要性、湿润指数、风速等。以沙漠化敏感性评价为例,评价指标可以采用植被覆盖率、湿润指数、土壤质地、大风日数、起沙风速等来评价区域沙漠化敏感性程度。具体可参考表 6.29。

表 6.29　荒漠化敏感性分级指标

指标　　　　　　敏感性	不敏感	轻度敏感	中度敏感	高度敏感	极敏感
湿润指数	>0.65	0.5～0.65	0.20～0.50	0.05～0.20	<0.05
冬春季大于 6m/s 大风的天数	<15	15～30	30～45	45～60	>60
土壤质地	基岩	粘质	砾质	壤质	沙质

敏感性 指标	不敏感	轻度敏感	中度敏感	高度敏感	极敏感
植被覆盖(冬春)	茂密	适中	较少	稀疏	裸地
分级赋值(D)	1	3	5	7	9
分级标准(DS)	1.0～2.0	2.1～4.0	4.1～6.0	6.1～8.0	>8.0

6.3.2　铁路建设生态保护原则与技术

1. 生态保护原则

1)节约用地

通过合理选择铁路建设标准、优化线路走向、适当降低路基高度,努力做到临时用地与主体工程永久占地相结合等方式确保铁路工程建设征占用土地的数量满足铁路建设用地标准要求。

2)保持生态系统连续性

铁路工程属于线型工程,工程选线时应努力使线路绕避各种自然保护区、世界文化和自然遗产等特殊生态敏感区和风景名胜区、森林公园、地质公园、重要湿地、珍稀濒危野生动植物天然集中分布区、重要水生生物的自然产卵场及索饵场、越冬场和洄游通道、天然渔场等重要生态敏感区。确实无法绕避的时候,要从线路型式选择、穿越方式、防护措施布设等方面确保上述生态敏感区内生态系统的连续性,例如,穿越湿地时,宜采用高架桥或增加桥涵比例,确保线路两侧生态系统物流、能流及信息流的交换。

3)保持生态系统稳定性

铁路工程建设势必会对沿线生态系统造成不利影响,但在预防保护方式、措施选择等方面来保障工程建设后沿线生态系统的稳定。例如,植物物种选择方面,尽量选用乡土物种;尽量绕避沿线珍稀濒危野生动植物集中分布区、迁徙地,或者采用植被恢复、修建野生动物通道等方式,尽量维护沿线生物多样性。

4)生态系统恢复

铁路工程建设引起的生态影响,有时候需要一个十分漫长的自然演替过程,为尽快达到顶级群落,需要人为的外力来加速其演替。这种外力包括植被绿化、土地整治及水土流失防治等方面。要依据植物的生物学特性,考虑铁路结构、地区性、种植后的管护等条件,决定绿化的物种,要求成活率高,发育良好,抗逆性强,可抵抗公害,病虫害少,便于管护;形态优美,花、枝、叶季相景观丰富;不会成为附近农作物传播病虫害的中间媒介。水土流失防治中,首先,在选线时尽可能避开水土流失敏感性区段或限制性因素分布集中的区段;其次,尽量求得土石方工程的平衡,减少弃方量;工程中设置足够的排水设施,以保证路面两侧区域排水畅通和快捷;采用工程护坡和生物护坡相结合的措施;再者,采用集中取、弃土方式,取土后及时平整恢复地表植被,弃土场做好挡护和排水防护设计;在施土过程中,合理安排施工顺序,雨季中尽量减少土地开挖面,并争取土料的随挖、随运、随铺、随压。土地整治具体内容包括:在征地范围将一些影响视觉的弃土堆及小山头在征地范围内推平或调配使用,将一些废弃无用的塘、沟填平,对于一些破坏了自然环境、影响景观的山头取土坑,进行适当的平整,并设置遮挡土堤,将路堑边坡修削整齐,增加视觉舒适性,使其与自然地形达到相互协调,整体美观的效果。

2. 生态保护技术

铁路建设中生态环境生态保护技术、手段和措施,要根据生态影响评价对象、影响方式、评价结果等确定,一般包括生态影响的防护、恢复与补偿等层次的内容,在防护技术的选择上,首先应按照避让、减缓、补偿和重建的次序提出生态影响防护与恢复的措施,所采取措施的效果应有利修复和增强区域生态功能;其次凡涉及不可替代、极具价值、极敏感、被破坏后很难恢复的敏感生态保护目标(如特殊生态敏感区、珍稀濒危物种)时,必须提出可靠的避让措施或生境替代方案;再次涉及采取措施后可恢复或修复的生态目标时,也尽可能提出避让措施,否则,应制定恢复、修复或补偿措施。生态防护、恢复与补偿的具体技术包括以下几方面。

1)动物保护设计

在铁路选线时,首先要对所经区域进行调查,使路线尽量远离自然保护区和动物活动比较频繁的区域,防患于未然。对穿越动物保护区的铁路,首先进行勘察,施工必须经过野生动物繁殖区时,一方面必须避开其繁殖季节,另一方面还要针对不同动物的习性,在施工场界周围布设必要的保护措施,将铁路建成人与动物和谐共生的环境,从而有效实现交通运输和动物保护的双重功能;按照野生生物规避人类干扰的行为特点和一般生态习性,具有下述环境特点的地段可能需要建立动物通道:经调查已知的生物通道或经常出没地带;连续的山体和无人少人山区;连续的森林、草原、水源的周边;复杂地形地貌区等。综合以上分析,根据动物的生活习性和生存环境,结合铁路设计的结构,动物通道的形式可以具体考虑采用以下几种类型。

(1)下通道。

桥梁下方形式,是山区、河流路段最好的通道形式,工程本身有修建的需求,同时兼顾了动物通道;路基下设涵洞,动物从涵洞通过,主要考虑铁路对动物等栖息地的影响,使一些爬行类和昆虫类动物大规模、季节性的顺利迁移得到保证。专为水陆两栖动物设置的河流土的桥涵通道,通道留有一定的陆路和水路通道位置,便于动物从河中、河滩、岸边通过。

（2）上通道。

在路线土方两侧小山包之间，修建专为动物通过的小桥或在两侧山坡之间架设拱形结构形成明洞，使被铁路分隔的生存环境得以连接。

（3）隧道方式。

为防止对地土动物栖息地的影响，路以隧道方式从地下穿过，使动物生存环境不致被铁路阻隔。

（4）其他措施。

主要包括警示标志及食物诱导、趋光诱导等措施。

2）边坡防护

铁路施工后形成的铁路边坡必须加以防护。一般地说，铁路边坡的防护形式主要分为工程防护和植物措施生态恢复两大类。对于工程防护，有浆砌片石、水泥砂浆抹面和喷射混凝土等多种形式，它是通过水泥、片石或混凝土在边坡表面形成坚硬的铺砌层或封闭层，以防止表层土壤或风化岩层在自然因素作用下发生冲刷、剥落、坍塌和滑溜等稳定性破坏；植物生态恢复措施是指通过边坡植被，在边坡表面形成植物生长层，依靠植物根茎与土壤间的附着力以及根茎间的互相缠绕来加固边坡，提高边坡表面抗冲刷能力。从效果来看，工程防护具有结构稳定、见效快的优点，在国内被普遍采用；植物生态恢复则具有保护生态环境和改善景观等优点，代表着铁路边坡防护新的发展方向。目前，国内铁路边坡大多采用工程防护和植物生态恢复相结合的方法，兼具了两类措施的优点。在铁路边坡的防护设计中，应遵循"因地制宜、就地取材、经济适用、照顾景观"的原则，因地制宜就是要结合实际地形、地质条件，确定防护方法；就地取材就是尽量利用在当地适合植物生长的土质路段，优先选用植物防护；经济适用就是要力求节省工程费用和其他开支，既要少花钱多办事，又要经济耐用和养护工作量小；照顾景观就是不但要能保护边坡，而且应力求适合当地环境的美观。总之，应充分考虑路线所经地区的地质、气候等情况，综合分析比较选择合适的防护类型。

3）绿化设计

铁路绿化、美化是国土绿化的重要组成部分，铁路景观设计是集铁路主线、自然环境、人文景观、绿化等一体空间的系统工程，综合反映了铁路建设管理水平，通过景观绿化使铁路构造物巧妙融入周围的环境之中，给人提供优美宜人、舒适和谐的行车环境。除了注意绿化带的景观效果和提高车辆行驶的安全性与舒适性外，铁路的绿化设计，更重视绿化对铁路交通环境污染的缓解作用。绿色植被是自然生态系统的主体，在维系自然生态平衡方面起着重要作用，铁路的绿化可以起到淡化路域生态系统与周围生态环境的差异。

（1）绿化工程设计的原则。

①明确现场立地条件和绿化功能。铁路绿化设计应根据现场立地条件，如地

形、原有植被、周围土地利用状况、周围景观、土壤、气候、交通、构造物等各方面情况,全面分析该绿地的目的和功能,选择植物及配置形式以便其有效地发挥绿化功能。

②充分考虑绿化的服务目标。铁路绿化与一般园林绿化不同,最大区别在于铁路绿化是为行驶的火车和旅客服务的,有效的绿化设计应考虑这种速度因素和不断移动的视点,但附属于铁路的休息设施和管理设施却以行人为主,设计时应考虑二者的差异。

③与沿途环境的协调。设计时不仅要考虑铁路本身,还必须充分考虑与铁路周围景观、自然环境和生活环境相协调;只要容许占地,就要栽植树木群,以保护居民生活地区的环境,提高道路绿化的生态功能,同时,能达到铁路景观优美协调的要求,设计应考虑保护沿途的自然环境,做出符合各种环境条件要求的设计。

(2)绿化方式。

①人工播种。人工施种,或撒播、穴播、条播,或以植生带建植;此种方式只能在低边坡、服务区等情况下采用,条件复杂的地段施工困难,效率低,播种均匀度差,出苗生长受影响。

②机械施工。这是一种先进的植被建植方式,利用现代化的设备把种子、肥料、土壤稳定剂等用水为载体喷播到地表,播种、出苗、生长均匀旺盛,具有施工效率高、条件局限小的优势,尤其适应大面积和高陡边坡的施工作业。

以上两种方式各有所长,在具体地段应根据当地条件选择适当的方式。

(3)铁路绿化植物的选择。

铁路绿化主要是恢复植被,防止雨水和风雪侵蚀道路以外的环境,多数是水土保持的绿化工程,只有少量属于必要的园林景观绿化,因此,不能搬用园林绿化和城市绿化的原则,因地制宜选择适宜铁路沿线地区自然条件的生长势强、耐干旱贫瘠、抗污染、有效期长、养护费用少的多年生、丛生性强的草本植物、攀缘植物和低矮的灌木等植物;同时,为了减轻铁路对村庄、学校、集镇环境的不利影响,要在适当位置栽植茂密的乔木林,并注意配置与当地田园风光景观相适应的植物。

东部地区选择以下树种为宜:

①花灌木:小叶女贞、金叶女贞、白日红、黄杨、紫穗槐等;

②小乔木:紫叶李、高杆女贞等;

③中乔木:蜀桧、侧柏、龙柏等;

④大乔木:欧美杨、国槐、水杉、法国梧桐等;

⑤经济林树种:苹果、桃树、板栗、柿子树、银杏树、桑树等。

西部地区可适当减少观赏林,以耐寒、耐旱、耐贫瘠树草种为主,并适当加密株行距。

(4)植物绿化平面布置。

区间铁路两侧绿化布置(直线地段):绿化宽度要根据征地范围确定,乔木每侧三行,株行间距 2m×2m;灌木每侧三行,株行间距 1m×1m。

曲线地段内侧应满足铁路维修养护、信号等通视条件要求,确保行车安全,一般地段种植紫穗槐(全国多数地区)和杞柳(降水量较大地区)。

4)铁路水土流失防治

铁路工程水土流失防治措施布设原则为:第一,应结合工程实际情况和项目区水土流失现状,因地制宜、因害设防、总体设计、全面布局、科学配置;第二,尽可能地减少对原地貌和植被的破坏面积,合理布设取土场、弃(渣)土场,土石方应集中堆放;第三,项目建设过程中应注重生态环境保护,设置临时防护措施,减少施工过程中造成的人为扰动及产生的废弃土;第四,要结合沿线开发建设项目的水土保持经验,合理吸收当地的成功经验,借鉴国内外先进技术;第五,要树立人与自然和谐相处的理念,尊重自然规律,注重与周边景观相协调。

水土保持措施总体布局指导思想为:以工程措施为主,植物措施和临时工程为辅,工程措施、植物措施和临时工程有机结合,点、线、面上水土流失治理相互辅佐。充分发挥工程措施和临时措施的控制性和时效性,保证在短时期内遏制或减少水土流失,再利用植物措施的蓄水保土,保护新生地表,实现有效防治水土流失、绿化美化周边环境的目的。要按照所划分的水土流失防治分区,在分析评价主体工程设计中具有水土保持功能工程的基础上,重点完成取土场、弃(渣)土场、施工便道防治区、施工生产生活区的水土流失防治,充分重视施工建设过程中的各项临时防护措施;植物措施的实施以当地适生林草品种为主,紧密结合当地水土保持防治经验,以形成完整的、科学的水土流失防治措施体系,达到良好的防治效果。

(1)主体工程防治区。

由于铁路建设水土流失量大部分发生在施工期,而且在施工期,路基防护措施、绿化工程和水保工程均未建好,故施工期除认真落实主体工程设计和具有水保功能的工程外,还应对路基边坡中部(特别是填方边坡)采取临时性防护措施。

①土石方开挖应尽量避开暴雨季节,并在雨季到来之前做好边坡防护及排水设施。

②在雨水充沛地区,应在取土场周边及时设置排水沟及截水沟,避免边坡崩塌、滑坡。坡度较大时,应采取削坡或分级削坡的边坡防护措施。

③在雨水地面径流处开挖路基时,及时设置临时土沉淀池拦截泥沙,待路基建成后,及时将土沉淀池推平,进行绿化或还耕。

④控制土石方工程施工周期,采用边开挖、边回填、边碾压的施工方案,尽可能减少疏松土壤的裸露时间。

　　⑤跨河桥梁施工尽量选择在枯水季节进行,避免在汛期进行河槽内墩台施工,桥梁墩台修筑完毕,拆除围堰,并将出渣、废浆、建筑垃圾集中运至弃渣场进行堆放,严禁倒入河道,或随意乱丢乱弃;对于设在河滩土的桥墩,施工结束后应及时清除地表的施工残渣,并对场地进行平整。

　　⑥隧道工程,尤其在洞门临河或洞口原始坡面较陡的隧道工程施工前,应事先做好洞门处的拦渣措施,避免隧道出渣下泄对隧道洞门下方边坡植被和土地造成破坏,或直接进入下方河道。

　　⑦开挖及回填边坡的砌筑工程,在达到设计稳定边坡后及时护砌,同时做好坡面、坡脚排水系统,做到施工一段,砌筑加固防护一段。

　　(2)取土场防治区。

　　①荒坡取土采石场。在开挖之前,应将地表乔木和灌木移植,然后剥离地表腐殖土并集中堆放在场地附近适宜位置,以用于后续绿化。开挖过程中为减少降水、径流侵入开挖面加大活土体自重,导致重力侵蚀,应在取土坑坡顶设截水沟,在取土场的两侧及下游侧设排水沟和沉沙池,使附近坡面产生的地表径流及时排出,并在坑口临时排水沟内侧顺沟堆砌排土袋,取土完毕后要对后辟削坡、升级,在坑内覆土,然后进行植被恢复。

　　②河滩取石、取沙场。河滩取石、取沙场必须严格按国家有关法律要求,经当地河道管理部门审批,在适宜的地点设立和开采。

　　③农田取土场。平原区铁路路堤填筑往往征用沿线农田作为取土场,取土前,应将场内表土挖出,置于场地四周附近,堆成梯形并拍实,待取土场用毕,平整场地,然后再将挖出的表土还原,进行复垦。

　　(3)弃土场防治区。

　　①拦渣及护坡工程。弃土场护坡工程有阶梯缓坡措施、植物防护措施以及拦渣工程防护措施等。一般堆渣时应使渣体前坡(挡渣墙一侧)保持 1∶1.7 的坡度,堆顶表面坡度在 2‰~5‰,堆放时要分层压实,压实度大于 85%,堆渣完毕后进行渣顶平整、覆土并绿化或复耕、植树种草一般覆土 20~40cm、复耕覆土 30~50cm。

　　②排水工程。为防止降雨直接冲刷弃土面,坡面设坡度向放坡导流,为汇集山涧水,弃土场设置排水沟、急流槽及消力池,将流水引入坡底排水沟中。弃土场横坡土设梯形边沟,将山坡水截入沟中。急流槽砌筑在弃土场坡面上,按原阶梯状用浆砌片石砌筑槽底部,并利用其阶梯状坡面消能,消力池部分接天然沟,池底坡度按实际情况设置。

　　(4)施工临时占地防治区。

　　①施工营地和场地。在进行场地平整和投入使用之前,应在下游一侧设置临时排水沟和沉沙池,排水沟挖方集中堆放在用地区内,待排水沟用毕后要回填,再进行绿化;施工结束后,施工中位需将不需要保留的地表建筑物及硬化地面全部拆

除,废弃物及时运至附近渣场,然后按照施工场地后期使用规划,做好场地的土地整治,以备植被恢复。

②施工便道。施工便道线形应具有一定的曲率,避免出现较长的顺直线路,以降低地表径流下泄的速度;施工期间应做好施工便道的防、排水措施,完工后对于不再使用的便道应及时对其进行分级分块处理,使每小块土地按水平或1%～2%的倒坡,地块大小视原施工便道纵坡的大小而定,对于分好的地块,还需进行植被恢复处理。

③料、渣场临时堆置用地。临时堆置占地尽量选择荒地,且应尽量选择地势平坦的地方堆置,保证堆渣体易于防护。对于设在坡地的临时堆置场地,堆料和堆沙前需先期建设场地的截排水设施,以疏导场地上游坡面下泄的汇水,使堆料或堆渣免受径流的冲蚀;对终止使用的施工临时占地,采取土地整治措施,经过整治的施工场地根据其质量条件和原有土地的利用状况,进一步对其地表加工处理加以改造利用。

6.3.3 典型生态问题或典型项目评价案例

1. 新建包头至满都拉线(白巴段)植被资源调查及对草地生态系统影响评价

1)评价区概况

新建铁路包头至满都拉线(白云鄂博至巴音花段)经过包头市的白云鄂博矿区和达尔罕茂明安联合旗,在达茂旗境内分别经过巴音敖包苏木、巴音珠日和苏木和查干淖尔苏木。工程地处大青山北麓,内蒙古高原中部地带,地势南高北低,向北倾斜,南部为低山丘陵,北部为波状高平原,平均海拔1376m;属温带半干旱大陆性气候,多年平均降水260mm左右,且年际和月际变化悬殊,蒸发量大,风大风多,无霜期短;沿线地表水匮乏,多属于季节性河流;沿线土壤以栗钙土和棕钙土为主。

2)工程概况

工程正线自白云鄂博南场接轨,出站后折向东,在CK15+400处进入达茂旗境内,在CK47+642处跨越百灵庙至满都拉公路(S211)后一直向北,直至设计终点巴音花,全长83.163km(另有既有线改造6km)。本线为国铁Ⅱ级,单线,电力牵引,最高设计时速120km/h;共设各种桥梁18座,涵洞118座;设车站7个,其中新建车站6个,预留车站1个。

3)植被调查方法

本次生态评价中采用了TM遥感卫片解译和典型样方相结合的方法,从宏观和微观两个层面对研究区域植被资源进行了详细调查。遥感影像调查对大面积地表植被覆盖情况、植被资源分区、植被地带性分布等情况有很好地反映;植被样方调查的优点在于能够得到典型地段生物多样性、植物群落物种组成、群落盖度及生物量等基本现况。

(1)遥感卫片解译。

本生态评价中利用 2007 年 8 月 Landsat-5TM 卫星遥感影像数据,采用 743 波段模拟真彩色合成,经过几何纠正与投影转换,以遥感(RS)与地理信息系统(GIS)技术为基础,在 GPS 支持下,根据实地考察和收集到的有关文字与图形资料,建立起地物原型与卫星影像之间的直接解译标志(表 6.30),通过监督分类和人机交互解译相结合,解译出研究区土地利用数据。

表 6.30 包满铁路(白巴段)遥感解译标志

土地类型	解译标志
牧草地	研究区域内土地利用类型基质,广泛分布。其植被覆盖和植被生长状况受水热条件影响严重。无规则纹理特征。其中荒漠草原表现为深绿色或蓝绿色,片状或面状分布;草原化荒漠表现为浅绿色或浅褐色(在低植被覆盖的地方表现为土壤的颜色),呈不规则连片分布;低平地草甸表现为深蓝绿色,多出现在靠近水源地区,呈不连续片状分布
居民点及工矿用地	主要分布在白云鄂博和白云矿区周边。由于具有较低的植被覆盖率,而地物反射率相对较高,遥感图像上表现为红黄色或黑褐色。居民点纹理特征不太明显,点、块状地物空间集中分布,中间夹杂一些绿地的存在。对于工矿用地主要是白云铁矿区,空间上表现出明显的露天开采圈层纹理特征
交通用地	在遥感影像上表现为明显的线状地物特征。对于既有铁路为灰黑色、既有公路为红褐色,而对于一般公路和在建公路等为亮白色
水域	主要为一些湖泊和季节性河流,由于水体的低反射光谱特性,在遥感图像上表现为黑色或蓝黑色

(2)样方调查。

根据评价范围主要植被类型结合拟建铁路所经过的位置,分别在拟设百灵庙车站、额很乌苏站、小布盖齐站、巴音花站以及铁路沿线植被分布典型地段设立调查样方。调查样方大小为 1m×1m,分种统计植物盖度、多度、密度、高度、生长状况、分布状况等指标,并分种齐地面刈割,取其地上生物量,同时选择典型的植株挖取地下部分,在烘箱中 80℃温度烘干至恒质量后称干重,分种计算根冠比,然后再计算出总生物量。

4)调查结果及分析

(1)植被地带性分布。

利用卫星遥感影像及"3S"技术,解译出沿线地区植被资源呈水平地带性分布,从南向北依次为荒漠草原和草原化荒漠,在水分条件好的地段零星分布着低平草甸类,详见表 6.31。

表 6.31   研究区植被面积统计表

植被类型	线路两侧 300m 范围内				线路两侧 1km 范围内			
	面积		斑块		面积		斑块	
	hm²	%	个	%	hm²	%	个	%
低平草甸	61.47	1.15	22	19.13	147.78	0.83	53	22.08
温性草原化荒漠	738.27	13.80	28	24.35	2522.97	14.15	51	21.25
温性荒漠草原	4445.73	83.10	50	43.48	14824.71	83.13	106	44.17
居民点及工矿用地	15.48	0.29	3	2.61	122.04	0.68	16	6.67
交通用地	81.81	1.53	9	7.83	170.19	0.95	7	2.92
水域	7.02	0.13	3	2.61	44.91	0.25	7	2.92
总计	5349.78	100.00	115	100.00	17832.6	100.00	240	100.00

由评价数据分析得出,拟建铁路沿线地处草原区,两侧 300m 范围内各种类型草地面积占总面积的 98.05%,两侧 1km 范围内各种类型草地面积占总面积的 98.11%。其中温性荒漠草原占草地总面积的 83% 以上,温性草原化荒漠占草地总面积的 14% 左右,低平草甸仅占草地总面积的 1% 左右。

从景观生态学的角度来讲,拟建铁路两侧 300m 范围内,温性荒漠草原解译斑块数为 50,占草地总斑块数的 43.48%,景观优势度为 0.66;温性草原化荒漠解译斑块数占草地总斑块数的 13.8%,景观优势度为 0.18;低平草甸解译斑块数占草地总斑块数的 1.15%,景观优势度为 0.09。

可以看出,研究区域的景观基质是草地,它是评价本区域景观生态质量的主导成分,温性荒漠草原是研究区的主要草地类型,其次为温性草原化荒漠,低平草甸类最少且零星分布。

(2)物种多样性特征。

由植被样方调查可知,铁路沿线 200m 范围内有植物 21 种(表 6.32),其中针茅、黄沙蒿、羊草、糙隐子草、菊叶委陵菜、冷蒿和苔草在样方中出现的频度超过 10%,是该地区主要的物种,也是该地区温性荒漠草原植被类型的主要组成物种,其他物种的频度低于 10%,为偶见种,详见图 6.39 铁路沿线物种频度图。

图 6.40 为样方调查物种种数变化图,可以看出,各样方内所包含的物种数比较少,最多为 8 种,最少为 1 种,总体平均为 4 种左右。从铁路沿线物种变化趋势线可以看出,铁路两端物种数量相对较少,中部物种数相对较多。

图 6.40 中 1 号、2 号样方在白云鄂博的包白线既有车站附近,属于城市的建成区,受到的人为干扰相当严重,因此在很大程度上抑制了物种的扩散,只有少数比较能适宜高干扰条件下生存的物种能够出现在这样的区域,同时按照中度干扰假说的原理,高频率的人工干扰必然会导致物种数量的减少。

表 6.32　沿线样方采集植物名录

序号 项目	植物名称	拉丁名	频度/%
1	针茅	*Stipa krylovii*	84.62
2	黄沙蒿	*Artemisia xanthochroa，*	65.38
3	羊草	*Aneurolepidium chinense*	61.54
4	糙隐子草	*Cleistogenes squarrosa*	53.85
5	菊叶委陵菜	*Potentilla tanacetifolia*	23.08
6	冷蒿	*Artemisia frigida var. atropurpurea*	15.38
7	苔草	*Carex tristachya*	11.54
8	达乌里芯芭	*Cymbaria dahurica*	7.69
9	委陵菜	*Potentilla chinensis Ser.*	7.69
10	点地梅	*Androsace umbellata（Lour.）Merr.*	7.69
11	女蒿	*Hippolytiatrifida（Turcz.）Poljak.*	7.69
12	沙葱	*Allium mongolicum*	7.69
13	钝叶瓦松	*Orostachys malacophyllus*	3.85
14	凤毛菊	*Saussurea amara*	3.85
15	车前	*Plantago asiatica Linn*	3.85
16	细叶鸢尾	*Iris tenuifolin Pall*	3.85
17	田旋花	*Convolvulus arvensis Linn*	3.85
18	冰草	*Agropyron cristatum（Linn.）Gaertn.*	3.85
19	芨芨草	*Achnatherum splendens（Trin.）Nevski*	3.85
20	小叶锦鸡儿	*Caragana microphylia Lam.*	3.85
21	狭叶锦鸡儿	*Caragana stenophylla*	3.85

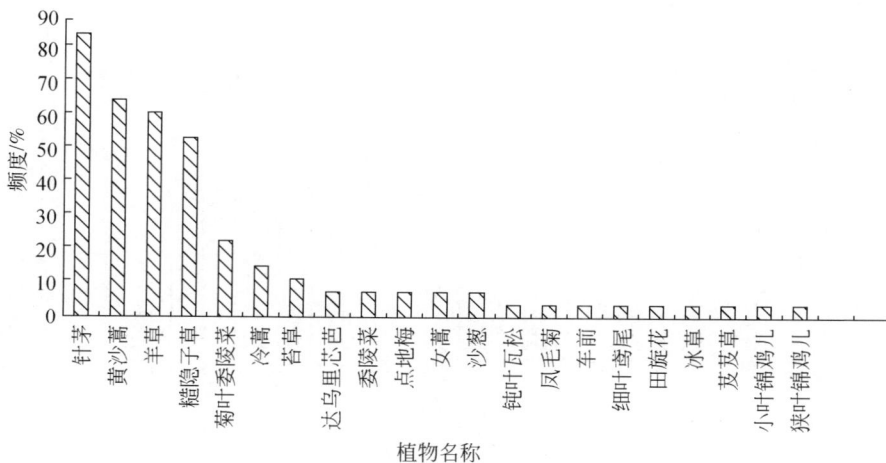

图 6.39　沿线物种频度图

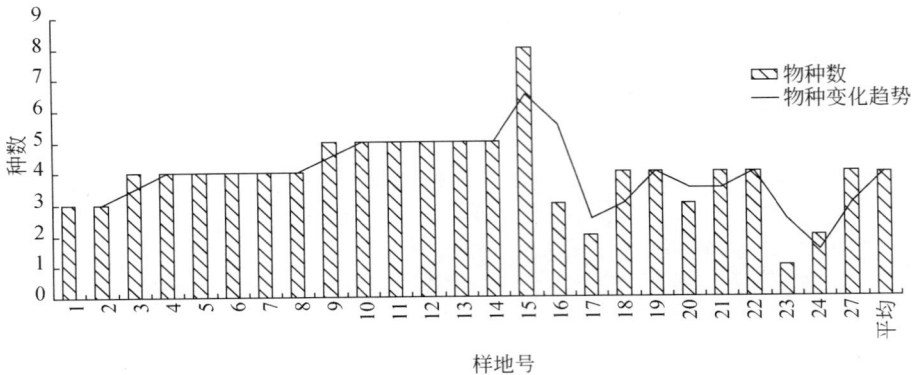

图 6.40　沿线物种种数变化图

　　线路接近终点地区,位于达茂旗的北部,接近满都拉镇,该区域是温性荒漠草原向温性草原荒漠过渡地带,因此样方所包含的物种种数也比较少。27 号样地地处铁路终点接近满都拉镇,物种数上升的原因是样方附近有季节性的海子,在一定程度上能够缓解草原荒漠类型中的水因子的限制作用,因此在物种数上有所回升。

　　线路中段人烟稀少,是典型温性荒漠草原类型的分布区,人为干扰主要以放牧为主,在实行禁牧、轮牧管理制度后,过度放牧等不合理的草原严重干扰行为得到有效遏制,因此,本区段草原干扰程度属于轻度到中度,人类活动对植物物种影响主要是区域内物种总体量和物种本身的扩散行为和方式。

　　纵观沿线植被总体情况,研究区域内物种丰富度和多样性是比较低的。

　　(3)群落结构特征和生产力。

　　图 6.41 是包满铁路从白云鄂博到满都拉沿线调查样方生物量的变化图。从

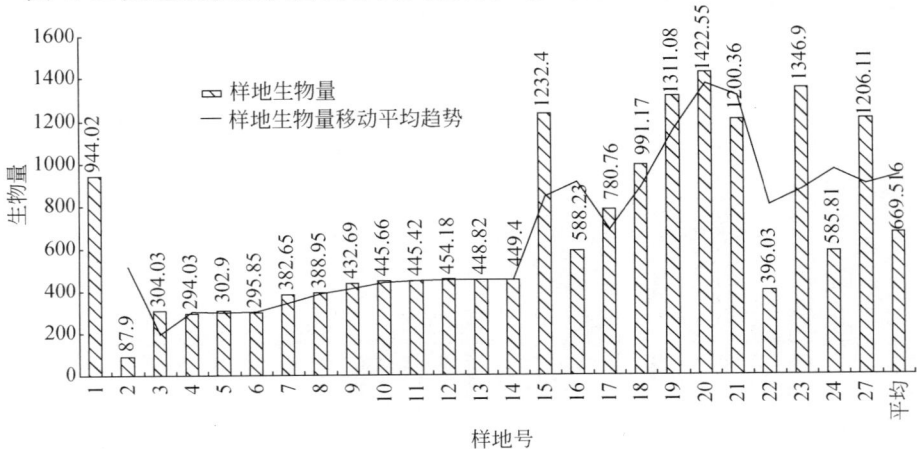

图 6.41　铁路沿线样地生物量变化图

图上可以清晰地看出,从白云鄂博到满都拉镇的铁路沿线的单位面积生物量是从低到高然后又到低的一个比较典型的单峰曲线变化。

起始点是在白云鄂博现有车站南端,所经过的大部分路线都处于城市建成区范围之内,因此样地内的植被情况最差,同时频繁的人为干扰也是导致植被状况差的原因;线路中段区域植被的生物量呈现逐渐增加的趋势,尤其从白云鄂博往百灵庙、额很乌苏区域的生物量增长更为明显,增加的程度能够达到 3~4 倍;而从巴音花往线路中段区域的植被生物量增长较慢,中段区域的生物量大致是终点区域生物量的 1.2~2 倍。拟建铁路沿线植被盖度为 25%~60%,生物量平均值为 669.52g/m²。

5)工程建设对草地生态系统影响

(1)沿线群落演替规律。

生态系统退化是由于人为干扰或自然因素变化造成的生态系统结构简单化、功能衰退的过程,其最终结果是土地退化、生物种类和数量减少,生态系统自我维持的能量流动与养分循环部分中断。引起草原生态系统退化的人为干扰活动主要包括放牧、刈割、樵采和开垦等。铁路工程建设作为一种人为干扰,能直接改变草地的形态特征、草地生产力和群落结构。典型的荒漠化(沙质)草原植物群落退化、沙化演替按过程划分了 5 个阶段,即潜在阶段(羊草＋隐子草阶段)、轻度阶段(冷蒿阶段)、中度阶段(褐沙蒿阶段)、重度阶段(1 年生植物虫实、刺穗藜阶段)和严重阶段(裸沙阶段)。

在植物群落演替研究中,因时间的不可逆转性,常采用空间系列代替时间系列的做法,利用多个样地的方法来推断演替的趋势和速率。类比既有包白线两侧垂直线上距离铁路 15m、30m、50m、100m、200m、300m 样方调查结果,可推断出该区域铁路工程对沿线植被演替影响规律。既有铁路包白线建于 20 世纪 60 年代,沿线植被以自然恢复为主。

从既有包白线两侧植被物种变化图(图 6.42)中可知,随着与铁路距离的增

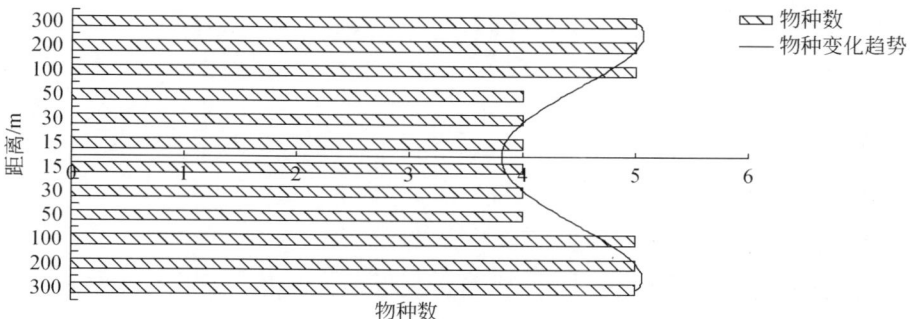

图 6.42　既有包白线两侧植被物种变化图

加,样方所包含的物种数也在增加,当离铁路的距离达到 100m 后,物种增加趋势变缓,到达 200m 左右时,物种就基本达到稳定,铁路的运行对其影响也就很微弱,认为对该区域植被的影响可以不予以考虑。根据表 6.33 中铁路两侧不同垂直距离区域样方的物种组成,可以得知两侧的植被分别属于退化演替的潜在阶段和轻度阶段。

表 6.33 既有包白线两侧植被调查表

地点	序号	植物名称	多度	密度/(株/m²)	盖度/%	高度/cm	生长状况	分布状况	生物量/(g/m²)	
距既有铁路 15m(南侧)	1	羊草	IV	7 丛	10	3	良	群团	95.3	304.03
	2	黄沙蒿	V	6	5	3	良	群团	83.12	
	3	糙隐子草	IV	5 丛	10	3	良	群团	13.2	
	4	针茅	IV	7 丛	10	5	良	群团	112.41	
距既有铁路 15m(北侧)	1	羊草	IV	7 丛	10	3	良	群团	95.3	294.03
	2	黄沙蒿	V	6	5	3	良	群团	83.12	
	3	糙隐子草	IV	5 丛	5	5	良	群团	13.20	
	4	针茅	IV	5 丛	5	5	良	群团	102.41	
距既有铁路 30m(南侧)	1	羊草	IV	6 丛	10	5	良	群团	92.7	302.9
	2	黄沙蒿	IV	7	5	5	良	群团	87.35	
	3	糙隐子草	III	8 丛	10	5	良	群团	15.50	
	4	针茅	III	7 丛	10	6	良	群团	107.35	
距既有铁路 30m(北侧)	1	羊草	IV	7 丛	10	3	良	群团	91.25	295.85
	2	黄沙蒿	IV	6	5	3	良	群团	83.55	
	3	糙隐子草	III	8 丛	10	3	良	群团	17.50	
	4	针茅	III	7 丛	10	5	良	群团	103.55	
距既有铁路 50m(南侧)	1	羊草	IV	10 丛	13	7	良	群团	132.50	382.65
	2	黄沙蒿	V	8	8	8	良	群团	103.30	
	3	糙隐子草	III	8 丛	15	7	良	群团	23.50	
	4	针茅	III	9 丛	15	8	良	群团	123.35	
距既有铁路 50m(北侧)	1	羊草	IV	11 丛	11	7	良	群团	131.50	388.95
	2	黄沙蒿	V	7	6	8	良	群团	103.60	
	3	糙隐子草	II	10 丛	15	9	良	群团	25.50	
	4	针茅	II	11 丛	16	8	良	群团	128.35	

续表

地点	序号	植物名称	多度	密度/(株/m²)	盖度/%	高度/cm	生长状况	分布状况	生物量/(g/m²)	
距既有铁路100m(南侧)	1	黄沙蒿	Ⅲ	20	30	7	良	集群	195.15	
	2	菊叶委陵菜	Ⅴ	4	5	3	良	随机	77.85	
	3	羊草	Ⅳ	7丛	10	6	良	集群	103.30	432.69
	4	针茅	Ⅴ	8丛	10	5	良	集群	30.89	
	5	糙隐子草	Ⅳ	7丛	5	7	良	集群	25.50	
距既有铁路100m(北侧)	1	黄沙蒿	Ⅲ	20	30	7	良	集群	202.33	
	2	菊叶委陵菜	Ⅴ	4	5	3	良	随机	78.83	
	3	羊草	Ⅳ	7丛	10	6	良	集群	105.30	445.66
	4	针茅	Ⅴ	7丛	10	5	良	集群	31.90	
	5	糙隐子草	Ⅳ	7丛	6	7	良	集群	27.30	
距既有铁路200m(南侧)	1	黄沙蒿	Ⅲ	21	30	2	良	群团	201.12	
	2	菊叶委陵菜	Ⅴ	4	5	3	良	随机	79.01	
	3	羊草	Ⅴ	5丛	10	4	良	群团	107.10	445.42
	4	针茅	Ⅴ	8丛	10	4	良	群团	30.89	
	5	糙隐子草	Ⅳ	7丛	6	7	良	集群	27.30	
距既有铁路200m(北侧)	1	黄沙蒿	Ⅲ	22	30	2	良	群团	201.12	
	2	菊叶委陵菜	Ⅴ	6	5	3	良	随机	79.01	
	3	羊草	Ⅴ	8丛	10	4	良	群团	113.20	454.18
	4	针茅	Ⅴ	8丛	10	5	良	群团	31.55	
	5	糙隐子草	Ⅳ	8丛	6	6	良	集群	29.30	
距既有铁路300m(北侧)	1	黄沙蒿	Ⅲ	21	30	2	良	群团	201.12	
	2	菊叶委陵菜	Ⅴ	4	5	3	良	随机	79.01	
	3	羊草	Ⅴ	5丛	10	6	良	群团	107.10	448.82
	4	针茅	Ⅴ	8丛	10	4	良	群团	30.89	
	5	糙隐子草	Ⅳ	8丛	6	6	良	集群	30.70	
距既有包白线300m(南侧)	1	黄沙蒿	Ⅲ	21	30	2	良	群团	201.12	
	2	菊叶委陵菜	Ⅴ	4	5	3	良	随机	80.10	
	3	羊草	Ⅴ	5丛	10	4	良	群团	105.70	449.4
	4	针茅	Ⅴ	8丛	10	4	良	群团	31.13	
	5	糙隐子草	Ⅲ	9丛	6	6	良	集群	31.35	

生态系统自然恢复,是被人为或者自然力破坏的区域植被在自然力、人力的作

用下逐步恢复到干扰前状态的过程。沙质草原的恢复早期阶段,一年生植物狗尾草迅速占据了群落的冗余空间,形成种群聚块的竞争优势,成为先锋植物层片;恢复中期阶段,多年生小灌木冷蒿、达乌里胡枝子和多年生小禾草糙隐子草相继出现,占据资源空间,形成优势种群;恢复后期,多年生禾本科牧草羊草等开始在群落中占据主要地位,它们对生态系统的稳定起关键作用。

从表 6.33 中样方的物种组成可以看出,距离铁路 50m 的区域已经是恢复后期,因此只要采取合理的恢复措施,铁路沿线 200m 范围内能够很快恢复到干扰前的状态。

图 6.43 表明,铁路两侧的生物量同样呈现出从铁道向两侧逐渐增加的趋势,在距离铁道垂直距离 200m 处,生物量达到一个比较高的值,然后保持比较平稳的态势。可以看出由铁路向两侧垂直方向延伸,植被群落不断向恢复的更高阶段变化,因此可以看出该区域在铁路两侧的演替是典型的自然恢复演替过程,铁路所经过的区域的群落和植被的大部分分布范围没有退化的迹象,也就是说区域内的生态因子适宜,由于铁路建设的干扰所造成的暂时退化的情况,在进行合理的恢复和保护措施之后就能在比较短的时间恢复到比较好的状态,同时铁道对沿线植被的影响范围大部分在 200m 以内。

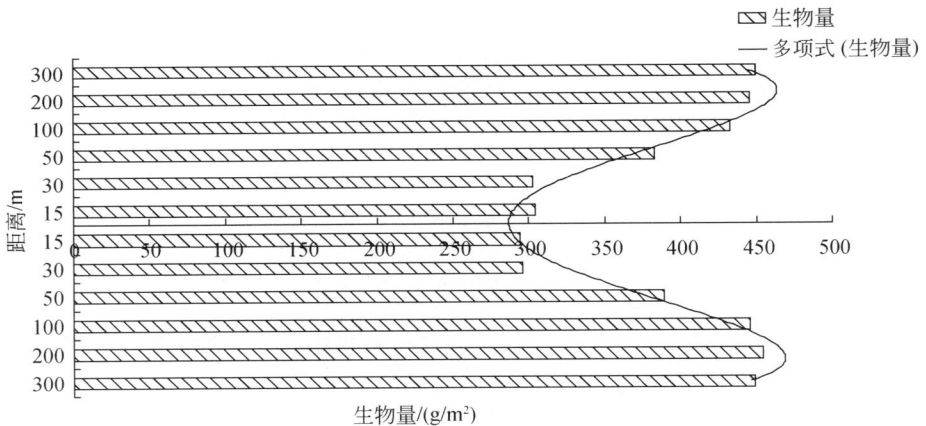

图 6.43　既有包白线两侧植被生物量变化图

(2)铁路沿线植被现状及演替趋势。

拟建铁路沿线植被状况是典型的温性荒漠草原向温性草原化荒漠过渡区的植被类型,其群落的重要植物种由针茅、黄沙蒿、羊草、糙隐子草、冷蒿、苔草等组成。沿线的植被生物量呈现铁路两端沿线低,而铁路中段沿线高的情况,铁路沿线总体生物量不高,铁路沿线植被演替趋势有两个方面:其一,在放牧为代表的干扰作用下,植被向沙化和退化的演替趋势;其二,在铁路沿线大多数区域,在过度放牧等强度干扰被遏制之后,在自然力和人力共同作用下,植被自然恢复的演替趋势。综合物种变化和生物量变化情况,线路中部沿线植被大部分处于轻度退化状况,线路两端沿线植被处于中度退化状况,铁路沿线大部分区域演替阶段处于潜在沙化和轻度沙化的阶段,有少部分地区,主要是铁路两端的地区处于中度沙化的阶段。

通过对既有铁路两侧不同距离样方对比调查,铁路建设对区域内植被的影响是明显的,但是通过适当的、积极的植被保护和恢复措施,是能够很好恢复到原有植被的水平,同时铁路对植被的影响范围都能控制在 200m 范围内。

6)小结

(1)通过以上调查与分析评价可以得出,包满铁路(白巴段)沿线景观基质是草地,温性荒漠草原是研究区的主要草地类型,其植物群落由针茅、黄沙蒿、羊草、糙隐子草、冷蒿和苔草等组成,生物量呈现两端低、中段高的情况,研究区总体植物物种丰富度、生物多样性及生物量是比较低的。

(2)植被样方调查可以从微观上对研究区域植物资源生产力进行定量分析,遥感影像解译资料能从宏观上了解研究区植被地带性分布,将两者有机结合起来,就能全面识别工程影响区植被资源现状,为进一步分析建设项目对生态环境影响奠定基础。

(3)工程沿线中部区域植被大部分是处于轻度退化状况,两端植被处于中度退化的状况。

(4)铁路建设对区域内植被的影响是明显的,但是通过适当的、积极的植被保护和恢复措施,可恢复到原有植被水平,并将影响范围控制在横向 200m 范围内。

2. 新建大连至长兴岛铁路工程对斑海豹自然保护区影响

1)评价区概况

新建大连长兴岛铁路工程位于辽宁省大连市境内,工程自哈大线瓦房店站接轨,终点为长兴岛港城的长兴岛站,线路全长 76.3km。工程所处位置为辽东半岛西缘近海地带,沿线地势起伏不大,地势东北高,西南低。属于暖温带亚湿润季风气候区,多年平均气温 10.08℃,≥10℃的年积温 3950℃,年日照时数 2732.8h,无霜期为 172d,多年平均降水量 630mm,最大冻土深度 0.9m。地带性土壤主要为棕壤土类,沿线植被处于暖温度北部落叶阔叶林地带,属华北植物区,沿线主要分布有天然次生林植被、人工次生林植被及农田植被,植被覆盖率为 33.2%。

2)斑海豹自然保护区概况

大连斑海豹国家级自然保护区坐落于渤海辽东湾,海域行政管辖涉及大连市旅顺口区、甘井子区、金州区、普兰店市、瓦房店市及长兴岛临港工业区(新成立)。保护区位于东经 120°50′～121°57′,北纬 38°55′～40°05′之间海域,主要保护对象为斑海豹及其海洋生态环境,于 1992 年 9 月批准成立了大连斑海豹自然保护区,

1997 年 12 月审定为国家级自然保护区,保护区内分核心区、实验区及缓冲区三个区域。2007 年 5 月 18 日,根据"国务院办公厅关于'调整内蒙古西鄂尔多斯和辽宁大连斑海豹国家级自然保护区的通知'(国办函〔2007〕57 号)",对保护区的面积、范围和功能分区进行了重新调整,调整后保护区总面积为 672275hm²。其中,核心区 278490hm²,缓冲区 271600hm²,实验区 122185hm²。

3)工程与斑海豹国家级自然保护区的位置关系

本工程所跨海域与该保护区相通,距离该保护区长兴岛北部核心区 8.0km 以上,距离缓冲区 11km 以上,距离实验区 8km 以上。大连长兴岛铁路工程于 CK66+450～CK66+850 之间跨越葫芦山湾海域,跨越长度 400m,线路形式为桥梁,桥梁跨度为 32m,为后张法预应力混凝土梁,最大桥高 19m,钻孔桩基础,需要在海域内设置 10 个水中墩。海湾内墩身、基础采用双臂钢围堰搭筑工作平台水上施工,施工通过正线桥内侧搭设栈桥运输材料和机具。

4)生物资源现状调查与分析

为了深入了解工程跨越处海域及与斑海豹自然保护区连接海域内生物资源现状,监测单位于 2007 年 8 月 23 日和 2007 年 10 月 28 日先后两次对上述海域生物资源进行了现状调查,调查内容包括浮游植物、浮游动物、底栖生物、水质现状等。

(1)浮游植物。

①种类组成与优势种。调查共检出浮游植物 29 种,其中硅藻门 26 种,甲藻门 3 种,调查区内各站位浮游植物的种类组成有所差异,14 号站位浮游植物种类数最多为 16 种,3 号站种类数最少为 5 种,平均为 10 种。调查海区浮游植物群落中,主要优势种为柏氏角管藻(*Cerataulina bergoni*)、细弱角毛藻(*Chaetoceros subtilis*)、具槽直链藻(*Melosira sulcata*)、中华盒型藻(*Biddulphia sinensis*)、短孢角毛藻(*Chaetoceros brevis*)、洛氏角毛藻(*Chaetoceros lorenzianus*)等。

②个体数量分布。浮游植物数量的平面分布不均匀,细胞数量最大出现在 8 号站(1110.9×10⁴个细胞/m³),最小密度在 20 号站(25.65×10⁴个细胞/m³),最大值为最小值的 40 倍。浮游植物细胞数量总平均为 566.8×10⁴个细胞/m³。

③现状评价。调查海域浮游植物群落组成属于较典型的北方海域种类组成,藻类细胞数量处于正常范围。浮游植物总量分布不均匀,但属于正常范围。

(2)浮游动物。

①种类组成与优势种。调查共鉴定出浮游动物 5 大类 29 种:其中桡足类 11 种,占种类组成的 39%;水母类 7 种,占种类组成的 24%;毛颚类和被囊类各 1 种,分别各占种类组成的 3%;浮游幼虫 9 类,占种类组成的 31%。浮游动物优势种类有小拟哲水蚤(*Paracalanus parvus*)、太平洋纺锤水蚤(*Acartia pacifica*)和大同拟长腹剑水蚤(*Oithona similes*)。浮游动物种类组成主要是暖温带种,未出现冷水种和热带种。以广温近岸低盐种为主体,生态属性为广温低盐型。

②个体数量分布。在调查海域浮游动物的总个体数量在 I 型网(大网)和 II 型网(中网)中差异很大。I 型网中,大型浮游动物数量较多,平均数量为 7694.92 个/m³,各站位数量波动范围在 1172.5～21562.5 个/m³,数量最多出现在 7 号站(21562.5 个/m³),最少出现在 20 号站(1172.5 个/m³);II 型网中,中、小型浮游动物数量较多,平均数量为 143877.61 个/m³,各站位数量波动范围在 8750.0～439062.5 个/m³,数量最多出现在 3 号站(439062.5 个/m³),最少出现在 20 号站(8750.0 个/m³)。

③现状评价。浮游动物是海域水体中次级生产力的主要成分,其数量多少和种类组成既代表次级生产力的高低,又能指示环境质量的好坏。因此,浮游动物群落结构既是海域经济生物资源生产力的基础之一,又是海域生态环境状况的重要指标。本海域调查共采集到 29 种(类)浮游动物。本海域大型浮游动物和中、小型浮游动物总个体数量差异很大,平均分别为 7694.92 个/m³ 和 143877.61 个/m³,大型网中浮游动物个体数量最大值出现在 7 号站,中型网中浮游动物个体数量最大值出现在 3 号站;大、中型网中浮游动物个体数量最小值出现在相同站位,均在 20 号站。中、小型浮游动物数量高出大型浮游动物 2 个数量级,从中可以看出中、小型浮游动物虽然个体小,但是数量大,在浮游动物总生物量中也占有重要的分量。本海域浮游动物优势种为小拟哲水蚤、太平洋纺锤水蚤和大同拟长腹剑水蚤,这说明,调查海域中主要类群为桡足类,它们的数量变化直接影响浮游动物总数量的空间分布。调查海域浮游动物群落组成基本反映出我国北方海域浮游动物种类组成单纯,个体数量大的特征。所调查海区浮游动物无论从种类组成还是数量分布来看,未出现异常现象。

(3)底栖动物。

①种类组成与分布。共采集到底栖动物 32 种,隶属三个动物门,其中环节动物 19 种,占总种数的 59.38%;软体动物 7 种,占总种数的 21.87%;节肢动物 6 种,占总种数的 18.75%。

②生物量。调查海区底栖动物平均生物量为 31.12g/m²。按种类组成结构比例分析,软体动物生物量最高,为 22.43g/m²,占平均生物量的 72.08%;其次是环节动物,平均为 6.87g/m²,占平均生物量的 22.08%;节肢动物为 1.82g/m²,占平均生物量的 5.84%。

③现状评价。第一,在该海域共采集到 3 个门类 32 种底栖动物,表明该海域底栖动物种类较丰富,但优势种不明显。第二,该海域有经济种类分布,分别为缢蛏、扁玉螺和日本鼓虾,但分布不广,数量也不高,其中缢蛏分布在 12 号站位,栖息密度为 10 个/m²;扁玉螺分布在 20 号站位,栖息密度为 10 个/m²;日本鼓虾在 7 号和 14 号站位有分布,栖息密度均为 10 个/m²。第三,该海区分布的底栖动物均为黄渤海沿岸常见种类,底栖动物群落结构正常。

（4）渔业资源。

调查海域渔业资源无论数量、产量，从渔获物的组成上来看都趋向小龄化和低龄化，与 20 世纪 70～80 年代的渔获物品质已无法相比。20 世纪 70～80 年代沿岸渔业主要有小黄鱼、大黄鱼、带鱼、鲅鱼、蓝点马鲛、鲆鲽类等，其产量占渔业总产量的 40%～50%。近年来沿岸渔业主要品种为黄鲫、斑鰶、赤鼻棱鳀、方氏云鳚、青鳞沙丁鱼等，其产量占总产量的 50% 以上。而目前主要渔获物组成和 20 世纪 70～80 年代主要渔获组成相比，按渔业资源生态系统内部能量转换来看是次一级的。

调查该海域鱼类的生物量与栖息密度居前几位的赤鼻棱鳀、黄鲫、鳀、斑鰶等均属于浮游生物食性的中、小型的中上层鱼类，它们在渤海生态系统的鱼类食物网中的营养层次都是比较低的。近年来，由于环境污染、人类过度捕捞、入海河流径流量的变化等诸多因素的影响，渔业生物资源的群落结构、生物多样性、数量与分布、鱼卵仔稚鱼数量与组成等方面，均发生了比较明显的变化，资源衰退严重。大部分鱼类品种出现了低龄化、小型化现象。

5）保护区对象生态习性

大连斑海豹国家级自然保护区的保护对象为斑海豹，斑海豹别名海豹、港海豹，属于哺乳纲、鳍足目、海豹科，学名为 Phocalargha，是已识鳍脚类动物中唯一能在中国进行繁殖的一种，在我国的分布范围主要在渤海和黄海，偶见于南海。斑海豹比较机警，喜好成对或集群活动，栖息环境要求安静，体长 150～200cm，体重 120～150kg，食物以鱼类为主，也吃各种甲壳类、头足类等海洋性动物；游泳和潜水本领高强，一般可以潜至 100～300m 深水处，每天潜水多达 30～40 次，每次持续 20 分钟以上。斑海豹生活在温带、寒温带的沿海海域内，大部分时间在海水中度过，仅在生殖、哺乳、休息和换毛时才爬到海岸上或者冰块上，昼夜活动。其濒危的原因主要为人类大量捕杀及海洋环境的污染。

斑海豹在不同的生命周期中，所需要的栖息环境不同，其栖息的自然环境条件可以归纳为以下特点。

（1）产仔时需要在浮冰上；换毛时需要岸滩或沼泽地；休息或晒太阳时需要岩岸；捕食和交配时在水中进行。

（2）斑海豹喜好环境清静、无干扰有杂草或芦苇丛生的沼泽地边结群栖息，换毛结束后便离开岸滩和沼泽地，集群沿河进入海洋。

（3）斑海豹捕食的食物，主要是鱼类，不同季节所捕食的鱼的种类不尽相同，这与周围水域食用动物的种类和数量有关。

斑海豹的生态行为主要包括摄食、集群、繁殖、抚幼行为、逃避行为、洄游等。

（1）摄食：斑海豹的食物以鱼类为主，在辽东湾主食梭鱼、小黄鱼、鲱鱼，也食日本枪乌贼和基尾白虾。

（2）集群：斑海豹易集群活动，斑海豹上岸多选择海水涨潮能淹没的内湾沙洲和岸边的岩礁,上岸时一般总是沿水边向两翼扩展,这有利于它潜逃。但斑海豹在繁殖期不集结成大群,多是雌雄居于单一冰块上,通常一块浮冰上只有一个"家庭群",哺乳结束后,仔兽换胎毛完毕,亲兽远走,仔兽开始独立生活,这个"家庭群"便拆散。

(3)繁殖:斑海豹是在冰上产仔,辽东湾为该类斑海豹最南的一个繁殖区。辽东湾的封冰期在 12 月末至第二年 3 月初,哺乳期 1 个月,再生必须在冰块融化或破碎前结束哺乳,并独立在水中生活。

(4)抚幼行为:成兽对仔兽有着深厚的感情,当船驶进冰块时,雄兽先逃入水中,并游离较远;母兽在船靠近后方下水,且不远离,屡次爬上附近的冰块,或在水中时常露出头来窥视仔兽可能发生的情况。当船离开冰块后,母兽立即爬上冰块寻找仔兽,若找不到仔兽,便跟在船后游,并时常因此被捕杀。有时,栖居在冰上的亲兽,当发现危险时,会对仔兽采取保护措施,如利用后肢抱住仔兽逃入水中。

(5)逃避行为:繁殖期栖息在冰块的边缘,当发现危险时可迅速逃入水中。成兽听到轻微声响后,先抬头窥视,而后立即滑落水中,行动迅速,不易捕捉。幼兽行动缓慢,警惕性不高,易被擒获。哺乳期结束同母兽分离的幼兽,显示了独立生活的能力,警觉性高。索饵栖游水中的群体,当船只从其附近驶过时,虽有潜水逃避行为,但并不远离。

(6)洄游:斑海豹的洄游也是集群行动,每年均按照一定的路线洄游,对洄游通道的影响也将会影响其生长。斑海豹在洄游过程中与鱼类等食物的洄游路线基本一致,因此能够影响鱼类洄游的一些活动也会对斑海豹产生影响。每年 11 月以后斑海豹穿越渤海海峡,陆续进入渤海的辽东湾。一部分直接由老铁山水道通过,一部分经庙岛的砣矶水道,并在该处滞留一段时间,而后北上。12 月初在老铁山西水面经常发现成兽向北游去。次年 1~2 月在旅顺、瓦房店、营口、葫芦岛一带常发现初生仔兽;2~3 月在塘沽、黄河口、羊角沟、蓬莱等地也能发现初生仔兽;3~4 月在葫芦岛菊花岛、田家、黄河口、羊角沟等地发现当年脱毛的幼兽;4~5 月在辽宁省盘山县双台子河口,山东省庙岛群岛,北长山岛的双礁、马场石经常能发现数十头乃至百头的成体斑海豹在泥滩、岩礁上栖息;5 月以后去向不明;6~9 月在青岛近海、江苏余山洋、长江口的崇明岛、浙江的甬江口、福建沿海都能捕获到当年的幼兽。

6)斑海豹栖息地分布

根据斑海豹的生态习性,其需要的栖息环境包括产仔时的浮冰、换毛需要的安静岸滩或沼泽地、捕食和交配需要的海水、休息时需要的岩岸或岛礁等。斑海豹的栖息地都位于比较偏僻的水域。在我国,斑海豹栖息地主要包括以下几个。

(1)产仔栖息地主要分布在辽东湾北纬 40°以北海域的浮冰区。

(2)河口一段开阔的泥沙滩和泥沙岗河岸,向河水或海水的方向有较小的斜度,有利于斑海豹的爬行、逃避,在大潮或满潮时大部分能被海水淹没,双台子河口属于这一类型。

(3)海岛周围的岛礁,无论大潮还是小潮,大部分礁石通常露出水面,如山东庙岛周围的岛礁属于此类型。

(4)海里的浅石滩只在低潮或枯潮时部分露出水面,如大连的虎平岛。

根据辽宁海洋水产研究院王丕烈教授多年的调查发现,斑海豹产仔区主要集中在北纬40°以北区域,而斑海豹在辽东湾有2个栖息地(双台子河口和长兴岛北侧海域),双台子河口附近是斑海豹的最主要栖息地,在冬季主导风的作用下,载有斑海豹幼仔的浮冰有可能在十来天的时间漂至长兴岛的北侧海域,因此长兴岛北侧海域一带是部分斑海豹幼仔的栖息地。但最具保护价值的区域是辽东湾北纬40°以北海域的产仔区。

7)长兴岛附近海域斑海豹现状及工程建设对斑海豹影响分析

(1)长兴岛附近海域斑海豹现状。

大连斑海豹自然保护区主要管理机构为大连渔政监督管理局,下设大连斑海豹自然保护区管理处,负责处理保护区的日常事物,包括统计斑海豹数量、制止捕杀斑海豹、救助受伤斑海豹等工作。该管理处近些年在旅顺口区双岛镇和长兴岛北岸三堂村建立了斑海豹救护中心及相应的监测体系,对救助伤斑海豹和监测斑海豹活动十分有利,长兴岛北岸三堂村救护中心及监测体系的建立也减少了伤斑海豹和幼斑海豹往南深入到葫芦山湾内陆水域活动的可能性。由于长兴岛北岸海域大型船只破冰通航,浮冰面积较小,加上人类捕杀影响,目前在长兴岛北岸海域出现的斑海豹数量极为有限。根据长兴岛斑海豹监测站介绍,2005年在长兴岛北岸海域观测到的斑海豹仅20余只,而2006年至今数量已逐渐减少。目前,葫芦山湾岸线分布有诸多村庄,近几年多开发为养殖区,部分岸线已开辟为港口及工业基地,人类活动频繁,该区域内已不具备斑海豹觅食和栖息条件,多年以来均未观测到斑海豹活动。

(2)工程建设对斑海豹影响分析。

本工程远离斑海豹繁殖区域(辽东湾双台子河口),工程建设对斑海豹的繁殖不会造成影响。工程对保护区的影响主要表现在葫芦山湾特大桥建设对斑海豹可能在葫芦山湾内觅食、栖息活动以及特大桥施工产生悬浮物等对保护区内斑海豹生活环境带来影响。

①工程建设对斑海豹栖息、觅食等影响。

根据《辽东湾斑海豹自然保护区调查研究报告》成果,斑海豹在长兴岛附近海域活动的时间主要集中在1月下旬至5月下旬。由于风向影响,每年冬季在斑海豹繁殖季节和稍后一段时间里,在辽东湾北部双台子河口附近海域内产下斑海豹幼仔随浮冰一道被北风吹到长兴岛北岸三堂村沿岸,长兴岛北岸以北海域为斑海豹的活跃区。此外,在本工程葫芦山湾特大桥桥址处以北 20km 处为目前唯一的一条进入长兴岛内的高等级公路——城八线公路,该公路至铁路桥址之间水域已开辟为养殖区域,岸线分布有诸多村庄,人类活动频繁;铁路桥桥址以西 20km 已逐步开辟为港口岸线和工业岸线,上述岸线和水域已被占用,该区域内斑海豹觅食和栖息条件已丧失殆尽了。根据长兴岛总体规划,该特大桥以东岸线被规划为金融商业和居住用地,即时该区域海域将更不适宜斑海豹的觅食、栖息。

同时,根据保护区管理处长兴岛斑海豹监测站介绍,近些年在长兴岛南岸工程所跨海域已监测不到斑海豹的活动,因此工程施工建设及运营均不会影响斑海豹正常的觅食、栖息活动。

②工程建设对斑海豹海域生活环境影响。

本工程葫芦山湾特大桥水中墩采用双臂钢围堰搭筑工作平台水上施工,施工时将会产生少量的悬浮物,污染物源强很小,其影响范围在施工点周边 50m 范围内,50m 范围外由于污染物扩散及海水自净能力,海水悬浮物已恢复正常,而施工点距离保护区在 8km 以上,因此工程建设产生的悬浮物等不会对相通的保护区内斑海豹生活环境造成影响。此外,特大桥施工时如果管理、维护不当会造成施工机械用油的跑、冒、滴、漏现象,这部分石油类污染物进入海水水体会增加其相应污染物浓度,影响海洋环境,但其源强很小,影响范围很小,由于海水的自净能力在施工点周围 100m 范围外就能恢复正常,因此也不会对相通的保护区内斑海豹海域生活环境造成影响。而在运营期,不存在此类影响,也不会影响到斑海豹海域生活环境。

综上所述,本工程施工建设只会暂时增加海洋环境的悬浮物等污染物浓度,但这种影响源强小,影响范围小,影响是暂时的、可恢复的;该工程距离斑海豹保护区核心区、缓冲区及试验区均在 8km 以上,施工期产生的上述影响不会对斑海豹自然保护区造成影响。

6.4　固体废物处理处置

铁路固体废弃物主要包括运营期产生的站车垃圾和施工期产生的废弃泥浆。

6.4.1　站车垃圾

1. 站车垃圾特点

铁路站车垃圾包括列车垃圾和车站垃圾两部分。

1)旅客列车垃圾构成

大量调查结果显示,列车垃圾的构成与城市生活垃圾相比,比较简单,如表

6.34 和表 6.35 所示。

表 6.34　旅客列车垃圾与城市生活垃圾构成比较　　（单位：%）

种类	废纸类	食物残渣类	废塑料	煤渣土	破布	瓶罐类	废金属	其他	水分
旅客列车垃圾	10.7	52.1	15.9			17.8		3.5	50～69
国内生活垃圾	2.17	28.3	0.58	64.7	0.67	0.93	0.55	2.06	<20
国外生活垃圾	34.7	27.1	6.14	11.9	2.55	9.32	5.59	2.33	<15

注：垃圾中水分含量指垃圾经烘干后，每100份干垃圾所包含的水量。

表 6.35　旅客列车垃圾的构成元素　　（单位：%）

项目	C	H	N	S	O	Cl	P	K
夏季	42.2	5.6	1.4	0.4	49.08	0.645	0.28	0.098
冬季	45.5	6.1	3.7	0.4	43.07	0.855	—	—

2）车站垃圾构成

铁路车站垃圾构成情况如表 6.36 所示，北京地区铁路车站垃圾构成情况如表 6.37 所示，旅客列车垃圾组分分析如表 6.38 所示。

表 6.36　铁路车站垃圾构成　　（单位：%）

垃圾种类	车站垃圾构成
i 类（厨余）	42.8
ii 类（可回收利用垃圾）	26.52
iii 类（不能降解有机物）	22.35
iv 类（其他）	8.33

表 6.37　北京地区铁路车站垃圾构成比较　　（单位：%）

站别	食物残渣	塑料	废纸类	草木类
北京西站	49.38	35.80	14.81	—
北京站	63.04	21.74	10.87	4.35

表 6.38　旅客列车垃圾组分分析

站别	采样点	含水量/%		高位热值/(kJ/kg)		低位热值/(kJ/kg)	
		夏	冬	夏	冬	夏	冬
北京西站	七候车室	70.30	64.28	8028	8738	5872	6645
北京西站	一候车室	54.21	68.28	8950	6787	6977	4840
永定门站	候车室	64.29	41.86	7768	13551	5686	11876
平均		62.93	58.14	8249	9692	6178	7787
		60.54		8970		6983	

从表 6.36～表 6.38 可以看出以下几点。

(1)铁路车站垃圾的构成比城市生活垃圾简单。

(2)车站垃圾有机物的含量,特别是食物残渣的含量高于城市生活垃圾。

(3)车站垃圾中的废弃塑料包装物的含量较高。

(4)旅客列车垃圾的含水量比城市生活垃圾高得多。

(5)旅客列车垃圾的热值较高。

综上所述,厨余(生物性垃圾)组分含量大和含水量高是铁路站车垃圾构成的显著特点。

2. 站车垃圾处理处置要求

目前随着列车提速和全封闭列车开行,列车装备技术水平得到提高,基本解决了列车沿线两侧垃圾随意抛弃造成的白色污染问题。铁路站车垃圾以中转储运为主,列车到站后,列车上的垃圾由列车员放置在站台上,再经车站工作人员分拣(回收瓶罐、报纸、塑料瓶等),和车站以及铁路站区产生的垃圾一起,统一运往地方垃圾场统一销纳,地方无垃圾场的,在地方指定地点堆放或填埋,路内一般不自行处理。

根据站车垃圾中转储运的特点,其处理处置要求主要是:在车上不能随意丢弃到车下,均需收集到垃圾袋内;列车员仅在定点垃圾投放车站放置在站台上;垃圾在车站上的储存和运输应配备专门的人员、设施和车辆,并定期消毒,做到及时、卫生。

3. 铁路固体废弃物衍生燃料技术研究

根据对北京地区三个客运站候车室垃圾的采样分析,高位热值平均为 8970kJ/kg,低位热值平均为 6982kJ/kg。而我国城市生活垃圾热值普遍低于 5000kJ/kg,表明铁路站车生活垃圾成分比较简单,热值相对一般城市生活垃圾来说较高,从这方面看具备焚烧处理的条件,但因热值不是很高且含水率较高,直接焚烧有困难。

RDF 技术是一种新型的城市垃圾处理技术,其制造过程是将原来热值较低且热值变化较大的垃圾通过分选、破碎、干燥和成型之后制成热值较高且稳定的固体燃料。RDF 不仅可以作为普通锅炉、工业锅炉以及食品加工业的辅助燃料使用,还可以作为垃圾焚烧炉的燃料进行燃烧,用于供热和发电。为此,进行了铁路固体废弃物衍生燃料技术研究。

铁路复合垃圾衍生燃料生产工艺主要由烘干、粉碎、混合、高压成型等单元组成。生产过程分为:首先将原煤和准备掺入的生物质分别进行烘干,将干燥后的原煤进行破碎,生物质则加以碾碎,磨成微细粉末。然后将两者进行充分混合,视情况加入适量的黏结剂和固硫剂。最后将上述混合物一同送入成型机,在一定压力下压制成型。铁路站车生活垃圾制备成的垃圾衍生燃料在实验室高温定碳炉进行了燃烧,为了进一步防止燃烧时产生的 HCl 气体对炉内的腐蚀,研究采用垃圾分选和在 RDF 预处理中加入钙化物的方法,使 HCl 的排放浓度降低。

对在煤中添加少量(15%)铁路站车生活垃圾衍生燃料制成复合垃圾衍生燃料(C-RDF)进行了经济效益、环境效益和社会效益分析,结果表明,使用站车生活垃圾衍生燃料是一种适合于铁路垃圾的高灰分、低热值特点的处理方法。该方法投资省、污染低,对我国的环境卫生建设和经济建设有着重要的意义。该项研究为开展铁路固体废弃物的控制及处理措施规划和铁路站车生活垃圾能的实际应用奠定了理论和实验基础。

6.4.2　废弃泥浆

1. 废弃泥浆特点

目前铁路桥梁大量采用钻孔灌注桩基础,施工过程中需要使用泥浆,钻孔作业完成后产生大量的废弃泥浆。泥浆是稳定的胶体体系,废弃的泥浆在自然状态下很难沉淀分离,如果不经处理即排放,会对周围环境产生一定的影响。废弃泥浆如果溢流到水体中不仅会造成水体 COD、SS、油类等污染加重,而且还会淤积河道;如果溢流到农田中或直接填埋,会对土壤的透气性等理化性质产生影响而影响作物生长,并且有可能造成周边地区土壤板结、土地盐碱化,使土地失去使用价值;如果排放到鱼塘等养殖场,会造成水体浑浊、缺氧,影响鱼类等的生长。因此必须加强对施工现场废弃泥浆的管理,并提出适用于现场的有效的废弃泥浆处理技术,以减少其对环境的危害。

2. 废弃泥浆处理处置要求

为减少施工废弃泥浆对水环境和耕地造成的危害,国内外相关管理部门对废弃泥浆处理和处置提出了要求,国外有些国家要求较严格,我国各地和各部门对不同的废弃泥浆也提出了不同的处理处置要求。

铁路和市政工程中采用的泥浆主要是黏土自造浆,对环境的污染较小。目前对于废弃泥浆的处理要求主要是通过专用泥浆车辆运至废渣堆放区进行消纳,以防止泥浆外溢以及无序排放而污染环境。但是由于有关部门监管不力,加之一些施工和运输单位受利益驱使,废弃泥浆随意排放的现象时有发生,导致河道、土地遭受严重污染的情况屡见不鲜。

对石油类、重金属、盐类含量较高的石油钻井废弃泥浆中大多要求处理后达到无害化,适宜采用化学固化法对其进行处理。该方法处理污泥量大、处理效果较好,但是工艺较为复杂、处理成本较高,若处理不当、监管不利,也极易造成环境污染。

3. 废弃泥浆处理处置技术

铁道科学研究院在对废弃泥浆处理技术进行全面调研和对京沪高速铁路废弃泥浆进行检测分析的基础上,通过实验室试验研究,并对混凝沉淀后的上清液进行达标分析,对沉淀底泥的生态安全性进行评价,提出了铁路钻孔废弃泥浆处理技术并进行现场试验,最终研究提出铁路钻孔废弃泥浆处理技术和处置工艺,如图6.44 所示。

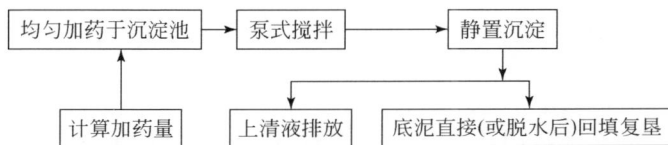

图 6.44　泥浆现场处理工艺流程

该技术利用现场的泥浆池进行就地处理。在钻孔作业完成后,首先测量泥浆池的尺寸,估算出废弃泥浆的体积,再测定泥浆的容重,然后根据实验室试验结果确定加药量。采用特科院研制的废弃泥浆处理装置可实现定量投加絮凝剂、搅拌直至生成絮团,静置沉淀大约 1h 后,再启动废弃泥浆处理装置清水泵排放上清液,底泥就地直接覆土填埋(覆土深度为 1~2m),底泥填埋后可进行土地复垦。

利用该方法处理铁路桥梁钻孔废弃泥浆,可在施工现场就地及时处理,减少了废弃泥浆的运输费用;处理后排出的上清液可以达标排放,不会污染周围的水环境;采用了安全的化学絮凝剂,覆土填埋后底泥不会对农作物的生长产生不利影响,有利于农田复垦;处理成本较低,低于罐车运输费用,节省了废弃泥浆处理成本,能够满足环境及生态安全要求。

第 7 章 典 型 案 例

7.1 青藏铁路环境保护

7.1.1 基本情况

1. 工程概况

青藏铁路格尔木至拉萨段工程(简称格拉段工程)位于青藏高原腹地,线路北起青海省格尔木市,沿青藏公路南行,途径纳赤台、五道梁、沱沱河、雁石坪,翻越唐古拉山进入西藏自治区,再经安多、那曲、当雄、羊八井,最后止于西藏自治区首府拉萨市。沿途经过海拔 4000m 以上地段 960km、连续多年冻土区 550km 以上,唐古拉山铁路最高点海拔 5072m,是世界上海拔最高、线路最长的高原铁路。

2. 生态环境特点

青藏高原被誉为"世界屋脊"、"地球第三极"。格拉段工程线路除格尔木至南山口位于柴达木盆地南部边缘外,其余地段均处于青藏高原腹地。线路通过地区除北端的南山口至昆仑山、南端的羊八井至拉萨段属坡降较大的河谷区外,其余地段均属高平原地貌,地形平坦开阔。工程跨越了柴达木内陆河、长江、扎加藏布内陆河、怒江和雅鲁藏布江五大水系的河流,也跨越了格尔木至安多段高原干旱气候和安多至拉萨段高原亚干旱气候。

沿线植物区系地理成分较为复杂,特有成分比较丰富,分布有较多的青藏高原特有种和西藏特有种,生物多样性及其生态环境质量现状十分独特、原始、敏感和脆弱。铁路沿线常见的哺乳类动物共 16 种,其中青藏高原特有种 11 种;鸟类 30 余种,其中 7 种为青藏高原特有种。土壤侵蚀类型多样,风力侵蚀、水力侵蚀和冻融侵蚀均有分布,水土资源十分珍贵,地表植被一经扰动、破坏,恢复十分缓慢,而且加速冻土融化,容易引起土壤沙化和水土流失。

3. 环境保护要求

青藏铁路格拉段跨越"世界屋脊"青藏高原腹地,沿线穿越高寒荒漠、高寒草原、高寒草甸、沼泽湿地等不同的高寒生态系统,经过可可西里国家自然保护区和三江源自然保护区边缘、紧邻色林错黑颈鹤自然保护区,沿线分布有极具保护价值的珍稀濒危野生动植物物种资源,独特的气候条件,连片的多年冻土、湖盆、湿地及缓丘构成的原始高原面,是我国及南亚地区重要的"江河源"和"生态源"。自然生态环境原始、独特、敏感、脆弱。

党中央、国务院十分关注青藏铁路建设的生态环境保护工作,要求保护好青藏高原的一草一木。铁路开工之时确立了"确保多年冻土环境得到有效保护,江河源水质不受污染,野生动物迁徙不受影响,铁路两侧自然景观不受破坏,努力建设具有高原特色的生态环保型铁路"的环保工作总体目标。工程建设中主要对高原、高寒地表植被,自然保护区和珍稀濒危野生动物资源,高原湖泊、湿地生态系统、高原冻土环境和沿线自然景观四个方面加以保护,并严格控制污染物排放,保护铁路沿线环境。

4. 环境监理概况

面对青藏铁路建设环境保护工作的艰巨性和复杂性,青藏铁路建设总指挥部为全面贯彻"预防为主、保护优先、开发与保护并重"的环保工作原则,确保青藏铁路施工对沿线区域原始生态环境的影响程度减至最小,积极主动寻求外部监督,于2002年3月与铁道科学研究院正式签定施工期环境监理合同,开始实施青藏铁路环境保护第三方监理。这是国内铁路建设中首次推行环境监理制度,由环境监理单位对青藏铁路建设环境保护工作实施全过程监控,并以此构建了由青藏铁路建设总指挥部、施工单位、工程监理单位、环境监理单位共同组成的"四位一体"的环境保护管理新模式,如图 7.1所示。

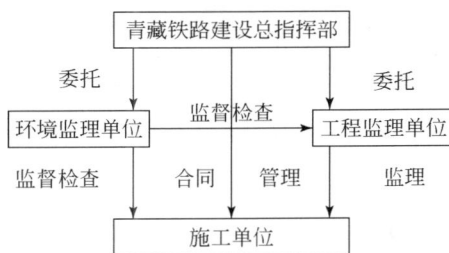

图 7.1　施工期"四位一体"
环境管理模式

7.1.2　环境监理

1. 工作体系

青藏铁路格拉段施工里程 1142km,以唐古拉山为界,共分 32 个施工标段,其中格唐段 17 个标段,计 591.6km,于 2002 年 4 月 1 日全面施工;唐拉段 15 个标段,计 556.4km,于 2003 年 4 月 1 日全面施工。铁道科学研究院青藏铁路环境监理站根据标段划分和施工时间安排共设两个工作站:格尔木环境监理站和拉萨环境监理分站。

环境监理的工作范围为青藏铁路格尔木至拉萨段的设计范围,主要包括主体工程、临时工程、生态恢复工程及野生动物通道等。

青藏铁路环境监理依据主要为环境影响报告书、水土保持方案及批复文件、环境监理指南及实施细则、设计文件及相关法律法规。

监理内容主要为：①在施工准备阶段，包括施工营地、便道、场地等临时用地环境保护措施落实情况，施工环保方案。②在施工期，包括在自然保护区内的施工行为和生活行为的环保措施落实情况；工程设计提出的环保措施落实情况；施工营地、场所污水和处置情况；砂石料厂开采、加工、储存情况；取、弃土（碴）场的防护措施落实情况及施工材料运输过程中的防护问题；取、弃土（碴）场选址变更情况；施工便道修筑和使用情况（尤其在生态环境脆弱、敏感地带）；临时用地植被处理、恢复及水保措施；其他（施工、监理单位日志等）。③在竣工收尾阶段，包括施工营地移交或场地恢复情况，施工场地恢复实施情况，环保工程、生物措施、野生动物通道落实情况，取、弃土场的平整、恢复情况。

环境保护监理职责包括：履行现场监督检查职能；重大环保问题及时向青藏铁路建设总指挥部汇报；定期向青藏铁路总指挥部提交环境保护监理月报、季报；监督整改施工管理中存在的环保问题。

青藏铁路环境监理工作站实行总监理工程师负责制。环境总监理工程师全面负责并保证按合同要求规范地开展环境保护监理工作，为此制定了14条总监职责；环境保护监理工程师在环境总监理工程师指导下，具体执行环境保护、水土保持等监理任务，据此规定了7条监理工程师的职责。

环境监理工作基本程序如图7.2所示。

2. 工作方式和内容

青藏铁路环境监理站采取文件核对与现场检查相结合的工作方式，辅以工程监理的现场监督。环境监理人员根据现场实际，提出环境监测计划，由建设单位委托有资质的环境监测单位进行监测，监测结果作为环境监理的依据。

环境监理以沿线地表植被、珍稀野生动物、湿地、原始景观地貌、河流源头水质、地表土壤及水土保持功能为重点保护对象。对施工单位的环境保护工作质量、施工监理单位的监理效果和监理质量进行检查和评价。

环境监理的工作方式以现场检查为主，对每个标段都列出较详尽的工作计划，如工程重点、环境敏感点、取弃土场等。对检查中做得好的工点予以肯定，对检查过程中发现的环境问题以及总指、工程监理单位和其他有关单位发现和提出的环境问题下发《环境监理通知书》或《监理备忘录》，及时督促施工单位进行整改并进行追踪检查和作为下一次检查重点。每月、每季度完成环境监理月报、季报，上报总指。另外，环境监理单位还结合现场检查情况，与施工单位进行相关技术培训、技术研讨工作，以利于提高环境保护工作的管理水平。督促检查及整改的结果及

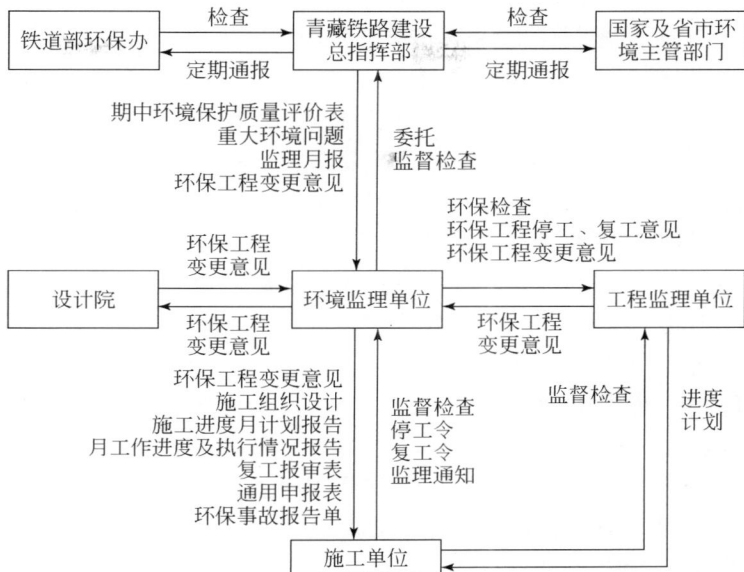

图 7.2　环境监理工作基本程序

时通报青藏铁路建设总指挥部及有关单位。相关环境监理技术文件如图 7.3 所示。

图 7.3　环境监理技术文件

根据青藏铁路工程进展情况，2002 年以来环境监理每年的监控重点有所不同。具体如下。

2002 年格唐段工程陆续开工，工作重点是做好新上场施工单位施工准备阶段相关环保要求的执行检查,监督已开工标段环保措施执行情况,特别是可可西里自然保护区内施工的监督,做好相关宣传工作及制度的完善。例如,及时跟踪施工便道、施工营地、取弃土场、砂石料场等审批手续,进行环保知识培训、技术研讨工作,制定一系列措施保障可可西里自然保护区内施工不影响藏羚羊的迁徙。

2003年唐拉段工程开工,青藏铁路建设进入全面攻坚年,也是实现青藏铁路建设总目标的关键年。该阶段唐北段主要是巩固已取得的各项成绩,要求已施工地段要严格控制临时用地范围,对工程完工后的取弃土场和砂石料场的恢复检查,做好线下工程完工区段动物通道功能的评价。唐南段由于沿线植被较为丰富,存在大量湿地,因此工作难度较大,主要按照环境影响报告书、水土保持方案及批复意见和国务院新闻办公室发表的《西藏的生态建设与环境保护》白皮书的要求,强化临时工程的现场优化,严格控制施工活动范围,特别要控制在湿地、高原草甸和草原区段的破土面积,控制远离公路工点的横向便道数量和宽度,检查监督植被、表土的保护与恢复,防止水土流失。同时按照相关要求加强培训力度,环境监理站编写了一份针对青藏铁路实际情况的培训教材,组织唐南段参建单位开展环保法制教育,普及环保知识,增强全员环保意识。

2004年是青藏铁路建设全面推进年,环境监理工作紧紧围绕青藏铁路建设全面推进而开展。环境监理在往年对开工前和施工期间环保工作以生态环境为重点的基础上,结合今年主体工程结束而站后工程全面铺开,以及清退场和生态环境恢复逐步展开的特点,开展环境监理工作。唐北段主要是监督沿线临时工程用地的生态环境恢复工作,做好站后施工与线下施工标段在临时用地利用上的协调工作。唐南段主要是做好色林措黑颈鹤自然保护区和沿线特殊景观的环境保护,参与湿地工程环保方案优化,落实湿地各项施工环保措施;研究制定"唐南段临时工程生态环境恢复技术要求";监督落实线下已完工地段临时工程的生态恢复。同时,结合该阶段工作特点对全线站后新进场的施工单位(含三电、房建、试验段等)开展环保法制教育,普及环保知识,增强新进场人员对青藏高原特殊生态环境的认识,进行环保知识和施工期环保要求的技术培训。

2005年青藏铁路建设进入决战年,环境监理将临时工程和站后工程的环境保护与恢复作为监控重点。唐北段除每月进行例行环保检查外,积极配合青藏铁路建设总指挥部完成部分标段内线下工程的环境恢复内部检查验收,并做好站后施工与线下施工标段在临时用地上的协调工作,严格监督施工单位按照要求落实铁路沿线临时工程用地的生态环境恢复工作,加强对站后三电、房建等工程的施工行为监控力度,严格控制施工范围和车辆行驶路线。期间,还协助青藏铁路建设总指挥部完成两个阶段国家审计署环保专项资金审计的任务,并配合青海省环保、水利等相关部门对青藏线青海省境内的路基工程生态恢复工作的检查工作。唐南段加强了日常环境监理的工作力度,强化了临时工程环境恢复、附属工程施工及站后工程施工的环境监理,严格控制施工作业范围,全面推进临时工程的环境恢复工作,同时继续推广植草试验研究成果,扩大植被恢复面积,严格控制植草的施工质量。

2006年青藏铁路进入工程收尾阶段,相应的环境监理工作主要以临时工程、站后工程、补强工程、剩余工程的现场检查、环保验收为主。针对后期施工人员变动较大的特点,环境监理站专门组织了一次有关剩余工程施工人员环境保护的培训,并对近年来青藏铁路的环境监理及相关工作进行了大量的、细致的总结。

3. 工作制度

监理工作开展过程中建立了一系列工作制度以保证环境监理工作规范、有序地进行。监理工作制度主要包括会议(首次会议、监理例会、专题会议等)、记录、报告、档案管理制度等。会议讨论和研究的问题及情况完整地记录下来,形成文字材料,成为约束相关方行为的依据。

1)首次会议

首次会议在各标段工程全面展开前进行,参加会议的单位包括青藏铁路建设总指挥部、设计单位、工程监理单位、施工单位及环境保护监理单位。

青藏铁路建设总指挥部介绍环境监理人员、职责范围、环境保护的工作内容及意义;施工单位陈述施工进度、组织计划和环境保护措施及人员的落实情况和计划安排;工程监理单位人员介绍监理的环境保护内容及监理情况,环境保护监理工程师明确环境监理工作程序。

2)环境监理例会

(1)与会人员。

会议由总监或监理分部部长主持,参加者必须是有关负责人,包括:环境总监办代表和监理部专业监理工程师;施工单位负责人和技术负责人;青藏铁路建设总指挥部代表及有关人员;工程监理单位代表;其他人员。

参加每次会议的人员构成应以便于研究问题为准则,不强求每次与会人员都一致。但环境监理部和施工单位、工程监理单位的现场主要负责人必须到会。

(2)主要内容和议程。

检查上次会议决议的执行情况;监理工程师通报现场检查环境保护执行情况;对存在的问题做出分析,提出整改措施及时间表;对会议记录的确认;其他事项。

3)专题会议。

环境监理单位根据需要应建立定期或不定期专题会议制度,如周(旬)汇报会、月工作计划总结会、专项研讨会等,达到加强管理,统一行动,沟通情况,交流经验。

4)监理日志、监理月报、季报与档案

(1)监理日志。

监理日志是监理单位和监理工程师必备的专用手册,是监理工作的重要资料,每个监理人员逐日逐项认真填写,特别是涉及变更设计、会议决定、上级指示、有关进度、环境事故、投资有关事项都详细写入日志。

(2)环境监理工作月报。

环境监理单位每月向建设单位提出监理工作月报,其报告内容如下:环境保护执行情况;主体工程环保工程进展;环保事故隐患或环保事故;监理工作中存在的主要问题及建议。

(3)文档管理。

监理单位结合实际建立有关往来函、电处理;日常监理工作技术资料整理;技术资料归档管理等制度。

7.1.3 实施效果

1. 监理情况

2002 年环境监理站赴现场重点检查 600 余点次。对存在的问题共计发出环境监理通知 23 份,对 39 处工点提出整改要求。完成了 6 期监理月度报告、2 期监理季度报告、1 期年度报告、3 期监理快报,召开了 3 次有青藏铁路建设总指挥部及全线各施工、监理单位负责人参加的专题环保工作例会。

2003 年环境监理站现场重点检查 1300 余点次。对存在问题共发出环境监理通知 16 份、备忘录 19 份,对 50 余处工点提出整改要求,完成 6 期监理月度报告、2 期监理季度报告、1 期环境监理通讯、1 期年度报告,召开环保培训班 1 次。对经过色林错自然保护区十九局和重要湿地的隧道局、五局、十三局、十五局等标段分别开展了环保培训。

2004 年环境监理站现场重点检查 2000 余点次。全线完成 7 期监理月度报告、2 期监理季度报告、1 期环境监理通讯、1 期年度报告。召开监理例会 5 次、环保宣传活动 1 次。发放监理通知 22 份、监理备忘录 28 份,对 50 余处工点提出整改要求。

2005 年环境监理站现场重点检查余 1300 点次,发放监理通知书 29 份、监理备忘录 19 份,完成 7 期监理月报、2 期监理季度报告和 1 期环境监理简报。

2006 年环境监理站赴现场监理检查 410 人天次,重点检查 1850 余点次。全线完成 4 期监理月度报告、2 期周报和 1 期季报,进行站后施工培训一次。发放验收整改通知书 34 份。

2. 主管部门评价

由于对青藏铁路建设环保工作的高度重视,加之环境监理制度的建立和完善以及各参建单位的不懈努力,青藏铁路建设的环保工作取得了显著成效,得到了国家主管部门的充分肯定,受到当地各族各界人民的高度赞扬。

2002 年 8 月国家环保总局、水利部、国土资源部、国家林业局、原铁道部五部委联合对青藏铁路施工期环保检查,在检查报告中特别指出:"青藏铁路在我国铁路建设史上第一次试行了施工期环境保护监理制,这次实践将为在全国开展施工期环境监理提供宝贵经验"。

2003 年 8 月国家环保总局会同国家青藏铁路建设领导小组办公室、原铁道部、交通部、水利部、国土资源部、国家林业局,邀请青藏两省区有关部门和部分生态、动物和植物专家组成检查组,对青藏铁路建设中环保工程设计、环保工作管理以及环保措施落实情况进行了全面检查。经过全面细致的检查,检查组一致认为:"青藏铁路建设总指挥部以生态保护为重点,高标准、严要求,各项环保措施落实到位,取得了显著成效;青藏铁路建设中的环保工作在国内重点工程建设项目中居于领先水平,具有示范作用。"

2004 年 9 月 24 日报道,国家环保总局副局长、新闻发言人潘岳通报了青藏铁路建设中的环境保护情况:青藏铁路开工建设以来,有关部门严格执行环境影响评价制度,切实加强环境监察,有效保护了青藏高原冻土环境、江河源水质、野生动物迁徙条件和青藏铁路两侧的自然景观。同时指出,在青藏线工程施工中,共涉及五个方面的生态保护措施:一是对高原、高寒地表植被的保护;二是对自然保护区和珍稀濒危野生动物资源的保护;三是对高原湖泊、湿地生态系统的保护;四是对高原冻土环境和沿线自然景观的保护;五是严格控制污染物排放,保护铁路沿线环境。从 2001 年开工至今,青藏铁路工程沿线生态环境保持良好状态。

2004 年 11 月 25~26 日,由国家环保总局主持的"工程环境监理试点工作",环境监理单位介绍了开展"新建铁路青藏线"工程环境监理的经验,得到了与会领导、专家的赞扬,代表一致认为"工程环境监理对落实工程各项环境保护措施、防治生态破坏和环境污染起到了重要作用"。

原国家环保总局环境影响评价司祝兴祥司长在"第一届环境影响评价论坛"上指出:"过去几年,根据国家环保总局的要求,对包括青藏铁路在内的 10 多个项目实施了社会第三方监督试点,即施工期环境监理,从实施情况看,效果显著。以青藏铁路为例,在青藏铁路建设过程中认真实施了施工期环境监理制度,保证了植被恢复、湿地保护和藏羚羊迁徙通道等措施得到很好的落实。施工期环境监理是中国建设项目环境管理的新措施,今后要大力推广,切实做到环境影评价全过程管理。"

2005 年 7 月 29 日至 8 月 3 日,全国人大环境与资源保护委员会主任委员毛如柏一行,对青藏铁路建设环境保护工作进行了专题调研。调研组对青藏铁路环保工作给予了高度评价,一致认为"青藏铁路的建设是践行"三个代表"重要思想的伟大实践,是落实科学发展观的具体体现,是构建人与自然和谐的重要范例,是依法保护环境的先进典型,为其他重点工程建设项目树立了良好的榜样,起到了重要的示范作用。通过独立、高效的监理,工程中的环境质量得到了及时控制和反馈,相对完善的环境管理体系和机制,保障了青藏铁路环境保护工作的成功。"

3. 总体效果

从五年的现场环境保护监理工作实践看,设立环境监理机制是十分必要的。青藏铁路建设总指挥部、环境监理单位、工程监理单位以及施工单位克服了任务重、高原生存环境恶劣等不利因素,对环境保护工作给予了充分重视,采取了切实可行的保护措施,将铁路建设对环境的影响降低到了最低限度,保持了施工沿线的生态平衡。

环境保护监理发挥了实效。例如,通过宣传与不断强调环境保护的重要性,筑路工人自觉保护野生动物,每年6、8月份两次主动停工保证藏羚羊迁徙;又如,环境监理及时制止违规取土行为,并责成相关单位予以恢复,保护了植被与冻土环境;通过加强管理,施工单位已做到了垃圾归池并进行可降解与不可降解垃圾分类;通过监理活动促进了停用大临工程的植被恢复,使之成为青藏铁路环保工作的亮点和特色。

环境监理作用具有不可替代性。由于环境监理的介入,施工期环境管理纳入程序,强化了生态水土流失保护和野生动植物保护,工程中的环境问题得以及时反馈,使工程过程中的环境问题得以控制,生态、景观环境和施工过程污染物的排放得以有效的控制,把环保部门被动外部环境控制转变为施工过程中内部主动环境控制;施工期间环境问题广泛,环境问题复杂,涉及区域大,关系敏感,施工对环境有直接和潜在深远影响,而环境监理工作的范围决定环境监理可以对主体工程质量以外的施工期环境保护起到保护作用,对施工监理工作起到补充、监督、指导作用,架起了工程环保与当地环境保护主管部门的桥梁,使国家和地方的环保政策法规得以落实。

总之,青藏铁路建设中环境监理的引入,建立了施工期的环保工作制约机制,使得施工单位、工程监理单位环保意识明显加强,同时各单位也完善了相应的环境管理制度,保证了各项环保措施的落实。

7.2 京沪高速铁路环境保护

本节以京沪高速铁路为例,从施工期环境监控、声屏障检测等方面介绍相关的环境保护工作。

7.2.1 京沪高速铁路环境监控

京沪高速铁路施工期在全面实施工程环境监理的基础上,采用了铁路建设施工期专项环境监控工作模式。

京沪高速铁路途径北京、天津、河北、山东、安徽、江苏和上海七省市,正线全长1318km。沿线地貌以平原和低山丘陵区为主,地质情况复杂。经过海河、黄河、淮河、长江四大水系,河流密布。所经地区经济发达,人口众多,人均耕地面积少,土地资源紧张。

全线桥梁数量多、比重大,占全长的80.4%。长大桥梁多,超10km以上长大桥20座,全线最长桥梁丹阳至昆山特大桥,连续长度164km。桥梁工程量巨大、特殊结构梁密集,全线采用无砟轨道。全线共设48处制梁场和17处轨道板厂。工程的主要特点是设计标准高、工程规模大、高新技术应用多、技术难点多、施工单元多、临时工程数量大、协调任务重、外部制约因素多。

京沪高速铁路环保工作的总体目标是"生态环境影响轻微,土地资源节约利用,环境污染控制有效,工程绿化完善美观,节能、节材和水保措施落实到位,努力建成一流的资源节约型、环境友好型高速铁路"。

1. 工作特点

京沪高速铁路沿线所经地区经济发达,人口众多,人均耕地面积少,土地资源紧张,河流密布,环境敏感。因此,高铁建设过程中的环境保护工作是一项庞大的系统工程。京沪高铁在全面实施工程环境监理的基础上,引进了铁路建设施工期专项环境监控工作模式,旨在达到"生态环境影响轻微,土地资源节约利用,环境污染控制有效,工程绿化完善美观,节能、节材和水保措施落实到位,努力建成一流的资源节约型、环境友好型高速铁路"的环保工作总体目标。基于此,京沪高速铁路施工期环境监控确立了在明确工程建设对生态环境、水环境、大气环境、声环境等可能产生的影响的前提下,通过环境监控工作,确保京沪公司能够及时了解工程施工对沿线环境的影响并及时采取有效环境管理和污染防治控制措施,以便全面提高京沪高速铁路施工期环境保护工作质量、持续改进,达到京沪高速铁路环境保护目标的总体要求的具体工作方案。

监控方案中针对施工准备、站前工程施工、站后工程施工、施工收尾等不同施工阶段可能产生的生态影响和环境污染因素,制订了监控计划。按照生态环境监控和施工过程环境监测两部分,确定了监控点位和监控频率。

环境监控工作从生态方面(包括风景名胜区、敏感水体等重点区域,针对施工期土地占用、植被破坏、景观变化、固体废物等主要生态环境问题进行巡视,检查环保和水保措施落实情况)、污染方面(对环境敏感点的水质、大气、噪声、振动等指标进行周期性的监测)和环境管理方面对各施工阶段的环境情况进行监控。

1)环境监控的工作内容

从施工的不同阶段(施工准备阶段、施工阶段和工程收尾阶段),环境监控的具体工作内容有所区别。

(1)施工准备阶段环境监控的主要工作内容。

调查环境管理体系是否建立、管理制度是否完善;施工组织设计方案的编制中,是否结合项目特点和水土保持措施要求,提出明确和切实有效的环保措施;施工临时设施设置方案的审查,临时工程(取弃土场、制梁场、拌合站等)选址的环境合理性分析;临时工程报审;临时设施开工前是否填报"环境保护措施报审单"并报监理单位审查;监理单位在对施工组织设计方案的审查后,要有明确的环保方面的批复意见;大型施工临时设施和主要施工营地、场地、便道等临时工程的设置方案经监理审查后,报京沪公司工程管理部审核;临时工程修建引起的土地占用、地表植被破坏情况及相应措施、水土保持措施的到位情况。

(2)施工阶段环境监控的主要工作内容。

施工阶段需要加强施工过程的环境监控力度,加强对沿线施工现场,特别是各环境敏感点和重点工程的施工环保措施的监控力度。站前工程施工阶段环境监控的工作内容主要包括:路基、桥梁、隧道等主体工程施工过程中的施工行为监控;风景名胜区、水源保护区的施工行为监控;施工过程中土地占用、植被破坏、水保措施实施情况调查;施工过程中的水体、噪声、振动污染监测等。站后工程施工阶段环境监控的工作内容主要包括:"四电"、房建等站后工程施工过程中的土地占用、植被破坏、水保措施实施情况调查;施工过程中的水、噪声、固体废物污染监测;环保、水保设施施工进展情况(声屏障、污水处理设施等);逐渐关注完工场地清理、恢复情况等。

(3)工程收尾阶段环境监控的工作内容。

工作内容主要包括:施工场地清理恢复情况,制梁场、制板场等大临工程复垦或综合利用情况;取弃土场水保措施的完成情况和效果分析;环保、水保设施(声屏障、振动)完成情况和效果分析。

2)环境监控手段和方法

采用巡视、工点检查、资料收集、现场监测等监控手段和方法。所有用于监控工作的仪器设备必须达到监控要求的量程范围和准确度,并符合相应的检测标准、方法及规范的技术要求。所用仪器设备必须经过计量检定并在有效期内。

京沪高速施工期环保监控项目特点是监测点分散,全部监控点分布在1300多公里范围内;监控周期长,需要全施工期的跟踪监控。因此监控方法的选择应根据以上特点,既符合相关标准的规定,又满足样品采集及保存分析周期的要求。环保监控指标及方法如表7.1所示。

表 7.1 环保监控指标及方法

	监控项目	方法
生态环境	土地占用、植被破坏、水保措施、景观变化	巡视、资料收集
水质	pH	仪器直读法
	悬浮物(SS)	仪器快速测定法
	化学需氧量(COD)	快速密闭消解法
	石油类	红外分光光度法
大气	总悬浮颗粒物(TSP)	重量法
噪声	等效 A 声级	仪器直读法
振动	Z 振级	仪器直读法
固体废物	固体废物	巡视、资料收集

3)环境监控布点、监控项目和频次

(1)生态环境监控。

生态环境监控点的设置为桥梁、路基、隧道等主体工程各标段各一处,取土场、弃土场、制梁场、拌合站、施工便道等临时工程各标段各一处,全部风景名胜区和敏感水体。各监控点的位置和数目随工程进度机动调整。监控项目为土地占用情况、植被破坏和恢复情况、景观变化情况和水保措施落实情况。

(2)主体工程监控。

主体工程的环保监控内容如下。

①桥梁:施工中,桥涵开挖及钻孔泥浆是否采取有效措施,以避免大量土石被冲击或阻塞河道,造成上游壅水并加大流速,加重水流对两岸及河床的冲蚀,增大水土流失量;桥梁施工是否采取措施以防止石油类污染物排入水体;桩基钻孔施工产生的泥浆,是否进行沉淀分离,沉渣是否外运弃至当地环保部门指定地点,废水重复利用或用于道路的降尘和绿化情况;跨越南水北调干线及支线的桥梁,合理安排施工工期,尽量避开输水期;阳澄湖地段的桥梁施工中有无制定严格的施工环保组织方案,是否严格按照方案实施。

②路基:路基工程施工中临时防护、排水沟设置、边坡防护、植被恢复情况调查、水保措施的效果。

土石方开挖与填筑是否严格限制在征地范围内;土石方是否按照工程填筑分类堆置,在堆置过程中,堆置坡度、高度的控制及位置的选择是否合理,堆置位置应选择在平坦、离开地表径流集中的低洼沟道的地块;对于易产生水土流失的地形地貌的堆置场地,如沿河、水塘等傍水路段及丘陵挖方路段,对堆置场地是否采用草袋临时围栏或开挖水沟等防护措施,以减少施工期水土流失量;在满足施工进度前提下,是否尽量将挖填施工安排在非汛期,并缩短土方堆置时间;土石方分段施工时是否及时防护,是否随挖、随填、随运、随夯,不留松土。结合沿线工程分布情况和工程量大小,土石方调配是否有利于水土保持;施工期水土流失监控与管理,是否制定严格的施工作业制度、是否优化施工组织、严格按设计要求施工、合理组织施工。

③隧道:调查隧道洞口边仰坡的防护情况、施工废水、弃碴处理情况和隧道施工中噪声振动对周围敏感点的影响程度。

(3)临时工程。

临时工程监控、检查内容如下。

①土地占用:临时工程的设置应优先考虑永临结合、综合利用,尽量减少占用数量。

(a)施工场地、营地。制梁场、制板场、铺架基地、改良土拌合站、级配碎石拌合站是否严格按照规划要求设置;施工中是否结合工序特点,对临时用地进行综合利用,减少临时用地数量,如改良土拌合站和级配碎石拌合站结合、取土场地用作小型预制场、施工机械停放或营地用地等。小型施工场地、营地的设置是否利用沿线既有场地、站区永久征地和城市用地,是否做到少占土地、少破坏植被。

(b)施工便道。施工便道要充分利用乡村既有道路、农用机耕路和铁路进站道路等。便道宽度严格按设计要求控制,做到既能保证铁路施工需要,又少占土地,少破坏植被。

(c)取、弃土场。精心做好取弃土调配设计工作,尽量减少取弃土场面积。严格按照土石方调配方案,做好现场挖方与填方、隧道开挖与路基填筑的施工组织安排,避免因不合理施组导致弃土弃碴数量的增加。

(d)砂石料场。在地方既有砂石料场质量合格的前提下,尽量利用地方料场,减少临时用地数量。砂石料场开采应办理相关开采许可证,坚持逐级审批,持证开采。按照批准的范围进行开采。

单位临时工程结束后,要即时对临时工程进行复垦,即时向地方有关部门办理相关移交手续,进行移交。

②取土场:取土场取土前,是否将地表耕作层推到一侧临时堆放,完工后覆盖地表以利复耕;耕作层土壤的临时堆放是否设置围挡措施;外购土方时,是否与当地政府协商,签订正式的购买商品土协议,明确水土流失防治责任等。

砂石料开采时,是否制订合理的开采计划和恢复措施,严格按设计指定位置和规模进行,坚持随采随平整和恢复原则,有无随意乱开乱挖现象。河滩地带采料时,是否做好河道疏通和平整工作。砂石料场开采是否办理相关开采许可证,坚持逐级审批,持证开采。

调查取土过程中的水土流失控制情况,取土完毕后的边坡防护和植被恢复情况。开工后,按照沿线取土场的设计方案,核查各设计取土场的实际取土方式(自采或是购买)，建立备案制度。购土者，核查购土协议是否具备，售土方手续是否合法，水土流失防治责任是否明确；自采者，全部纳入日常管理范围。取土完毕是否及时落实复耕或植被恢复措施。

③弃土(碴)场：弃土是否优先选择在临近的取土坑和低洼地，避免占用耕地，堵塞沟渠、河道，设计容量要满足总弃碴量的需求。

关于选址、挡护措施以及坡面防护，要核查沿线弃土弃碴场地，并进行备案，监督检查施工单位弃土弃碴过程中的环保水保措施落实，是否做到"先挡后弃"、对周边地表截排水措施、顶面复耕或绿化情况进行核查。

④制梁场、制板场：核查腐殖土的堆放，是否将耕作层推到一侧临时堆放，完工后覆盖地表以利复耕。

对减少用地、控制噪声、施工废水及固废污染情况进行调查和监测，分析施工污染程度，控制措施的效果。

⑤拌合站：调查污水沉淀处理设施是否完善，水泥存放和使用中是否采取减少扬尘措施。

(4)风景名胜区。

风景名胜区监控、检查内容如下：风景名胜区内的施工，是否及时办理各风景名胜区的施工许可，制定相应施工环保专项施组方案，是否设置醒目的标示牌、边界线，严格限制施工人员活动范围、机械作业的范围以及走行线路。施工临时设施是否布局紧凑，材料堆放整齐、场地整洁，道路平整，与风景区所处环境景观尽可能协调。调查风景区内临时工程分布和占地情况，是否满足相关要求(严禁在风景区内设置取、弃土场，严禁随意铲除地表植被和林木；施工临时弃碴堆放应做好水土保持措施)。

(5)敏感水体。

敏感水体监控、检查内容为：调查敏感水体的跨河施工方案，施工营地设置情况，施工废水的处理情况及河中弃土(包括临时弃土)的清理情况。

(6)水环境监测。

京沪高速跨河大桥数量繁多，监测点的设置原则为桥梁跨越一、二级水源保护区，规划水源地、南水北调输水干线以及Ⅲ类以上的水体为主要监控点，隧道施工中，附近有居民取水口施工隧道的以及在风景名胜区的施工隧道为重点监控点。另外对大型拌合站、制梁场以及施工营地的排水进行监测。

①对特大桥跨越敏感水体的水环境监测。

(a)监测点位置：在有特大桥跨越的苏州阳澄湖、黄河济南段、济南杨庄规划水源地、输水干线的马厂减河、南运河、韩庄运河、京杭运河徐州段及浍河、滁河设置监控点，每处在上下游各设一个监测断面。具体采样点位在现场踏勘后确定。

(b)监测项目：SS、石油类、COD_{cr}。

(c)监测频次:桥梁水中墩开工前、水中墩施工围堰拆除期各监测 1 次,水中墩施工期间每月监测 2 次。

②隧道的水环境监测。

(a)根据环评报告,某隧道出口分布有小官庄村,居民采用水井水作为饮用水,施工期主要监测水井水位,监测频次为每月 1 次。

(b)隧道生产污水的监测,选择位于安徽蚌埠龙子湖省级风景名胜区的东芦山隧道、位于安徽省滁州市的琅琊山国家级风景区的园郢子隧道,对隧道施工排水进行监测,监测点布置在污水沉淀池出水口,监测频次每季度 1 次,监测项目:SS、COD、石油类。

③施工营地排放污水监测。

(a)监测点:对每个施工标段选择 2 处大型施工营地,重点考虑位于敏感水域附近的施工单位自建的施工营地。监测点为施工营地污水沉淀池出口。

(b)监测项目:pH、SS、COD_{cr}。

(c)监测频次:每季度 1 次。

④拌合站、制梁场排放污水监测。

(a)监测点:对每个施工标段各选择 2 处大型拌合站及全部制梁场均列为监测点。监测点为施工场地污水沉淀池出口。

(b)监测项目:SS。

(c)监测频次:每季度 1 次。

(7)大气环境监测。

大气环境监测主要指标为 TSP(总悬浮颗粒物)。

①监测点的设置。在各标段施工场地、施工便道、路基站场填方路段设置监测点,按照无组织排放监测布点。

对施工场地的监测:对级配碎石拌合站全部列为监测点;并在各标段根据大临施工场地的设置情况,每个施工标段选择距离噪声敏感点较近的混凝土拌合站、改良土拌合站、取土场各 2 处作为监测点。采样位置为施工场界的下风向位置,同时在施工场界上风向位置设对照点。

对施工便道的监测:在各标段根据大临施工便道的设置情况,每个施工标段选择施工便道设 2 个监测点。采样位置为施工便道下风向位置,同时在施工便道上风向位置设对照点。

路基、站场填方路段的监测:根据各标段填方大的路基、站场分布情况,每个施工标段选择 2 个监测点。采样位置为施工场界下风向位置,同时在施工场界上风向位置设对照点。

②监测频次。

定期监测:施工高峰期不少于每月 2 天,每天上、下午各采样 1 次,非施工高峰期每季度 1 天,每天上、下午各采样 1 次。

不定期监测:农作物生长关键期增加监测。在收到投诉后,补充监测。

施工高峰期:路基工程、临时工程取弃土、车辆运输繁忙等产生大量扬尘的时期。

(8)噪声环境监测。

①监测点的设置。

铁路施工沿线敏感点噪声监测点的设置:对环评报告书提出的沿线 970 余处噪声敏感点进行筛选,选择线路通过居民集中居住区域(一百户以上)同时第一排建筑物距铁路 30m 以内的住宅为监测点,特殊敏感点即学校、幼儿园、医院,全部设置为监测点。采样位置为施工场界距离敏感点最近的位置。铁路沿线噪声敏感点的设置是以居民集中的村庄、住宅区、医院等单位为一处,监测时将根据实际地形和建筑物的规模增加水平方向和垂直方向的测点。

施工场地噪声监测点的设置:对全线铺轨基地、级配碎石拌合站、制梁场全部列为噪声监测点,在现场踏勘后根据周围实际环境情况进行点位的增减;并在各标段根据大临施工场地的设置情况,每个施工标段选择距离噪声敏感点较近的拌合站、取土场各 2 处作为监测点。采样位置为施工场界距离敏感点最近的位置。

施工便道噪声监测点的设置:在各标段根据大临施工便道的设置情况,每个施工标段选择距离噪声敏感点较近的施工便道设 5 个监测点。采样位置为施工场界距离敏感点最近的位置。

②监测项目:等效连续 A 声级(L_{Aeq})。

③监测频次。

定期监测:施工高峰期不少于每月 2 次,非施工高峰期每季度 1 次。分别监测昼间、夜间(如有施工)的等效 A 声级。

不定期监测:如有对施工期间噪声投诉,根据投诉情况对噪声增加监测。

监测次数:施工高峰期定义为路基、桥梁、隧道及轨道铺架施工过程中大型设备集中运转时期,高峰期每月监测 2 次;非高峰期每季度监测 1 次。

(9)环境振动监测。

①监测点的设置。对于同铁路施工沿线敏感点噪声监测点的设置,采样位置为敏感点距离施工场界最近的位置。

②监测项目:铅垂向 Z 振级。

③监测频次:施工高峰期每月监测 1 次。

(10)固体废弃物监控。

①监控点的设置:固体废物每标段取 2 处施工场地,对桥梁桩基废弃泥浆、施工弃碴进行监控;每标段取 2 处施工营地,对施工营地生活垃圾的处置方式进行监控。主要以填写检查表方式进行监控。

②监控项目：固体废弃物监控项目主要为施工中的桥梁桩基废弃泥浆、施工营地的生活垃圾。

2. 主要成果

1) 环境监控重点突出

京沪高铁建设是庞大的系统工程，沿线环境复杂。为充分发挥环境监控职能，确立了"点线结合，以点为主"的原则，重点监控与生态环境密切相关的工程及环境保护设施、污染物治理措施等内容。监控方案中针对施工准备、站前工程、站后工程施工、施工收尾等不同施工阶段可能产生的生态影响和环境污染因素，制订了详细监控计划。

京沪高铁工程以桥梁为线路的主要组成部分，桥梁长度占线路总长度的比例在 80% 以上，线路经过的敏感水域，多以桥梁形式通过，施工期环境影响较大，是环境监控的重点之一。

京沪高铁桥梁桩基施工多采用旋挖钻机，单个桩基有近 30m³ 出渣，每个承台有 8~12 根桩，总出渣量较大。由于客运专线路堤填料要求较高，桩基出渣通常不能满足路堤填料要求，桩基渣土多运至弃土场。当采用回转式钻机进行桩基施工时，现场要挖泥浆池和沉淀池，这一施工生产过程会有一定数量的废弃泥浆产生，废弃泥浆处置不善会对河流、湖泊、水源地和农田等产生一定污染。

鉴于桥梁施工阶段的环境问题多发生在桩基施工环节，在实际监控工作中，针对不同施工方式，监控单位展开重点监控。对于采用旋挖钻机施工方式，重点监控渣土处置；对于回转式钻机施工，重点监控泥浆收集、处置；对于敏感水域桩基施工，重点监控围堰设置、拆除情况，并增加监控密度和水质监测频次；对于特别敏感水域桥梁施工如阳澄湖特大桥，除进行常规监控监测外，增加了水生生物指标监测，反映桥梁施工对湖区生物影响状况，回答公众关心问题。

2) 全面掌控环境情况，及时消除环境隐患

项目组根据不同施工阶段的主要环境影响因素确定监控指标，按照环境影响，在施工高峰期和非高峰期分别制定监控频率。高峰期每月监控 2 次，非高峰期每季度监控一次。对于监控中发现的问题，能够现场解决的，监控单位及时提出要求和处理意见，并跟踪监督整改落实情况，从而进一步规范各类施工行为。对于监控单位难以处理的问题，通过监控报告和特别报告的形式通知环境监理、京沪公司加以处理，避免了环境事故发生。

京沪高速铁路在施工期利用环境监测手段对主要施工现场的大气、水质、噪声振动进行监测，取得科学客观的监测数据，全面掌控施工期的环境影响程度，及时消除环境影响隐患，各项监测取得了明显效果。

噪声监测结果表明，桩基施工噪声得到控制。在邻近居民区、学校等噪声敏感

地带施工时,严格控制了机械作业噪声;夜间对噪声较强的路基机械作业、桥梁钻孔桩施工等作业进行限制,合理安排作业时间,防止扰民。对制梁场场界监测表明所用场界噪声均达标。

对比黄河、长江及阳澄湖等敏感水体上下游的水质监测数据,表明跨越敏感水体的施工,未污染水环境。通过对制梁场生产废水的监测,指导制梁场对不规范的沉淀池进行改造;全线绝大多数制梁场做到了生产污水处理后回用。根据生活营地生活污水的监测,所有生活营地由于设置了沉淀池及排水沟,部分排水沟采用暗沟;有条件的营地将生活污水排入市政管网;生活污水达标排放。

在制梁场、制板场、拌合站、施工便道、站场施工等地设置监测点,对空气中总悬浮颗粒物(TSP)进行了采样,监测结果表明,由于采取了各项行之有效的防尘降尘措施,监测点位大气扬尘合格率为97%,监测期间空气 TSP 超标的点位,全部提出整改要求经整改后全部合格。

施工期建筑垃圾在指定堆放点存放,采取防雨水冲刷措施,并及时清运;大部分施工营地做到环境清洁,绿化美化,设置生活垃圾箱或者垃圾收集池,做到垃圾集中收集,个别民工集中的生活营地环境较为凌乱,下达整改通知后及时进行清理。许多营地与地方签订协议,生活垃圾定期清运。

总的来看,施工中的环境污染得到有效控制,水土保持措施及时有效、风景名胜区环保措施到位、生态恢复开展及时。

京沪施工期环境监控工作模式,获得原铁道部、环保部等的一致认可。2010年5月,环保部、原铁道部联合对京沪高铁进行了施工期环保专项检查,检查组认为:"工程开工以来,铁道部京沪高速铁路建设总指挥部、京沪高速铁路股份有限公司以及各参建单位按照建设世界一流高速铁路的总体目标要求,把环境保护与工程质量摆到同等重要的位置,创新环境保护管理机制,优化环保设计,全员贯彻环保理念,为探索我国高速铁路环保工作积累了宝贵的经验,树立了重大工程建设施工期环保工作样板。工程全面落实了环评批复要求,许多方面比环评要求做得更好。创新环保管理机制;贯彻环保理念,节约土地资源;工程环保设计勇于创新;土地平整和生态复垦取得明显进展;优化声屏障等降噪措施等。委托中国铁道科学研究院开展的专项环保监控工作,是一项创新性的工作,效果很好,不仅为铁路建设,而且对类似其他工程的环境监管提供了借鉴"。环境监控是施工期环境管理的创新模式,环境监控为京沪高速施工期的环境保护提供有力支持,确保京沪高速铁路建设满足有关环境保护法规和铁道部及京沪公司和京沪总指的各项环保管理要求,实现了京沪公司提出的"环境污染控制有效、土地资源节约利用、工程绿化完善美观、水土保持措施到位,努力建成一流的资源节约型、环境友好型的高速铁路"的环保目标。

7.2.2　京沪高铁声屏障第三方检测

受京沪高速铁路股份有限公司(以下简称京沪公司)委托,铁科院环保所承担了京沪高速铁路声屏障第三方监控工作。根据京沪公司的安排,铁科院环保所分别于 2010 年 12 月 28 日和 2011 年 1 月 16 日开始对全线中标的中铁泰可特环保工程有限公司、南京新光环保科技工程有限公司、山西尚风科技股份有限公司、上海中驰建筑工程有限公司、江苏一环集团环保工程有限公司进行驻厂监造,并于 2011 年 4 月 20 日完成全部监控工作。

铁科院环保所按照京沪公司的要求,于 2010 年 12 月 30 日分别向中标企业派驻了驻厂监督员,同时组成由所总工程师(声屏障监控质量负责人)任组长的检查组,对上述声屏障生产企业进行现场巡回监督;为了搞好声屏障第三方监控工作,环保所成立了专家组,对监控工作进行技术指导;驻厂监督员按照《京沪高铁声屏障监控技术服务工作方案》开展监控工作;每周出具监控报告上报京沪公司,共出10 期监控报告。

声屏障监控依据为《铁路声屏障声学构件技术要求和测试方法》(GB/T 3122—2005)、铁道部通用图通环[2009]8325、铁道部通用图通环[2009]8323A《京沪高铁声(风)屏障监控技术服务工作方案》、生产厂家的企业标准。

1.驻厂监造

1)监控工作的组织机构、职责

铁科院环保所组成专门机构实施京沪高速铁路声屏障第三方检测。具体组织机构框图如图 7.4 所示。

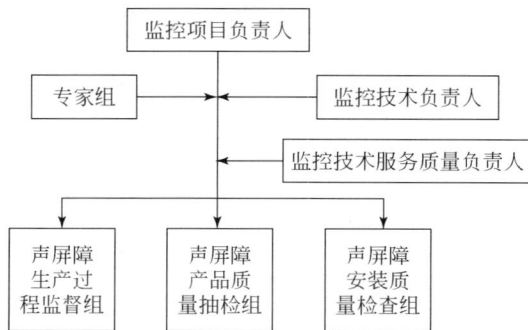

图 7.4　声屏障第三方检测技术服务组织机构框图

2)主要人员设置

铁科院环保所根据组织机构分工,配备了专业技术人员迅速投入声屏障第三方检测技术服务之中。具体人员安排如表 7.2 所示。

表 7.2　驻厂监造主要技术人员设置

服务项目		人员设置	服务时间	生产厂家
专家组		研究员 3 人 副研究员 1 人	3 月	全部生产厂家
驻厂监造	H 钢 立柱	副研究员 2 人 工程师 2 人 助研 8 人	3 月	泰可特山西晋中厂 泰可特江苏扬州厂 江苏一环厂 上海中驰天津厂 山西尚风北京厂 上海中驰北京厂
	单元板	副研究员 2 人 工程师 3 人 助研 7 人	3 月	泰可特山西晋中厂 泰可特江苏扬州厂 江苏一环 南京新光厂 上海中驰厂 山西尚风宁波厂
巡回检查	H 钢立柱 单元板	副研究员 2 人 高工 1 人	3 月	全部生产厂家
实验室 检验	单元板	副研究员 3 人 助研 1 人	共抽样检验 48 批次,480 块	除上海中驰外,各厂

3)职责

京沪高铁声屏障第三方监控技术服务由专家组及现场技术服务组组成。

(1)声屏障监控技术服务负责人负责全面工作,对影响质量的重大问题行使甲方赋予的权力。

(2)声屏障监控技术服务质量负责人负责日常的质量监督。

(3)声屏障监控技术服务专家组职责。

①负责技术咨询、培训,制订技术服务计划。

②检查指导驻厂、现场工作人员的工作。

③核查声屏障质量。

④对现场提出的疑难问题及时给出指导意见。

⑤提供施工、监理技术指导。

(4)声屏障生产过程监督组职责。

①管理的检查。质量管理体系、企业产品标准、检测手段及规程、生产能力的确认。

②原材料检查。各原材料进厂检验合格证的查验;原材料使用情况。

③工艺过程检查。扳金下料:检查规格尺寸;背板冲缺:检查规格尺寸;面板冲

孔:规格尺寸及孔间距;背板压筋:检查规格尺寸;面背板折弯成型:检查扣和规格、成型损伤、裂纹;喷塑:检查喷塑料质量;总装:吸声组件检查、总装规格及外观。

④详细填写各种检查记录。

(5)声屏障产品质量抽检组职责。

①随机抽样的原则对每个生产厂家进行抽样。

②对样品进行实验室检测,检测指标为降噪系数、隔声量、面密度、抗冲击、抗变形性能、外观质量。

③出具检测报告。

2. 上道抽检

按照京沪公司要求环保所对山西尚风科技股份有限公司、南京新光环保科技工程有限公司、江苏一环集团有限公司、中铁泰可特环保工程有限公司、上海中驰集团股份有限公司5家声屏障生产厂家进行驻厂监造,监造期间共抽取4家(上海中驰集团股份有限公司拒绝抽样)48批480块声屏障单元板样品,在所实验室进行检测,检测指标为隔声量、降噪系数、抗风压变形性、抗冲击性能、外观尺寸。面密度因没有检测方法,没有列为抽样检测指标。检测结果全部样品均达到《铁路声屏障声学构件技术要求及测试方法》(GB/T 3122—2005)、铁道部通用图通环〔2009〕8325、铁道部通用图通环〔2009〕8323A 的技术要求。

3. 现场安装检测

京沪高铁声屏障点多线长,一次性建设量巨大。为确保京沪高铁声屏障产品供货质量和现场安装施工质量,加强"源头把关、过程控制",京沪公司委托铁科院环保所和东南大学共同承担京沪高速铁路声(风)屏障第三方检测工作。

根据京沪公司文件"关于印发《京沪高速铁路声(风)屏障施工安装质量管理实施细则》的通知"(京沪高速安〔2011〕4号)要求,第三方检测单位主要任务包括两个方面:一是对声屏障供应商进行驻厂监造;二是声屏障现场施工安装质量监控和技术服务。为此,第三方检测单位从驻厂监造和现场监控两个方面开展工作,本报告为铁科院环保所现场监控工作的总结报告。

按照任务分工,铁科院环保所承担京沪高铁土建一标、二标、三标、四标声屏障安装施工质量现场监控和技术服务任务,对声屏障现场安装施工中的主要环节及过程进行监督与控制。

1)总体部署

接受任务后,根据京沪公司《京沪高速铁路声(风)屏障施工安装质量管理实施细则》具体要求,我单位立即组织编写了《京沪高速铁路声(风)屏障现场监控实施细则》,并报京沪公司安质部审定。迅速配齐人力、设备,成立"铁科院环保所京沪高铁声屏障第三方检测现场监控项目组",赴现场开展监控工作。

项目组设巡检组和驻地小组,由项目组长全面负责各驻地小组监控工作的管理、协调;驻地小组在巡检组的指导下,负责各自辖区的监控工作任务。

2)监控组织机构

(1)项目组及主要人员设置。

铁科院环保所京沪高铁声屏障第三方检测现场监控项目组由驻地监控工作小组和巡检组组成。根据现场需要设 1 个巡检组和 4 个驻地监控工作小组。

每个驻地监控工作小组配备专业人员 6 名,其中组长 1 名;巡检组共 3 名专家组成,其中组长 1 名。项目组主要人员共计 27 名。

(2)监控组织机构的职责。

①巡检组职责。

(a)制订现场监控工作计划,监督安装施工过程,抽查风声屏障产品及安装施工质量,发现问题及时汇报业主。

(b)配合业主检查声屏障产品及安装施工质量,指导检查驻地小组的工作。

(c)技术服务。

②驻地小组职责。

(a)监督安装施工过程,抽查风声屏障产品及安装施工质量,详细填写监督及抽查记录。

(b)对存在的问题以工作联系单形式通知施工单位整改,重大问题及时汇报。

③投入的设施与设备。

为了顺利完成京沪高铁土建一标、二标、三标、四标的声屏障安装施工现场监控工作,铁科院环保所配置了现场检测工具、交通工具、照相机、电脑等办公设施,足量合理的设施与设备资源,保证了监控工作的顺利实施。

(3)项目执行情况。

监控工作严格按照相关规定和业主要求展开,项目组人员配齐配强,明确岗位职责、工作内容、工作方法、工作程序、工作要点,以及应掌握的专业和理论知识。结合本工程实际特点,及时编写了监控实施细则,认真地行使了监控人员的责任、权利和义务,顺利地完成了监控任务。自声屏障现场施工开始以来,管段内的声屏障安装施工质量始终处于受控状态。

①监控工作依据。

(a)京沪公司文件"关于印发《京沪高速铁路声(风)屏障施工安装质量管理实施细则》的通知"(京沪高速安[2011]4 号)。

(b)《客运专线铁路桥涵工程施工质量验收暂行标准》(铁建设[2005]160 号)。

(c)京沪公司下发的施工图纸和京沪高速铁路桥上增设风屏障结构基础构造设计技术交底报告。

(d)《钢结构高强度螺栓连接的设计、施工及验收规程》(JGJ 82—91)。

(e)《水泥基灌浆材料应用技术规范》(GB/T 50448—2008)。

(f)"增设风屏障高强螺栓及配件技术要求"的通知。

(g)关于声风屏障基础螺栓预紧力设计值的通知。

② 建章立制、强化考核。

(a)建立健全完善的规章制度。监控项目组全面贯彻京沪公司要求,结合京沪高铁声屏障工程特点,制定完善了监控工作制度、监控工作流程、监控实施细则。

(b)加强培训、严格考核。监控项目组重视监控人员的业务培训工作,合理调配人员,深入结合现场工作实际,采取集中培训方式,迅速提高监控人员的业务素质。在工作中,巡检组加大对施工现场驻地监控小组的巡检力度,依据施工现场存在问题情况对现场监控工作进行考核(不到位、到位、有效),增加现场监控人员的危机感和责任心。

③声屏障安装施工质量监控。

在监控过程中,监控人员积极配合业主对施工、监理单位相关人员进行培训,及时向京沪公司汇报声屏障安装施工质量的监督、检查、跟踪控制情况,对现场存在的问题提出处理意见并督促整改到位,为保证声屏障安装施工质量起到了应有的作用。在声屏障安装施工过程中没发生重大质量问题或事故。

(a)监控目标。

对声屏障现场安装施工中的主要环节及过程进行监控与控制,保证声屏障安装施工质量。

(b)监控措施。

组织措施:监控项目组建立了完善的规章制度,明确了人员分工和岗位职责,做到职责明确,全面落实质量控制的岗位责任。加强监控队伍的自身建设,在监控过程中,不断提升监控工作水平,使监控项目组处于良性、高效运转之中。

管理措施:认真执行京沪公司要求,严格质量检查,对监控中发现的问题提出处理意见和建议,要求施工单位整改到位,并及时报告京沪公司。认真落实京沪公司授权第三方检测单位对施工单位考评及奖惩的有关实施办法,强化制约和激励机制。

(c)监控工作方法。

质量监控工作方法以声屏障安装施工主要环节及过程控制为中心,以现场抽检、抽查为主要工作手段,重视事前控制,严格事中控制,严把事后控制关。

事前质量监控:加强施工准备阶段的监控工作。督促施工单位熟悉设计文件及图纸,根据施工管段实际情况制定风声屏障安装的技术交底书、作业指导书和风声屏障专项施工方案,并检查其岗位技能培训学习落实情况。督促监理单位根据管段实际工程特点编写监理细则,并检查监理人员岗位技能培训学习落实情况。

就施工准备中存在的问题形成核查意见,及时向京沪公司反馈信息。

配合建设单位,对施工、监理单位相关人员进行培训。

事中质量监控:加强现场巡视巡检,重点从以下几个方面贯彻落实安装施工阶段的质量监控工作。

Ⅰ.对现场声屏障原材料、半成品、成品检验进行抽查检测。主要检查构件的外观几何尺寸、产品出厂合格证、使用说明书、出场检验报告,上道检测报告等。检查监理单位的抽查检测结果。

Ⅱ.对声屏障基础预埋螺栓位置进行抽查检测,抽查前要根据声风屏障立柱预留螺栓孔的尺寸制作卡具。检查螺栓间距、外露高度、柱间距及防腐措施质量、基础是否完好。

Ⅲ.抽查施工单位 H 型钢立柱的安装,重点检验立柱安装的标高、位置、线型和垂直度,以上各项指标都满足要求后,拧紧锚固螺母,必须采用双螺母。

Ⅳ.对声屏障基础预埋螺栓的预紧力抽查检验,采用专用加力工具,按设计要求的力值进行检测,检测结果必须满足设计要求。

Ⅴ.对重力式砂浆制备过程进行监控,抽查重力式砂浆的配合比、生产制备工艺及称重计量工具是否准确等。

Ⅵ.力式砂浆灌注质量监控。抽查砂浆与支柱底板底面是否密贴,不能有缝隙;冬季施工砂浆灌注结束后是否有防冻养生措施等。

Ⅶ.抽查单元板安装检查质量,重点监控风声屏障上下单元板间是否使用三元乙丙橡胶,铝合金单元板与 H 型钢立柱间是否使用单管橡胶垫,透明隔声板与 H 型钢立柱间是否使用橡胶条,铝合金单元板与桥梁遮板间是否使用解耦装置,安装是否合格等。抽查异型单元板和钢立柱施工安装是否满足设计要求。

Ⅷ.对抽检、抽查结果整理存档,发现问题及时向京沪公司汇报。

Ⅸ.检查声屏障施工工艺工序、标准的落实情况,对现场存在的工艺工序问题提出纠正意见。对现场工艺工序、标准的执行情况进行总结,指出存在的共性问题,提出改进建议,发现并建议推广先进的工艺工法。对影响工程质量的非工艺工序问题以专题报告形式向京沪公司安质部报告。

事后质量监控:督促施工单位对监控中提出的问题及时进行整改。

第三篇　铁路卫生防疫和职业健康篇

我国铁路卫生事业是伴随着铁路建设起步的,起始于 1897 年清政府卢汉铁路建设期间,而铁路卫生防疫站是全国范围内成立最早的卫生防疫站,早在 1948 年 10 月,为控制东北解放区天花、霍乱、鼠疫烈性传染病的流行,东北铁路总局就创建了我国第一个卫生防疫机构——哈尔滨铁路检疫所。至今铁路卫生成建制防疫工作已走过六十多年的风雨历程,铁路卫生在鼠疫、战争、救灾等一系列重大公共卫生事件中发挥了重要作用。经过铁路卫生人员的不懈努力,铁路卫生事业逐步壮大,基础设施和技术队伍不断壮大,20 世纪 90 年代时巅峰时期铁路共有医院 377 家,疗养院 50 个,卫生所 1248 个,保健站 2682 个,医务人员 9.4 万人,业务涵盖医疗、防疫、健康保健等各卫生领域。

随着国家法制建设进程加快和铁路的深化改革,铁路卫生防疫事业也在不断改革发展,2001 年根据国家卫生改革总体要求,在原有铁路卫生防疫站基础上分别成立卫生监督所和疾病预防控制所;2004 年末铁路各级医院完成向地市级以上人民政府移交管理,铁路卫生转向以防疫为主,随着国家对公共卫生建设空前重视和加强,人类重大传染发病面临新变化以及一系列卫生法规的修订完善,给铁路疾控监督机构的建设发展带来新的机遇和挑战,目前铁路卫生管理机构有总公司劳卫部和 18 个铁路局劳卫处卫生科,下属疾控所 30 个,卫生监督所 23 个,卫生技术人员 0.42 万人,共有大型设备 2733 台,铁路卫生机构在卫生防疫、食品安全、病媒生物防控、劳动保护、旅行环境等保障铁路运输方面作出了重要贡献。

铁科院环保所作为铁路卫生技术归口单位和中华预防医学会铁道系统分会挂靠单位,积极制定铁路卫生规章、标准和规范,积极开展铁路卫生科学研究,近年来,为解决铁路发展面临的公共卫生问题,提高铁路卫生防疫工作的技术水平,在青藏铁路、提速铁路、客运专线、高速铁路的建设和运营中开展了职业卫生、食品安全、饮水卫生、公共场所卫生、疾病控制、病媒生物防治、心理卫生等方面的科研课题,取得了一系列应用性成果。

第8章　高原铁路卫生保障技术

我国是一个多山的国家,高原高山地区辽阔,海拔3000m以上的高原约占全国总面积的六分之一,其中青藏高原是世界上海拔最高、面积最大、人口最多的高原。这里地处边陲,位居前沿,民族众多,资源丰富,战略地位十分重要。新中国成立以来,军队在作战、训练、筑路、输油管线建设、生产和应付突发事件中进出高原的人源源不断,地方在支援西藏政治经济建设活动中进出高原的人也络绎不绝,人数均居世界各国之首。为了保障进出高原人员顺利完成各项工作任务,国内几十年来在高原生理学和高原病防治科研实践中,从整体水平、器官水平、组织水平、细胞水平和分子水平上,都进行了大量卓有成效的工作,积累了较为丰富的经验成果。

修建青藏铁路格拉段是党中央、国务院21世纪初做出的重大战略决策,格尔木至拉萨段于2001年6月29日正式开工,2006年7月1日建成通车。青藏铁路穿越青藏高原腹地,全长1142km,其中海拔4000m以上地段有960km,占全线的84%,翻越唐古拉山的铁路段达到海拔5072m,成为世界铁路最高点。铁路沿线低气压、低氧分压环境引起人体发生高原缺氧反应,严重者发生高原肺水肿、脑水肿等高原病,抢救不及时极易造成死亡。严寒、干燥、强紫外线辐射环境,以及安全饮用水缺乏,也对人体健康有很大威胁。青藏铁路格拉段修建期间每年上场人数达到数万人,主要在海拔4000m以上地区进行较强体力劳动,有效防治高原病,关系到建设队伍稳定,关系到工程建设顺利施工。建国初期,为修建青藏和川藏公路,以及后来的青藏铁路西格段,曾因高原病造成重大人员伤亡。因此,在世界屋脊上修筑海拔最高、线路最长的高原铁路,必须面对高寒低氧的严峻挑战,全力解决好参建人员的身体健康和生命安全保障问题,确保参建人员能够上得去、站得稳、干得好。

目前,世界上除南美的秘鲁、智利、阿根廷等少数国家有高原铁路外,其他国家尚未在高原修筑铁路。由于秘鲁等国的高原铁路主要是为运输矿产资源而修建的专线,因此,设计标准低、距离短、少有旅客运输任务。青藏铁路建设伊始,铁路总公司组织专业人员深入现场调查研究,认真学习国内外高原医学研究成果,总结以往青藏高原工程建设劳动卫生和卫生保障实践经验,确立了"以人为本、保障先行"的卫生保障工作方针。从科学决策、综合预防、医疗救治方面研究卫生保障工作,突出高原病防治重点,着重解决低压低氧、恶劣气候、饮水供应、生活保障、卫生资源匮乏5个主要问题,提出了卫生保障规划和工作目标。研究制定了《青藏铁路卫生保障若干规定》《青藏铁路卫生保障措施》。5年施工期间,构建了三级医疗保障体系,研制应用了高原适应人群健康筛检技术、职业性高原病健康监护网络技术、施工隧道制氧供氧技术、高原体力劳动强度分级监控技术、高原施工环境饮水洁治技术和高原病综合急救技术,通过实施健康体检、习服适应、健康教育、劳动卫生、劳动保护、饮食卫生、生活区管理、医疗救治 8 项措施,降低了急性高原病发病率,实现了建设期间"高原病零死亡"的工作目标,为建设世界一流高原铁路提供了有力保障。

青藏铁路建设创新了高原卫生保障模式,首次将职业健康安全作为工程建设"五大控制目标"之一,全面系统地部署卫生保障工作,并将卫生保障作为建设世界一流高原铁路的重要内容,构建了完善的卫生保障体系,形成了科学有效的工作机制,创造了特大群体、特高海拔、长期作业高原病零死亡的奇迹,对高原医学进步作出了重大贡献,也为今后高原工程建设的卫生保障起到了示范作用。

8.1　高原环境对人体健康影响

海拔 4000m 以上高原最主要的问题是低氧环境对人体生理机能的影响。研究表明:高原低氧环境对心血管、微循环、呼吸与氧传递、中枢神经、血液、内分泌、消化、肾功能、营养与代谢、感觉器官、水电解质和酸碱平衡等方面均有重要影响。高原低压低氧可引起人体呼吸加快加深,肺通气量加大,毒物经呼吸道吸收的量相应增加,粉尘在肺部的沉积机会也相应增加,人体的心率和心输出量比平原明显提高。中枢神经系统缺氧可引起脑力衰退症,还可导致记忆力减退、注意力不集中、思维与判断能力降低、情绪不稳和精神淡漠等心理机能障碍。低氧条件对人体代谢也有较大影响,造成毒物在人体肝脏内的解毒过程发生变化,加速了毒物在体内的吸收和分布,引起高原人体红细胞增多、血黏度增加、肾血管收缩和肾血流减少等,影响肾脏的过滤功能,导致毒物的排泄发生改变。作业人员在高原低氧环境下接触毒物,受外环境和体内一系列特殊生理变化的影响,使毒物在体内的吸收、分布、排泄和代谢转化发生改变,从而导致人体对毒物敏感性增强,耐受力降低。

严重高原低氧反应可引发高原肺水肿、高原脑水肿,长期低氧环境可引起高原红细胞增多症、高原心脏病,对工人身体健康、生命安全构成严重威胁,也会大大降低工人的劳动能力和劳动效率。2002 年颁布实施的《职业性高原病诊断标准》(GBZ92—2002),就已将高原肺水肿、高原脑水肿、高原红细胞增多症、高原心脏病列为法定职业病。

1. 高原自然环境因素特点

高原自然环境最重要的特点是低氧,其次为寒冷和强紫外线。高原地区由于海拔增高,大气压下降,氧分压随之下降,形成低氧环境,导致人体肺泡气氧分压和动脉血氧饱和度也随之下降。随着海拔增高,气温也呈递减性下降,形成气候寒冷的高寒地带。青藏铁路格拉段沿线大气氧分压比平原减少 38%～47%,年平均气温−2～6℃,空气中相对湿度为 20%～40%。

海拔 5000m 以上地区终年积雪,冰雪光反射率高,加之高原空气干燥、稀薄、净化,水蒸气含量少,日光透过率增强,因而高原紫外线辐射强烈。海拔 4000m 以上的青藏铁路,较之海拔 2800m 的格尔木市,冬季气温可下降 16～17℃,氧分压平均下降 25.5%。与平原相比,气温可下降 26～32℃,氧分压平均下降达 44%。

2. 高原自然环境对生理的影响

综合文献资料和青藏铁路施工现场工人两年体检资料,高原低氧环境影响人体呼吸、循环、血液、消化、泌尿、神经等系统生理机能,表现为一类适应低氧环境的代偿性改变和另一类不适应的失代偿性改变。

1)呼吸系统

缺氧使动脉血氧分压降低,兴奋呼吸中枢,使呼吸加深加快,肺通气量增大,把原来未参与换气的肺泡调动起来,增大肺部呼吸面积,提高氧的弥散,提高肺泡气的氧分压,使动脉血氧饱和度增加。因此,凡患有感冒、上呼吸道感染、发热、支气管扩张、支气管哮喘、活动性肺结核及矽肺等呼吸系统疾病和肺功能障碍者,均不宜从事高原作业。

2)循环系统

进入高原,心率随海拔高度的增加而加快,心排出量、肺循环、冠状动脉循环、脑循环、肾循环以及全身的微循环等均发生不同程度的相应改变,主要是各脏器循环血量大大增加,动脉血氧饱和度低下,严重损坏心、肺、脑、肾等全身系统组织的正常生理功能,从而产生一系列相应症状和体征,主要表现为心肌缺血、心率和心律失常、心电轴偏移、右室高电压、血压异常、肺水肿、脑水肿等。因此,凡患有器质性心脏病,显著心率失常或静息心率在 100 次/分以上,曾患过高原肺水肿、高原脑水肿、症状明显的高原血压异常者,应避免在高原地区工作。

3)血液及造血系统

进入高原初期,红细胞和血红蛋白增加。进入海拔高度越高,停留高海拔地区时间越长,红细胞数、血红蛋白量、全血比黏度、血浆比黏度、血细胞比容等增加越明显。红细胞的过度增生和血液黏滞性增加,导致血流阻力增大,血流速度减慢,组织血流量减少,反而进一步加重组织缺氧。此外,循环阻力增加,加重心脏负荷,促成心室肥大,形成高原心脏病,所有这一切,增加了血栓形成的危险性。缺氧还导致氧离曲线右移,减少了肺部血液与血红蛋白的结合,使组织进一步缺氧,损坏脏器组织结构和生理功能。因此,红细胞增多症和各种血液病患者均为高原作业的禁忌对象。

4)中枢神经系统

高原缺氧使组织的 ATP 合成减少,神经细胞膜钠泵运转障碍,细胞内钠离子不能移向细胞外,渗透压升高,引起脑细胞水肿,血管壁通透性增高,引起脑间质水肿,从而导致脑昏迷,引起一系列体征和症状。使人体对数字记忆能力下降,降低人体嗅觉的兴奋性,不同程度地改变人体的味觉,降低人体视力和听力,改变脑电图相关波形。因此,患有严重神经衰弱、癔症、癫痫及对高原具有严重恐惧等神经心理障碍患者,不宜从事高原作业。

5)消化系统

高原缺氧对消化系统有着较大的影响,慢性缺氧对消化功能的影响大于急性缺氧的影响。主要表现为抑制唾液、胃液、胰液、肠液和肝脏腺体的分泌,抑制胃肠运动和功能,常常患有高原应激性溃疡和黏膜出血,可并发出血和穿孔。缺氧对肝脏可造成损伤,影响代谢功能,主要表现为转氨酶、血清胆红素和血脂的升高。为此,凡患有消化道溃疡及肝脏疾患者应避免高原作业。

6)肾脏

轻度缺氧可引起多尿,严重缺氧则引起少尿。在高原缺氧应激状态下,机体能量代谢失衡将导致蛋白质分解代谢增强,致使血尿素氮水平升高。缺氧对肾脏的损伤主要是影响肾小球基底膜,使之通透性增加,导致出现蛋白尿和血尿,长期作用将会造成对肾小球肾小管的不可逆损害。所以,严重肾脏疾病患者不宜从事高原作业。

7)内分泌系统

高原缺氧可导致肾上腺、甲状腺、性腺等内分泌功能紊乱,故严重内分泌疾患者不应从事高原作业。

此外,高原寒冷是仅次于低氧对人体有较大影响的因素,低温使机体代谢率增强,耗氧量增加,毛细血管收缩,血流量减少,同时高原低氧造成的血黏度升高使血液呈现高凝倾向,致使皮肤顺应能力降低,加之高原风速大,增加人体的对流散热,散失的热量比平原更多,上述诸多因素更易促发冻伤、疲劳和衰竭。寒冷还容易引起感冒、呼吸道疾病,诱发高原脑水肿、高原肺水肿。

短波紫外线(275~180nm)的穿透能力极低,绝大部分被角膜吸收;长波紫外线(400~320nm)的穿透能力强,能达到眼的深部,刺激人的角膜和结膜而产生急性角膜炎症,引起雪盲。白内障的发病与紫外线的辐射强度和总蓄积量有关,我国白内障发病率最高的地区是青藏高原。强烈的紫外线辐射,还易导致日光性皮炎和多形日光疹。

高原气候干燥,大气中的水分随海拔增高而减少。在海拔 3000m 大气中水分只相当平原的 34%,至海拔 6000m 时仅为平原的 5%。这种因素使体表散失水分明显增加,尤其剧烈活动和劳动量增加,致使呼吸道黏膜和全身皮肤干燥,导致咽炎、干咳等,促发各种高原相关性疾病。

3. 高原自然环境对心理的影响

高原铁路施工现场海拔高,气压低,氧含量远低于平原,施工人员初次到达均有呼吸急促、口唇发绀、烦闷、厌恶、头昏、恶心、气力不足、不愿运动等一系列高原反应,使得心理、生理负荷加重,如果对高原环境缺乏认识,极易出现紧张、焦虑和恐惧,甚至担忧生命安全,引起机体的应激反应,导致神经系统调节失常,进而氧耗增加,高原反应加重。其次,参建人员远离自己熟悉的平原家乡和亲人,面对荒凉的地貌以及单调的生活,缺少熟悉的环境和必要的人际交流,极易出现少言寡语、行动迟缓、抑郁、焦虑等心理症状,可继发一系列行为改变,精神恐惧,学习、工作能力减退。结合文献资料,心理健康影响主要表现为对记忆、注意、情绪、行为、个性以及反应时的影响。

4. 高原自然环境对劳动能力的影响

在高海拔地区从事体力劳动,由于受低氧环境的影响,加重了人体的生理负荷。海拔越高,生理负荷越重,劳动能力下降越明显,且认知功能、记忆力亦有减退现象。据测算,海拔 1500m 以上,每升高 1000m,劳动能力下降 10%;海拔 3000m,劳动能力下降约 21%;海拔 4300m 以上,劳动能力下降 36%。

5. 高原铁路生产因素对人体的影响

1)高原粉尘作业

高原低氧环境下肺通气量比平原明显增加,使粉尘沉积在肺部的机会增加。2002 年对青藏铁路昆仑山隧道施工环境有毒有害因素进行了实测,结果显示昆仑山隧道施工中,较为突出的是粉尘污染,除出渣外,各工况粉尘浓度都超过国家卫生标准,喷锚工况尤其严重。研究表明,青海高原煤矿工尘肺平均发病工龄比平原提前约 5 年,尘肺 I 期晋升 II 期年限平均缩短 4 年,尘肺死亡率比平原高 1 倍以上。

2)高原毒物作业

人体在高原低氧环境下,呼吸加深加快,肺通气量增加,尤其在从事体力劳动时更加明显,毒物经呼吸道吸收的量也增加。同时心率和心输出量比平原地区明显增加,加速了毒物在体内的吸收和分布。肝脏是毒物代谢转化的主要器官,高原缺氧对肝脏代谢有较大的影响,特别是蛋白质和酶的代谢,多涉及氧化作用。在缺氧、蛋白质缺乏以及各种体力下降的因素作用下,肝微粒体酶活性降低,影响毒物在体内的解毒过程,从而使人体对毒物的敏感性增强。动物实验表明,许多毒物毒性与缺氧有协同作用,随海拔升高毒性增大,如苯的毒性在海拔 2200m 时比平原地区增强 0.51 倍,在海拔 3400m 时增强 0.99 倍,在海拔 4700m 时增强 2.24 倍。一氧化碳毒性亦呈类似变化。

　　高原铁路隧道施工易发生毒物的污染,主要集中在放炮后的 CO 和 NO 污染,同时施工机械噪声污染也较为严重。

　　3)高原低氧环境与毒物联合作用

　　由于高原低压、低氧的影响,人体呼吸加快加深,肺通气量加大,毒物经呼吸道吸收的量相应增加,粉尘在肺部的沉积机会也相应增加;同时高原人体的心率和心输出量比平原明显提高,加速了毒物在体内的吸收和分布;低氧条件对人体肝脏代谢也有较大影响,造成毒物在人体内的解毒过程发生变化;高原人体红细胞增多、血黏度增加、肾血管收缩和肾血流减少等因素,可影响肾脏的过滤功能,导致毒物的排泄发生改变。作业人员在高原低氧环境下接触毒物,受外环境和体内一系列特殊生理变化的影响,使毒物在体内的吸收、分布、排泄和代谢转化发生改变,从而导致人体对毒物敏感性增强,耐受力降低。因此,人体在高原低氧环境下接触生产性有害因素,更易引发尘肺、中毒、噪声性耳聋等职业病。

8.2　高原铁路建设劳动卫生与劳动保护

　　高原劳动保护的主要任务是研究高原环境对机体生理机能、劳动能力和劳动者健康的影响,高原劳动生理性疾病发生发展过程,找出监测、预防、控制、保护劳动者生理健康和劳动能力的切合点,达到促进劳动者在高原条件下保持良好的劳动生理水平和精神心理状态,最大限度地保护劳动能力和提高劳动生产率。

1. 高原铁路施工劳动卫生

　　试验表明,在高原低氧环境从事劳动,可增加机体的缺氧程度。例如,在海拔4100m 进行轻度体力劳动时,动脉血氧饱和度下降到 82.7%,比平原相同状态多下降 14.5%,进行重度体力劳动时动脉血氧饱和度下降到 71.8%,比平原多下降23.0%。因此,在高原从事重度体力劳动可加重机体缺氧程度,诱发重症高原反应,导致肺水肿和脑昏迷。心肌对缺氧反应很敏感,除心率增加外,心电图也出现缺氧的表现和右心负荷加重方面的改变,在海拔 2800～4500m 地区居留劳动 3～6个月,心电轴右偏和右室肥厚检出率增加。因此,在高海拔地区长期从事重度体力劳动,极易导致高原心脏病的发生。

　　1)高原体力劳动强度分级标准

　　劳动负荷与心率对照测试表明,在平原从事 50W(瓦)劳动属于中等劳动强度,而在海拔 3000m 从事同等负荷则为次重劳动强度。同样,从事 100W 劳动时,在平原属于次重劳动强度,而在海拔 3000m 时则为重劳动强度,从心率上反映出海拔每上升 1000m,劳动强度约增加一个等级。另外,研究资料也显示出能量代谢率随海拔的升高而增加,但换算成标准状态时,能量代谢率在海拔 3000m 以下时增加不明显,只有在海拔 3000m 以上时才有较为明显的增加,但增加的幅度明显低于非标准状态值。这是高海拔地区空气稀薄,体力活动时,肺通气量虽然大幅度增加,但实际通气质量却显著降低所致。随着海拔升高,实测肺通气量和标准肺通气量的差率百分比逐渐增大,但在同一海拔不同负荷时差率基本稳定。因此认为在高原如采用标准状况肺通气量换算能量代谢率将不能真实反映高原人体劳动时的生理负荷,而应采用实测肺通气量来换算能量代谢率。为了能客观地反映这种差别,宜采用不同海拔梯度实测肺通气量和标准肺通气量的差率来校正标准状态下的能量代谢率,来准确计算高海拔地区的劳动强度指数值,即 $I = 3T + 1.673M(1+K)$,其中,I 为劳动强度指数;T 为劳动时间率;M 为工作日平均能量代谢率,单位为 $kJ/(min \cdot m^2)$;K 为不同海拔高度能量代谢校正系数,3000～4000m 为 0.56,≥4000m 为 0.72。体力劳动强度分为五级,如表 8.1 所示。

表 8.1　体力劳动强度分级

体力劳动强度级别	轻重程度	体力劳动强度指数	
		男	女
I	轻	≤15	≤10
II	中	15～20	10～14
III	重	20～25	14～18
IV	很重	25～30	18～22
V	极重	>30	>22

2002 年,对青藏铁路建设 38 个重点岗位的劳动强度进行了测定,劳动强度指数用高原体力劳动强度校正系数进行了校正,并与内地平原铁路建设相应岗位劳动强度进行比较,发现青藏高原相对劳动强度较之平原呈上升趋势,如表 8.2 所示。经验证以能量代谢率为主要参数的体力劳动强度分级标准应用于高海拔地区,按此系数进行校正,符合高原实际情况。

表 8.2　青藏高原铁路与平原铁路施工劳动强度构成比较(%)

铁路修建地区	专业	测定工种数量	劳动强度级别				
			I	II	III	IV	V
高原	线路	14	0	0	28.6	28.6	42.8
	隧道	8	0	12.5	25.0	12.5	50.0
	桥梁	6	0	0	33.3	16.7	50.0
平原	线路	29	27.6	27.6	31	13.8	0
	隧道	12	16.8	16.8	66.7	0	0
	桥梁	18	0	27.8	72.2	0	0

2）高原铁路施工劳动强度分级

2002 年 6 月至 10 月，在全面了解岗位劳动情况的基础上，对青藏铁路建设现场的线路、桥梁、隧道、铺轨四个工程专业 38 个重点岗位进行体力劳动强度测定，测定方法依据国家标准 GB 3869—83。体力劳动强度指数计算和体力劳动强度级别判定根据 GB 3869—83 标准和铁道部铁劳卫［2001］51 号文规定的高原劳动强度指数校正公式两种方式进行。表 8.3 显示 38 个岗位中有 19 个岗位劳动强度达到Ⅳ级以上，其中达到Ⅴ级的有 13 个，这些岗位的工人是引发高原心脏病的高危人群，需要实施重点监护。

表 8.3　青藏铁路施工 38 个典型岗位体力劳动强度测算

专业	岗位	劳动强度指数	高原校正劳动强度指数
线路专业	浆砌片石	20.39（Ⅲ）	33.10（Ⅴ）
	钻爆工	19.37（Ⅱ）	31.47（Ⅴ）
	电焊工	15.12（Ⅱ）	23.95（Ⅲ）
	钢筋工	20.11（Ⅲ）	32.49（Ⅴ）
	搬运水泥	19.69（Ⅱ）	32.61（Ⅴ）
	装载备料	18.47（Ⅱ）	30.20（Ⅴ）
	搅拌水泥	18.06（Ⅱ）	29.57（Ⅳ）
	挖掘机司机	18.70（Ⅱ）	30.30（Ⅴ）
	推土机司机	16.84（Ⅱ）	27.11（Ⅳ）
	平地机司机	16.19（Ⅱ）	26.10（Ⅳ）
	发电机司机	14.93（Ⅰ）	23.81（Ⅲ）
	压路机司机	14.90（Ⅰ）	23.75（Ⅲ）
	空压机司机	12.75（Ⅰ）	20.17（Ⅲ）
	机械修理	16.82（Ⅱ）	27.44（Ⅳ）
桥梁专业	结构拼装	15.40（Ⅱ）	24.75（Ⅲ）
	模板拼装	16.35（Ⅱ）	26.27（Ⅳ）
	罐车司机	14.53（Ⅰ）	23.00（Ⅲ）
	混凝土搅拌	19.95（Ⅱ）	32.35（Ⅴ）
	卸料	21.10（Ⅲ）	34.62（Ⅴ）
	混凝土捣固	23.01（Ⅲ）	37.88（Ⅴ）
隧道专业	钻爆	29.83（Ⅳ）	50.09（Ⅴ）
	装渣	17.10（Ⅱ）	27.88（Ⅳ）
	出渣	13.83（Ⅰ）	21.93（Ⅲ）
	喷射混凝土	20.92（Ⅲ）	34.71（Ⅴ）
	铺设防水板	18.80（Ⅱ）	30.93（Ⅴ）
	模板衬砌	20.60（Ⅲ）	34.01（Ⅴ）
	电瓶车司机	15.33（Ⅱ）	24.88（Ⅲ）
	电瓶车充电	11.99（Ⅰ）	19.08（Ⅱ）

续表

专业	岗位	劳动强度指数	高原校正劳动强度指数
铺轨专业	铺架机司机	10.41（Ⅰ）	13.16（Ⅰ）
	架梁机司机	14.01（Ⅰ）	22.41（Ⅲ）
	起重机司机	13.86（Ⅰ）	22.24（Ⅲ）
	内燃机司车	9.80（Ⅰ）	15.62（Ⅱ）
	电焊工	12.56（Ⅰ）	20.43（Ⅲ）
	倒装桥梁工	12.13（Ⅰ）	19.50（Ⅱ）
	桥台工	10.03（Ⅰ）	15.90（Ⅱ）
	线路钉铆工	9.24（Ⅰ）	14.96（Ⅰ）
	鱼尾板工	6.50（Ⅰ）	10.44（Ⅰ）
	线路卡子工	14.99（Ⅰ）	15.79（Ⅱ）

3）劳动作息时间标准

按国家标准规定，每天 8h 为一个工作日，每个工作日能量消耗 6278kJ 作为卫生学限度。高原地区由于劳动能力下降，其劳动定额、劳动时间也应相应地降低，不同海拔高度劳动作息时间可参照表 8.4 执行。而海拔高度 4000m 以上时，桥梁、线路、站场等野外作业每个劳动日以 5～6h 为宜，隧道洞内作业工时不应超过 4h。

表 8.4　不同海拔高度工作日时间

海拔/m	劳动能力下降/%	工作日时间/h	净劳动时间/h	工作日能量消耗/(kJ/d)
平原	0	8	6.7	≤6278
2000～3000	10	7	5.0	≤5493
3000～4000	29	6	4.0	≤4708
≥4000	39	5	3.0	≤3923

4）高原体力劳动卫生学限度

（1）血氧饱和度指标。在高原低氧环境中，易导致机体供氧不足，而血氧饱和度是反映机体是否缺氧和缺氧程度的重要指标。研究表明，处于海平面的人体动脉血氧饱和度平均为 98%；如果动脉血氧饱和度下降到 85% 时，可出现明显呼吸性缺氧症，脑力集中能力减退，肌肉精细协调能力下降；下降到 75% 时，可能发生智力判断错误，肌肉功能障碍；下降到 60% 时，可能发生中枢神经系统进行性抑制而出现意识丧失。因此，保证正常运动的安全最低限度时，动脉血氧饱和度不应低于 75%；从卫生学角度考虑，在高原地区从事体力劳动时的动脉血氧饱和度不应低于 85%。

（2）心率指标。在高原环境中从事体力劳动，人体对缺氧的反应早期主要表现为心率的增加,比在平原地区进行相同劳动时心率要快,一般可用心率的变化来简单地确认劳动强度。在海拔 5000m 以下高原环境中,可承担的单项劳动强度以心率不超过 150 次/分为安全限度,以劳动时心率不超过 120 次/分为符合卫生学要求。

5)高原铁路施工体力劳动强度控制

研究降低体力劳动强度的高原铁路施工工时轮岗制度,提出通过大范围地增加机械化施工作业面,来有效降低体力劳动强度。采取的主要措施如下。

(1)掌握施工季节。每年施工集中安排在 4~11 月,工期不超过 8 个月。12 至次年 3 月进入海拔 3000m 以下基地休整、恢复体力,工地安排少量留守人员,留守人员最长不超过 1 年。

(2)控制劳动时间。隧道作业劳动日控制在 4h,桥梁、线路、铺轨作业控制在 6h 以内。规范劳动组织,缩短一次持续劳动时间,增加劳动、工休的交替次数。

(3)大范围采用机械化作业降低劳动强度,保持体力劳动强度在中等强度以下。

(4)改善劳动环境,加强个人劳动防护,洞内作业加强供氧通风,施行湿式作业,建立隧道施工粉尘、有害气体和氧分压检测制度,保证粉尘、有害气体浓度不超过国家卫生标准。

(5)坚持严格的轮休、轮换制度,连续高原工作三个月以上者,到低海拔地区休息 2~3 周。冬休期间组织职工前往沿海等富氧地区疗养,将人体生理指标调节至正常状态。规定连续高原工作两年以上者,接近或确诊高原红细胞增多症者,肺动脉高压者需进行轮换。通过大范围地增加机械化施工作业面,严格执行每日工作隧道内 4 小时,桥梁、线路、站场 5~6 小时工时制度,可有效降低体力劳动强度。

6)高原铁路施工生理习服与适应

平原人进入高原地区后,机体处于高寒低氧环境,需要有一个生理习服适应的过程,高原习服与适应是进入高原的重要前提。在青藏铁路建设过程中,高原习服和适应工作成为降低职工高原病发病率,提高工作能力的重要手段和方法。

(1)高原习服的影响因素。

研究认为,影响高原习服的主要因素有个体因素、精神因素、营养因素、体力负荷、海拔高度、登高速度、生活习惯等。

①个体因素。年龄 18~40 岁(尤其 25~32 岁);体重与年龄身高成比例;体格健壮,体力充沛;喜欢运动,耐力较强;平原居住地在山岳丘陵地区;心脏功能好;抑制型神经类型;无严重心、肺、肝、肾疾患,血压正常,无贫血的个体,具备较强的高原适应性。

②精神因素。高原习服机制与神经系统调节有关,而精神因素影响高原习服机制的建立。在进入高原前,进行针对性的健康教育,克服恐慌心理,有利于高原

习服。

③营养因素。试验表明,在高原地区,机体的耗氧比平原大得多,饥饿的动物耐受低氧的能力下降。良好的饮食,丰富的营养,是保持正氮平衡、电解质平衡、耐糖曲线正常及体重正常的物质基础,对高原习服极其有利。

④体力负荷。体力负荷过大,加重各器官、组织和细胞的缺氧程度,使机体发生严重不适。在初入高原时应安静休息 1~2 日,以养精蓄锐。从事体力劳动也宜先轻后重,劳动时间应先短后长。

⑤登高速度与海拔高度。急剧登高海拔 4000m 以上地区,机体代偿机制不可能很快建立,从而出现高原不适症状,重型高原病的发病率升高。目前认为海拔 5000m 是人体进行正常生活和工作的相对安全限度,超过海拔 5000m 机体的代偿能力受到限制。

⑥生活习惯。科学有序的生活方式和健康的生活内容,能使人的身心机能保持在最佳平衡状态,有利于建立高原习服机制。

⑦高原环境因素。气候寒冷尤其气温大幅度骤然剧变可迅速削弱人体抵抗力,诱发习服衰变。植被茂盛有利于习服。

从群体预防的角度出发,对青藏铁路参建人员进行了影响群体高原习服主观认知因素调查,进一步研究了自然因素、心理因素、保障因素(卫生保障、劳动保护、后勤保障)对高原习服适应的影响,结果发现影响高原习服的因素排序依次为:自然因素 72.23%→保障因素 70.42%→心理因素 51.16%。实践证明,这些因素是高原开发建设群体高原习服中最为关键的因素。

(2)高原习服的途径与方法。

进驻高原工地前的途径与方法如下。

①根据进驻高原阶梯式升高原则,在格尔木和拉萨建立施工人员习服中转基地,做好食宿、健康教育、适应性锻炼、医疗保健等项工作安排,保证大批人员安全顺利抵达施工点。

②集体组织体检合格人员在格尔木或拉萨地区习服 5~7 天时间。医务人员定时对习服人员血压、血氧饱和度进行监测,及时掌握生理变化情况。指导习服人员进行适应性锻炼,配发预防高原病药物及劳动保护用品,对氧气及劳保用品使用、自我急救知识进行培训。

③发放统一印制的高原健康教育手册,对习服人员进行健康教育,介绍高原自然知识,讲解高原医学卫生常识及高原生活工作注意事项,进行心理干预,克服上岗人员恐慌或麻痹思想,缓解上岗人员精神压力。

④做好物资准备工作,根据进入季节气象条件,备好相应物品,如雨具、水壶、太阳镜、草帽、防寒服、皮帽、皮手套、毛皮鞋、耳套、围巾、棉鞋垫、电热褥。各种方便食品、辣椒、胡椒、大蒜、复合维生素片,治疗高原反应药品,防感冒、呕吐、腹泻、

头痛、晕车、冻伤、紫外辐射药品,各类急救药品,供氧器具,加压氧袋。

习服结束,组织习服人员进行高原卫生常识考试,进行呼吸、血压、血氧、血红蛋白、心电图等生理指标复查,考试合格及复查指标均正常者方可进入海拔 4000m 以上高原地区工作。

进驻高原工地后的途径与方法如下。

①劳逸结合,防止过劳,刚入工地 1 周内不安排体力劳动,保证充分休息,睡眠不应少于 9h,同时坚持夜间查铺制度,适时唤醒入睡人员。开展适宜的文体活动,调节紧张、疲劳、单调对心理情绪的不良影响。

②防寒保暖,预防发病,早春、晚秋进入高原时,应把防寒防冻作为卫生防病的重点来落实。学习防寒防冻知识,进行耐寒锻炼,室内保持 16℃以上。一年四季都要重视预防感冒和上呼吸道感染,这些疾病可加剧高原反应,诱发高原肺水肿。应经常用板蓝根、野菊花、金银花冲水喝预防感冒。同时注意预防腹泻、菌痢等消化道疾病。

③注意能量消耗与营养补充,研究表明,高碳水化合物、低脂肪饮食常常能减轻高原反应。进驻高原人员必须保证饮食中有足够的热量和完善的营养,如适当高糖、高蛋白、低脂肪和丰富的维生素 B_1、B_{12}、C、E、P,铁质及有关微量元素等。同时应注意尽量吃热食和喝热饮料、不酗酒,食谱多样化,以增加食欲和防止体重下降,保持良好体质。

④补氧器的合理使用,对在高原施工人员,合理地使用个体补氧器,可积极预防急、慢性高原反应,并能使过高的红细胞与血红蛋白值明显下降,缓解肺动脉高压,消除疲劳,恢复体力。

⑤改善劳动能力,采用合理膳食,适应性锻炼,服用红景天等高效能量合剂、保健食品等综合措施,增强体能,提高劳动生产率。

(3)高原习服适应评价指标。

通过现场试验研究确定,高原习服评价指标为,血压收缩压 90 ～140mmHg,舒张压 60～90mmHg;心率 55～100 次/分;呼吸频率≤26 次/分;红细胞≤ $6.0×10^{12}$/L,血红蛋白≤180g/L,红细胞压积≤ 55%;血氧饱和度≥90%;急性高原反应轻度以下,或总积分≤10 分。

2. 高原铁路施工劳动保护

为保障工人的身体健康和维持劳动能力,提出高原特殊条件下的备品配制标准和技术要求。

1)劳保防护用品配制

(1)普通劳保防护用品,根据不同工种按规定发放。防尘口罩和防毒口罩应选用电动送风式。

（2）防寒防风防雨备品，包括防寒帽、防风镜、护耳、防寒大衣、防寒服、雨具、围巾、电热裤、防寒手套、防冻防裂膏、防寒鞋、护腿、雨靴、毛毡鞋垫等。

（3）防紫外线备品，如防晒油、遮阳帽、有色眼镜等。

（4）防高原反应备品，如个人氧气呼吸器、板蓝根、复合维生素片、复方党参片或黄芪茯苓片、营养合剂等。

（5）个人卫生备品，如省水洁身剂、蚊帐、防蚊帽、防蚊水等。

2）劳动防护用品技术要求

（1）防寒大衣、防寒服。防寒性能应达到《劳动防护服防寒保暖要求》（GB/T 13459—92）中总保暖量 6.0 卡的要求。质量按《劳保羽绒服》（LD 61—94）的要求执行。

（2）防寒帽、防寒手套、护耳。材质选用动物反毛皮。

（3）防寒鞋、护腿。选用牛皮面，毛毡棉内衬。

（4）有色眼镜。镜片对紫外线的透过性能应达到《焊接眼面防护具》（GB/T 3609.1—94）中遮光号 4 的要求，颜色宜选灰绿色。质量按《眼面护具通用技术条件》（GB 14866—93）的要求执行。

（5）防晒油。卫生理化指标应达到《劳动护肤剂通用技术条件》（GB/T 13641—93）的要求，防晒因子应≥20。

（6）防冻防裂膏。卫生理化指标应达到《劳动护肤剂通用技术条件》（GB/T 13641—93）的要求，防裂性能应达到《铁路防皲裂型劳动护肤剂供货技术条件》（TB/T 2610—94）中高效级的要求。

（7）对于生产中必不可少的安全帽、安全带、绝缘护品、防毒面具、防尘口罩等普通劳保防护用品，必须根据特定工种的要求配备齐全，选购时必须查明“生产许可证”和“安全鉴定证”。对于国家未列入“生产许可证”管理范围的劳动防护用品（除药品和保健食品外）一律采取“路用产品许可证”制度进行质量管理。

3）高原作业过程中的劳动保护

高原作业过程中的劳动保护是确保高原作业人员身体健康的关键环节。通过对施工人群高原施工过程的管理和控制，实现卫生保障的全程管理，其主要做法如下。

（1）做好心理疏导，减轻高原反应。进场习服期间，做好参建人员的心理疏导工作，既要充分认识高原，又要克服不必要的恐惧心理。高原恶劣的自然环境不仅从生理上影响进驻者的身体，而且在心理上也给高原进驻者造成多方面的影响，使高原生理反应更加明显，发生如红细胞增多症、高原血压异常、心脏病等高原特发性疾病，而且也会引发周围未发病人员对自身健康的忧虑。因此，针对性地疏导进驻者的心理活动，改善文化生活，创造更好的环境生活条件，能使进驻者更好地适应高原环境，对预防和减少高原病的发生有积极的作用。

（2）加强宣传培训，提高防护意识。工程指挥部对上场的主要领导和医务人员进行全员培训。工程局医务人员对参建职工、民工进行全员培训，利用一切宣传手段进行宣传，发放《健康教育手册》，做好职工、民工的卫生防病宣传教育工作，培训、考试合格才允许上场，做到高原病自我防治知识、卫生防病知识人人皆知。

（3）坚持间断吸氧，改善机体低氧血症。高原低氧环境造成机体低氧血症，直接引起各种急慢性高原病，影响高原进驻者的工作和生活。进入海拔 4000m 高原地区，有 50% 的人出现不同程度的急性高原缺氧反应；随着时间的延长，慢性缺氧反应也可高达 20%。实践证明，坚持施工人员每日吸氧 1～2h，能有效地防止或减轻急慢性高原缺氧反应。在施工工地、装载机驾驶室和挖掘机驾驶室配置氧气袋，施工人员宿舍配发氧气瓶，保证每人每天吸氧不少于 2h，有效降低了高原病的发病率，保障了施工人员充沛的体力。

（4）增加机械化作业，减小劳动强度。高原低氧环境对人体的体力劳动能力有很大影响，实验证明体力劳动能力和平原地区相差一个劳动强度等级以上。全线采用机械化施工，减少人工操作，体力劳动定额比平原减少 30%～50%，劳动时间控制在每日 4～6h，使体力劳动强度保持在中等以下。从而减少了人体的耗氧量，减轻缺氧对人体的损害。

（5）服用预防性药物，提高机体抗缺氧能力。缺氧对机体的损害是从低氧引起肺血管收缩，肺动脉压力升高，阻力加大，右心室的压力和负荷加重，进而引起右心室扩张和肥厚开始，同时机体发生一系列的代偿性变化，如心肌收缩力减退、血液成分改变等。以补益、活血化瘀为主要作用的中药制剂如红景天、诺迪康、21 金维他、洋参益寿胶囊、复方丹参片等，能减轻机体对缺氧的刺激性反应，提高对缺氧的耐受性，已明确具有抗缺氧作用。各单位在进场前及工作期间坚持服用这些抗缺氧、抗疲劳的药物，取得了良好的效果。

（6）坚持轮休轮换制度，调整生理适应能力。各种预防措施，能减轻低氧刺激对机体造成的损害，但不能完全消除，尤其是持续的慢性缺氧刺激，可能造成人体器官的不可逆损害。为减少高原对机体的持续性损害，坚持了严格的轮休、轮换制度。一般人体生理适应高海拔或低海拔条件，需要经过 8～10 日的重新调整，因此连续高原工作两个月以上者，必须到低海拔地区休息 2～3 周。有条件的单位在冬休期间可组织职工前往沿海等富氧地区疗养，将人体生理环境调节至正常状态。连续高原工作两年以上者，接近或确诊高原红细胞增多症者，肺动脉高压者等均需进行轮换，确保在生理性损害阶段得到及时的休整，避免病理性损害的出现。

（7）开展巡诊夜间查铺工作，及时发现病例处理问题。重视高原病诱因的诊察，尽早发现高原病前兆，将其消灭在萌芽状态，使许多急性高原反应、上呼吸道感染发热、急性高原肺水肿早期患者得到及时处理，不但减少了高原病发病率，而且使一些初始患者得到较早救治，减轻病情，杜绝了死亡事件。

（8）定期工中、工后体检，监控慢性高原病的发生。高原恶劣环境对人体的影响是不能完全消除的，且个体差异也较为突出。为保持参建队伍的战斗力，减少不必要的伤亡，进行每年的工中、工后体检是至关重要的。体检项目包括一般项目、血尿常规、心电图、胸部 X 线、肝功能、肾功能、腹部 B 超等，还可进行心脏超声检查。工中、工后体检的目的是尽早发现慢性高原病和职业有害因素早期损害征象，以及早期高原病患者。对于体检中发现的施工人员生理指标改变，及时进行分析总结，得出结论，在分析总结的基础上，有针对性地采取延长吸氧时间、药物干预、定期轮休、下送轮换、返回内地等有力措施，力争做到将高原环境对人体的损害减小到最低限度，避免因个体差异而造成的伤害。

（9）使用高压氧舱，预防和治疗高原病。高压氧舱在减轻高原反应方面发挥了极其重要的作用。高压氧舱不但能够解决缺氧问题，同时解决了低气压这种靠吸氧无法解决的伤害因素，青藏铁路格拉段施工期间全线备有 25 台，其中多人高压氧舱 10 台，共预防和治疗各类患者 5438 人次，在抢救肺、脑水肿患者中发挥了不可替代的作用。

（10）饭菜花样翻新，营养配餐合理。高原缺氧环境会使人体物质代谢产生一系列的变化，人体消化功能受到严重影响，主要表现为胃张力降低，饥饿收缩波减少，进食后胃蠕动减弱，幽门括约肌收缩，胃排空时间延长，唾液、肠液和胆汁等消化液的分泌量减少，营养量的摄取和饮水量明显减少，不能满足人体生理需要。因此必须加强高海拔地区施工人员的伙食管理。在饮食结构方面，因地制宜，制定出较为科学的配餐标准和食谱。采取定点购买，集中保鲜上送的做法，使每位职民工均能吃到适合高原环境特点的可口食品，保证了广大参建人员充沛的体力，提高了抗病能力，减少了因感冒等其他疾病诱发急性高原肺水肿、脑水肿等。

（11）做好后勤保障，解除后顾之忧。青藏高原气候寒冷、多风、干燥，同时又存在夏季多雨、植被低矮、不利水土保持的特点。选择采光好、避风和防山体滑坡的地段为居住营地，居住场所均为固定砖房、保温活动板房或加厚棉帐篷，每人居住面积达 2.5m²，无论职工或民工都统一发放行李，各个宿舍指定人员进行管理。集中居住地采用水暖、电暖及热风机等供暖措施使室温达到 16℃ 以上。保证参建人员有一个舒适、温暖、整洁的休息环境。

（12）加强劳动防护，预防职业病危害。按照《高原铁路施工人员必备防护用品配置标准》为上场施工人员配发劳保用品，如防晒霜、护目镜、遮阳帽、手套及防寒服等。高原隧道施工中加强了防护措施，一是佩戴防尘口罩，实行湿式作业，预防矽肺发生；二是在高海拔隧道进出口安装高原制氧机，通过管道将氧气输送到掌子面，实行弥漫式供氧，保证隧道内的氧气供应；三是建立氧疗室及氧吧，保证职工随时吸氧。

3. 高原铁路施工富氧技术

高原病发生的核心问题是低氧，导致高原劳动能力下降的核心问题还是低氧。因此，采取安全、可靠、经济、科学、有效的措施进行供氧，为施工人员提供方便及时的吸氧条件，是保证健康和生命安全，提高工作效率的关键。

1）高原铁路隧道施工富氧技术应用

（1）隧道掌子面弥散供氧。隧道掌子面是隧道施工的主要工作区，隧道开挖过程中施工人员主要集中在该区域。而掌子面处于隧道通风的死角，通风效果差，并且由于爆破、设备、人员的耗氧，造成该区域氧气含量比洞内其他地方更低。若将氧气输送到该区域，就能有效地解决施工人员的缺氧问题。隧道掌子面弥散供氧是将氧气以弥散方式分布在施工掌子面附近，增加该工作区域的氧气浓度。实际测量表明，掌子面弥散供氧后，掌子面附近施工区域的氧分压提高了 2～3kPa，相当于海拔高度下降了 1200m。采用弥散供氧方法对隧道施工掌子面的局部供氧，虽然总氧气消耗量和个人携氧供氧方法相比较大，但比全富氧方法的用氧量少得多。而且该供氧方法在不增加工人劳动强度的情况下能有效解决缺氧困难，减轻劳动负担，提高工作效率，同时投入小、经济实用，特别适合高海拔隧道环境应用。

（2）隧道氧吧车供氧。隧道施工人员在施工间隙必须轮换休息，为了迅速恢复施工人员的体力和精力，需要在洞内创造良好的休息场所。该场所应满足以下要求：①施工人员在高海拔隧道内经过繁重的体力劳动之后，非常疲劳，呼吸困难，需要立即吸氧。因此，该休息场所必须具有氧气供应装置以及持续供氧能力，满足施工人员随时吸氧的需要；②隧道掌子面是向隧道纵深不断延伸的，所以，施工人员的休息场所必须可以移动，能够随着隧道掌子面的延伸不断跟进，确保轮休的施工人员就近休息；③休息场所应能同时容纳 10 人左右同时休息吸氧；④不妨碍隧道施工。根据以上要求，可采用隧道氧吧车。

2）高原铁路施工生活富氧技术

生活用氧是减轻高原反应，预防高原病，减轻缺氧对人体健康的慢性危害，减轻劳动后的疲劳，恢复体力，改善睡眠质量，增强机体免疫功能和提高抗病能力的主要措施之一。生活用氧方式主要有以下几种。

（1）宿舍富氧。选择塑料布或塑料薄膜对房间顶棚进行封闭处理，按每 20m² 放置 1 个 40L 氧气瓶，各氧气瓶同时以 10L/min 的流量放氧 1h，然后将流量调为 3L/min。富氧时间一般掌握在人员睡眠的时间进行。适用集中式水暖、气暖和空调宿舍。

（2）便携式供氧。适用于单个员工在宿舍内临时或短时间吸氧，也适用于员工外出携带即时吸氧。多采用储氧量 2L、压力 10MPa、重 1.5kg 的铝合金氧气瓶。测试结果表明，便携式氧气瓶一次充足氧，将流量旋钮调到 1MPa 的压力，可供氧

3h。便携式供氧加氧简便，通过氧桥可直接从 40L 大氧气瓶补充氧气，但不便于在施工现场使用。

（3）固定式供氧。适用于员工、民工集体宿舍。一般按每 20m²，2～4 人摆放 1 个 40L 大氧气瓶，供员工或民工随时吸氧，通常流量为 2L/min 左右，1 瓶氧可使用 3～7 天，特点是经济、方便，易于大范围使用，为各参建单位广泛采用。

（4）集中式供氧。在高海拔和边远地区施工的单位，采用了集中式供氧。集中式供氧需要建立制氧站和输氧管网，将输养管架设入各宿舍内进行末端供氧。集中式供氧的特点是供氧时间能长期维持，适用于高海拔、购氧不方便、人员较集中的单位。但是成本高，技术要求高，管理难度高，一般单位不宜采用。

（5）氧疗室。昆仑山隧道、风火山隧道建立了氧疗室，规定出洞人员必须氧疗 30min，以尽快消除疲劳。选用集装箱房作为氧疗室。其规格为 9m×2.8m×2.68m（长×宽×高）。氧疗室内设 8 个高靠背半躺式座椅、2 张高低床、5 个 40L 氧气钢瓶、10 个吸氧面罩，每个氧气钢瓶供 2 个人吸氧。各氧疗室保证一次能供 10 人氧疗。每次氧疗流量控制在 2L/min。氧疗时间为 30min。每次氧疗前后要进行血氧饱和度及脉搏测定，如吸氧后血氧饱和度小于 90%，可增加氧疗时间。

3)急性高原病高压氧舱治疗技术

高压氧治疗各型急性高原病不仅能供氧，而且能克服低气压。实践证明，高压氧现场治疗急性高原病可以迅速改善病情，缩短病程，提高治疗质量，减少并发症，降低病死率等综合疗效极佳，是很有前途的现场治疗各种高原病的有效手段。对急性高原脑水肿，高压氧治疗能有效地打断脑缺氧—脑水肿—颅内压升高—昏迷—脑循环障碍—血氧扩散困难—脑缺氧的恶性循环，并能有效地防止心脏缺氧、肺水肿及肝、肾功能不全的发生，有良好的促醒作用，如药物治疗不能苏醒的高原昏迷，高压氧治疗常是最后的期望。实践中采用治疗压力为 180～200kPa 和 200～220kPa，34.3% 的病例肺部 X 光征象基本吸收。

8.3　高原铁路建设职业健康监护

职业健康监护由职业性接触监测和职业性疾病或损害监测组成。职业健康监护是一个完整的健康资料收集、分析、反馈系统，其基本步骤为定期收集健康资料；评价和解释健康资料；报告监护结果并采取干预措施。目前较为成功的做法包括三个核心体系：①接触控制，对职工接触有害因素的测定和评定，进而控制接触，其中包括毒物、粉尘、噪声的测定；②医学检查，健康监护体检、疾病登记和健康评定，从而发现工人在接触有害因素的早期健康改变和职业危害，通过对既往的疾病登记和定期健康评定，对接触者的健康做出评估；③信息管理，将以上两项调查的结果记载在职工健康档案和工业卫生档案上，作为信息载体，不断地积累、扩大、分类,并定期计算和处理。职业健康监护基本原理如图 8.1 所示。

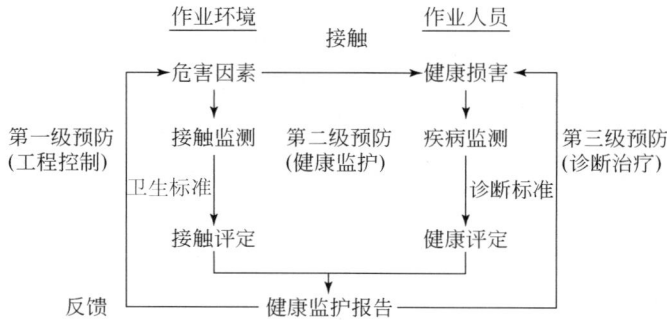

图 8.1　职业健康监护基本原理

1. 高原施工健康准入制度

建立工前、适应期、工中、工后施工人群体检鉴定模式,制订高原禁忌证标准、高原病早期诊断标准、工后恢复指征。工前体检筛检剔出高原禁忌证,选拔健康个体。在海拔 3000m 习服 3～7 日进行习服体检确定高原适应个体进入工地。施工现场每 3 个月进行一次定期体检,监控生理指标变化,预防慢性高原病。每年下山进行工后体检,确定康复治疗和提前离岗个体。

1)高原禁忌证

通过研究,确定青藏铁路参建人员有下列情况之一者,将不被选拔到海拔 3000m 以上高原施工。

(1)心脑血管疾病。Ⅱ级以上高血压或并发心、脑、肾等靶器官损害,冠心病,风湿性心脏病,心肌病,显著心律失常,既往有急性脑血管病史者。

(2)中度以上慢性阻塞性肺病,频繁发作的支气管哮喘,支气管扩张症,重症睡眠呼吸暂停综合征,活动性肺结核,尘肺。

(3)各种类型的贫血,血小板减少性紫癜或其他凝血功能障碍导致的出血性疾病。

(4)消化性溃疡病活动期,急性传染性肝炎,慢性肝炎活动期,其他慢性肝病、脾脏疾病。

(5)急、慢性肾脏疾病活动期或伴有肾功能不全。

(6)癔症、癫痫、精神分裂症。

(7)糖尿病未获控制、肥胖症(体重指数≥30 者)。

(8)妊娠期妇女不宜进入高原。

(9)重症感冒、上呼吸道感染,体温 38℃以上或体温在 38℃以下,但全身及呼吸道症状明显者,在病愈以前,应暂缓进入高原。

曾确诊患过高原肺水肿、高原脑水肿、血压增高明显的高原高血压症、高原心脏病及高原红细胞增多症者，一般不宜再入高原。因工作需要，必须再进高原时，应采取严密的医疗监护措施。

2）健康筛检项目

工前体检项目：包括一般情况、职业史、家族史、高原生活史、既往史、月经史、婚育史、烟酒嗜好和目前健康状况。身高、体重、血压、脉搏、听力、视力、耳鼻咽喉、皮肤、肌力、膝反射、脊柱、关节、心、肺、肝、脾、血细胞、红细胞压积、血红蛋白、血氧饱和度、尿常规、肝肾功能、肺 X 线、心电图、超声心电图等，应尽可能全面。

习服适应体检项目：格尔木基地习服 1 周后重点筛检不适宜进入 4000m 以上地区人员，体检项目主要为内科，侧重于血压、心率、血常规、血红蛋白、血氧饱和度、心电图、心功能等。

定期与工后体检项目：有所侧重地采集职工在本监护周期中的病史和主诉，以及职业史和其他情况的变化。定期体检的基本项目有：体重、血压、心率、咽和眼检查、皮肤检查、心肺听诊、肝脏检查、红细胞、红细胞压积、白细胞计数、血红蛋白定量、血氧饱和度、尿蛋白定量、肺 X 线检查、心电图、超声心动图检查等，定期体检的特殊项目严格按高原病和其他职业病诊断和处理原则确定。

2. 高原铁路建设职业健康监护系统

根据高原铁路施工现场高原环境因素、生产性有害因素以及体力劳动强度因素对工人健康影响程度分析，结合《职业病防治法》对职业健康监护的要求，确定高原铁路施工职业健康监护由劳动环境监测系统、职业性疾病监测系统和健康监护信息管理系统三部分构成，如图 8.2 所示。

系统的组织构成分成三个层次，依托已建成运行的三级医疗卫生保障体系，最大限度地利用现有的卫生保障资源。

以工程项目部作为群体划分的基本单元，形成监护系统的第一层，进行危害因素监测点的设置，劳动环境定期监测，病伤登记，作为群体接触评定、健康评定的统计分析基础。以工程局为基本单元构成监护系统的第二层，建立劳动卫生档案和职工健康档案，组建本局系统健康监护信息管理网络，指导项目部实施环境监测，收集环境监测数据，由工地医院和防疫站负责，实施医学检查、个体健康评定和群体健康评定，进行劳动环境监测数据统计分析，监测数据和医学检查资料计算机录入，劳动环境评定和群体健康评定，向总指医疗卫生部提交健康监护报告。由高原铁路建设总指挥部医疗卫生部、格尔木铁路医院、铁路卫生技术中心、路内外相关领域专家组成青藏铁路施工健康监护技术指导组，形成监护系统的最高层，指导督促全线健康监护实施，提出建立全线健康监护信息管理系统方案，进行年度全线健康监护评定，评价比较各工程局单位健康监护实施效果，进

高原环境职业健康监护系统

- 劳动环境监测系统
  - 区域监测
    - 高原环境因素
    - 生产性有害因素
  - 接触评定
    - 高原环境评定
    - 劳动环境评定
    - 个体接触评定
    - 群体接触评定 —— 接触控制
- 职业性疾病监测系统
  - 医学检查
    - 基础健康体检
    - 习服体检
    - 定期体检
  - 疾病登记
    - 高原病登记
    - 其他职业病登记
    - 工伤登记
    - 常见病登记
    - 死亡登记 —— 医学监护
  - 健康评定
    - 个体健康评定
    - 群体健康评定
- 健康监护信息管理系统
  - 劳动卫生档案
    - 劳卫基础档案
    - 动态扩充档案
  - 职工健康档案
    - 体检疾病档案
    - 职业接触档案 —— 健康监护报告 / 信息管理

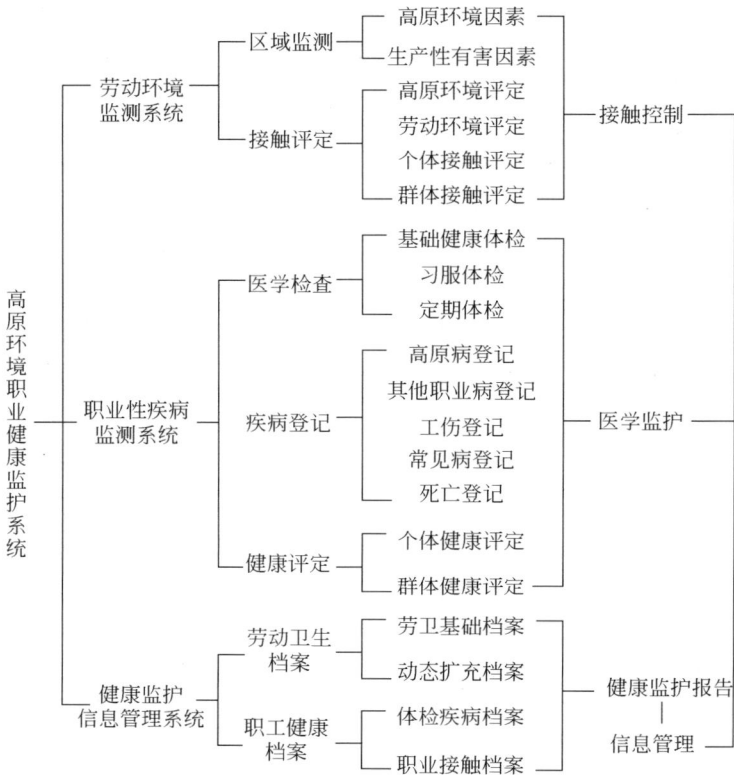

图 8.2　高原铁路施工健康监护职业健康监护系统

行职业性高原病鉴定,根据健康监护评定报告结论,提出干预措施建议,进行干预措施效果评价。制定高原作业环境健康监护技术规定,全面建立高原病监控系统。

1)监护目标疾病及监护周期

高原环境低氧因素导致的高原反应、急性高原病、慢性高原病是严重威胁青藏铁路工人生命安全、身体健康、降低劳动能力,影响工程进度的主要职业病。因此,将职业性高原病作为首要监护的目标疾病。考虑到低氧与生产性粉尘、毒物、物理有害因素的联合作用,经施工现场实测尘、毒、噪声危害仍较严重这一现实情况,因而尘肺病、职业中毒、职业性听力损伤也应作为重要的监护目标疾病体现在系统构成中。此外由于高原环境紫外线辐射强烈,施工现场多在野外露天,如不注意防护,极易引起光敏性皮炎、眼炎,甚至导致白内障。最终确定重点监护的目标疾病如下:①高原病:急性高原病、慢性高原病;②光敏性皮炎、眼炎;③职业性呼吸系统疾病:尘肺、粉尘性慢性支气管炎、肺功能损害;④职业中毒:CO 中毒、NO_x 中毒;⑤职业性听力损伤。

　　监护周期设置为 3 个月,比一般平原尘、毒等职业危害监护周期要短得多,主要考虑高原低氧环境对工人心脏功能的影响。监护周期 3 个月能及时发现问题,对于预防慢性高原心脏病、红细胞增多症意义重大,且与施工组织安排也相吻合。

　　2)劳动环境监测系统

　　系统由劳动环境因子监测、数据收集整理,监测数据统计分析、评定报告,劳动环境控制措施建议和实施三部分组成。第一部分包括接触监测指标和监测点的设置,监测方法的确定,监测组织构成和职责;第二部分包括数据统计分析方法,结果判定依据标准,评价结论报告;第三部分包括综合分析评价企业劳动卫生状况和质量,提出重点职业病危害因素、不合格作业点和作业场所,提出重点监控技术措施。

　　(1)接触监测指标。

　　①高原地理气象环境。施工现场海拔高度、气压、氧分压、气温、气湿、紫外线强度。

　　②生产性有害因素指标。施工现场粉尘、CO、NO_x、柴油机废气烟尘浓度,噪声强度。

　　③体力劳动强度指标。工种和岗位体力劳动强度指数。

　　(2)接触评定。

　　每个监护周期末对区域监测和职业接触史调查资料进行汇总分析,包括劳动环境评定和职业接触评定。

　　劳动环境评定:每半年进行 1 次,统计各作业群体接触的高原环境因素,主要职业危害因素的区域监测率、合格率、测定结果的范围与均值,并据此确定评定分级。

　　职业接触评定:每半年进行 1 次,统计各作业群体暴露高原因素和主要职业危害因素的接触人数、平均年接触量、个体接触合格率、群体接触指数,据此确定评定分级。

　　3)职业性疾病监测系统

　　职业性疾病监测由医学检查、疾病登记、健康评定三部分组成。医学检查以基础健康体检、习服体检、定期体检采集周期性健康资料。疾病登记以高原病登记、其他职业病登记、工伤登记、常见病登记、死亡登记采集经常性健康资料。通过个体健康评定和群体健康评定,达到监测作业人员健康损害的目的。

　　根据高原环境职业健康监护特点分析,急性高原病和慢性高原病为两个重点监护疾病。基础健康检查指标安排得尽可能全面,同时增设了诊断高原病及其他职业病特殊检查项目,体检目的是建立职工健康档案,筛检出不宜进入高原施工的禁忌证个体。习服体检是根据高原环境特意设置的,目的是在进入 4000m 以上高海拔地区前,先在格尔木基地进行高原习服适应,体检指标的设置针对急性高原病,7天习服期间重点监控急性高原反应,筛检出急性高原反应严重个体。定期体检指标的设置侧重于监控慢性高原病,根据高原心脏病、高原红细胞增多症发病进程特点,确定定期体检周期为3个月,以适时监控心血管、血液系统动态变化。除慢性高原病外,定期体检的目的还要对尘肺、职业中毒、噪声性耳聋、紫外线损伤等职业病进行动态监控、筛检。

大量经常性的健康变化资料主要来源于经常性的疾病登记,用以掌握群体高原病发病状况,进行工作相关疾病的监控,也为健康评定提供经常性的疾病资料。登记的内容为:①高原病:急性轻症伴有呕吐、高原肺水肿、高原脑水肿、高原衰退症、高原红细胞增多症、高原心脏病;②职业病:尘肺、CO、NO_x中毒、其他职业中毒;③常见病:感冒、肺结核、慢性支气管炎、病毒性肝炎、消化道溃疡病、高血压病、冠心病、脑血管意外、精神病、恶性肿瘤、紫外线皮炎、白内障等;④工伤:劳动部门认定的各类工伤;⑤死亡:登记死亡原因、日期。

健康评定每3个月进行一次,对体检和疾病登记资料,参考接触评定结果进行汇总分析,包括个体健康评定和群体健康评定。

(1)个体健康评定:定期对每个监护对象逐人进行健康评定,内容包括是否诊断为高原病、其他职业病,确定为职业影响人员,有否职业禁忌证,是否重点监护;根据目前综合健康状况和劳动能力鉴定,提出处理意见,包括进一步检查项目,监护周期变更,治疗、脱离原作业等。

(2)在个体健康评定和群体接触评定的基础上,进行群体健康评定,即对群体的健康监护资料进行全面的汇总分析和综合评价。评定内容为各种体检项目,包括症状、体征和实验室检查的阳性检出率,其他职业病的发病率、患病率和死亡率,主要常见病的患病率,死亡统计、缺勤统计和工伤统计等,并运用职业流行病学等方法对早期健康损害和工作有关疾病进行分析。

群体是汇总评价的基本单位,其划分应既考虑管理的要求,按项目部;又考虑技术的要求,按接触量水平,并应保持长期观察中群体的相对稳定性。

4)职业健康监护信息管理系统

健康监护的两大监测系统,产生大量的周期性和经常性数据,主要形成两个档案系统,即职工个人健康档案和扩充的劳动卫生档案。两个档案系统作为接触监测和疾病监测信息存储数据库,直接为接触评定和健康评定的数据分析服务,主要为计算接触量和达到卫生标准的合格率、体检项目的检出率、高原病及其他相关疾病的发病率、患病率、死亡率。接触评定和健康评定的结果产生健康监护报告,为健康监护信息系统输出的主要输出文件,作为领导进行施工劳动卫生管理的决策依据。通过研制开发的《青藏铁路职业健康监护软件》进行健康监护信息的采集、输入、存储、分析、处理和输出,实现健康监护信息的计算机管理。

职工健康档案必须有以下五部分:①基础健康体检表;②基地习服一周复检

表;③定期体检表;④个体健康评定表;⑤个体高原环境暴露记录及尘毒、噪声年接触量记录。

劳动卫生档案由三大部分组成:①项目部劳动卫生概况表,包括标段、项目部名称、生产工况、主要职业危害因素、职工人数和接触人数、医疗、劳动卫生、劳动安全体系等;②高原环境条件调查表,包括海拔高度、温度、湿度、风速、气压、氧分压、劳动工时;③劳动卫生档案登记表,职业危害因素监测登记表、高原环境监测登记表、危害因素监测登记表、高原病登记表、其他职业病登记表、职工常见病登记表、职工工伤登记表、职工死亡登记表、一级预防情况登记表。

8.4　高原铁路运营卫生保障对策与技术

青藏铁路是世界上海拔最高、线路最长的高原铁路,格尔木至拉萨段,全长1142km,海拔高度 4000m 以上地段有 965km,约占全线的 85%,最高点海拔5072m,于 2005 年建成,2006 年 7 月 1 日通车运营,开行之初有北京、上海、广州、成都/重庆、西宁/兰州至拉萨 5 趟特快旅客列车。

北京、上海、广州、成都/重庆至拉萨 4 条线路均为高海拔大跨度运营作业,行程高度差为 4500～5000m,列车乘务人员采用全程担当值乘方案,其中北京、上海、广州、成都的乘务人员最初的运营安排 1 周时间内将两次经历约 5000m 的高度差。西宁/兰州至拉萨乘务人员行程高度差约为 2800m。青藏铁路公司承担青藏铁路运营维护作业。格拉段有车站 34 个,设置格尔木、南山口、沱沱河、安多、那曲、当雄、拉萨有人值守中心站 7 个,负责进行辖区内车站的运转、客货运作业、电信设备的监护管理,其中沱沱河、安多、那曲、当雄 4 车站海拔高度为 4200～4700m。格拉段线路设拉萨、马乡、那曲、安多、当雄、扎加藏布、雁石坪、沱沱河、秀水河、五道梁、不冻泉、纳赤台 12 个领工区,7 个警务区、7 个电务工区、4 个通信工区,工种和人员主要集中在拉萨、当雄、那曲、安多和沱沱河地区,负责辖区内线路的维护保养,其中 60% 领工区驻地海拔高度为 4500m 以上。高原作业岗位有车务、客运乘务人员、机务、电务信号、车辆、工务维修等。

青藏铁路格拉段沿线空气稀薄,低氧、高寒、紫外线辐射强烈,对铁路运营人员身体健康和劳动能力带来很大影响,也可能导致旅客发生高原病,威胁旅客生命安全。因此,针对青藏铁路运营特点,如何防控急、慢性高原病的发生,减轻高原环境对身体健康的影响,保证铁路行车人员、工务人员,旅客的身体健康和行车安全,实现以人为本,管好用好世界一流高原铁路的目标具有重要意义。

1. 高原铁路运营环境对人体健康影响特点

1)旅客列车空气环境质量

为改善车内空气氧含量,进藏列车制氧机进入格拉段后,通过弥散式和分布式供氧模式向车内供氧,以满足乘务人员和旅客安全的需求。经对上海—拉萨和广州—拉萨试验列车、北京—拉萨和西宁—拉萨运营列车车内空气环境试验分析,比大气环境平均提高 $0.84\sim2.10$ kPa,相当于海拔高度降低 $500\sim1000$ m。各车厢席别二氧化碳蓄积状况有极显著性差异, $F=7.204,P<0.001$。主要表现为硬座、硬卧、餐车、乘务室等人员活动众多的车厢,二氧化碳蓄积较高,而软卧、宿营车等人员定额较少的车厢二氧化碳蓄积较低,表明二氧化碳的蓄积程度主要取决于旅客列车的满员程度。列车不同海拔高度实测氧气分压均值与相应大气环境氧气分压比较,车内氧气分压曲线与大气环境氧气分压曲线基本一致,同时尽管客车密封性能较好,但毕竟不是增压列车,海拔高度对车内富氧条件仍有很大的影响。

2)旅客与乘务人员高原反应

通过不同车次旅客和乘务人员的高原反应症状调查,急性高原反应重要生理学指标测试,列车格拉段区间旅客发病就诊疾病统计,分析高原旅行环境对人体健康的影响规律。

试验表明,在格拉段运行阶段,症状反应与平原相比升高约 8 倍,与海拔3000m 阶段相比升高约 4 倍,中度高原反应发生率为 8%～11%,以头痛症状为主,列车上行与下行区间症状发生率没有差别。生理指标主要表现为呼吸、脉搏、血压、血氧饱和度的显著变化,车内氧含量对血氧饱和度的影响最大。呼吸频率、脉搏、血氧饱和度 3 项指标能相对敏感地反映机体缺氧状态,与急性高原反应发生症状相关,可作为车上快速检测机体高原反应的生理指标,确定目前格拉段运营条件下乘务人员的生理适应性指标限值,血压值在格拉段可能会有 $8\sim10$ mmHg 的上升幅度,可在 140/90mmHg 范围内,限定血压上升幅度加以控制。

3)进藏列车旅客疾病发生构成与分布

通车 16 个月各次进藏列车 21067 名就诊旅客疾病分类统计,构成占前 3 位的为感冒、高原反应、胃肠炎,分别占 55.4%、23.2%、8.2%,严重急性高原病的肺水肿和脑水肿占 0.31%。结果提示,如能调节好车内温度,感冒发病人数会大大减少,车内就诊人次就可能大幅度降低,旅客高原反应也会进一步下降。车内空调温度应执行夏季标准不得低于 24℃,而冬季车内温度不得低于 18℃。

7～8 月旅游高峰期,格尔木往拉萨运行时,在沱沱河—唐古拉区间有明显的旅客疾病发生高峰段,而在由拉萨返回的列车上,虽仍以沱沱河—唐古拉段最高,但总体疾病发生曲线较为平缓,也比往拉萨时显著减少。往拉萨列车旅客多为从平原初上高原,没有经历适应过程,运行高度差很大。而拉萨返回的列车,旅客多已在 3500m 以上高原逗留数日,得到了一定的适应和高原反应经验,且运行高度差也较小。因此,沱沱河—唐古拉运行区段应为列车高原反应重点控制区段,如加强车内供氧和巡诊,将起到事半功倍的效果。

4)高原应激精神心理状况

在列车进入海拔 4500～5000m 运行区段,对车内乘务人员进行精神状态调查,主要表现为运营车乘务人员焦虑和抑郁症状比试验车乘务人员有明显升高,且焦虑和抑郁症状与高原反应症状明显相关。多表现为忧虑长期在高原列车上工作可能会对身体造成远期影响,加之短时间内反复上高原身心疲劳不能得到有效的恢复,在体内产生积累。抑郁症状发生率远高于焦虑症状发生率。

5)乘务人员体力劳动强度

选定某运营车餐车服务员、餐车厨师、检车员和列车员四个作业岗位,列车格尔木至拉萨运行区间进行体力劳动强度测量,测量数据与铁道部 1992 年岗评体力劳动强度数据进行比较,高原列车餐车服务员、餐车厨师、检车员和列车员四个岗位的劳动时间率明显高于平原的最大值,平均能量代谢率接近或高出平原的最大值,表明相同岗位高原作业体力劳动强度大于平原作业。

2. 高原铁路作业职工健康影响

青藏铁路作业环境对铁路职工包含两方面的影响作用:一是列车乘务人员长期间断性低氧作业的影响;二是格拉段驻点职工长期高原作业的影响。预警监控重点是高原职业适应性指标与慢性高原病。

1)低压舱间断性低氧环境动物试验模型

以雄性 Wistar 大鼠 84 只,体重 100～120g,分为间断性低氧 7 天组、14 天组、21 天组、28 天组、间断性低氧 28 天后恢复正常供氧 14 天组、平原对照组,每组 12 只动物。采用低压氧舱模拟海拔 5000m(大气压为 54.0kPa)的高原低氧环境,复制间断性低氧动物模型。分析大鼠在间断性高原低氧暴露外周血 RBC、Hb、HCT 红细胞参数,血清 HIF-1α、EPO、睾酮,血浆 CNP、ET-1、CGRP 血管活性肽,心脏、肺脏病理生理和病理解剖学的改变。结果表明以下几点。

(1)间断性低氧暴露可以刺激骨髓造血,使红细胞增多,血红蛋白含量增加,且这种改变是可逆的,在恢复平原环境一定周期后,红细胞参数可以回落到平原基线水平。

(2)间断性低氧暴露可以诱导机体低氧反应基因的表达上调,EPO 作为 HIF-1α 的下游靶基因,其表达水平受到 HIF-1α 的调节,且在早期反应较为敏感。机体在长期间断性暴露于低氧环境后适应机制渐趋完善,HIF-1α、EPO 水平出现下降。

(3)间断性低氧暴露使血浆血管活性肽水平发生改变,CNP 在早期低氧血管舒缩反应中发挥着重要作用,ET-1 在急性低氧性血管收缩中无介导作用,恢复正常氧供后,ET-1 水平下降,有益于降低升高的血管内压力。CGRP 在急性低氧初期肺血管舒张中发挥重要作用。

（4）长期间断性暴露于低氧环境，由于低氧刺激的兴奋作用，促进睾丸分泌和释放睾丸酮，有利于机体对低氧的适应。复氧休息后，下丘脑-垂体-性腺轴活动发生改变，机体处于"脱适应"期，大鼠 T 水平显著下降。

（5）间断性暴露于低氧环境一定周期后，机体组织结构发生代偿性改变，适时的脱离低氧环境恢复正常氧供，有助于代偿性改变的恢复。

2）列车乘务人员长期健康影响

长期运营列车乘务人员主要表现为血压、心率下降，血氧饱和度上升，心腔、血流管道扩大，心室壁增厚，血红蛋白升高，血小板降低，肺活量降低；转氨酶、总胆红素、蛋白代谢、脂质代谢指标升高；尿酸升高。

（1）心血管呼吸系统。高原低氧动脉血氧饱和度低下对循环系统有较大影响，主要是机体对缺氧的生理代偿作用导致心率加快，心排出量、肺循环以及全身和各脏器循环血量大大增加，红细胞血红蛋白增多形成血液黏滞性增大，这些因素大大加重心脏负荷，导致心脏代偿增大，以满足全身循环血供需求。超声心动图是早期监控高原心脏病的敏感指标，应作为岗间体检心血管系统重点监测指标。心电图常规检作为确认心脏功能影响程度、心脏器质病变，确诊高原心脏病的重要指标。

高原人群的肺通气量比平原人群增加，但由于低氧造成的肺部血管壁增厚，间质充血水肿，肺泡间隔增宽，肺泡表面活性物质下降，肺泡表面张力升高，肺顺应性下降，进而引起肺功能下降。同时，肺功能指标也是体能测试的一项重要生理指标，在身心疲劳体能下降时其肺功能也降低。肺功能指标应设为常规项目，对于持续肺功能异常的应进行 X 线肺部检查，确定是否发生肺组织病态变化。

（2）血液系统。血液系统反应最敏感最强烈的指标为血红蛋白，红细胞、红细胞压积指标异常率则未见显著升高，且二者有相关性。因此，血红蛋白应作为列车乘务人员重点监测指标，其次为红细胞指标，可给予适当关注。

（3）生化代谢系统。肝脏是人体主要代谢器官，血流量丰富需氧量大，缺氧可使肝细胞通透性增加或肝细胞损伤，导致转氨酶等过量释放入血，红细胞代谢周期缩短间接胆红素升高使得血清总胆红素升高。肝功能指标可重点关注转氨酶和胆红素。

高原应激状态下，机体能量代谢失衡将导致蛋白质、缺氧组织分解代谢增强，以致血尿素氮、肌酐、尿酸生成增多。肾小球缺氧改变使肾小球血流量减少，近曲小管分泌部位供血不足而影响尿酸分泌，使血尿素氮、肌酐滤过减少，尿酸排泄减少。血尿素氮、肌酐、尿酸可作为较敏感的肾功能预测指标。尿蛋白一般在初始高原应激反应中有所升高，但如果持续性升高，则反映了缺氧对肾脏肾小球和肾小管的损伤作用，结合尿红细胞水平的上升可以做出判断，结合肾功能 3 项指标重点关注尿蛋白和尿红细胞。

　　高原低氧对血脂有一定影响,可能由于缺氧导致肝的脂质代谢功能下降,从而导致血脂升高。血糖是机体糖代谢功能指标,糖尿病患者,高原应激能力降低,是高原作业职业禁忌证。血脂、血糖可 12 个月测定一次。

　　3)格拉段驻点职工长期健康影响

　　格拉段驻点职工主要表现为血压升高,心电轴偏移;红细胞、血红蛋白、红细胞压积升高;体能、肺活量降低;转氨酶、总胆红素、蛋白代谢升高。

　　(1)心血管呼吸系统及体能。心脏心电轴异常偏移和窦性节律异常有逐步升高趋势,表明心脏结构已有一定程度的改变,并对心电生理发生影响。

　　(2)血液系统。红细胞、血红蛋白、红细胞压积指标表现敏感。

　　(3)生化代谢系统。肝功能指标主要表现为总胆红素、直接胆红素、谷丙转氨酶、谷氨酰转酞酶的异常变化。

　　3. 高原铁路运营高原病防控对策

　　针对铁路职工高原适应能力和慢性高原病监控,建立职业健康监护管理体系,高海拔工点症状监测哨点,形成青藏铁路职工高原病预防监控系统。针对旅客预警监控重点是急性高原病,建立三级医疗急救体系,形成旅客列车高原病预警急救网络系统,如图 8.3 所示。

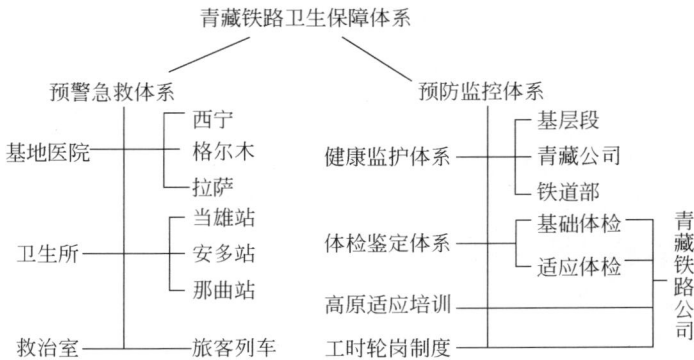

图 8.3　青藏铁路卫生保障管理体系实施策略示意图

　　1)建立职工高原病预防监控体系

　　建立青藏铁路职工健康监护体系,形成以车队工区站点、铁路局(公司)工段、铁道部三级健康监护网络系统,进行选拔体检、习服适应性体检、岗间体检,实施高原生理适应性指导、高原作业健康教育、劳动强度监测、职业健康监护、工时轮岗制度。建立格拉段医疗症状监测和巡诊制度,每月两次对格拉段全线各站区进行医疗巡诊。青藏铁路健康监护网络系统层级功能如图 8.4 所示。

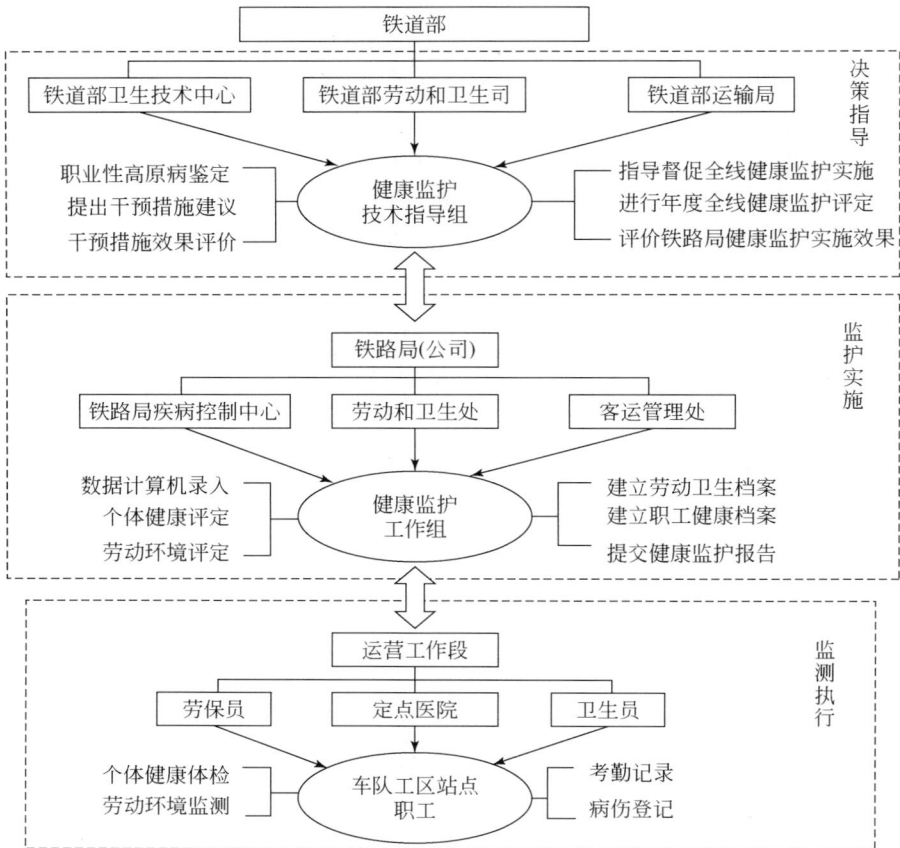

图 8.4　青藏铁路健康监护网络系统层级功能

2)建立旅客高原病预警急救体系

(1)格拉段三级医疗急救网络系统。在拉萨、拉萨西、羊八井、当雄、那曲、安多、扎加藏布、雁石坪、沱沱河、秀水河、清水河、不冻泉、纳赤台设立 13 个医疗点,两列救援列车和一个保洁整备车间。在沱沱河、安多、那曲、当雄设置急救中心。以格尔木市人民医院、解放军 22 医院、海西蒙古族藏族自治州第二人民医院、西藏军区总医院、西藏自治区人民医院作为基地医院。三级医疗急救体系结构功能如图 8.5 所示。

实行进出藏旅客健康申报制度,开展随车医疗服务,列车格拉段运行期间不得超员,保证生活饮用水充足供应,保证车厢供氧设备正常运转和环境卫生。进出藏旅客列车成立由列车长、随车医生、乘警组成的列车卫生小组,开展格拉段旅客列车全程医疗服务工作。列车卫生小组每隔 3h 对全列车旅客进行医学巡视,及时发现和处置身体状况异常的旅客。

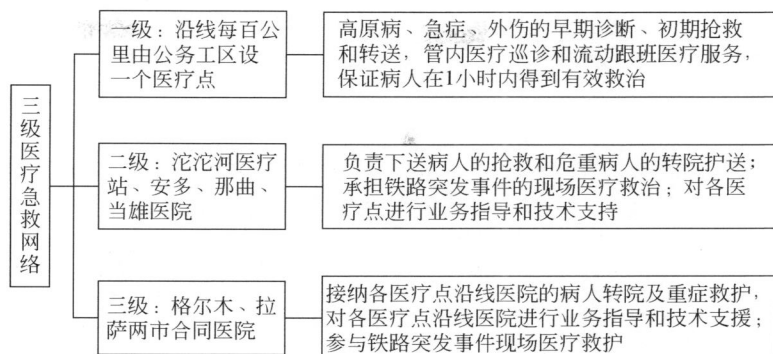

图 8.5　三级医疗急救体系结构功能

（2）青藏铁路站车环境富氧机制。提出高原旅客列车富氧技术条件参数，采用基本标准和舒适性标准解决列车富氧问题的基本思路，建立在海拔 3000～4000m、4000～5000m 高度状况下高原列车供氧技术标准、高原列车二氧化碳容许浓度标准。建立高原站区供氧站，实现站区整体富氧环境。控制气温寒冷对列车富氧效果的影响，预防感冒引发的急性高原病，确定车内空调温度标准：夏季不得低于 24℃，冬季不得低于 18℃。

（3）旅客列车应急救援保障机制。建立青藏铁路公司应急救援指挥中心，以格尔木为中心，组织建立应急救援指挥系统和应急救援网络，形成以西宁、柯柯、格尔木、沱沱河、那曲、拉萨救援列车为中心，辐射全线的应急救援保障体系，形成铁路、政府、部队三位一体的应急救援保障机制。

4. 高原铁路运营高原病防控技术

青藏铁路运营 5 年期间，在"预防为主、防治结合、加强监护、及时救治"的高原病防控对策指导下，以铁路职工慢性高原病与高原相关疾病，旅客急性高原反应与重症高原病为控制重点。实施了青藏铁路运营高原病预防监控技术、高原铁路站车环境富氧技术、高原列车旅客紧急医疗救治技术三项技术成果，对青藏铁路运营卫生保障起到了技术支撑作用。

1）高原站车职业适应性标准

通过高原环境对人体影响试验，提出高原生理适应性指标，建立高原列车乘务人员车内快速检测生理适应性标准和格尔木习服适应性体检标准，如表 8.5 和表 8.6 所示。

表 8.5　列车乘务人员格拉段高原生理适应性指标标准

乘务班次	呼吸 /(次/分)	脉搏 /(次/分)	血氧饱 和度/%	血压/mmHg		急性高原反应评分
				收缩压	舒张压	
1～2 次	≤30	≤115	＞80	≤140,升高＜20	≤90,升高＜20	＜15
≥3 次	≤30	≤105	＞85	≤140,升高＜20	≤90,升高＜20	＜10

表 8.6　职工格尔木习服期高原生理适应性指标标准

呼吸 /(次/分)	脉搏 /(次/分)	血压 /mmHg	血氧饱 和度/%	红细胞 /(1/L)	血红蛋白 /(g/L)	红细胞 压积/%	急性高原反 应评分
≤26	55～100	90～140/60～90	≥90	≤6.0×10¹²	≤180	≤55	＜10

2)生理适应指标影响因素

(1)年龄。铁道部对执行青藏铁路客运任务的乘务人员提出了年龄不超过 45 岁的限制,这项要求大大规避了年龄因素促发高原反应的风险。年龄因素主要对血压有较大的影响,年龄增长血压升高,对其他生理指标以及急性高原反应评分、头痛呕吐等没有影响。

(2)性别。研究表明,不同性别在急性高原反应症状的发生、高原反应评分方面没有显著差别,但在高原反应生理指征方面,对呼吸、血压有较大影响。呼吸、血氧饱和度女性高于男性,血压、脉搏女性低于男性。

(3)高度。青藏铁路客车运行的一个最大特点是列车在格拉段区间车内弥漫性供氧,目前在此区段车内氧分压平均为 12.78～13.70kPa,车内氧分压水平相当于海拔 3500～4000m 高度的大气氧含量。以某来自平原的乘务员车队在车内未供氧的海拔 3000m 以上区段,以及供氧后的海拔 4000m 以上区段的体检资料进行前后比较分析发现,从平原上升到海拔 3000m 时,生理指标的脉搏、血压和血氧饱和度的变化率要大大高于自海拔 3000m 上升到海拔 4000m 时的变化率,尤其以血压表现更为突出,在海拔 4000m 以上区段的血压与海拔 3000m 时的血压几乎没有发生什么变化。因此,海拔 3000～3500m 是研究青藏铁路运营卫生保障的一个重要关节点,利用这一海拔高度车内人体生理指标变化率及其影响因素,可以作为制定车内供氧富氧标准,高原反应生理异常值的主要依据。

(4)习服。多次往返高原的乘务人员相对初次上高原的同车旅客,其高原生理应激反应要平缓得多,以血氧饱和度和脉搏表现得较为明显。在目前的运营条件下,列车乘务人员经过 1～2 个月的工作,也是一个高原习服适应的过程,这个习服过程对平衡机体高原应激反应、减轻高原反应生理波动和负荷起到了一定的作用。

(5)疲劳。疲劳是青藏铁路客车运营作业乘务人员面临的一个重要问题,产生的原因主要归于以下两点。第一,内地铁路局运营青藏铁路是高海拔大跨度运营作业,一般 1 周时间内将两次经历 5000m 的高度差,长期短时间内往返 5000m 高度差地区,机体生理调节机制处于应激状态得不到有效恢复,造成身心疲劳。高原反应引起的生理心理负荷导致睡眠质量下降,使身心疲劳不能得到有效恢复,从而加重疲劳使体能和生理适应下降。第二,乘务人员在运营出乘的时间内,体力劳动强度测量反映出的特点一是劳动时间率高,持续作业时间长,二是能量代谢率高,在高原环境下进一步加重了生理负荷强度,可能诱发重症高原反应,成为慢性高原病的高危人群。

(6)心理。精神心理状态的变化而引起的生理状态变化,引发心理-生理问题。人体在正常范围内的适应性调节,一般不会引起心理-生理问题,当心理活动变化超出一定范围时,可能导致生理状态出现偏差。人体生理系统的正常运行取决于中枢神经系统、内分泌系统和免疫系统三者之间三角关系的协调,这也是人体健康的基本保证。青藏列车乘务人员在短时间内频繁往返高海拔区段,精神心理应激及其不良反应是与时俱增的,由烦躁、焦虑、抑郁情绪诱发的内分泌和免疫系统功能变化,不仅会影响到生理三角关系的平衡,扰乱人体的内环境稳定调节,还会显著减弱人体对疾病的抗病能力,因而非常值得关注。如能较好地控制列车乘务人员精神心理因素,缓解焦虑、抑郁症状,也能在很大程度上减轻高原反应症状。

3)高原铁路职工慢性高原病控制技术规范

青藏铁路运营人员短时间高海拔大跨度作业,间断性低氧环境,持续长期性高原工作特点,累积效应可引发以红细胞增多、心脏扩大为特征的慢性高原病。亦可能造成体能下降,肺、肝、肾功能受损引发的高原相关性疾病。因此,运营期卫生保障的关键应当是抓好慢性高原病的预防和治疗,控制好早期慢性高原病和高原相关疾病指征,做到防患于未然,控制高原运营环境对职工长期健康的影响。

(1)慢性高原病指标。

①红细胞增多症指标。列车乘务人员在上岗初始阶段 3~6 个月期间加强血液指标监测,筛检出敏感个体及时疗养或转岗,血红蛋白异常升高可得到更有效控制。血红蛋白应作为血液系统重点监测指标,辅之以红细胞计数。监测周期可设定为岗前,岗间 3 个月、6 个月、12 个月、18 个月、24 个月,指标异常升高可先安排观察,3 个月不能恢复正常应予转岗。

格拉段驻点职工血检验指标必须每 3 个月监测 1 次,出现红细胞数>6.0×10^{12}/L 和血红蛋白>180g/L(女>160g/L),或单项指标血红蛋白>210g/L(女>190g/L)应判定不合格。严格执行此项血检验指标合格判定标准,可使高原红细胞增多症得到有效控制。

②高原心脏病指标。列车乘务人员超声心动图是早期监控高原心脏病的敏感指标。超声心动图应作为心脏的主要监测指标,重点测试肺动脉压、心室和大血管流出道,辅之以心电图。监测周期可设定为岗前,岗间6个月、12个月、18个月、24个月,肺动脉压异常升高伴有右心室指标异常增大,可先安排观察,3个月不能恢复正常应予转岗。

格拉段驻点职工,肺动脉压>25mmHg,或心电图、超声心动图检查有1项显示右心增大早期表现应判定为不合格。心电图常规检查每6个月检查一次,作为确认心脏器质病变、心脏功能影响程度的重要指标。

(2)高原相关疾病指标。

岗间体检经常出现肝功能、肾功能、脂代谢等一些重要生理指标的改变,需引起高度关注,如表8.7所示。

表 8.7　青藏铁路运营人员长期健康影响重点控制指标与周期

监护目标疾病		监测指标	判定标准	监护周期
慢性高原病	红细胞增多症	血红蛋白	男>180g/L,女>160g/L	3个月、6个月、12个月、18个月、24个月。格拉段驻点职工每3个月检查一次
		红细胞	>6.0×10^{12}/L	
	心脏病	肺动脉高压	>20mmHg	6个月、12个月、18个月、24个月
		超声心动图	右心室内径>23mm,右心室流出道>33mm	
		心电图	右心增大征象,心电轴右偏>1100	
高原相关疾病	肝功能损伤	转氨酶	ALT > 60IU/L 或 AST > 60IU/L	每6个月检查一次
		胆红素	TBIL>19mol/L	
	肾功能损伤	尿素氮	>8.2mmol/L	每6个月检查一次
		肌酐	>140mol/L	
		尿酸	>440mol/L	
		尿蛋白	>0.3g/L	
		尿红细胞	++	
	体能衰退	体重	下降20%	每6个月检查一次
		肺活量	实测值/预期值<70%	
		握力	下降20%	

①肝肾功能损伤。设定肝功能指标重点监测转氨酶和胆红素,每6个月检查一次。转氨酶和胆红素同时异常升高,3个月不能恢复正常应予转岗。设定肾功

能监测指标为尿素氮、肌酐、尿酸,辅之以尿液检查,每 6 个月检查一次。尿素氮和肌酐同时异常升高,伴有尿蛋白异常或尿红细胞异常,或尿酸持续异常升高伴有痛风病临床症状,3 个月不能恢复正常应予转岗。

②体能衰退。体能的意义在于预示机体有良好的体力和应激能力,可从容抵抗和恢复身心疲劳。体重、肺功能、握力是体能测试的重要指标,纳入常规体检项目,每 6 个月检查一次。体重降低 20% 以上,或肺活量实测值/预期值<70%,伴有握力下降 20% 以上,3 个月不能恢复正常应予转岗。

4)慢性高原病控制方案

(1)列车乘务人员。

高原旅客列车作业环境对乘务人员长期累积效应有引发高原红细胞增多症和高原心脏病的可能性,也会导致肝、肾、肺等重要脏器功能损伤和体能体质下降,对身体健康造成危害,但对乘务人员的影响作用尚在生理可控范围,为长期健康影响的控制提供了充分论据,只要紧紧抓住健康筛检、健康监护、工作环境、轮岗制度等项关键点,可使长期健康影响得到有效控制。

①健康筛检。健康筛检包括岗前体格检查和高原环境适应性检查两项内容。岗前体检首先应当淘汰心、肺、肝、肾器质性疾病,血液病、糖尿病和精神病,同时淘汰年龄超标,体重、血压、心率、呼吸、血常规、肺功能、肝肾功能、心电图严重异常人员。

初上高原第 1～3 次乘务作业期间,列车在海拔 4000m 以上运行时进行适应性检查,重点检查血氧饱和度、心率、呼吸和血压,高原反应症状,第 3 次加做血常规,淘汰生理指标不合格和严重高原反应人员。

②健康监护。健康监护包括生理指标监控调节、劳动强度控制、精神心理疏导和增强体质等项内容。岗间体检是生理指标监控的主要手段,重点监控慢性高原病和高原相关疾病指标,严格执行监护周期、指标调节和离岗标准。将高原劳动强度控制在中等程度,保证睡眠质量,提高乘务餐标准加强营养,达到消除疲劳、增强体质的目的。利用休息期间进行有组织的健康教育、文体活动进行心理疏导,缓解身心负担精神压力。

③工作环境。改善乘务人员车上休息生活环境,应当对高原列车的宿营车进行专门设计,提高供氧、舒适度、隔声、微小气候、空气洁净度标准,保证休息睡眠质量。

④工时制度。工时轮岗制度对控制健康影响具有重要作用,如北京车队每月出乘拉萨 2 次、西宁车队每月 3 次较为合理,在上述其他监护措施到位的情况下,轮岗周期设定为 2 年,可以保证绝大多数人不会发生远期健康危害问题。

(2)格拉段地面驻点职工。

格拉段地面驻点职工长期健康影响控制关键点如下。

①健康筛检与监护。健康筛检与监护包括岗前体格检查、高原环境适应性检

查和定期岗间体检三项内容。岗前体检首先应当淘汰心、肺、肝、肾器质性疾病,血液病、糖尿病和精神病,同时淘汰年龄超标,体重、血压、心率、呼吸、血常规、肺功能、肝肾功能、心电图严重异常人员。

在岗前体检完成后,进驻 3000m 以上高原进行 1 个星期的高原适应性培训。内容为高原生理-心理健康教育和海拔 4000m 高原生理适应性训练。培训 1 个星期后在格尔木进行高原适应性体检,鉴定没有下列不能适应高原工作的症状、体征。血压收缩压 90 ~140mmHg,舒张压 60~90mmHg;心率 55~100 次/分;呼吸频率≤26 次/分;红细胞≤ $6.0×10^{12}$/L,血红蛋白≤180g/L,红细胞压积≤ 55%;血氧饱和度≥90%;心电图正常;急性高原反应轻度以下,或总积分≤10 分。

在岗期间每 3 个月 1 次血常规检查,每 6 个月 1 次岗间体检,严格执行血液参数不合格指标、肺动脉高压指标和心脏肥大指标判定离岗标准,及时调离不合格人员。血液参数指标比心脏指标更为敏感,且少数职工有可能患病,血液参数指标应作为更早期超前的敏感监控指标,只要将血液参数指标控制住,其他疾病生理指标基本能得到有效控制。

②工作环境。应当对格拉段领工区工作生活环境进行富氧改造,保证工作环境富氧达到相当于海拔 3000~3500m 氧含量水平。集中宿舍区也应进行富氧改造,改善夜间睡眠条件,保证休息睡眠质量。

③工时制度。格拉段海拔 4000m 以上实行 1 个月高海拔和 1 个月低海拔的轮班工作制度,1 年高原工作不超过 7 个月,1 年期轮岗制度较为适宜。例如,工作生活环境进行富氧,达到相当于海拔 3000~3500m 空气氧含量水平,职工轮岗期可以延长到 1 年半,可以保证绝大多数人不会发生远期健康危害问题。

5)高原铁路运营人员医学标准

(1)岗前体检标准。

年龄≤45 岁;体重指数≤30kg/m²;女性未妊娠;血压收缩压 90 ~140mmHg,舒张压 60~90mmHg;心率 55~100 次/分;呼吸频率≤26 次/分;肺功能实测值/预期值≥80%;血常规红细胞≤$6.0×10^{12}$/L,红细胞压积≤55%,白细胞≥$3.5×10^9$/L,血小板 ≥$70×10^9$/L,血红蛋白≤180g/L;尿常规尿隐血<2+,尿蛋白<2+,尿糖<2+。X 线胸透、心电图和超声心电图检查正常。检查中需严格排除高原禁忌证,凡有下列疾患之一者不宜值乘高原列车。

①有明显心脑血管疾病,如高血压(血压增高明显或有靶器官心、脑、肾受损)、冠心病、风湿性心脏病、心肌病、显著心律失常,有过脑血栓或脑出血病史等。

②中度以上慢性阻塞性肺病,频繁发作的支气管哮喘,支气管扩张症,活动性肺结核,尘肺。

③各种类型明显的贫血,血小板减少性紫癜,或其他凝血功能障碍的出血性疾病。

④胃、十二指肠溃疡病活动期,急性传染性肝炎,慢性肝炎活动期,其他慢性肝病、脾脏疾病。

⑤急、慢性肾脏疾病炎症活动期或伴有肾功能障碍。

⑥癔病、癫痫,精神分裂症。

⑦糖尿病未获控制,肥胖症。

⑧妊娠期妇女。

⑨现患重症感冒、上呼吸道感染,体温在38℃以上或体温在38℃以下,但全身及呼吸道症状明显者,在病愈以前,应暂缓进入高原。

⑩曾确诊患过高原肺水肿、高原脑水肿、血压增高明显的高原高血压症、高原心脏病及高原红细胞增多症者。

(2)高原适应性体检标准。

①格尔木习服适应性体检标准。血压收缩压 90～140mmHg,舒张压60～90mmHg;心率55～100 次/分;呼吸频率≤26 次/分;红细胞≤ 6.0×10^{12}/L,血红蛋白≤180g/L,红细胞压积≤ 55%;血氧饱和度≥90%;急性高原反应轻度以下,或总积分≤10。

②格拉段随车适应性检测标准(海拔 4000m 以上适用)如表 8.8 所示。

表 8.8　格拉段随车适应性检测标准(海拔 4000m 以上)

乘务班次	呼吸/（次/分）	脉搏/（次/分）	血氧饱和度/%	血压/mmHg	
				收缩压	舒张压
1～2 次	≤30	≤115	>80	≤140,升高< 20	≤90,升高< 20
≥3 次	≤30	≤105	>85	≤140,升高< 20	≤90,升高< 20

(3)岗间体检标准。

岗间体检符合下列任一条时,经治疗 1 个月无效或未能恢复正常,应及时调离高原乘务工作岗位。

①诊断为重症高原反应:重度急性高原反应伴有体重明显减轻,减重幅度超过 20%。

②诊断为高原高血压:平原时血压正常,抵高原后血压持续增高,收缩压≥160mmHg 及/或舒张压≥95mmHg。

③诊断为高原肺动脉高压:平原时健康,到高原后出现心血管征象,超声心动图检查肺动脉平均压>25mmHg;或心电图、胸部 X 线检查、超声心动图检查有一项显示有右心增大表现。

④诊断为高原红细胞增多:男性 Hb≥210g/L,女性 Hb≥190g/L。

⑤肝功能异常:肝肿大,肝功能指标两项以上异常。即谷草转氨酶 AST>80 IU/L 和总胆红素 TBIL >19mol/L;或谷丙转氨酶 AST>80 IU/L 和总胆红素

TBIL＞19mol/L。

　　⑥肾功能异常：尿红细胞 2＋，或尿蛋白 2＋，或肾功能指标两项以上异常。

　　⑦糖代谢异常：空腹血糖＞7.0mmol/L，且尿糖 1＋。

　　⑧其他高原禁忌症。

　　6)健康监护信息管理系统

　　构建青藏铁路运营职业健康监护信息管理系统，系统采用基于 Web 体系架构，利用 J2EE 网络编程技术、AJAX 异步传输技术，结合 Web 服务器 Tomcat 构建的 B/S 多层体系架构的分布式网络平台。系统软件由劳动环境监测系统、高原职业病监测系统、健康监护信息管理系统组成。具备医学体检数据分析管理功能，高原工作适应性筛选、健康状况预警功能，高原病分析判定功能。形成站车人员健康信息适时监控与长期影响监控相结合的技术信息平台。

　　7)高原铁路人员健康信息远程监测系统技术方案

　　基于无创检测方法，实时检测青藏铁路列车乘务人员，格拉段沿线铁路职工重要生理参数指标，完成脑组织血氧、指端血氧、血压、心率等参数的测量，设计远程监测系统技术方案，如图 8.6 所示。

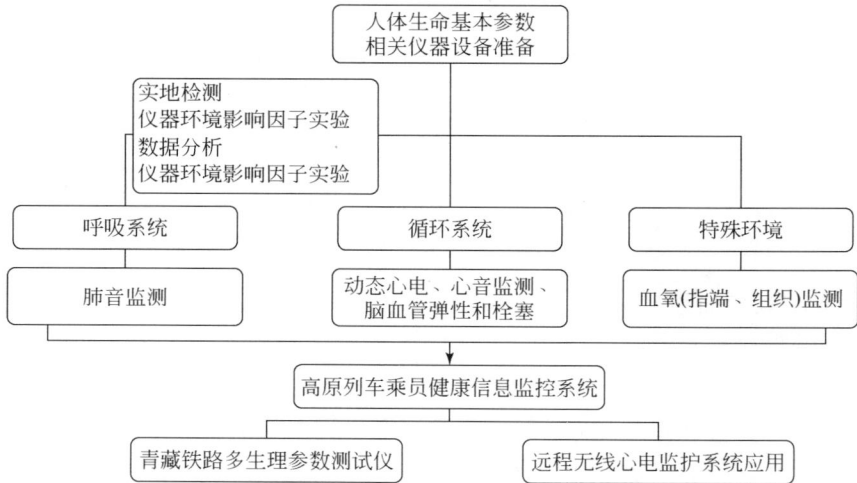

图 8.6　高原列车健康远程监测系统示意图

8.5　高原铁路站车富氧技术

　　提出高原旅客列车富氧技术条件参数，采用基本标准和舒适性标准解决列车富氧问题的基本思路，建立单纯弥漫性供氧车内最小供氧量估算公式，建立在海拔3000～4000m、4000～5000m 高度状况下高原列车供氧技术标准、高原列车二氧化碳容许浓度标准。研制工作生活区供氧系统,确立站区供氧配置方式,建立高原站区工作生活富氧室,实现站区整体富氧环境。

1. 高原旅客列车富氧技术条件

1)供氧量参数

根据车内空气环境试验及人体影响试验分析,影响高原列车供氧量的参数主要有客车富氧标准、海拔高度、人员耗氧量、车内车外大气交换率、车内气压、车厢容积,在非增压列车上前 4 项又显得更为重要。在目前单纯弥漫性供氧,车厢内不增压条件下,以客车车厢为控制体,客车内最小供氧量估算公式为

$$V_{供氧} = (N_{排风} - N_{新风})V_{新风}\frac{P_c}{P_o} + V_{耗氧} \tag{8.1}$$

式中:$V_{供氧}$ 为供氧量;$N_{排风}$ 为排风中氧气的容积浓度;$V_{排风}$ 为排风量;$V_{耗氧}$ 为人体消耗的氧气量;$N_{新风}$ 为新风中氧气的容积浓度,为常数 20.95%;$V_{新风}$ 为新风量;P_c 为车内氧气分压;P_o 为标准状态氧气分压。

(1)客车富氧标准。

综合考虑运营现状、车内人体试验及供氧技术能力,认为在格拉段车内富氧水平应当达到相当于海拔 3000～3500m 时的空气氧气含量水平,即车内氧气分压为 14.66～13.86kPa,以此制定 2 项车内富氧控制标准,一是卫生保障的基本标准,这是必须满足的限值;二是舒适性标准,这是改善服务质量应当努力达到的标准,详见表 8.9。

表 8.9 格拉段客车内富氧控制标准

海拔高度/m	富氧标准	
	基本标准(13.86 kPa)	舒适标准(14.66 kPa)
4000	22.5%	24.0%
4500	24.0%	25.5%
5000	25.5%	27.0%

(2)海拔高度影响。

旅客列车在高原不增压,随着海拔高度增加,车内仅按 1 种供氧体积分数标准进行供氧,不考虑车外气压下降造成的车内绝对氧气含量水平的下降,就不能维持稳定的氧气分压水平。格拉段 85% 线路海拔高度在 4000m 以上,高度差为 1000m,在海拔高度 4000～5000m 的区段,车内氧气含量下降斜率平均为 0.133kPa/100m。以 25G 硬卧车为例,载客容积为 165m³,则每节车厢因海拔高度每增加 100 m 减少的标准状态下的纯氧气量为

$$\frac{0.133}{21.20} \times 210 \times 165 \approx 217 \text{L}/100\text{m}$$

（3）人员耗氧量影响。

列车在西格段 3000～3500m 区段运行时,车内不供氧,这时测得车内氧气含量要稍低于车外大气,各路局列车最低的平均要低 0.40kPa,车内氧量损耗与车内人员数呈正比,0.40kPa 可以作为全封闭高原客车满员状况车内氧气含量损耗的 1 个参数,在制定列车供氧量方案时加以考虑。以 25G 硬卧车为例,满员状态列车较之 50％满员状态列车,每节车厢内约减少标准状态下的纯氧气量为

$$\frac{0.40}{21.20} \times 50\% \times 210 \times 165 \approx 327L$$

（4）高原客车最小供氧量。

以客车车厢为控制体,车厢内进氧量包括新风氧气量和人工氧源供氧量两部分,车厢出氧量包括排风氧量和人体消耗氧量。若要保持车内氧气分压在一定水平,则必须保证车内的含氧量不变。根据控制体积法氧量平衡原理,可得任一时刻或海拔高度的总氧量平衡方程为

$$N_{新风}V_{新风} + V_{供氧} - N_{排风}V_{排风} - V_{耗氧} = 0 \tag{8.2}$$

因此

$$V_{供氧} = N_{排风}V_{排风} + V_{耗氧} - N_{新风}V_{新风} \tag{8.3}$$

式中：$V_{供氧}$ 为供氧量；$N_{排风}$ 为排风中氧气的容积浓度；$V_{排风}$ 为排风量；$V_{耗氧}$ 为人体消耗的氧气量；$N_{新风}$ 为新风中氧气的容积浓度,为常数 20.95％；$V_{新风}$ 为新风量。

根据国家军用标准（GJB 40112—2000）所列人体氧耗量：①睡眠 14.9L/(h·人)；②轻度活动 26.4L/(h·人)；③中度活动 49.5L/(h·人)。对于列车上的旅客,可认为处于"轻度活动"状态,氧耗量应满足 26.4L/(h·人)。根据国家标准 GB/T 12817—2004 规定,铁道客车冬季新风量标准为 15～20m³/(h·人)。以 25G 的硬卧车为例,满员 60 人,列车新风量取低限值 15m³/(h·人),则为 60×15＝900m³/h,车内人员耗氧量为 60×0.0264＝1.584m³/h,取人的呼吸熵 0.85,计算呼出二氧化碳为 1.584×0.85＝1.346m³/h,实际消耗气量仅为 1.584－1.346＝0.238m³/h,相对于 900m³/h 新风量,此值很小,可以忽略不计,则 $V_{新风} = V_{排风}$,式（8.3）可转换为

$$V_{供氧} = V_{新风}(N_{排风} - N_{新风}) + V_{耗氧}$$

将 $V_{供氧}$ 转换为校准状态,则

$$V_{供氧} = V_{新风}(N_{排风} - N_{新风})\frac{P_c}{P_o} + V_{耗氧} \tag{8.4}$$

其中：P_c 为车内氧气分压；P_o 为标准状态氧气分压,为 21.20kPa。

当列车运行在海拔 4500m 区段时,此时大气压为 57.60kPa,要保持车内氧气含量相当于海拔 3000m 的水平,则车内氧气分压为 14.66,根据式（8.4）,需要供氧量为

$$V_{供氧} = 900 \times \left(\frac{14.66}{57.60} - 20.95\%\right) \times \frac{14.66}{21.20} + 1.584 = 29.6 \, \text{N} \cdot \text{m}^3/\text{h}$$

即硬卧车满员状态供氧量至少达到 30N·m³/h,才能满足车内需求。

2)用氧安全性

国家标准《工业用氧》(GB/T 3863—1995)、《医用氧》(GB 8982—1998),在用氧安全要求中论述,氧气在室内聚集,其体积分数超过 23%时,有发生火灾的危险,在富氧环境下(氧气含量≥23%),不准使用明火。但这两项标准的环境条件是平原状况。根据气态方程 $P_1V_1 = P_2V_2$,同一质量的气体在不同压力下所表现的体积分数是不一样的,以表 8.10 中的富氧舒适型标准为例,当表中氧的体积分数转换为标准状态时,其体积分数最高为 14.5%,远远低于 23%的安全用氧标准。因此,只要制氧机高浓度氧气不与可燃性气体、腐蚀性气体和油脂混合,在车内正常供氧条件下,执行现行客运列车防火规范可以保证安全,如表 8.10 所示。

表 8.10 格拉段客车内氧气体积分数的基本标准与舒适标准

海拔高度/m	舒适标准/%	相当于标准状态/%
4000	24.0	14.5
4500	25.5	14.5
5000	27.0	14.4

3)二氧化碳允许浓度

从呼吸卫生学角度看,二氧化碳对人体作用具有双重性。一方面,它属于生理气体,在体内含量必须保持最佳水平;另一方面,当其分压力超过 2000Pa 时对机体产生毒性作用,低于正常水平时又会对生理功能产生不良作用,称为低二氧化碳症。航天航空领域中将 500Pa 的二氧化碳分压作为最佳值,此值相当于常压下 0.5%的体积分数。铁路客车车内二氧化碳体积分数标准为 0.15%,相当于二氧化碳分压力为 150Pa,是按平原地区提出的。这就提示我们在高原上大气压力明显偏低的情况下,有必要以二氧化碳分压作为衡量其含量的指标。对于高原列车,考虑人体的舒适度,按同样的二氧化碳分压考虑,则在格拉段列车供氧区间二氧化碳允许体积分数建议为 0.21%～0.28%,如表 8.11 所示。

表 8.11 格拉段客车内二氧化碳允许浓度建议标准值

海拔高度/m	标准/%
3000	0.21
3500	0.23
4000	0.25
4500	0.26
5000	0.28

2. 站区富氧环境工程技术

对现有的各种供氧方法进行了比选,选定那曲车站调度室和站区职工宿舍进行富氧室设计制作,重点解决了富氧室密闭条件、提高维持氧浓度、二氧化碳排放及新风量补充、供氧量和二氧化碳浓度自动监测控制四项关键技术问题。设计建造了高原铁路站区工作、生活环境富氧技术示范工程。

1)那曲车站富氧工程示范

用变压吸附法制氧技术,研究确定制氧规模、工艺流程和技术要求,在那曲车站建立高原铁路站区中心制氧站,形成车站运转室、职工宿舍、职工集体活动处所高原站区富氧环境技术应用示范。

2)车站运转室富氧技术

富氧室采用弥散式和个体供氧相结合方式,弥散式供氧由下向上弥散,出口处设消声装置降低氧气弥散的噪声;个体供氧为面罩或鼻吸的终端快速供氧。富氧室内设有氧气、二氧化碳监测器,动态即时监控氧气浓度。

8.6　高原铁路机车乘务员选拔

高原行车安全也是高原铁路面临的重要问题。以往的调查发现,行车事故中由于人员失误导致事故发生的英国占57%、印度占60%、日本占52%、苏联占70%、美国占30%、我国占75%。国内外重大行车事故分析表明,产生事故的原因是多方面的,它是人员素质、设备质量、管理水平和外部环境要素的综合反映,但统计结果显示人的因素所起的作用越来越突出。青藏铁路恶劣的自然气候条件,要保证行车安全,必然要求机车乘务员具备优于平原的生理、心理素质。

从人的高原生理、心理角度出发,建立一种高原生理-心理选拔、评价指标体系,科学管理方法,考察选拔一批适合从事高原机车乘务职业的铁路司机,以提高高原机车乘务人员的整体素质,适应高原行车的生理-心理特质,从而增强行车安全的可靠性,最终达到减少事故、确保行车安全,降低司机高原病及其他职业病发病率的目标。

1. 高原环境对生理-心理素质影响

综合生理、心理研究分析,高原环境对机车乘务员的影响作用为四个方面。

(1)生理影响:主要为心血管、中枢神经、呼吸系统、血液系统、感官功能、营养代谢、微循环。

(2)心理影响:记忆、注意、情绪、行为、个性。

(3)体能影响:力量、耐力、反应时。

（4）重点疾病影响：主要为职业性高原病、高原常见病、噪声性耳聋等。

2. 生理-心理选拔指标系统

1）指标体系结构模型

指标系统采用基础选拔指标体系和适应性选拔指标体系二级结构模型。

（1）基础体检包括一般条件，精神科，神经系统，循环系统，呼吸系统，消化系统，传染病，代谢、免疫及内分泌系统，血液系统，泌尿生殖系统，妊娠，骨骼、肌肉系统，血管系统，皮肤及其附属器，耳、鼻、咽、喉及口腔，听力，眼及其附属器，视力 18 个系统共计 120 个检查项目。

心理学指标主要为认知能力测试：四数和计算、注意广度、知觉鉴别、数字译成符号 4 项指标。艾森克个性问卷（EPQ）。

（2）基础体检合格者经 1 个月高原基地适应性培训后进行适应性选拔体检。适应性选拔体检包括心功能、血压、呼吸率、红细胞、血红蛋白、红细胞压积、白细胞、血小板、血氧饱和度、高原反应、高原适应指数、肺功能、肝功能、肾功能、尿常规、血糖、体能 17 项共计 30 个指标。

心理学指标：四数和计算、注意广度、知觉鉴别、数字译成符号 4 项指标测试认知能力；48 数字法测验注意品质；选择反应时测试反应能力。

年龄升高，高原反应率上升，多项生理机能下降，心理反应时下降，导致不合格率上升。分析认为高原机车乘务员一般条件应为：最佳年龄 30～40 岁，最低不应小于 25 岁，最高不应超过 45 岁，中专文化程度，身体健康，婚姻稳定。

预期不能适应高原行车需求，从而导致体检不合格的生理指标顺位为心功能＞肝功能＞血氧饱和度＞肺功能＞血压＞血糖＞握力＞尿常规＞血常规＞肾功能。

2）适应性体检不合格判定指标

血液学参数 RBC ＞ 6.0×10^{12}/L、Hb ＞ 180g/L、Hct ＞ 55％，三项指标任两项同时异常，或 WBC ＜ 3.5×10^9/L、SaO ＜ 90％任一项异常。

肺功能参数 FVC ＜ 3500ml，FEV1 ＜ 3000ml，FEV1％ ＜ 80％三项指标任两项同时异常。

心率 ＜ 55 次/分，或 ＞ 90 次/分。

呼吸率 ＜16 次/分，或 ＞ 20 次/分。

急性高原反应中度以上，或总积分 ＞ 10，高原适应指数＜ 60％。

BUN ＞ 8.0mmol/L，尿蛋白 ＞15mg/dl，尿红细胞＋＋＋，尿糖＋。

体能参数左手握力＜ 34kg，右手握力＜ 36kg，1000m 跑成绩不及格。

心理健康状况的 SCL-90 总分＞160，或阳性症状数＞43，或任一因子分＞2。

认知能力的四项纸笔与同期效标符合，评分≤3。

注意分配的 48 个数测验时间≥160s。

选择反应时≥0.5s。

3)体检频度

(1)基础选拔体检:新录用高原机车司机前,新招收的高原行车专业学生入学前。

(2)适应性选拔体检:新录用高原机车司机,经高原基地 1 个月适应性培训,正式上岗前。

(3)健康监护体检:在岗的高原机车司机履行职务期间,根据不同生理指标的监护要求,每 3~6 个月进行一次的单项指标检查。

(4)定期体检:即年度体检,体检项目与基础体检相同。

3. 体检系统组织构成

体检系统的核心是保证机车司机高原适应,不得高原病,保证高原行车安全和效率,能够健康的长期服务。这些要求仅靠一份医学标准是难以达到的,必须与高原铁路整个运营系统有机的联系起来才能发挥有效作用,如医务、机务、运营组织等。从体检要达到的高原适应和行车安全目标考虑,必须建立体检质量控制机构,收集、处理、分析机车司机运营过程中的利率、效率、出勤率、缺勤率、门诊率、住院率、事故率、离职率,并及时进行反馈修正体检程序中不适应部分,及时更新内容,保证标准实行的有效作用。在系统实行效率方面,重点需通过一些指标来继续观察体检选拔出来的机车司机的适应域和能力素质,同时研究选拔因素和训练因素对合格水平的影响,总之就是最大限度地将有适应能力的人选出来,最小限度地误选不合格人员和淘汰了合格人员。因此在最初实行的几年中应组织人员进行追踪观察,进一步使淘汰结构趋于合理,兼顾身体素质和能力结构。

高原机车司机能否在一定期限内保证处于良好的身体状况,达到长期服务,具有很大的经济效益和安全效益,因为培养一个合格的机车司机,并经工作锻炼取得成熟经验要花费很多的财力和时间,但选拔性体检难以解决全部问题,选拔体检只能满足基本的鉴定要求和相对的预测性,也受到人员供求关系制约,体检标准只是现实的合格或超越现实不能过远,难以保证长期服务没有问题。因此,制定高原机车司机健康监护计划,保证选拔体检后的医学监护措施和保健措施是十分必要的,用以解决长期服务问题。

体检系统的组织构成,建议铁道部职能部门与机务部门应该成立青藏铁路机车乘务员体检鉴定领导机构,负责制定有关管理文件和程序,对体检合格证的申请、审核、颁发和体检鉴定实施监督管理。青藏铁路公司及相关部门负责高原机车乘务员医学资料的审核、保管,体检合格证的颁发,负责组织实施体检鉴定工作。体检机构的资质由铁道部考核认证,并应成立相对固定的体检组织。

第9章 铁路餐营食品安全卫生

铁路旅客餐饮服务是现代铁路客运工作的一项基本内容,为各国铁路客运公司所实施。铁路餐营食品是指提供给铁路交通旅客和乘务人员这一特定群体食用和饮用的食品。由于铁路旅客流动量大、分布广的特点,构成流行病学上的易感人群,而列车上餐营食品生产工艺复杂、运转周期长,餐车设备条件制约,厨房空间狭小,给安全卫生质量控制带来很大困难,极易造成铁路餐营食品食源性疾病的暴发和传播。

9.1 铁路列车餐营模式及其特点

1. 国外铁路餐营模式

目前,国外发达国家铁路已基本废除传统餐车模式,将餐车改造成自助餐车或酒吧车形式,崇尚敞开式布置。餐饮服务大部分采用建立股份制餐饮公司或外包餐饮服务的经营模式,实现了餐饮服务的专业化和社会化。实行以航空式配餐为主,加挂餐车、酒吧车形式为辅的供餐模式,具有严格的生产卫生标准。配套整洁的餐具,合理的营养搭配,规范的送餐服务,合理统一的价格等,简化了列车上的操作,节省了工作人员。铁路餐营方式正趋向于风味多样,食用便捷,食物新鲜,安全卫生,就餐时间宽松自由,以满足乘客正常饮食和相互交往的需求。运作方式从单店经营向连锁经营发展,从商品经营向品牌经营转化,实现从粗放经营向集约化经营的转变。

日本铁路具有负责列车供餐的主体专业公司,如东日本铁路公司的 NRE 公司,负责列车餐饮服务、便当销售、商品销售和食品订购,设有负责车上及车站的零售餐饮业、便当销售以及配餐营业部门、食材加工等部门。东日本铁路公司占 NRE 公司股份的 88.8%,通过股权关系对 NRE 进行控制。由于东日本铁路公司对 NRE 公司具有很强的控制力,所以,NRE 公司不会因与运输主业产生经济纠纷而影响旅客服务质量,形成安全隐患。东日本铁路公司的餐饮、商品经营企业根据市场需要,定期开展全日本的食品展销会,及时吸纳美味食品,引导旅客消费习惯,目前旅客已经习惯购买列车食品带回家。

法国铁路列车餐饮业采取承包经营模式,由法国国营铁路公司分线路对外公开招标,以合同方式寻找专业公司作为铁路餐饮经营业务合作伙伴。法铁从宏观上制定列车餐饮服务的标准和发展规划,负责制造和维修铁路酒吧车及配套设备,餐饮服务公司负责食品加工和列车售货业务。各餐饮服务公司在列车上提供酒吧、座位就餐、流动车销售和自动售货机四种服务。高速列车上一般配有 2 名服务人员。旅客可在酒吧车用餐也可带回座位。座位就餐服务为一等车厢的乘客提供。由于法铁实行分线路招标,吸引了众多餐饮公司的参与。通过招投标,大型车站常常有几家餐饮公司同时进入。为对供应基地进行统一管理,法铁把巴黎北站的列车服务与供应基地的运营相分离,对供应基地的经营权另行招商。供应基地根据各餐饮服务公司的预定,确保物品的供应,并提供清洗托盘、餐具,在列车上安装货柜等服务。

2. 国内铁路餐营模式

1)25 型旅客列车供餐模式

我国铁路第 5 次大提速后,25 型旅客列车厨房实现电气化,运行里程 1000km 以上的特快、快速、普通旅客列车编挂餐车,厨师在餐车上直接制餐供应。旅客可以根据自己的喜好点餐在餐车内食用,也可以在座位上等列车服务员用售货车将现车制备的盒饭推送至车厢时购买。这种方式供餐的优点是饭菜可口,缺点是烹饪产生的油烟较多,供应效率低、成本高、易发生火灾事故。受餐车设备条件限制,制餐过程存在着原料新鲜度、储存、加工、烹饪、包装,食物交叉污染,餐具清洗消毒,盒饭无密封包装等食品安全卫生隐患。旅客列车上用餐率为 10%～25%。

2)动车组供餐模式

动车组的运行是铁路第 6 次大提速的一个亮点,从 2005 年长编组动车组项目启动开始,"配餐"概念已进入动车组技术领域。长编组动车组如 CRH380AL、CRH380BL 列车,一般采用以冷链为主的航空式配餐供应方式,引进了专业化餐饮企业和名优食品及饮品。配餐主要依托于专业的食品公司、配餐公司为其提供从原材料采购、餐食生产到配送装车全方位的食品服务。这种方式提供的食品的保鲜状态好,方便、卫生,餐具整洁配套,送餐服务规范,简化了列车上的作业,节省了时间和工作人员数量。但提供的餐食从制作到送至旅客手中需要经历十几道工序,口感比现场制作的逊色,运输过程中需采用冷藏保鲜车及相关设备以保证食品的卫生,致使其成本偏高。动车组厨房供餐能力可满足 500 人的用餐需求,旅客列车上用餐率为 25% 左右。

站点多的短编组动车组如 CRH2C、CRH3C、CRH380A 列车,设置开放式厨房售卖部、酒吧车等提供快餐食品、饮料、酒水、小食品,以及移动正餐、餐车点餐、特殊餐、休闲茶点和特别叫餐等全程餐饮服务项目。

3. 铁路站车餐营食品种类用量

铁路站车食品来源复杂,主要有预包装食品和自制散装食品两大类。2010 年对全路 8 个客运段经销食品品种、来源、供货量进行了调查,对两个客运专线动车组餐车配置、配餐基地、食品种类、冷链盒饭生产线、配送方式、管理措施进行了考察。

1)预包装食品

目前,客运段供应旅客列车上的预包装食品共有 19 大类,44 个小类,219 个品种,其中供货量较大的品种为酒类(白酒、啤酒)、水和饮料、方便食品(方便面、八宝粥等)、蔬菜制品(酱腌菜)、熟肉制品(熟肉、火腿肠等)、炒货及坚果(花生、瓜子)、水产制品(鱼片等)。铁路车站供应的预包装食品共有 22 大类,56 小类,314 个品种,其中供货量较大的食品为面包糕点、饮料、熟肉制品、瓶装水、方便食品(方便面、八宝粥等)、送餐食品、酒类、豆制品。旅客列车上方便面、酱菜、熟肉制品、炒货及坚果,车站上面包糕点、熟肉制品、方便面、快餐盒饭等类食品应作为卫生监督人员重点监控食品,以确保站车食品安全。

2)自制食品

我国东北地区站台基本无自制食品。西部地区自制食品主要有鸡腿、鸡爪、鸡蛋、包子、卷饼等。南方地区自制食品主要有快餐盒饭、牛羊肉粉等。中部地区自制食品主要有包子、牛肉面、快餐盒饭、鸡蛋、大饼、米线、鸭腿、油饼、玉米棒等,供应量比较大的是包子、牛肉面、油饼。站台提供的快餐盒饭多数是由各车站劳服公司提供。铁路自制食品中,供应量最大的是快餐盒饭、包子、大饼、牛肉面、米线等。

3)动车组餐营食品种类

目前铁路动车销售的食品种类主要是常温条件下储存的饮料、小吃、卤肉制品、快餐盒饭等预包装食品,另外还供应部分冷链(<10℃)和少量热链(>60℃)食品。动车组快餐盒饭由米饭和不同的菜肴搭配而成,普通动车组常温盒饭销售量占所有盒饭销售量的 80% 左右,高铁动车组以冷链盒饭为主。

9.2　铁路餐营食品安全卫生控制

1. 铁路餐营食品安全分级

铁路餐营食品种类繁杂,全部监管到位难度较大。因此,进行铁路餐营食品安全分级,将供货量大、抽检不合格率高的食品列为重点食品,从而加强重点食品监控以提高工作效率,达到在监督人员少、工作量大的情况下,重点监控危险食品,最大限度地降低铁路餐营食品安全风险。

1)铁路餐营食品安全风险分级标准

根据铁路食品安全事件以细菌性食物中毒为主的特点,铁路食品最大的风险是细菌性污染。铁路疾控所对铁路餐营食品的抽样检测重点也是微生物指标,理化指标抽检项目及抽样量都较少。从历年站车食品抽检结果也可看出,铁路餐营食品微生物指标的合格率远远低于理化指标。

从微生物角度分析,一般对高危食品的定义是指食品生产、加工、储存、运输和销售过程的各环节中,因一定条件造成对人体健康危害发生概率较高、危害性大的一类食品。通常,肉制品、豆制品、高蛋白、高碳水化合物类食品,原料本身就是微生物生长的天然培养基,在温度湿度适合的情况下,容易发生霉变、滋生细菌,这类食品可以纳入高危食品;海鲜、凉拌菜、乳制品等也属于高危食品;还有常温下容易变质,需要冷藏、冷冻或特殊包装保存的,通常也纳入高危食品范畴。因此,铁路食品的风险性分级方法拟采用微生物指标抽检合格率,结合各类食品的性质进行分级。将铁路站车食品分为以下 3 级。

(1)高危食品。在常温下短时间内容易腐败变质,食品微生物抽检合格率小于60％的食品,如站车自制食品中的熟肉制品、豆制品、糕点面包等。

(2)中危食品。常温下短时间内比较易变质,食品微生物抽检合格率在 60％～90％的食品,如粮食加工品、酱腌菜、糖果蜜饯等。

(3)低危食品。常温下不易变质,食品微生物抽检合格率为大于 90％的食品,如饮料、方便面、酒水等。

2)铁路站车食品安全分级目录

根据铁路 13 类预包装食品和 7 类自制食品抽检数据,以最低合格率作为判定铁路食品安全分级标准,判定结果如表 9.1 所示。

表 9.1　13 类预包装食品安全分级目录

13 类预包装食品分类	分级	7 类自制食品分类	分级
粮食加工类	低危	快餐盒饭	高危
饮料类	低危	熟肉制品	高危
糕点、面包类	低危	豆制品	高危
肉制品类	中危	糕点面包	高危
冷冻饮品	低危	油炸小食品	中危
瓶/桶装水	低危	面皮	中危
豆制品	中危	酱菜类	中危
酱腌菜	中危		
饼干小食品	低危		
酒类	低危		
罐头类	低危		
方便面类	低危		
糖果、蜜饯类	中危		

由铁路餐营食品安全分级目录可以看出,铁路自制食品中的快餐盒饭、熟肉制品、豆制品、糕点面包这四类食品属于高危食品,其他类的自制食品以及预包装食品中的肉制品、豆制品、酱腌菜、糖果蜜饯类属于中危食品,应当作为重点监控食品。

2. 动车组配餐食品卫生标准

国际食品法典委员会(CAC)、国际食品微生物规格委员会(ICMSF)提出了食品微生物标准规范。主要由食品种类、食品相关信息、检测项目、限量标准、取样计划、应用要求和法定状态等构成。食品微生物指标包括定量微生物指标、粪便污染指示菌以及致病性微生物。国外快餐即食类食品卫生标准制定原则基本相同,均遵循 ICMSF 采样方案,限值判定全部采用 n、c、m、M 判定原则。在指标选择上分 3 类:一为定量微生物,即需氧菌落总数,相当于中国的菌落总数;二为粪便指示微生物,如肠杆菌科,相当于大肠菌群、大肠埃希氏菌;三为致病菌。对于粪便指示微生物,各国在选择上不尽相同,英国、奥地利标准中指示微生物有肠杆菌科和大肠埃希氏菌两项,智利、中国香港标准中指示微生物只有大肠杆菌一项。致病菌指标,基本上不同食品类型选择不同致病菌,如方便菜肴类一般选择沙门氏菌、金黄色葡萄球菌、含米饭选蜡样芽孢杆菌、含肉选产气荚膜梭菌,冷藏食品选单增李斯特菌,含咸菜、海产品选副溶血弧菌等。

我国于 2009 年发布实施了《食品微生物指标制定和应用的原则》(GB/T 23784—2009),在食品微生物标准的设置构成上,与 CAC 和 ICMSF 食品微生物标准规范接轨。该标准规定了食品微生物的构成、目的和运用、制定和应用的一般原则,微生物指标中的微生物学要素、抽样计划、方法和样品处理以及报告。2010 年卫生部组织起草了《食品安全国家标准食品中致病菌限量》标准,规定了食品中致病菌指标、限量要求和检验方法。该标准采用了 ICMSF 的基本原则,采用 n、c、m、M 形式表述方法,对肉制品、水产品、蛋制品及粮食制品等致病菌指标规定了限量标准。

由于动车组配餐食品属于细菌性污染高危安全风险级别,配餐食品卫生标准的建立重点考虑微生物指标。制定遵循 ICMSF 提出的标准规范,符合国家标准《食品安全国家标准食品中致病菌限量》要求,符合动车组配餐食品经营特点等项原则。

1)菌落总数指标

测定食品中菌落总数可对食品质量做出预测。食品中微生物在适宜条件下 20 分钟完成一代繁殖,菌量以几何级数增长。当菌落总数达到 $10^6 \sim 10^7$ cfu/g 时,食品即能从感官上发现变质,可引发食物中毒。提出动车组配餐食品细菌总数控制标准,作为衡量食品被细菌污染程度的重要指标。标准技术要求为

$$n=5, \quad c=2, \quad m=1000\text{cfu/g}$$

　　一批产品中的 5 个检样,若所有检样菌落总数均小于 1000,则判定该产品合格;若有任一检样菌落总数超过 1000,则判定该批产品不合格。

　　2)粪便污染指示菌指标

　　大肠杆菌是温血动物肠道的正常寄生菌,在卫生学上,作为食品的粪源性污染卫生指标。由于它在外界存活时间与一些主要肠道致病菌接近,因此它的出现预示着某些肠道病原菌如沙门氏菌、志贺氏菌的存在,因此该菌是国际上公认的卫生监测指示菌。目前许多国家的卫生标准将大肠菌群值定得较宽,但同时规定粪大肠菌群、大肠杆菌不得检出。国外采用大肠杆菌指标较多,我国航空食品卫生标准也采用了大肠杆菌指标。提出动车组配餐食品大肠杆菌控制标准,标准技术要求为

$$n=5, \quad c=0, \quad m<10\text{cfu/g}$$

　　一批产品中的 5 件检样,若所有检样均大肠杆菌小于 10,则判定合格;若有 1 件及以上检样大于等于 10,则判定为不合格。

　　3)致病菌指标

　　动车配餐食品涉及肉、禽、蛋、鱼排、虾仁、蔬菜等多个品种,可能的致病菌有沙门氏菌、副溶血弧菌、金黄色葡萄球菌、志贺氏菌、溶血性链球菌、蜡样芽孢杆菌、单增李斯特菌、产气荚膜梭状菌。沙门氏菌、金黄色葡萄球菌普遍存在于肉、蛋类食品中,是引起食物中毒最常见的细菌,应为盒饭必检指标。铁路餐营食物中毒事件中,副溶血弧菌所占比例很大,对于配菜有虾、海螺、酱咸菜等的盒饭,副溶血弧菌应作为必检指标。志贺氏菌、溶血性链球菌引起的食物中毒通常是由操作人员自身带菌或皮肤化脓引起,可不作为重点检测指标。蜡样芽孢杆菌引起的食物中毒常见于散装、过夜保存不当的变质米饭中,在 15℃ 以下不繁殖,配餐中米饭均为新蒸煮定型包装,保存于 4℃ 冰箱中,可不作为重点检测指标。单增李斯特菌是冷藏食品引起食物中毒的主要病原菌,该菌在 4℃ 条件下仍能生长繁殖,冰箱冷藏室内保存不宜超过 1 周,食用前应彻底加热可预防该菌引起的食物中毒,可不作为重点检测指标。产气荚膜梭状菌为厌氧芽孢菌,在细菌性食物中毒中所占比例较大,在焖肉、炖肉、红烧蔬菜中均分离到病原菌。由于加工量大,食品加热不彻底,加热后冷却速度缓慢,可使芽孢在食品中大量繁殖,细菌繁殖体大量繁殖产生肠毒素引起食物中毒,应作为必检指标。提出沙门氏菌、副溶血弧菌、金黄色葡萄球菌和产气荚膜梭状菌作为动车组配餐食品致病菌控制指标,沙门氏菌 0/25g,副溶血弧菌 0/25g,金黄色葡萄球菌<20cfu/g,产气荚膜梭状菌<20cfu/g。标准技术要求为

$$n=5, \quad c=0, \quad m=0\text{cfu/25g}$$

　　一批产品中的 5 件检样,若所有检样均未检出,则判定合格;若有 1 件及以上检样检出致病菌,则判定为不合格。

$$n=5, \quad c=0, \quad m<20\text{cfu/25g}$$

　　一批产品中的 5 件检样,若所有检样均小于 20,则判定合格;若有 1 件及以上

检样大于等于 20,则判定为不合格。动车组配餐食品微生物指标抽样检测标准如表 9.2 所示。

表 9.2　动车组配餐食品微生物指标抽样检测标准

项目	采样方案及限量			
	n	c	m	M
菌落总数/(cfu/g)	5	2	1000	
大肠杆菌/(cfu/g)	5	0	<10	—
沙门氏菌/(cfu/25g)	5	0	0	
副溶血弧菌/(cfu/25g)	5	0	0	
金黄色葡萄球菌/(cfu/25g)	5	0	<20	—
产气荚膜梭状菌/(cfu/25g)	5	0	<20	—

注:n 为一批产品的采样个数;c 为该批产品检样超过限量的检样数;m 为合格产品限量;M 为附加条件后判定为合格产品限量。

3. 铁路餐营食品安全卫生关键控制点

铁路餐营食品特点主要包括 4 个方面:①种类多,有肉、禽、鱼、蔬菜、水果甜点、饮料等;②食品结构复杂,生冷、高糖、高蛋白类多,易腐败;③加工储存时间长,从准备、加工、储存到食用要 10 多个小时以上,储存不当易造成食物中毒;④食品采购渠道多,变化不定。

研究资料表明,细菌的生长与繁殖与温度和时间密切相关。在适宜的温度和条件下,起初有 1h 或稍长时间的停滞期,这时细菌适应新的温度环境,细胞数量很少变化。在停滞期的后期,细菌开始成倍增加并加速到对数增长期,直至营养耗尽,毒性产物积聚。每一种微生物生长都有它特定的温度范围和最适宜的生长温度,如表 9.3 所示。

表 9.3　几种主要致病菌生长温度范围　　　　　　　　　　(单位:℃)

微生物	最低温度	最适温度	最高温度
沙门氏菌	5.2	37~43	44~47
金黄色葡萄球菌	6.7	37~40	45
副溶血弧菌	3~13	37	42~44
产气荚膜梭状菌	5~20	43~45	50
蜡样芽孢杆菌	7	30	49
肉毒梭菌	0~12	30~37	45~50

大多数致病菌在 4～60℃生长,37℃时达到最大倍增期。当接近或处于最适温度时,增值前的停滞期很短,大约为 1h,而处于生长温度范围内的其他温度时,其生长增殖前的停滞期较长,一般要多于 1h。微生物生长速度随温度每升高 10℃而加倍,或随温度每降低 10℃而减少一半,超过最高生长温度时,生长速度降低并最终停止,此现象称为 Q10 温度系数效应。

根据上述微生物生长繁殖规律,可以采取温度和时间控制对策加以防范。一是控制温度,规定食品保存温度应在 4～60℃以外的温度范围。研究表明,165 ℉/73.9℃的温度延续几秒钟即可将大多数细菌杀死;160 ℉/71.1℃的温度在 1min内可使大多数细菌死亡。因此,烹调温度达到 71～82℃是安全温度。二是控制时间,将加工操作时间尤其是室温下食品的暴露时间控制在 1～2h 内完成,使细菌处于生长停滞期。此项研究成果用于指导铁路餐营食品加工操作工艺技术要点如下。

化冻——使冷冻食品表面温度保持在不超过 10℃的环境下解冻。

加热——达到安全烹调温度 75～82℃。

冷却——在 2h 内由 75～55℃降低到 10℃,然后冷藏。

餐车上二次加热——在 1h 内将冷却或冷冻的食品加热至 85℃。

操作程序——摆盘、包装、运输、装车等程序,分别控制在 1h 内完成。

运用 HAPPC 危害分析方法,确定铁路餐营食品危害关节点为:①食品原材料的微生物污染、化学污染和有害食品添加剂;②生产过程中的原材料粗加工、热食制作、冷食制作、包装、冷藏等工序;③生产环境洁净度;④操作人员身体健康和卫生状况;⑤列车上餐营食品保存机制。提出关键控制点及其实施技术要点。

1)食品原材料质量控制

25 型列车餐车面积约 65m²,餐车加工经营各工序如蔬菜的洗涤、切配、烹调、备餐、清洗消毒等均在不足 15m² 的后厨进行,受空间限制,各加工工序只能交替进行。近年实行的净菜上车方式对提高食品原材料质量,简化餐车加工工序,减少交叉污染风险,保证餐车食品安全起到了重要作用。食品原材料质量采购储存要点如下:①原辅材料的采购必须有明确的计划,尽量缩短库存时间。②采购的原辅材料新鲜程度要高,其卫生指标必须符合国家标准之规定。③采购时应严格选择诚信度高的供应商,并索取产品检验合格证。供应商应相对固定,以保证产品质量的稳定。④做好原辅材料的入库验收工作,对不符合要求的严禁入库。质检部门应对原辅材料进行抽验,不合格者严禁投入生产使用。⑤原辅材料应分类存放,以避免交叉污染。严格控制其储存条件和时间,冷藏库及冻藏库温度应分别控制在5℃和-18℃以下。

(1)餐车净菜保鲜技术。

净菜在储藏加工过程中容易发生品质变化,主要表现形式有:颜色变化,组织失水、软化、腐烂等。不同蔬菜生理特点不同,品质变化的表现也不同。根茎类如萝卜、胡萝卜,其主要品质变化为失水皱皮、糠心、组织纤维化;茄果类如番茄、青椒,其品质变化为表皮皱折、组织软化;绿叶菜呼吸作用旺盛,呼吸过程中会产生大量的呼吸热,促进叶子的黄化和腐烂,使水分快速蒸发,易脱水萎缩;马铃薯、莲藕类等,因含有大量的多酚物质,去皮切分后,暴露在空气中极易褐变。

将餐车上常用的蔬菜品种按储存特性分为四大类:第一类,易萎缩的叶菜;第二类,易褐变的马铃薯;第三类,易发生冷害的黄瓜、茄子;第四类,花菜类等其他品种。通过各种净菜品种、温度、保鲜剂和包装材料实验研究,确定各品种保鲜技术的最佳方案。

①叶菜类。叶菜是难以保存的一类蔬菜,因其呼吸作用旺盛,极不耐储藏,湿度低时容易黄化、萎蔫,湿度高时又易腐烂。叶菜类在常温下储藏,容易失水萎蔫。低温下储存叶菜的保鲜效果较好。叶菜包装以托盘盛放,PE 保鲜膜半封闭包装(保鲜膜上打孔)保鲜效果最佳。使用全封闭包装,易结露形成水珠,进而发生微生物腐败。半封闭包装防雾效果较好,能有效防止叶片的黄化和萎蔫。二氧化氯对油菜表面微生物具有明显的杀灭效果。50mg/L、75mg/L、150mg/L 三个浓度组抑菌效果无显著差异。可采用 50mg/L 二氧化氯对蔬菜进行杀菌处理。保鲜实验中,0.1%异抗坏血酸、1%氯化钠和 1%过氧化氢胶质银蔬菜保鲜液对叶菜类蔬菜的保鲜都能起到一定效果,以 1%氯化钠和 1%过氧化氢胶质银蔬菜保鲜液保鲜效果最佳。采用叶菜加工保鲜工艺,对白菜、菜心、生菜进行加工处理,保存 5 天,品质良好。保鲜加工工艺为:原料整理—清洗—切分—50mg/L 二氧化氯浸泡10min—1%过氧化氢胶质银蔬菜保鲜液处理 10min—沥水—托盘称重—保鲜膜半封闭包装—4℃储存。

②茄果类。这类代表品种是茄子。茄子是一种大众化菜肴,但不耐储藏。无包装条件下,4℃以下冷藏会出现冷害,表面出现水浸斑,内部种子变褐色。此外,茄子在储藏中易失水萎缩、品质变劣。对茄子的储藏主要考虑温度的影响。如黄瓜等品种也容易发生冷害,而包装能够在一定程度上减少冷害的发生。用二氧化氯杀菌、异抗坏血酸护色后,采用薄膜半封闭包装,常温或 4℃下储存,可延长茄子的保鲜期。保鲜加工工艺为:原料整理—清洗—切分成条—50mg/L 二氧化氯浸泡 10min—0.1%异抗坏血酸浸泡 10min—沥水—托盘称重—保鲜膜半封闭包装—常温或 4℃储存。

③薯芋类。薯芋类代表品种是马铃薯,又名洋芋或土豆,组织中多酚物质含量高,去皮切分后,组织直接与空气中的氧气接触,极易发生酶促褐变。使用 1.5%柠檬酸+0.1%异抗坏血酸和 0.2%氯化钙复配保鲜液对马铃薯保鲜效果最佳,成品采取真空包装,于 4℃下存放 7 天,品质保持良好。保鲜加工工艺为:新鲜马铃薯—清洗、去皮—切分—清洗—护色处理 20min—沥干—称重—真空包装

(-0.9MPa)—储藏。

④花菜类及其他。花菜类代表品种有菜花、西兰花。西兰花采后呼吸旺盛,极易衰老,表现为叶绿素降解而使花球黄化,茎和花蕾松软。整株西兰花在常温下放2天开始变黄,而鲜切后更易滋生细菌而腐败。低温储藏对鲜切西兰花的保鲜效果较好,且0℃保鲜效果优于4℃。包装能较好地锁住水分,保持蔬菜品质的新鲜。包装方式对保鲜效果有一定影响。在鲜切西兰花的保鲜包装中,全封闭包装出现了结露现象,半封闭包装因有小孔供水分蒸发,故未凝结产生水珠。保鲜效果较好。使用50mg/L的二氧化氯处理蔬菜10min后,蔬菜中的细菌明显得到抑制。保鲜加工工艺为:原料整理—清洗—切割—50mg/L二氧化氯浸泡10min—沥水—托盘称重—保鲜膜包装—4℃储存。采用西兰花加工工艺,对萝卜、胡萝卜、青椒、尖辣椒、茄子、苦瓜、角瓜、甘蓝、豇豆、蒜薹、洋葱、西芹等进行净菜加工,保存5天,品质良好。

(2)餐车净菜品种选择。

通过实验研究,推荐铁路餐车净菜选择以下20个品种,如表9.4所示。

表9.4　推荐的餐车净菜品种

类别	品种
根茎类	萝卜、胡萝卜、西芹
茄果类	青椒、尖辣椒、茄子、西红柿
瓜类	苦瓜、角瓜、西葫芦
甘蓝类	甘蓝、圆白菜
豆类	豇豆
葱蒜类	洋葱、蒜薹
薯芋类	马铃薯(土豆)
花菜类	花菜(菜花)、西兰花(青花菜)
叶菜类	生菜、油菜、菜心、白菜

(3)餐车肉类食品保鲜技术。

市场上出售的鲜肉有三种:热鲜肉、冷鲜肉和冷冻肉。热鲜肉从加工到零售,没有经过"后熟"处理和排酸过程,做成菜肴,既难熟,滋味也不佳。另外,在储运和包装过程中,肉温较高,易造成微生物大量繁殖。冷冻肉细菌较少,食用安全,但因食用前需解冻,容易导致营养物质随汁液流失。冷鲜肉,也叫排酸肉,它指的是在冷却条件下,完成肉的排酸过程,即当畜品屠宰后及时冷却,使肉的温度在24h内降到0~4℃,并在此后的一系列加工、流通和销售过程中始终保持这个温度,使之能够抑制肉中酶的活性和大多数微生物的生长繁殖,并使肉的纤维和结缔组织发生复化——变得松弛,因而使肉品在食用方面易熟易烂,使人容易咀嚼和消化,营养的吸收利用率也高,口感鲜嫩味美。

冷鲜肉口感好,但保质期短。冷鲜肉腐败变质主要是存在于肉表面的腐败微生物作用,因此杀灭腐败微生物或抑制微生物在冷鲜肉中的生长繁殖,即可达到延长冷鲜肉保存期的目的。继冷冻和冷藏保存食品之后,一种新的技术——冰温保鲜技术目前正在兴起。与冷冻肉相比,保存在冰温条件下的冷鲜肉具有安全卫生、质地柔软、口感好、汁液流失少、营养价值高等优点,越来越受到消费者的喜爱。在餐车上使用冰温保鲜技术,能够克服冷冻的缺陷,更好地保证餐车食品的风味、口感和新鲜度。

此外,还可以通过对原料肉预处理,减少初始菌数的方法延长冷鲜肉的保存期。将两种或两种以上保鲜技术配合使用,如消毒保鲜与冰温结合、气调包装与冰温结合等,保鲜效果更加显著。

肉新鲜度的评价指标主要分为感官指标、理化指标和微生物指标,包括肉的颜色、黏度、气味、pH、挥发性盐基氮、菌落总数等。通过实验研究提出餐车原料肉保鲜方案。

铁路餐车原料在始发站由客运段统一供给,列车往返时间最长不超过 7 天,因此,对餐车原料肉的保鲜可以采用简便有效的消毒剂浸渍处理加冰温保存办法。采用 50mg/L 二氧化氯杀菌浸泡 10min,用 PE 保鲜膜包装并在 $-1℃$ 冰温条件下储存,7 天后品质良好,仍能达到一级鲜肉标准。

低温在一定程度上能够抑制微生物的生长繁殖,温度越低,微生物繁殖速度越慢。通过对 4℃ 和 $-1℃$ 冰温保存条件下一级鲜肉的保存期比较,$-1℃$ 冰温储藏效果明显高于 4℃ 储藏。在 4℃ 条件下,一级鲜肉的保存期只有 3 天,在 $-1℃$ 条件下,一级鲜肉的保存期大于 7 天。保鲜加工工艺为:原料—清洗—50mg/L 二氧化氯杀菌浸泡 10min—切割成片(丝)—计量—托盘盛放,保鲜膜包装——$-1℃$ 冷藏。

(4)餐车高危禁用食品原料。

①生豆浆粉。未加热煮透的豆浆容易引起中毒。生黄豆中含有皂甙,皂素因受热膨胀而产生大量气泡,在 $85\sim90℃$ 时即产生"假沸现象",此时的温度不能破坏豆浆中的皂甙物质,饮用后容易引起血球凝集素中毒。餐车采购豆浆应以速溶速效粉为好,不宜选用生速效粉。

②豆角(四季豆)。生豆角中含有皂素和血球凝集素,只有完全煮熟毒素才被破坏。因豆角肉质较厚,加热不易均匀,加工时间太短不易熟透,从而易引发食物中毒,所以不适宜在车上加工。

③发芽蔬菜。发芽蔬菜,如黄豆芽、绿豆芽,商贩为增加其白嫩度而喷洒保险粉,致使二氧化硫超标严重。为加速发芽,加入化肥或除草剂,在微生物作用下,生

成亚硝酸胺,易诱发食道癌和胃癌。因此不建议采购。

④发芽土豆(马铃薯)。土豆中含有一种生物碱龙葵素。正常土豆中含量较少,当土豆发芽后皮肉变绿,龙葵素含量增高,对人体中枢神经系统有麻醉作用。严禁采购表皮变绿、变紫或已发芽的产品。龙葵素遇醋酸能被分解,故餐车在烹调时可适量加些食醋,以保证食品安全。

⑤暴腌菜、腌肉。腌制不久的蔬菜中含有大量的亚硝酸盐,一般20天后才能消失。腌肉中超量使用亚硝酸盐作为发色剂和防腐剂。

⑥海鱼(青皮红肉)。有些海产鱼含有较高量的组氨酸,如鲐鱼、青鱼、沙丁鱼、秋刀鱼等。经细菌作用,鱼肉中的组氨酸被脱羧产生组胺和类组胺物质——秋刀鱼素。

⑦海产品和盐渍食物。这类产品容易被副溶血弧菌污染,未烧熟煮透时会引发中毒。

⑧果仁、杏仁茶。有些果仁中含有氰甙类毒物,在酶作用下,可水解生成氢氰酸及苯甲醛等。

⑨猪肝。瘦肉精名为盐酸克伦特罗,是一种兴奋剂,加入饲料中可减少脂肪含量,提高瘦肉率。因瘦肉精在动物内脏中残留浓度较高,所以会对人体内脏产生毒害作用。

⑩鲜黄花菜。它含有秋水仙素,进入人体后被氧化成二秋水仙碱,有剧毒。

⑪韭菜。它属于连续性采收的农作物,菜农往往大剂量使用高毒农药,经常有报导因清洗不彻底导致食物中毒事件的发生。

(5)重点管理食品。

①熟肉制品。储存不当时,熟肉制品容易受到病原菌的污染引发中毒。沙门氏菌在水、乳及肉制品中能生存几个月。它的控制措施为:低温储存;加工的肉块不易过大,加工时生熟分开;用时加热煮透,高温杀菌后再食用。

②蛋、奶制品。储存不当容易受到沙门氏菌污染,引发中毒。蛋、奶制品的控制措施为:生蛋冷藏保存;加工时蛋类煮沸时间8min以上;奶制品应供应可常温下储存的袋装鲜奶或奶粉;严格控制蛋奶制品的保质期。

2)原料粗加工质量控制

(1)控制冻肉、禽、鱼等原料的解冻时间,常温解冻应不超过6h,冷藏库内解冻应不超过12h。解冻后原料中心温度应控制在5℃以下。

(2)用于冷食制作的果蔬等原料经消毒处理后应密封存放,防止二次污染。

(3)经粗加工后的各种原料及时进入后序制作过程,或冷藏库中存放,存放时间不得超过4h,以防残留微生物生长繁殖。

3)热食制作

(1)烹调食品时应达到安全温度71~82℃,制成品的中心温度应达到71℃以上。

(2)制作好的热食需要冷藏存放的,应采用速冷机进行快速冷却,使其在 2h 内降到 15℃以下,冷却的热食经密封后放冷藏库中存放 2h 以上,使其中心温度降至 5℃以下再进行包装。

(3)自制销售熟肉过程细菌污染试验。熟肉制品是站台自制食品中的主要品种。对于站车销售量较大的酱卤鸡腿,在其加工制作、销售现场,分别对原料肉、熟食成品及销售 1h、2h、4h 后的熟食进行采样检测菌落总数、大肠菌群,掌握熟食在加工及销售过程中微生物的变化规律。按《熟肉制品卫生标准》(GB 2726—2005)评价,菌落总数≤80000cfu/g,大肠菌群≤150MPN/100g,如表 9.5 所示。

表 9.5　熟肉制品制售过程细菌污染繁殖状况

检测样品		细菌总数/(cfu/g)	大肠菌群/(MNP/100g)
原料肉		360000	430
制成品肉		2900	30
制成品肉	销售 1h	2875	30
	销售 2h	260000	90
	销售 4h	650000	160

表 9.5 显示,原料肉经热处理加工成熟肉制品,加热过程中大量细菌被高温杀灭,只有少量耐热细菌残留,因此加工好的成品肉菌落总数很低,且销售 1h 检测细菌没有增殖。1h 后随着销售时间的延长,熟食的菌落总数呈几何级数增长,销售 2h 检测增长了 89 倍,菌落总数已大大超过卫生标准。4h 检测增长了 224 倍。表明熟食在常温下超过 1h 长时间存放,可使残留细菌大量繁殖,致使食品不符合卫生标准。盛放熟食的工作台、砧板、刀具、容器未能有效清洗消毒,也可对制成品造成二次污染。

(4)熟肉制品灭菌工艺试验。将卤制好的鸡腿肉分成 5 组,每组 2 只,抽真空包装,真空度为－0.09MPa。分别以不同方式进行灭菌实验,对照组真空包装后不灭菌。将各试验组和对照组分别于置于 37℃培养箱中培养 7 天,测定菌落总数,如表 9.6 所示。

表 9.6　灭菌方式对熟肉制品保存天数影响作用

灭菌方式	灭菌时间/min	不同保存天数的菌落总数/(cfu/g)			
		0d	1d	3d	5d
121℃高压蒸汽	20	0	0	0	0
100℃水浴	30	0	0	50	170

灭菌方式	灭菌时间 /min	不同保存天数的菌落总数/(cfu/g)			
		0d	1d	3d	5d
95℃微波处理	5	0	0	75	220
对照组	—	150	$3.2×10^5$	$5.1×10^6$	$5.1×10^7$

注:原料肉含菌量为 25000cfu/g。

试验表明,热加工后的制成品菌落总数显著下降,由原料肉的 25000cfu/g 下降至 150cfu/g。真空包装后不再进行任何热处理,存放一天,菌落总数剧增,已超出标准限值。表明由于制品本身残留菌,包装材料、工作人员手带菌原因,包装过程可造成二次污染。真空包装后,经 121℃ 高压蒸汽灭菌处理后,2 周内能够达到商业无菌。真空包装后,再经沸水水浴和微波处理,杀灭了大部分细菌,也可以延长产品保存期。微波杀菌耗时短,杀菌效果较好,在工业上应用广泛。沸水水浴杀菌耗时长。因此自制熟肉制品,采用真空包装后微波杀菌或高压蒸汽灭菌,可避免产品杀菌后再次污染,均能在常温状态下达到延长食品保质期。提出车站自制熟肉制品加工工艺如下。

①低温杀菌工艺。冷藏原料—解冻—腌酱—卤制—晾干—分切—计量—真空包装—95℃微波杀菌 5min—成品—室温储藏。

②高温杀菌工艺。冷藏原料—解冻—腌酱—卤制—晾干—分切—计量—真空包装—121℃高压灭菌 20min—成品—室温储藏。

4)冷食制作

(1)用于冷食制作的各种配料内外包装使用前必须进行擦拭消毒处理,自行加工的原料应达到内控卫生质量要求。

(2)各种器具使用前应进行严格的消毒处理,操作人员严格遵守卫生规程。

(3)产品摆盘分装后应立即密封,放入冷藏库中保存。

5)包装

(1)包装工艺所用各种器具,必须严格按清洗、消毒、干燥、保洁四步程序进行处理后才能使用。

(2)包装车间的温度应控制在 22℃以下,包装时间控制在 30min 以内,产品由冷藏库中取出至包装完毕再放入冷藏库的时间不得超过 1h。

(3)包装好的食物再运输上列车前,不得少于 2h 的冷藏时间,以使食物的中心温度降至 5℃以下。

6)生产环境

(1)生产场所要远离污染源,配备好防尘、防鼠、防蝇设施。

(2)生产前做好车间内环境的消毒工作,地面采用消毒液擦拭;空气消毒可采用紫外线照射、化学试剂熏蒸或臭氧等方法。生产后应及时做好"三废"处理和清洁工作。

（3）车间墙壁、天花板以及冷藏库每周应清理消毒一次。

7）操作人员

（1）生产操作人员必须身体健康,进行岗前体检确认。凡痢疾、伤寒、病毒性肝炎等消化道传染病及其隐性感染者,活动性肺结核,化脓性或渗出性皮肤病,以及其他有碍食品卫生的疾病,不得从事铁路餐营工作。

（2）生产操作人员进入车间之前,要做更衣和手的清洗消毒,根据生产工序要求佩带无菌手套及口罩进行操作。

（3）工作服应每天更换,统一清洗、消毒处理。

（4）生产人员应保持良好个人卫生,严格遵守操作卫生规范。工作中应勤洗手,至少每 2～3h 应洗手 1 次。

8）运送装车与车上管理

加工包装好的动车组配餐食品放在 0～5℃冷库内冷藏,用专用冷链运输车运送,运输过程中使配餐食品中心温度保持在 10℃ 以下,运送装车时间控制在 1h 之内。

第 10 章　铁路站车环境卫生控制技术

10.1　铁路站车病媒生物监测与控制

1. 铁路站车鼠蟑监测与控制

有害生物狭义上是指危害和骚扰人类的节肢动物和啮齿动物,如蚊子、苍蝇、蟑螂、跳蚤、臭虫、虱子、白蚁、蜱、螨及老鼠等,对于可以传播疾病和骚扰人类的有害生物,通常称为病媒生物。

我国铁路路线长,站场周围环境复杂,车型多样,长期以来铁路旅客站车经常发生鼠、蟑危害。铁路鼠蟑等病媒生物的防治工作直接影响广大旅客和乘务人员的身体健康,关系到铁路的声誉和国家的形象。因此,旅客站车鼠蟑防治(简称双灭)是铁路站车卫生的一项重要工作。另外随着铁路的发展,新型站、车不断建设及投入使用,新型列车与以往相比有很大的改变,与既有线铁路旅客列车相比密闭程度提高,可有效防止鼠、蟑等病媒生物通过与外界相连的孔隙直接上车;卫生状况改善,垃圾随时清理并打包下车,可避免蟑螂、苍蝇、蚊子等病媒昆虫的滋生;餐饮方式以冷链为主,减少了通过食物夹带上车的概率;而环境舒适度的提高,增加了病媒生物在列车上的存活概率。新型火车站更是从以人为本的理念出发,对室内的温度、声响、采光、照明都经过了特殊设计,功能更为复杂和多样。与原有铁路火车站相比,新型火车站采取了地面硬化及较少地面孔洞的措施,可有效防止鼠类等啮齿动物的入侵,卫生条件的改善及垃圾的及时清理减少了病媒生物滋生的可能性。

对于各种病媒生物的防治,国内外有害生物防治机构已经做了大量研究和现场实验。鼠类防治主要采用化学和非化学综合治理措施。非化学方法如环境防治、防鼠措施、物理方法(鼠夹、粘鼠板)和生物制剂等,目前得到了大力推广和广泛应用。化学方法包括毒饵、熏蒸剂、不育剂等是综合治理的主要手段,其中毒饵分为急性与慢性灭鼠剂,慢性抗凝血剂毒饵不仅效果好、使用方便,而且经济、应用广。蚊、蝇、蟑螂等昆虫纲动物的防治包括生态防治、化学防治、物理防治、生物防治等。其中,生态防治是一切防治的基础,也是巩固防治效果、防止入侵的基础;物理防治包括人工捕打、诱捕、热杀、冷杀、吸捕、电杀或驱除等,多数方法实用、方便;化学防治措施主要包括滞留喷洒、空间喷洒、直接喷洒、毒饵、胶饵、滞留熏蒸等各种措施,常用杀虫剂的种类有:有机磷杀虫剂,对昆虫作用全面,有胃毒、触杀和熏杀作用,主要包括 DDV、毒死蜱、双硫磷、地亚农、马拉硫磷等;氨基甲酸酯类杀虫剂,击倒快、残效长,常用种类有残杀威、混灭威等;合成拟除虫菊酯类杀虫剂,具有广谱、高效、击倒快、毒性低、生物降解快等特点。此外还有保幼激素类似物,如烯虫酯(methoprene)和发育抑制剂,如敌灭灵或称灭幼脲Ⅰ号(TH6040)及苏脲Ⅰ号等。其他类驱避剂、引诱剂,如驱蚊油、茴香醛、亚油酸、亚麻酸等。此外,我国制订了一系列法律、法规、标准等,将鼠蟑等病媒生物纳入其中,对其加大执行和监管力度,使其逐步实现规范化,包括《中华人民共和国传染病防治法》(1989 年 2 月通过,2004 年 8 月修订),《出入境口岸食品卫生监督管理规定》(2006 年 3 月颁布),全国爱卫会针对城市"四害"控制制订出《灭鼠、蚊、蝇、蟑螂标准》及《灭鼠、蚊、蝇、蟑螂考核鉴定办法》(1997 年 1 月修订),《鼠、蚊、蝇、蟑螂控制标准》及《鼠、蚊、蝇、蟑螂控制考核鉴定办法》(2001 年 3 月修订),《突发公共卫生事件应急条例》(2003 年 5 月公布),《中华人民共和国国境卫生检疫法》(1986 年 12 月发布,2007 年 12 月修订),《中华人民共和国国境卫生检疫细则》(1989 年 3 月发布,2010 年 4 月修订),《国内交通卫生检疫条例》(1998 年 11 月发布),全国爱卫会、卫生部文件《病媒生物预防控制管理规定》(2009 年 10 月发布)等。

目前铁路对蟑螂的防治主要使用以下几种措施:滞留喷洒,选择对蟑螂较敏感的杀虫剂,喷洒时以线状喷洒到蟑螂栖息的缝隙孔洞为主,同时对经常活动表面进行喷洒,以增强触杀效果;烟雾熏杀,适合于缝隙较多、施药很难到位的场所及旅客列车,使用前最好将蟑螂可能逃逸的表面进行滞留喷洒处理,以增加防制效果;毒饵防治,在某些不宜采用其他方法灭蟑的场所使用,颗粒毒饵应投放于蟑螂经常活动且隐蔽的场所,列车上采用毒饵盒粘贴于隐蔽的场所(如座卧席背面等),投放时点多、量少、面广,以增加蟑螂食饵机会。毒饵杀灭效果受适口性方面的影响。采用的灭鼠方法主要有:粘鼠板捕鼠,适于旅客列车及站区不适宜投放药物灭鼠的场所;毒饵灭鼠,是站、车最常用的灭鼠方法,常用的灭鼠剂主要为抗凝血灭鼠剂,其适口性可影响灭鼠效果;防鼠,是防止鼠害发生最有效的方法。

1)铁路站车鼠蟑种群监测方法

目前,铁路站车的鼠蟑监测及防控仍然按照教卫防[1997]29 号《铁路站车病媒生物监测方法及控制要求》及铁教卫[1997]104 号《铁路车站、旅客列车鼠蟑等病媒生物防制管理办法》的规定。针对鼠类的监测采用粉迹法和粘鼠板法,针对蜚蠊采用目测法、药激法和粘捕法。鼠类的粉迹法敏感性高于粘鼠板法,蜚蠊的粘捕法检测率高于其他两种。

2)铁路站车鼠蟑防控措施

列车德国小蠊的防控应采取综合治理的措施,即以环境治理为基础,采用化学方法进行防控,一般情况下采用毒饵法结合粉剂法;滞留喷洒应在车内蟑螂密度较高或综合杀灭车内各种有害生物时应用；烟雾熏蒸法在车内蟑螂密度非常高，且有技术人员及设备支持的情况可用；车站、客技站德国小蠊的防控同一般环境。目前铁路站车鼠类的防控，应改变原来的"重车上，轻车下"的观点，采取车上、车下并重，集中治理车站和客技车站的鼠害，鼠害的治理采取综合治理，以环境治理为基础，同时采用毒饵法进行防控。

（1）铁路站车德国小蠊敏感性的分析。

①实验室敏感试虫对不同药物敏感性测试。实验室不同形态敏感试虫采用药膜接触法对高效氯氰菊酯、氯氰菊酯、氯菊酯、溴氰菊酯、功夫菊酯、毒死蜱、敌敌畏、残杀威、仲丁威等药物的敏感性测试，在各种药物作用下，雄性比雌性敏感，两者比若虫敏感。拟除虫菊酯类药物的 KT50（半数击倒时间）值在 10min 以内，氨基甲酸酯类在 17～18min。

②现场试虫对不同药物敏感性测试结果。目前铁路站车德国小蠊对拟除虫菊酯类药物如高效氯氰菊酯、氯氰菊酯、氯菊酯、溴氰菊酯存在高抗性，氨基甲酸酯类虽然抗性低，但是致死效果不理想。

（2）德国小蠊防控药物。

通过对拟除虫菊酯类杀虫剂包括高效氯氰菊酯、溴氰菊酯、氯菊酯、氯氰菊酯，有机磷类杀虫剂包括毒死蜱、乙酰甲胺磷，氨基甲酸酯类杀虫剂包括残杀威、仲丁威，还有其他种类杀虫剂包括硼酸、吡虫啉、氟虫腈等各个浓度组对实验室敏感德国小蠊的经口药效发现，拟除虫菊酯类、有机磷类和氨基甲酸酯类各种药物对德国小蠊的经口杀灭性能均较好，但在对现场试虫的测试中发现拟除虫菊酯类杀虫剂中的溴氰菊酯无效，在对氨基甲酸酯类药物的测试中，残杀威对现场试虫的效果不好，在现场操作中应对这两类药物的经口杀灭德国小蠊的药效进行合理评估。在测定中有机磷类杀虫剂对敏感性和现场德国小蠊的杀灭效果均较好。

（3）鼠类化学防治方法的实验室研究。

①适口性。通过摄食系数（毒饵消耗量/无毒诱饵消耗量）来评价几种市面常规毒饵[0.005％溴鼠灵、0.005％溴敌隆、杀它仗、0.025％杀鼠灵、0.0375％杀鼠迷、0.005％溴敌隆、0.01％溴敌隆（蜡块）]的适口性，对小鼠的摄食系数普遍高于大鼠，其中溴鼠灵、溴敌隆、溴敌隆三种灭鼠剂对雌性小鼠的适口性均在 2.5 以上，适口性佳。

②杀灭效果。各种灭鼠剂[0.005％溴鼠灵、0.005％溴敌隆、杀它仗、0.025％杀鼠灵、0.0375％杀鼠迷、0.005％溴敌隆、0.01％溴敌隆（蜡块）]对大小鼠的杀灭结果均较好。小鼠在食用溴鼠灵毒饵后出现死亡现象的时间最早，为第 3 天，4～6天各药使小鼠死亡数达到高峰，大鼠 4～7 天达到高峰。其中溴鼠灵致雌、雄小鼠死亡率均未达到 100％，其余药物对大小鼠的毒杀率均达到 100％。溴敌隆蜡块毒饵使大小鼠出现死亡时间为第三天，出现死亡时间较早。

3)铁路站车鼠蟑防控策略

(1)目前列车蜚蠊的防控应根据德国小蠊在列车上的分布状态,确定施药部位,有重点进行防控,这样既可达到德国小蠊防控的目的,又可达到节省药物的目的。在德国小蠊隐匿环境较多的列车上防治德国小蠊时,尤其是采用滞留喷洒等接触法灭蟑时应选择德国小蠊活动时进行,尽可能使其多接触药物,可提高杀灭效率。

(2)目前铁路列车鼠类密度低,故铁路站车鼠类的控制应改变原来重车上、轻车下的观念,治理好客技站与客运车站的鼠类,消灭鼠类适宜栖息和繁殖的隐蔽场所,清除鼠类赖以生存的食物、水和活动空间。治理好地面环境,消除鼠类活动,断绝鼠类上车通道,下大力气将鼠类拒于站、车之外。

(3)蟑螂粘捕法的监测效果高于药激法,在列车德国小蠊的监测中建议根据需要进行选择:力求反映列车德国小蠊的密度则应选择粘捕法,但应熟悉德国小蠊在列车的生态习性;如果要求白天监测,则应选择药激法,但应注意不要选择产生抗药性的药物;要求快速而大批量监测可选择目测法,应在傍晚黑暗状态下进行。建议采用合适的方法监测铁路站车鼠蟑,以保证能提供准确数据,正确反映现场鼠蟑情况。

(4)铁路站车德国小蠊对拟除虫菊酯类杀虫剂的接触法抗性系数大于100,在现场应用杀虫剂防制蜚蠊失败的主要原因之一是抗药性的形成,故建议:定期开展抗性监测,及时掌握本地区蜚蠊的抗药性水平,为科学合理用药提供依据,并对抗性衰退情况进行研究;在了解掌握蜚蠊的生物学、生态学的基础上,正确合理地使用杀虫剂,周期性交替使用药物,定期轮换毒性作用机制不同的药物,并研究蜚蠊的交叉抗药性。

(5)在实际应用杀蟑毒饵时,应从其对蟑螂的灭效击倒速度、致死速度、致死率及适口性、药物的失水、吸水及其对蟑螂的连锁杀灭率等几个方面综合考虑,建议在应用药物前首先合理选用有效的药物,避免药物的浪费。

(6)对鼠类应用化学防制时,首先应调查拟灭鼠地点的鼠种,有针对性地选出防制药品,另外,在现场应用时应注意药物放置地点和保管问题。

(7)建议建立铁路站车病媒生物动态监控体系,随时了解病媒生物的种类及变化趋势,为病媒生物预测预警体系提供基础。

(8)铁路站车鼠虫的防控应注重源头治理,铁路站车在设计过程中就应考虑鼠虫等病媒生物的防控要求,从而减少鼠虫滋生的条件,利于后续防控措施的设置和实施。

2. 青藏铁路运营期鼠疫防控措施

随着世界经济的发展,交通运输工具日趋先进,鼠疫病人在潜伏期内和发病时由一个地区到另一个地区成为可能,鼠疫远距离传播的可能性加大。一直以来,青藏高原地区为以喜马拉雅旱獭为主要储存宿主的鼠疫自然疫源地,其间动物鼠疫流行猛烈,人间鼠疫时有发生。由于该疫源地鼠疫菌特有的生态型及生化性状,其毒力、侵袭力、致病力均较强,造成人间鼠疫发病急、传染快、病程短、病死率高。青藏铁路通车前,由于地广人稀、交通不便等原因,青藏地区鼠疫疫源地处于相对封闭的状态,人间鼠疫传播机制单纯,威胁比较局限。青藏铁路建设期间,原铁道部组织各参建单位,努力完善各项防病、防疫措施,建立卫生保障长效机制,把烈性传染病和高原危害对参建人员的负面影响降到了最低程度,实现了开工后"人间鼠疫零发生"的根本目标。青藏铁路的运营,使得内地与青藏地区的人员、物资得到超前规模的交流与互通,同时为有害生物进出青藏高原提供了机会,增加了交通要道、城镇、旅游区及各类人群疾病流行的风险性,因此对青藏铁路运营后沿线鼠疫进行长期防治是迫切需要解决的问题。

1)青藏铁路鼠疫媒介生物防制方法分析

北京、广州、上海、成都、重庆、西宁、兰州通往拉萨列车的运营,使青藏铁路沿线列车、站区的鼠害治理问题成为有关鼠疫等相关鼠传疾病扩散的重点关注对象,当前青藏铁路沿线站区的消杀灭工作主要以发放粘鼠板为主,但此种方法已明显不能满足需要。鼠夹法、鼠笼法在列车上易因振动导致无效,且易打伤旅客,不适于在列车运行中使用;这两种措施在站区可用,但应注意投放地点,不要伤及旅客。粘鼠板法在列车上可使用,但容易粘住旅客行李及衣物,给旅客造成不便;另外,在使用中易丢失,造成统计数据失误。在站区,粘鼠板法可使用,且方便,适用于突击灭鼠,长久则无效。超声波在列车上趋鼠效果较差,不建议使用,在站区可使用。生物学方法中天敌灭鼠在站区可用,列车不适用。微生物灭鼠方法不成熟,不建议使用。化学方法在列车及站区均可使用,但应注意专人保管,以防误食。各种防、灭鼠方法对青藏铁路站车适应性分析如表 10.1 所示。

表 10.1　各种防、灭鼠方法对铁路站车适应性分析

防控方法	优点	缺点	具体措施	列车应用特点	车站应用特点
环境防治	—	—	—	适用	适用
物理方法	①效果确实;②简便易行;③费用较省;④对人、畜较安全	①同种捕鼠器连用时效果迅速下降;②工效较低;③剩余鼠密度高;④效果随使用者的熟练程度而有较大差异	鼠笼	由于列车振动易导致无效,不适于使用	可使用,但注意放置地点,不要伤及旅客
			鼠夹	由于列车振动导致无效;易打伤旅客,不适于列车运行中使用	可使用,但注意放置地点,不要伤及旅客,适用于突击灭鼠
			粘鼠板	可使用,但易给旅客造成不便,易丢失	可使用,且方便,适用于突击灭鼠
			超声波	列车上趋鼠较差	—

防控方法	优点	缺点	具体措施	列车应用特点	车站应用特点
化学方法	方法简单、工效高、灭效好、见效快、经济	易污染环境,如果灭鼠药使用不慎或保管不当,易引起人、畜中毒	毒饵灭鼠	可使用,但应注意专人保管,以防误食	可使用,应注意保管状况
			熏蒸灭鼠	列车鼠情严重时使用,不宜用于动车	—
生物学方法	简便易行	进展很慢、灭效低	天敌灭鼠	不适用	可使用
			微生物灭鼠	方法不成熟,不适用	方法不成熟,不适用

2)青藏铁路运营期鼠疫防控措施

针对青藏铁路站区人群可能接触青藏鼠疫的不同途经,提出青藏铁路所涉及不同区域(列车、工区、车站)的鼠疫防控具体措施。

(1)列车鼠疫日常防控措施。

①旅客列车配备的防护用品。

(a)个人防护用品:隔离衣、工作帽、乳胶手套、长筒胶靴、手巾、防蚤袜(用药物浸泡过)、三角巾或防护帽、防护眼镜、肥皂、75%的酒精、手指内外消毒器、脱脂棉、口罩(12、24 层各一)、手电、大中小塑料袋。

(b)药品:磺胺嘧啶、TMP、过氧乙酸、溴氰菊酯、灭害灵、灭鼠药、链霉素、环丙沙星(针剂和气剂)。

(c)检疫箱、急救箱。

(d)器械:电子血压计、听诊器、直读式体温计、煮沸消毒器、一次性 5ml 注射器、玻璃笔、镊子、消毒棉签、药袋、喷雾器、带盖塑料桶、带盖搪瓷盘、污染物收集袋、痰盆、真空采血管。

(e)登记表、记录本、笔等。制订物品登记表格,注明物品名称、件数、出厂日期、失效期、取用记录等,卫生人员对以上物品定期检查,及时补漏,并对失效物品及时更新。

②旅客列车检疫。

在青藏铁路沿线格尔木至拉萨段各旅客列车配备 1~2 名卫生人员,负责对旅客的巡视、筛查和鼠疫防治知识的宣传教育。4~10 月是鼠疫流行季节,铁路卫生检疫人员根据需要随时随车开展对人间鼠疫的监控工作。

③健康教育和培训。

铁路部门负责旅客的鼠疫防治知识宣传教育。旅客列车应有宣传册,列车在进入西宁、格尔木、那曲及拉萨市等主要车站前要通过广播、电视、录像等对旅客进行鼠疫防治知识宣传。使旅客了解青藏地区鼠疫的传染源、传播途径及其基本症状和鼠疫感染后应向当地卫生部门求助等方面的知识,另外还可通过问卷形式强迫其了解。

④工作人员培训。

举办青藏铁路鼠疫防治培训班,对担当青藏铁路旅客列车客运工作的服务人员进行全员鼠疫防治知识的培训。根据职工轮岗情况,定期对青藏铁路沿线旅客列车工作人员开展鼠疫防治知识的培训,并对列车服务人员进行鼠疫知识考核,做到每个职工熟知鼠疫的传播媒介及动物传染源、传播途径、鼠疫病人的基本临床表现及旅客列车上鼠疫发生时的自我防护知识。同时组织各进藏列车所属铁路局的卫生、客运、车辆、公安部门骨干人员参加培训,由他们对本局担当青藏铁路客运工作的服务人员进行全员鼠疫防治知识的培训。

⑤列车消杀灭工作。

对相关铁路局进藏旅客列车的消杀灭提出严格要求,应杜绝鼠类及其媒介随旅客列车活动。由于鼠类易在卫生条件差的环境中生存,进藏旅客列车应注意垃圾及时清理,统一收集,及时出站处理,加强车厢的环境管理;旅客列车上放置毒饵盒(内放毒饵),注意每次毒饵盒空后补充毒饵;或车上放置粘鼠板,但应注意放置位置及收取、更换时间,以免对旅客造成不便。灭鼠方法应根据情况及时更换,以免使用同一种药物或方法失效。同时各相关铁路局定期用粉迹法测定局内车站及车库鼠密度,并用夹捕、笼捕或粘鼠板法测定当地的鼠种类,确定无青藏铁路地区鼠类入侵。定期用粉迹法监测旅客列车的鼠密度,重点应针对餐车。同时加强铁路职工和旅客教育,提高防治鼠害的意识,避免在旅行箱包和货物内夹带鼠类。另外,定期测定列车蚤类密度,一经发现立即采用药物喷洒方法杀灭,至测定无蚤时列车方可投入使用。

(2)列车鼠疫应急处理措施。

按照《中华人民共和国鼠疫诊断标准》(WS 279—2008)进行鼠疫疫情的判定,按照《中华人民共和国传染病法》和《突发公共卫生事件应急条例》的规定进行鼠疫疫情的报告。日常鼠防工作和应急反应工作按照车上站内的鼠防工作由铁路卫生部门负责,站外的鼠防工作由地方卫生部门负责的原则进行;媒介及病人的处理按照獭物由铁路负责处理,携獭人员、疑似病人及密切接触人员交由地方卫生部门处理的原则。旅客列车上发现病人时,铁路应急响应首先由列车启动应急响应,其次由青藏铁路公司启动应急响应,两者相互配合。

①列车最初疫情处置。

(a)在运行途中的旅客列车上经随车医生检查诊断,发现鼠疫病人、疑似鼠疫病人或不明原因死亡病人(同时了解其在车上的活动范围、密切接触人群),报告列车长,列车长以最快的方式立即向前方站报告(内容包括车次、发病时间、病人姓名、住址、联系方法、主要症状、体征、发病人数、发病时间、旅行目的地、病人所在车厢号和密切接触者人数等),由车站站长负责向地方疾控部门、青藏铁路鼠疫防控领导小组报告,同时电话通知格尔木市人民政府。青藏铁路公司接到疑似鼠疫疫情报告后,同时上报中国铁路总公司,报告青海省人民政府。

(b)由列车长负责,组成由卫生、运输、公安人员参加的应急处理小组,统一领导疫情处理工作。召开会议,布置启动青藏铁路列车鼠疫控制应急预案。有关人员按规定做好个人防护,准备进行疫情处置。

(c)具体确定鼠疫病人、疑似鼠疫病人在列车上所经过的车厢、密切接触的人员与物品,确定污染范围,对鼠疫病人、疑似鼠疫病人或不明原因死亡病人发病前后经过的车厢均视为污染车厢,污染车厢的所有旅客均视为密切接触者。确定封锁范围,封锁鼠疫病人、疑似鼠疫病人污染车厢,锁闭两头车门,停止与邻车厢通行,污染车厢所有乘客原位不动,禁止人员上下车以及车厢内人员流动,禁止向外排放污物。

(d)将病人或疑似病人就近隔离,由随车医生对其进行检查、取材、救治。鼠疫病人应视其所在车厢进行处理,软卧车厢在本车厢内隔离处理,硬卧、硬座车厢病人戴口罩后转移到乘务员室隔离。将其携带物品、包裹和在列车上应用的物品放入塑料袋中密封,与患者放置相同位置,准备上交。

(e)对本车厢的其他乘客及乘务员视为密切接触者,对其发放口罩,实施就地隔离,并进行初步调查;等待铁路疾控人员上车。

(f)乘警与乘务员向列车上的乘客做好宣传解释工作,争取旅客的理解与配合,稳定旅客情绪,维护列车公共秩序。

②病人的隔离与救治。

(a)医护人员按鼠疫防护要求进行着装。

(b)在严密着装医护人员引导下,将患者移至本节车厢乘务员室进行隔离。

(c)对患者进行初步调查,重点查问患者乘本次车之前曾到过何地、是否接触过染疫动物、发病时间、自觉症状等。

(d)对患者进行常规检查,包括体温、呼吸、脉搏、血压、体表淋巴结、心肺听诊。

(e)采集患者静脉血液、痰液、咽喉分泌物备检;将采集的检验样本按生物安全要求包装。

(f)对患者吸氧,按鼠疫病人的治疗原则进行治疗。

③疾控人员上车后疫情处置。

(a)疾控人员对车厢旅客全部进行登记,包括接触者的人数及基本情况,包括姓名、性别、年龄、身份证号、原住址、去向、单位、体温、症状、前期治疗的基本情况等,重点为患者同座位及对面旅客发放口罩,测量体温,发放预防药品。

(b)对车厢空气、地面、卫生间、洗漱间进行消毒处理,喷洒 2% 过氧乙酸溶液喷雾。

(c)对患者的随身物品进行清点和集中,对可疑物品消毒处理。

(d)对患者排泄物或分泌物用1‰过氧乙酸进行消毒处理,作用2～4h后掩埋。

(e)做好接触者和其他旅客说明解释工作,稳定旅客情绪。

(f)对密切接触者的行李物品贴上标签,确定其归属人。

④旅客转移。

(a)患病旅客和密切接触者的转移。格尔木至唐古拉山,通知格尔木铁路疾控部门及格尔木市疾控中心,并在南山口以南移交病人;唐古拉山至羊八井区段,通知安多、那曲县疾控中心,移交至地方疾控部门指定的站区;羊八井至拉萨,通知拉萨市疾控中心,移交至羊八井以南指定的站区;西宁至格尔木,旅客列车患病旅客和密切接触者,移交至湟源指定部门。上述移交站区在得到青海省或西藏自治区地方病领导小组办公室同意后方可移交。

(b)列车在到达指定临时停靠地点前准备好移交物品:疑似鼠疫患者及其诊断治疗记录;经生物安全包装的患者检验材料;患者随身行李物品及污染物品;密切接触者及其登记册、检诊检疫结果记录;使用的医疗器械。

(c)转移过程。患者由铁路疾控人员搀扶下车,地方医护人员抬至急救车,紧急转运至指定传染病医院救治;地方检验人员接收患者检验材料,送到鼠疫强毒室进行鼠疫血清学和细菌学检验;车上污染物品经消毒后装车运至指定地点焚烧深埋;接触者下车手、面部等暴露部位皮肤经酒精棉球消毒,脚部经来苏儿喷雾消毒后上车,转运至市传染病医院隔离观察;行李物品经集中消毒后转交接触者本人。

⑤列车及站台消毒。

患者和接触者的车厢腾空后,由铁路疾控人员对车厢内和车体进行彻底消毒、灭蚤、灭鼠工作;地方疾控人员对车站站台进行彻底的终末消毒。对于需要继续前行的旅客列车,铁路疾控所应在出发前进行全面的消毒处理,并向乘务人员告知有关注意事项。由列车工作人员和疾控专业人员对本趟列车的其他旅客进行登记和检疫,注明每个旅客的身份(姓名、性别、年龄等)、上车地点、下车站,集中站点下车的旅客交前方站,并通知所到城市疾控部门跟踪监测9天。对其他车厢进行消毒,做好宣传工作。

地方和铁路卫生监督人员对消毒过程进行监督检查,合格后签发证书,列车继续运行。本节车厢到站之前不再载乘旅客,对车厢进行三次取样检测,无阳性培养结果后可再次投入使用。

(3)站区鼠疫日常防控措施。

车站所涉及人员为进出站旅客和车站工作人员,车站所涉及人员接触鼠疫的方式有染疫动物及媒介进入车站、患鼠疫的旅客进入车站。防控措施包括日常防控措施和应急处理措施。

①站区卫生检疫。

在有旅客乘降的车站设立交通卫生检疫站,检疫站由铁路卫生监督部门负责组成。站区以属地化管理为原则,按照当地政府的应急处理程序进行处理,在鼠疫流行期间,配合地方政府和地方疾控部门,认真做好交通卫生检疫的查堵工作和站区病人及旅客列车病人移交工作。公安、车务部门要加强对各次旅客列车的始发、终到的巡查工作。切断疫情通过铁路进行传播的渠道。

(a)执行铁路鼠疫卫生交通检疫任务的卫生检疫人员要在客运列车乘务人员出乘前对其进行调查询问和健康状况观察,发现有疑似鼠疫病症状、体征者停止其出乘并报告铁路疾控所待做进一步诊查。

(b)观察、了解车站候车室及检票口以外地区的旅客健康状况,及时发现鼠疫病人、疑似鼠疫病人。

(c)在进站口对旅客进行卫生检疫,凡携带旱獭肉、油、爪、皮等物品要坚决查堵。检疫人员要果断控制现场,以最快的方式报告青藏铁路公司劳卫部、总值班室、疾控所值班室,同时要报告地方疾控部门。禁止旅客携带可能传播疫病的疫源动物及制品上车,对查出的上述物品及时彻底进行处理,消除一切隐患。在出站口对到达的物品进行检疫发现携带染疫物品要坚决查堵。

(d)对鼠疫病人、疑似鼠疫病人就地隔离,实施初步控制措施,了解流行病学资料,及时通知地方疾控部门开展隔离、预防投药等卫生措施,对需要继续观察留验的染疫人、染疫嫌疑人,及时送当地留验站。

(e)对鼠疫病人、疑似鼠疫病人的排泄物、被污染的环境、用具、行李进行卫生处理。

(f)负责接收旅客列车移交的鼠疫病人、疑似鼠疫病人,并及时报送当地留验站。

(g)负责接收旅客列车移交的旱獭皮、肉等相关制品,采样送当地留验站,并负责将其处理。

②健康教育。

铁路部门要在青藏铁路沿线各旅客乘降及观光站点进出站口设置明显的告示牌;候车室等显著位置张贴宣传画、制作宣传板报;在鼠疫高发季节,通过广播、电视、录像宣传鼠疫防治知识。

③员工培训。

举办青藏铁路鼠疫防治培训班,对参加青藏铁路客运工作的服务人员进行全员鼠疫防治知识的培训。根据职工轮岗情况,定期对青藏铁路沿线车站工作人员开展鼠疫防治知识的培训,做到每个职工熟知鼠疫的传播媒介及动物传染源、传播途径、鼠疫病人的基本临床表现,以及鼠疫发生时的自我防护知识。

④车站消杀灭工作。

在员工居住区,应经常搞好室内外卫生;室内保持整洁,物品家具尽可能架高离墙;鼠洞、墙缝及时堵塞;定期清理箱柜,不使鼠类营巢;住房周围做到无杂草、垃圾,减少鼠在住区的栖息场所;在车站内定期用粉迹法检查鼠密度,并采用化学灭鼠与环境控制相结合的综合防控方法,但在毒饵应用过程中,应使专人负责,可夜放晨收,避免误食。

(4)站区鼠疫应急处理措施。

鼠间鼠疫流行或交通检疫期间,对携獭人、獭物和疑似病人,堵在"站外车下",不允许其上车,并及时上报和移交地方疾控部门进行处理。

①车站周围发生鼠疫时的应急处理措施。

当车站周围地区发生动物间或人间鼠疫疫情时,铁路部门在附近的车站、相邻车站开始启动交通卫生检疫措施。经青海省、西藏自治区地方病领导小组、中国铁路总公司批准下划定的车站,可选择实行交通限制和措施:指定车站禁止旅客乘降;旅客需持特定的检疫证明购买火车票;禁止某种货物运输;旱獭经有关部门消毒后,方可承运;站区实行封闭式管理;在医务人员的指导下,职工服用预防性药物;站区进行卫生学消毒及灭蚤、灭鼠处理工作。

②车站内发生鼠疫时的应急处理措施。

当车站内发生鼠疫时,应当采取的措施分为两部分:一是车站应当采取的措施;二是青藏铁路公司应当采取的措施,包括通报、报告、决定实施交通卫生检疫的车站范围、派人到现场指导工作。

(a)车站内最初发现鼠疫病人的反应。

Ⅰ. 由车站医生判断发现鼠疫病人或疑似病人,由车站站长负责立即将疫情通报所在辖区的地方疾控中心和青藏铁路公司鼠疫防控领导小组,同时报铁路疾控所,青藏铁路公司接到疫情报告后上报中国铁路总公司和报省、自治区卫生厅。

Ⅱ. 由车站站长负责,组成由卫生或运输、公安人员参加的应急处理小组,统一领导疫情处理工作。召开会议,布置启动青藏铁路列车鼠疫控制应急预案。有关人员按规定做好个人防护,准备进行疫情处置。

Ⅲ. 具体确定鼠疫病人、疑似鼠疫病人进站后活动地点、密切接触的人员与物品,确定污染范围,对其进站后活动范围均视为污染范围,污染范围内的人员均视为密切接触者。封锁该站,禁止人员出入。

Ⅳ. 将病人或疑似病人隔离到指定地点,由医生对其进行检查、取材、救治。对其携带物品、包裹放入塑料袋中,密封。

Ⅴ. 对密切接触者,发放口罩,实施就地隔离,并进行初步调查,等待铁路疾控人员到达。

Ⅵ. 公安与工作人员向旅客做好宣传解释工作,争取旅客的理解与配合,稳定旅客情绪,维护车站的公共秩序。

（b）病人的隔离与救治。

Ⅰ.医护人员按鼠疫防护进行着装。

Ⅱ.在严密着装医护人员引导下,将患者移至隔离地点。

Ⅲ.对患者进行初步调查,重点查问患者到本站之前曾到过何地、是否接触过染疫动物、发病时间、自觉症状等。

Ⅳ.对患者进行常规检查,包括体温、呼吸、脉搏、血压、体表淋巴结、心肺听诊。

Ⅴ.采集患者静脉血液、痰液、咽喉分泌物备检,将采集的检验样本按生物安全要求包装。

Ⅵ.对患者吸氧,按鼠疫病人的治疗原则进行治疗。

（c）疾控人员进站后疫情处理。

Ⅰ.疾控人员对密切接触旅客全部进行登记,包括接触者的人数及基本情况(包括姓名、性别、年龄、身份证号、原住址、去向、单位、体温、症状、前期治疗的基本情况记录等),重点为患者同座位及对面旅客发放口罩,测量体温,发放预防药品。

Ⅱ.对车站空气、地面、卫生间、洗漱间进行消毒处理,喷洒 5% 来苏儿溶液。

Ⅲ.对患者的随身物品进行清点和集中,对可疑物品消毒处理。

Ⅳ.对患者排泄物或分泌物进行消毒处理。

Ⅴ.做好接触者和其他旅客说明解释工作,稳定旅客情绪。

（d）旅客转移及材料交接。

患病旅客和密切接触者的转移:由地方医护人员抬至急救车,紧急转运至指定传染病医院救治;地方检验人员接收患者检验材料:疑似鼠疫患者及其诊断治疗记录、经生物安全包装的患者检验材料、患者随身行李物品及污染物品、密切接触者及其登记册、检诊检疫结果记录、使用的医疗器械等送到鼠疫强毒室进行鼠疫血清学和细菌学检验;其余污染物品经消毒后装车运至指定地点焚烧深埋;接触者转运至指定传染病医院隔离观察;行李物品经集中消毒后转交接触者本人。

（e）站区消毒、灭蚤、灭鼠。

患者和接触者的车站人员清空后,由铁路疾控人员对车站内进行彻底消毒、灭蚤、灭鼠工作,灭蚤后使室内达到用粘蚤纸法(每间房 5 张)和集土法(每间房 $5m^2$)检不到跳蚤的标准;大、小隔离圈内经灭鼠处理后,无论家鼠、野鼠都要达到无鼠无洞的标准。对无密切接触的其他旅客进行登记和检疫,注明每个旅客的身份(姓名、性别、年龄、联系方式等),并通知所在城市疾控部门跟踪监测 9 天。

（5）工区鼠疫日常防控措施。

在青藏铁路沿线设有很多作业工区,工区人员接触鼠疫方式有现场工作或生活接触当地染疫的动物、媒介、当地染疫人员等。防控措施包括日常防控措施和应急处理措施。

①人员物品配备。

工区内配备个人防护用品、鼠疫相关药品、检查器械等,并配备医务人员1名,及时强化医务人员的专业知识培训,使其能熟练掌握对鼠疫或类鼠疫病人的诊断及救治技术,尤其是注意对高热病人、危重病人及不明原因的淋巴结肿大病人的观察。对不能排除鼠疫患者要果断采取隔离措施,及时通知地方疾控部门及铁路卫生部门,同时注意对其接触者的处理。

②宣传教育。

健康教育是工区工人鼠疫防控的重点,使其了解到鼠疫的危害性及严重性,提高防病意识,从而主动避免接触与鼠疫相关的物品、动物与人员。宣传教育的形式可为:制作展板、张贴宣传画展和图片、发放宣传手册及传单、组织大家观看与鼠疫有关的光碟、请专家到工区讲解鼠疫有关知识等,使工区员工基本了解当地鼠疫史、流行情况,并熟练掌握鼠疫传播的可能媒介、宿主动物、临床表现等知识,严格执行“三不”(不私自捕猎疫源动物、不剥食疫源动物、不私自携带疫源动物及其产品出疫区)、“三报”(报告病死鼠獭、报告不明原因的高热病人和急死病人、报告鼠疫病人)的规定,并进行员工考核。

③信息通报。

对青藏铁路工区职工工作场所的鼠疫流行情况、鼠(獭)及媒介密度应及时了解,并通报给工人。对鼠(獭)密度较高的区域,应采取预先保护性灭獭的措施,灭獭后确定当地媒介的密度。对其施工地鼠疫流行强度低或鼠(獭)及媒介密度低而施工点四周密度较高的区域,应采取警示措施,避免员工误入上述区域。另外应注意对零散工作人员工作区域鼠疫流行情况及宿主媒介密度的通知,确保其单独或少部分人外出工作时的安全。

④消杀灭工作。

在工区建设前,应了解当地的鼠疫流行情况并请当地鼠防专业人员测定当地的鼠(獭)密度,将工区建立在鼠疫非流行区且鼠(獭)密度较低的区域。在工区内定期用粉迹法检查鼠密度,并采用各种措施灭鼠。粘鼠板法是青藏铁路运营后青藏铁路沿线各工区最常用的一种方法,由于使用时间较长,目前此种方法已无效果。鼠夹法、鼠笼法可作为其替代措施,间隔交替使用效果较好;另外毒饵法也是一种可选择应用的方法,但应使专人负责,可晚放晨收,在相对密闭区域使用,并确保不被误食。

(6)工区鼠疫应急处理措施。

①工区周围出现疫情时应采取的措施。

(a)工区相应组成由工区负责人负责,由卫生、公安人员参加的应急处理小组。

(b)及时通知工作人员疫情状况,使其远离疫区。

(c)在医生指导下,给工区员工预防性服药并密切观察工作人员情况,一旦出现高热病人、危重病人及不明原因的淋巴结肿大病人,立即上报,并进行隔离处理。

(d)严禁非工区内人员进入工区。

(e)加强工区内的消杀灭工作,尽量使鼠、蚤密度为零。

(f)对工区内饲养的动物进行灭蚤,并进行血清学监测,确保其安全性。

②工区出现疫情时应采取的措施。

(a)若发生疫情时由工区负责人负责,组成由卫生、公安人员参加的应急处理小组,统一领导疫情处理工作。及时将疫情通报所在辖区的地方疾控中心和青藏铁路公司鼠疫防控领导小组,同时报铁路疾控所,青藏铁路公司及时上报省、自治区卫生厅。

(b)由工区内的医务人员做好防护措施,立即将发病人员隔离,并收集其所应用过的物品,进行消毒处理。

(c)调查流行病学资料,了解病人发病后所到区域及所接触的人员,确定疫情范围。

(d)将密切接触的职工隔离。对密切接触者发放口罩,实施就地隔离,并进行初步调查,等待铁路疾控人员到达后进行卫生处理。

(e)把病人与密切接触者移交当地卫生部门。关于患病职工和密切接触者的转移,由地方医护人员抬至急救车,紧急转运至指定传染病医院救治;地方检验人员接收患者检验材料:疑似鼠疫患者及其诊断治疗记录、经生物安全包装的患者检验材料、患者日常物品及污染物品、密切接触者及其登记册、检诊检疫结果记录、所使用的医疗器械等,送到鼠疫强毒室进行鼠疫血清学和细菌学检验;其余污染物品经消毒后装车运至指定地点焚烧深埋;接触者转运至指定传染病医院隔离观察;日常物品经集中消毒后转交接触者本人。

(f)对工区内进行消毒、灭蚤、灭鼠,灭蚤后使室内达到用粘蚤纸法(每间房 5 张)和集土法(每间房 5m²)检不到跳蚤的标准,大、小隔离圈内经灭鼠处理后,无论家鼠、野鼠都要达到无鼠无洞的标准。

10.2　铁路站车旅行环境质量监测与控制

我国目前铁路特快、快速旅客列车基本上都是全列空调客车,车厢空调系统只有调节温度和换气功能,设有简单的过滤网,没有空气净化装置,由于全封闭空调列车车窗、车门、连接处密闭较好,车内平均风速低,空气流通差,都会影响车厢内空气质量。动车组车厢密闭性好,来自于车体和车内的饰物含有的有机溶剂、助剂、添加剂等挥发性成分,会在车辆使用过程中缓慢释放到车内空气中,造成车内空气质量污染;同时,旅客及乘务人员呼出的二氧化碳、车厢内的浮尘和细菌等有害因素均会影响旅客和司乘人员的身体健康。

1. 铁路站车旅行环境质量监测

动车组微小气候的合格率高于普通旅客列车,各种化学物如二氧化碳、可吸入颗粒物、甲醛、总挥发性有机物等在不同车型中的浓度不一致,除了与列车运行时间的长短密切相关外,与上座率和车型也有很大关系。动车组内与车厢内装饰污染有关的指标监测值极低,与目前对汽车内装饰污染情况的研究形成较为鲜明的对比,总体而言动车组列车的运行环境要优于普通旅客列车。

2. 铁路站车旅行环境质量控制

空调列车总风量中有 $60\%\sim70\%$ 为循环风再利用,一般情况下注入的新风量仅占总风量的 20% 左右,这样做的目的一是保持车厢内温度恒定,二是节约能源。随着列车运行时间的延长,新风量不足,补充的新鲜空气越来越少,车厢内空气大部分是未经净化消毒的循环空气。由于车厢空间小,人员活动集中,在车厢内人员较多又无法保证注入足够新鲜空气的情况下,随着运行时间增加,车厢空气中的 CO_2、细菌总数、可吸入颗粒物逐渐增加,各项指标的合格率下降。即使在额定定员情况下 CO_2 含量也可能超过国家标准,车厢人员多,CO_2 得不到充分排放,长时间循环风再利用,在新风量注入又不够的情况下,会导致车厢内 CO_2 逐渐增加,出现空气浑浊,空气质量下降。空气清新度最主要的影响指标是 CO_2 浓度,CO_2 浓度的轻微升高可严重影响空气的新鲜程度。目前的空气净化产品一般都不具备清除 CO_2 的能力,解决 CO_2 超标最好的方法就是通风换气增加新风,尤其是对于动车组列车,增加通风换气次数,增加车厢内新风量可以有效改善空气质量。因此在新车体设计时应充分考虑采用通风换气的功能设计。

对于 25 型列车车厢空气污染物的处理,在目前的车厢功能设置条件下,可以采用空气净化技术。目前,空气净化技术无论在西方国家还是在我国均属于成熟的技术组合,如物理过滤技术、紫外线技术、化学吸附技术以及负离子发生技术和臭氧技术。这些技术已经经过几十年的认证和实际应用,被证实是长期有效和安全可靠的,可以长期稳定运行。在列车车厢上安装空气净化装置,首先应考虑以下因素。

(1)铁路列车长期运行在多尘的铁路上,造成空调管路尘埃很大,因此装于管路上的空气净化器必须具有除尘装置,对空气尘埃进行初级过滤。

(2)车厢旅客密集,经空气传播疾病的风险很大,空气净化装置必须具有高效灭菌功能,对空气及空调内部表面进行细菌灭活,可选择紫外灯进行杀菌。

(3)由于旅客长时间在铁路上旅行,较为疲劳,因此列车内空气的新鲜感很重要,可减缓疲劳,低浓度臭氧(0.3ppm 以下)具有一种令人愉快的新鲜气味,可采用 184nm 的灯管产生一定量的臭氧,分解后产生活性氧及负离子氧以提高空气新鲜感,也可采用小型负离子发生器,直接提高空气新鲜度。

(4)旅客车厢人员密集,人体本身可产生异味,另外旅客经常带有各种异味的物品,因此去除空气中各种异味很有必要,可采用活性炭吸附和光催化技术等净化措施。

10.3　旅客列车空调通风系统清洗消毒

旅客列车空调通风系统,一般由空气冷却系统、空气加热系统、空气加湿系统、通风系统和自动控制系统组成。空调制冷系统采用单元式制冷机组,将压缩机、冷凝器、节流装置、蒸发器、通风机、冷凝风机、空气预热器等组装在一个厢内,组成一个独立空调制冷单元体,空调机组装置风口用软道与车内主风道连接。

1. 列车空调通风系统功能原理

列车通风系统大体上由风机、进排风装置、风道、空气净化设备、空气压力波动控制装置、空气调节设备、进风口和送风口等组成。在通风机组的作用下,室外新鲜空气经新风口由通风机吸入车内,经滤尘器过滤并与回风混合后送入空气处理室,经过蒸发器冷却或者电预热器预热,送入主风道,再由各送风口均匀地送入室内。室内空气的一部分经回风口、回风道被通风机吸入作为再循环空气重复使用,另一部分则经排风扇由排风口排出车外。

2. 列车空调通风系统污染危害

铁路客车空调通风系统使用运行一段时间后,积聚了大量灰尘、纤维、细菌、真菌、病毒等污染物,并随空调气流进入车厢使车内空气质量下降,给旅客乘车舒适度带来不良影响,可能成为空气传播性疾病暴发流行的病原媒介。空调通风管道内存在的大量积尘,也阻碍了气体的正常流通,影响降温效果,可造成 10% 的能源损失。但由于列车空调通风管道狭小,运行期和段修时无法进行清扫,一般需运行4～5 年车辆厂修时才安排清洗。因此,随着列车运行时间增加,车厢空气中的可吸入颗粒物、细菌总数等逐渐增加,各项理化指标合格率下降,既影响身体健康,也影响空调通风系统空气调节效率。

3. 列车空调通风系统卫生管理

铁道部 2011 年发布了《关于加强铁路公共场所集中空调通风系统卫生管理工作的意见》,对做好铁路空调客车通风系统的监督检测工作提出了规范性要求。根据卫生部《公共场所集中空调通风系统卫生管理办法》、《公共场所集中空调通风系统卫生规范》、《公共场所集中空调通风系统卫生学评价规范》等拟定《旅客列车集中空调通风系统清洗消毒技术规范》、《铁路客车空调通风系统清洗效果技术要求与检测方法》，从而为旅客列车空调通风系统的卫生管理提供了法规技术依据。

1）监测评价指标

旅客列车空调通风系统监测评价指标如表 10.2～表 10.4 所示。

表 10.2　列车集中空调通风系统风管内表面卫生要求

项目	要求
积尘量	≤20g/m²
致病微生物	不得检出
细菌总数	≤100cfu/cm²
真菌总数	≤100cfu/cm²

表 10.3　列车空调通风系统送风卫生要求

项目	要求
PM10 积尘量	≤0.08mg/m³
细菌总数	≤500cfu/m³
真菌总数	≤500cfu/m³
致病微生物	不得检出

表 10.4　列车空调通风系统清洗消毒效果技术要求

项目	要求
积尘量	≤2.0g/m²
积尘量去除率	≥90%
细菌总数去除率	≥90%
真菌总数去除率	≥90%

2）清洗周期

结合车辆段对空调机组实施段修时机，运用设备进行集中空调通风系统全面清扫消毒作业。

（1）风管。主风管、回风管，每 1～1.5 年清洗一次。

（2）空调机组。空气处理机组、冷凝水盘、加湿加热器、盘管组件、风机、过滤器，每 1～1.5 年清洗一次。

（3）空气过滤网。每 6 个月清洗一次。

3)空调通风系统卫生学评价

查阅集中空调通风系统图纸技术资料,进行现场勘察和检查,根据现场调查和卫生检测结果,对照评价规范依据,作出评价结论,不符合卫生标准的进行清洗,并对清洗效果进行评价。

4)清洗消毒程序

空调通风系统清洗消毒程序如图 10.1 所示。

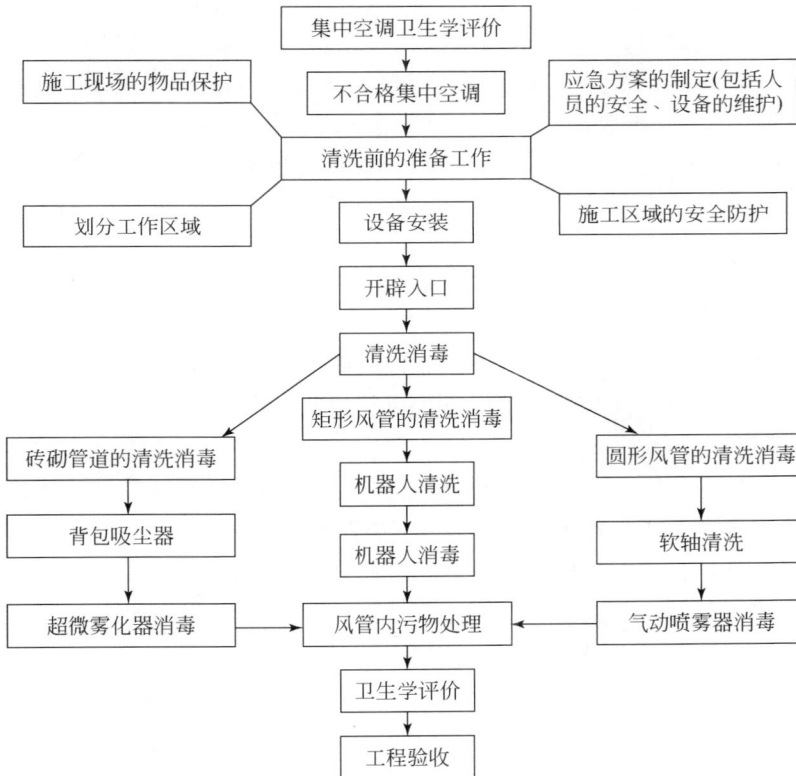

图 10.1　空调通风系统清洗消毒程序

5)环境污染物控制

清洗过程中应采取风管内部保持负压、作业区隔离、覆盖、清除的污物妥善收集等有效控制措施,防止空调通风系统内的污染物散布到非清洗工作区域。严格遵守安全生产规定,采取有效措施保证清洗施工人员及车厢内其他工作人员的安全,保护好环境。对从空调系统清除出来的污染废弃物全部有效收集,不漏、不散落,妥善保存,轻拿、轻放,不造成二次污染。对清除出的积尘和固体废弃物及时进行密闭封装,运送至指定地点,进行消毒处理。在风管清洗中清洗出的积尘按医疗废物交当地医疗废物处理站进行处理,清洗机构自行处理时应使用含氯消毒剂直接浇洒在积尘上,直至其完全湿润。

积尘消毒方法为:用有效氯含量为 1000~2000mg/L 的含氯消毒溶液直接浇洒在积尘上至其完全湿润,作用 1~2h。对冷凝水、冷却水中的污水消毒方法为:按 50mg/L 有效氯用量加入水中,并搅拌均匀,作用 2h 后排放。对风机盘管、冷凝水盘清洗过程中排放的污水需要用专用容器进行收集,收集后的污水用有效氯含量为 1000~2000mg/L 的含氯消毒溶液作用 2h 后排放。

对废弃过滤网、空气滤清器等不重复使用的固体废弃物应在拆卸后使用具有卫生部卫生许可批件的过氧乙酸消毒剂进行消毒,严格按使用说明书的作用浓度、时间与配制方法进行操作,可采用喷雾、擦拭、浸泡等方法,使表面完全湿润,作用至规定时间。消毒后用塑料布进行有效包裹后进行集中处理。

清洗过程中用过的清洗设备、耗材及施工产生的垃圾按照积尘消毒方法进行处理。

4. 列车空调通风系统清洗消毒技术

1)前期准备

根据车辆型号确定适合的采样清洁方法、清洁工具和设备,并对设备技术性能指标进行调试,做好使用机器人清洗过程风管内部录像准备,做好采样检测准备。

2)采样检测

采样方式分为清扫前采样和清扫后采样。清扫后采样在风管清扫后的当日内进行,两次采样的采样点设置与采样方法保持一致。在试验列车集中空调通风系统的主风管,按区段均分原则,选择前中后三个代表性采样点。

(1)风管积尘采样方法。每采样点采样面积为 25cm²,应用检测机器人装置将采样面积内风管内壁上的残留灰尘全部取出。将采样后的积尘样品放回原密封袋中保管,并进行编号。

(2)风管微生物采样方法。每采样点采样面积为 25cm²,应用检测机器人装置将采样面积内风管内壁上的残留灰尘全部取出,将采样后的积尘样品收集到无菌大试管中,并进行编号。

3)样品分析

(1)粉尘分析。将采样用的材料放在 105℃恒温箱内干燥 2h,然后放入干燥器内冷却 4h,放入分析天平称量恒重。将各采样点的积尘样品终重与初重之差作为各采样点的残留灰尘重量。根据每个采样点残留灰尘重量和采样面积换算成每平方米风管内表面的残留灰尘量。取各个采样点残留灰尘量的平均值为风管清洁程度的判定指标,以 g/m² 表示。

(2)细菌分析。用机器人采集消毒前后的列车空调管道中的污尘 25cm²,收集到无菌大试管中,分别加入 10ml 含 0.01%吐温 80 灭菌蒸馏水,充分振荡混匀,并做 10 倍梯度稀释。移取不同稀释度各 1ml,倾注法倒平皿,倒入 46℃左右的营养琼脂,混合均匀,37℃培养 48h,选择合适稀释度的平皿计数菌落总数并换算。将上述稀释液 1ml 倾注法倒平皿,倒入 46℃左右的 PDH 琼脂(内加 0.1％链霉素),混合均匀,28℃培养 5 天,计数真菌数,记录结果并换算成 cfu/cm²。

4)风管清洗

25 型列车风管清洗步骤如下。

(1) 将列车空调机组拆下吊离,打开空调机组下的检修门,取下过滤网。将定量采样机器人放入风管内,对风管内部污染状况进行观测、采样。

(2) 将列车车厢分为几个清洗工段,每段风管分为几个清洗施工点。在风管清洗工作段与非工作段之间,清洗风管与相连通的车厢内区域之间设置气囊等空气隔离措施。将每个出风口用塑料膜封好。

(3)安置吸尘连接罩口,连接捕尘器吸管,将多功能清洗机器人放入风管。开启捕尘器,使管道内部处于负压状态,防止污染物扩散。多功能清洗机器人由近及远清扫风管内壁,同时进行捕尘处理。通过显示器观察风管内部清洗情况,操作机器械臂升降高度,控制毛刷及行进方向。整个风管的清洗过程全程录像监控,制成录像带或光盘等影像资料。

(4)对小的、弯曲的及竖直的管道,可通过多功能半软轴配合捕尘器进行清理,或通过机器人自带吸头将污染物吸入捕尘器内。

动车组送风管位于列车两侧窗户上方的装饰板下面,两端设有检修孔。其清洗步骤如下。

(1)取下两侧窗户上的装饰板。取装饰板时,注意装饰上侧的灯与窗户上方的装饰板扣点。

(2)取下检修孔上的铝箔胶。检修孔位于送风管两端,多数取下铝箔胶,就可打开检修孔子,也有加螺丝固定的检修孔。

(3)安装法兰。

(4)安装捕尘器。捕尘器与法兰通过软管进行连接,并用锁扣固定紧。

(5)密封风口。用透明胶带与塑料薄膜将车厢内的每一个风口密封好。

(6)用多功能清洗机器人对风道进行清洗消毒。

5)部件清洗

(1)过滤网清洗。对于尼龙网面、不锈钢网面,可以用高压水进行冲洗,也可用高压气体吹洗或吸尘器吸除。用高压水枪冲洗与高压气体吹洗时,应从过滤器的出风向进行冲洗;用吸尘器吸除灰尘时,应从过滤器的进风向进行吸除。

(2)表冷却器清洗。检查表冷却器、加热器上的灰尘,如果松软易吹除,用高压空气吹洗;灰尘及杂质较多且坚硬时,应对电机进行防水保护,先用泡沫清洗剂喷洒,使其软化 10min 后,用高压水反复冲洗干净,最后用高压空气将其吹干。电机及叶轮用高压空气进行清洗。

（3）风口清洗。可以拆卸的风口,将其拆下用高压水清洗。如果沾有油污、油垢较多,应将专用清洗剂喷洒其表面 5～10min 后,再用清水进行清洗。不能拆卸的风口,用高压空气进行清洗或用毛巾擦拭。

（4）空调机组安装位清洗。打开空调机组下的检修门,用桶式吸尘器边刷边吸,吸除大部分积尘。顽固的积尘及锈垢,可先用小铲铲除。玻璃钢回风口、橡胶帆布软接头,则用毛巾擦拭。

（5）散流器清洗。硬座车厢的散流器在灯的旁边,与灯平行,有两排散流器。卧铺车厢的散流器有两种:一种长条形的散流器在走廊灯的外侧,与灯平行;一种大的矩形散流器在每个卧铺包厢内,两排床位的中间。将拆卸下来的散流器放入水槽中。用高压水枪顺着散流器叶片方向进行冲洗。按照一定的顺序一片片冲洗叶片,先冲叶片正面,再冲叶片反面。沥干水后再消毒,消毒时叶片正反面均要按清洗的顺序喷洒消毒液。对于顽固污渍可先喷清洁剂,再用刷子刷,然后用高压水枪清洗。

6）消毒处理

必要时应对空调通风系统的风管、设备、部件进行消毒处理。空调通风系统需要消毒时,应先进行系统或部件的清洗,达到相应卫生要求后再进行消毒处理。应选择在保证消毒效果的前提下对风管及设备损害小的消毒剂,必要时消毒后应及时进行冲洗与通风,防止消毒溶液残留物对人体与设备的有害影响。

（1）风管。清洗干净后的风管,由多功能清洗机器人进行喷雾消毒。对于小的、弯曲的及竖直的管道,采用超微雾化器消毒。金属管壁首选季铵盐类消毒剂,非金属管壁首选过氧化物类消毒剂。

（2）过滤网、过滤器、冷凝水盘。用超微雾化器进行消毒,重复使用者首选季铵盐类消毒剂,非重复使用者首选过氧化物类消毒剂。

（3）冷凝水和冷却水。在水中加入消毒剂作用一定时间后排放,首选含氯消毒剂。

（4）对于不能拆卸的部件,可将毛巾放在消毒液中浸泡后,擦拭消毒。

7）清洗消毒效果检验

风管清洗后的积尘量应达到每平方米风管内表面小于 1.0g,部件清洗后应无残留污染物检出。消毒后的风管内壁细菌总数、真菌总数的去除率应大于 90%,致病菌不得检出。

第 11 章　铁路突发公共卫生事件应急处置

突发公共卫生事件,是在没有预先察觉的前提下,突然发生的对人体健康产生危害的事件,包括传染病暴发流行,危害人群的生物性、化学性中毒,放射性事故或污染危害,以及不明原因的群体性疾病。铁路突发公共卫生事件是指国内突然发生的重大传染病、群体性不明原因疾病,造成或者可能造成社会公众身心健康严重损害,并有可能借铁路传播的疾病,以及铁路单位和旅客列车发生的食物中毒、急性职业中毒、生活饮用水污染、公共场所危害健康事故等突发公共卫生事件。

11.1　铁路突发公共卫生事件的预防与控制

在全球化、气候变化、移民和国际旅行大幅度增加的影响下,新发传染性疾病不断出现,不少过去基本被控制的旧传染病又卷土重来,大大提升了传染病流行的可能性。全球经济一体化和交通工具现代化,致使国家之间和地域之间人员往来、物资流通更加广泛,增加了传染病通过交通工具远距离传播的危险。

目前我国铁路旅行仍是国人出行的主要方式。随着京津、武广、沪宁杭、京沪高速铁路的开通运营,列车最高时速达到 350km,我国铁路运营进入新的发展阶段,预期 2015 年高速铁路将达到 1.6 万公里以上,2020 年将建成覆盖全国主要中心城市的"四纵四横"客运专线网。人口流动、商品流通,一些新线铁路的开通穿过传染病自然疫源地,铁路沿线地区疫情控制形势严峻,增加了传染病借助铁路交通传播的概率。食品、饮水的潜在隐患,也直接影响铁路公共卫生安全。铁路高度人员密集性和大范围流动性特点,一旦出现如传染性非典型肺炎、甲型 H1N1 流感、鼠疫等严重疫情,极易导致疫病借铁路快速远距离传播流行,引发大范围的严重公共卫生事件,如果不能迅速果断处置,将严重影响铁路运输安全,使人民健康和国家经济社会发展造成重大损失。面对广大旅客对旅行卫生安全舒适的期望要求,客观需要整体提升铁路公共卫生的保障能力,铁路卫生防疫工作面临巨大压力。解决这些问题对提高客运服务质量、保障行车安全、控制疾病流行具有重大作用。

1. 铁路站车突发公共卫生事件发生特点

2001~2010 年铁路站车发生传染病疫情事件 148 起,站车食物中毒事件 29 起,铁路站区集中供水污染事件 3 起。在传染病疫情事件中,疑似非典型肺炎和疑似甲型流感病例占有很高比例,总计占疫情事件的 83.8%,占发病数的 84.4%,并在 2003 年和 2009 年呈现疫情事件高峰,这两年国内分别遭受传染性非典型肺炎和甲型 H1N1 流感大流行。若在传染病疫情事件中剔除疑似非典型肺炎和疑似甲型流感事件,则 10 年内传染病疫情事件总数为 24 起,表明铁路旅客传染病大疫情与国家大疫情动态变化密切相关,铁路配合国家承担传染病协查功能显而易见。食物中毒事件以细菌性食物中毒占绝对多数,达到 82.8%,2007 年有一个小高峰,其余年份波动不明显。2001～2010 年铁路站车突发公共卫生事件基本情况如表 11.1 所示。

表 11.1　2001～2010 年铁路站车突发公共卫生事件基本情况

事件类别	事件数	发病数
传染病疫情	**148**	**539**
甲类传染病	4	4
乙类传染病	14	27
疑似非典	88	419
疑似甲流	36	36
丙类传染病	3	42
其他类传染病	2	4
病因不明疾病	1	7
食物中毒	**29**	**691**
细菌性	24	618
病毒性	0	0
动物性	0	0
植物性	0	0
化学性	2	42
原因不明	3	31
集中供水污染	**3**	**3045**

2. 事件构成分布

10 年间旅客传染突发事件发生在列车上占 87.5%,食物中毒事件列车上占 96.8%,均主要发生于普通客车和直快客车上,因此应进一步加强普通客车和直快客车公共卫生监控力度。

3. 事件分级标准

根据突发公共卫生事件性质、危害程度、涉及范围将铁路突发公共卫生事件划分为特别重大(Ⅰ级)、重大(Ⅱ级)、较大(Ⅲ级)和一般(Ⅳ级)四级。有关数量的表述中,"以上"含本数,"以下"不含本数。

1)特别重大突发公共卫生事件(Ⅰ级)

(1)省际发生群体性不明原因疾病暴发流行或甲类传染病、传染性非典型性肺炎、人感染高致病性禽流感、肺炭疽等,并有可能借铁路传播的事件。

(2)铁路单位和旅客列车发生的 100 人以上并出现 2 人以上死亡,或出现 10 人以上死亡的食物中毒事件。

(3)铁路单位发生的 50 人以上,或出现 5 人以上死亡的急性职业中毒事件。

(4)国内突然发生特别重大公共卫生事件,造成或可能造成公众健康严重损害,并有可能借铁路传播,国务院协调国家有关部委参与处理的事件。

2)重大突发公共卫生事件(Ⅱ级)

(1)县(市、区)际间或铁路范围内发生群体性不明原因疾病暴发流行或甲类传染病、传染性非典型肺炎、人感染高致病性禽流感、肺炭疽等,并有可能借铁路传播的事件。

(2)铁路单位和旅客列车发生的 50 人以上并出现死亡,或出现 5 人以上 10 人以下死亡的食物中毒事件。

(3)铁路单位发生的 30 人以上 50 人以下,或出现 3 人以上 5 人以下死亡的急性职业中毒事件。

(4)国家提出控制要求或铁路总公司应急管理部门认定的其他重大突发公共卫生事件。

3)较大突发公共卫生事件(Ⅲ级)

(1)铁路单位和旅客列车发生的 50 人以上,或出现 3 人以上 5 人以下死亡的食物中毒事件。

(2)铁路单位发生的 10 人以上 30 人以下,或出现 1 人以上 3 人以下死亡的急性职业中毒事件。

(3)铁路自备集中式供水引起供水人群发病人数 100 人以上,或出现 1 人以上死亡病例的饮用水污染事件。

(4)群体性不明原因疾病发病人数 30 人以上,或出现 2 人以上死亡病例的事件。

(5)地方政府或铁路局应急管理部门认定的其他较大突发公共卫生事件。

4)一般突发公共卫生事件(Ⅳ级)

(1)铁路单位和旅客列车发生的 10 人以上 50 人以下,或出现 1 人以上 3 人以下死亡的食物中毒事件。

(2)铁路单位发生的 3 人以上 10 人以下,未出现死亡的急性职业中毒事件。

(3)铁路自备集中式供水引起供水人群发病人数 30 以上 100 人以下,未出现死亡病例的饮用水污染事件。

（4）群体性不明原因疾病发病人数 10 人以上 30 人以下，或出现死亡病例的事件。

（5）铁路局应急管理部门认定的其他一般突发公共卫生事件。

4. 预防与控制原则

（1）预防为主，常备不懈。提高全路对突发公共卫生事件的防范意识，落实各项防范措施，做好人员、技术、物资和设备的应急储备工作。对各类可能引发突发公共卫生事件的情况要及时进行分析、预警，做到早发现、早报告、早处理。

（2）统一领导，分级负责。根据突发公共卫生事件的范围、性质和危害程度，对突发公共卫生事件实行分级管理。铁路总公司及铁路局负责突发公共卫生事件应急处理的统一领导和指挥，各有关部门按照预案规定，在各自的职责范围内做好突发公共卫生事件应急处理的有关工作。

（3）规范管理，措施果断。铁路总公司和铁路局应急管理部门要按照相关法律、法规和规章的规定，完善突发公共卫生事件应急体系，建立健全突发公共卫生事件应急处理工作制度，对突发公共卫生事件和可能发生的公共卫生事件做出快速反应，及时、有效开展监测、报告和处理工作。

（4）联防联控，协同处置。畅通和地方卫生行政部门、各食品安全监管部门、职业卫生监管部门和医疗卫生机构等的信息沟通渠道，充分利用地方医疗卫生资源，协助做好医疗救援工作，最大限度地减少人员伤亡。

（5）依靠科学，加强合作。突发公共卫生事件应急工作要充分尊重和依靠科学，要重视开展防范和处理突发公共卫生事件的科研和培训，为突发公共卫生事件应急处理提供科技保障。各有关部门和单位要通力合作、资源共享，有效应对突发公共卫生事件。

11.2 铁路突发公共卫生事件人才队伍以及装备建设

1. 应急处置机制建设

（1）快速反应机制。建立铁路总公司领导、专家参与、铁路局管理、分级负责、专业机构实施、部门配合的全路一体化突发传染病防治网络体系。

（2）科学应对机制。建立完善的突发传染病科学应对预案、制度和规范，明确所有工作流程和人员岗位职责，实现经验防治向科学防治的转变，最大限度地避免人为因素所造成的失误。

（3）联防联控机制。铁路突发传染病多来源于地方传入。建立与卫生部、国家质检总局、地方省市卫生部门在疫情信息沟通、实验室检测、现场处置、应急医疗救治方面的协调合作机制,及时获取国内外疫情动态、防控工作进展、发展规划等信息,共同研究重大突发传染病的防控对策,形成联防联控工作格局。建立起铁路站车查验、实验室检测、快速联控三位一体的突发传染病铁路防控模式。

(4)研究培训机制。搭建铁路卫生技术中心重点实验室和铁路局中心实验室突发传染病科研攻关技术平台。从铁路实际需要出发,开展快速检测技术、实验诊断技术、现场流行病学控制技术等应用技术研究,着力解决防控工作中的关键技术问题。开展铁路重点传染病发生、传播、流行特点研究,为防范突发传染病提供基础数据。根据铁路突发传染病的特点和需要,分区域建立突发传染病培训基地,制定培训规划,开展突发传染病应急处置培训工作。

2. 应急处置网络建设

根据国家"四纵四横"客运专线铁路网建设规划,从防控突发急性传染病借铁路交通快速远距离传播需求出发,全路统筹考虑,建立铁路交通传染病防治网络,实现全路各铁路局传染病防治一体化,避免各铁路局发展不平衡所导致的差异。建成以铁路总公司劳卫部为领导,铁路卫生技术中心和铁路总公司防疫处(卫生监督署)为核心,充分发挥北京、上海、广州、武汉、西安、成都、沈阳客运专线枢纽城市的中心辐射作用,包括 18 个铁路局劳卫处、疾病预防控制所、卫生监督所的传染病防治网络。实现资源共享、整体提高的网络平台目标,网络平台主要为疫情信息网络、现场流行病学网络、实验室检测网络等,涵盖传染病防治的各个环节。

1)铁路总公司应急反应系统主要构件

(1)决策支持系统。基于铁路运输应急信息平台,开发铁路总公司突发公共卫生事件应急指挥决策支持系统,扩展完善与国家、地方传染病网络直报系统的横向联络,形成全路突发公共卫生事件应急指挥决策网络,满足应对突发急性传染病疫情时应急指挥的需要。建立突发急性传染病专家库,成立铁路总公司突发传染病咨询专家委员会,充分发挥专家的咨询参谋作用,收集突发传染病疫情信息,进行风险评估,提出防控对策。

铁路交通突发公共卫生事件应急决策支持系统基于铁路运输应急信息平台进行开发,以疫情数据库为基础,利用地理信息系统、网络、数据库、数值模拟和数字通信等技术,研制基于模型计算、数据分析、制图表示、方案产生和优化的实时决策管理体系,实现疫情数据和信息的有效管理、应急指挥调度、辅助决策支持和旅客公众服务等功能。形成铁路总公司中央运筹调度节点、铁路局站段疾控所执行节点和列车客站应急救助节点的两层次三节点的网络系统,从而实现铁路交通突发公共卫生事件疫情适时预警与应急处置。重点从铁路交通传染病、食物中毒、化学中毒突发事件防控需求设计系统的功能框架,系统结构设置为基础信息收集系统、地理信息系统、数据仓库系统、模型库系统和人工智能系统。管理层次设置为基础数据层、资源管理层、服务支撑层、决策应用层,实现信息收集共享、疫情预警反应、事件决策处置、综合统计分析四大功能,如图 11.1 所示。

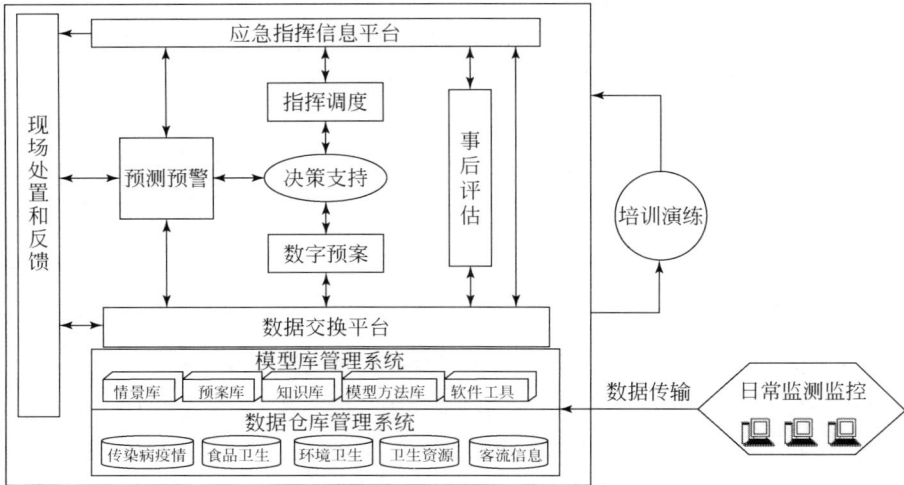

图 11.1　铁路突发公共卫生事件决策支持系统总体框架

（2）疫情信息网络。以"四纵四横"客运干线为框架,北京、上海、广州、武汉、西安、成都、沈阳为节点,建立以干线铁路为基础辐射全路的传染病防治信息传输系统,形成以区域为中心的全路信息共享平台。

（3）实验室检测网络。铁路卫生技术中心建立铁路传染病重点实验室,在北京、上海、广州、武汉、西安、成都、沈阳铁路疾控所建立传染病病原学诊断中心实验室,形成区域和全路网络体系。加强重点实验室和中心实验室与国家、地方重点实验室的交流互通机制,完成重点监测传染病检测的技术储备,提高对不同病原微生物的检测能力。

2）枢纽中心铁路局应急反应系统主要构件

（1）现场流行病学网络。以北京、上海、广州、武汉、西安、成都、沈阳为区域中心,成立现场流行病学专家组,建立铁路重大疫情共同参与的现场流行病学网络。

（2）预案系统。以《中华人民共和国传染病防治法》、《国际卫生条例》、《国内交通卫生检疫条例》、《国家突发公共卫生事件应急预案》、《突发公共卫生事件应急条例》、《铁路突发公共卫生事件应急预案》总体原则要求为指导,对已经在国内外发生并有可能输入铁路的突发传染病,在借鉴国内外防控交通工具传播经验基础上,结合铁路传播流行实际情况,充分吸收铁路防控成功经验,制定铁路应急处置预案。

（3）中心实验室。建立实验室检测网络,中心实验室检测能力标准,安全规范,中心实验室检验人员、房屋、设备、快速检测装备配置指标,实验室检测结果报告管理办法。

(4)应急处置机动队。枢纽中心铁路局组建突发传染病应急处置机动队,由传染病学、流行病学、微生物学、卫生化学、监测检验和疫情控制等方面精干专业人员组成,进行针对性的研究和合成演练,作为铁路控制突发传染病的技术储备力量。

(5)培训基地。根据铁路突发传染病的发生分布特点,分区域在枢纽中心铁路局建立突发传染病应急处置培训基地,制定培训规划,编制教材,开展应急处置培训工作,针对性地组织突发传染病控制模拟演练,检验应急预案和锻炼应急反应队伍的实战能力。

3)铁路局站段应急反应系统主要构件

主要是突发公共卫生事件预防、现场处置队伍、联防联控机制以及相应的工作程序。传染病预防包括健康教育促进计划、症状和病例监测预警系统。现场处置队伍的组建,要全面分析突发传染病事件涉及的可能情况,考虑队伍组成人员的专业知识结构,以便更好地实施现场调查、控制、卫生处理等处置措施。联防联控机制应明确现场指挥人员、人员分工、各个小组的职责与任务。为保证紧急处置措施有条不紊地进行,必须有针对性地建立各个环节的现场工作程序,使事件能得到迅速、合理、科学的处置,保障铁路旅行环境安全和地区社会安全。

3. 应急处置机构建设

1)应急指挥机构

铁路总公司和铁路局成立突发公共卫生事件应急处理领导小组,由卫生、运输、安监、公安、外事、宣传、计划、财务等部门组成,并设立突发公共卫生事件应急处理领导小组办公室,负责铁路突发公共卫生事件应急处理的日常管理工作。铁路总公司突发公共卫生事件应急处理领导小组负责国内发生特别重大突发公共卫生事件时,在国务院统一领导下采取的行动;负责在铁路范围内发生的重大突发公共卫生事件以及需要两个以上的铁路局采取应急处理措施的突发公共卫生事件的协调指挥。铁路局突发公共卫生事件应急处理领导小组负责本铁路局范围内突发公共卫生事件应急处理的协调和指挥,做出处理决策,决定要采取的措施。

2)专家咨询委员会

铁路总公司和铁路局突发公共卫生事件应急处理领导小组应根据应急工作需要,组建突发公共卫生事件应急处理专家咨询委员会。

3)应急处理专业技术机构

铁路疾病预防控制机构、卫生监督机构是铁路突发公共卫生事件应急处理的专业技术机构。应急处理专业技术机构要结合本单位职责开展专业技术人员处理突发公共卫生事件能力培训,提高快速应对能力和技术水平,在发生突发公共卫生事件时,要服从应急管理部门的统一指挥和安排,开展应急处理工作。

4)应急处置队伍

组建突发公共卫生事件应急处置队伍,通过对疾病防治机构参加应急组织的各类人员进行应急管理和专业技术方面的培训,提高应急处置疫情的认识和能力,保障铁路站车发生的突发传染病事件能得到有效、迅速的处理。

(1)组建规范。按照统一指挥、纪律严明,反应迅速、处置高效,平战结合、布局合理的原则,根据铁路传染病突发事件特点,统筹建设和管理铁路卫生应急处置队伍。枢纽中心铁路局疾控所牵头组建突发传染病应急处置大队,由传染病学、流行病学、病原微生物学、食品卫生、环境卫生、消杀灭、临床医学、监测检验、卫生应急管理等专业人员 15～20 人组成。成员年龄 48 岁以下,具备 5 年以上工作经验,高级职称、中初级职称的比例为 1∶4,设队长 1 人,副队长 1 人。作为铁路控制突发传染病的技术储备力量,平时承担所在单位日常工作,定期进行针对性的培训和合成演练,应急时承担卫生应急处置任务。根据每次事件的初步判断、事件规模以及复杂性,选定相应专业和数量的人员组建现场应急队伍。设置流行病学调查检测组、医疗救护组、隔离管控组、污物洗消处置组、卫生宣教组、后勤保障组、协调督导组,其基本配置能力规范如表 11.2 所示。一般铁路局疾控所可参照组建突发传染病应急处置分队。

表 11.2　突发疫情应急处置大队基本配置能力规范

专业组	人员组成	效能
流行病学调查检测	流行病学医师 2 人,统计信息员 1 人,传染病学(食品卫生或环境卫生)医师 1 人,检验医师 1 人,检验技师 1 人	完成昼夜通过 150～200 人的现场流行病学调查分析、采样检测任务
医疗救护	医师 1 人,护师 1 人	昼夜处置救护病员 20～25 人
隔离管控	疾病控制医师 1 人,卫生应急管理 1 人,检验技师 1 人	昼夜隔离管控可疑病例 20～30 人
污物洗消处置	消毒医师 1 人,消毒技师 2 人	昼夜洗消处置 50～100 例病员污物及污染车厢处所的洗消任务
卫生宣教	疾病控制医师 1 人,健康教育医师 1 人,卫生应急管理 1 人	完成昼夜通过 100～150 病员规模的现场卫生宣教任务
后勤保障	驾驶员、药械保障、生活保障、器械维护等 3 人	完成 20～30 人编队的后勤保障任务
协调督导	卫生监督 1 人,卫生应急管理 1 人	完成昼夜通过 100～150 病员规模的现场处置协调督导任务

(2)培训演练。应急管理人员重点培训掌握应急法律法规知识、应急队伍组建、物资储备、人财物保障及对事件控制的管理程序和要求;了解重点传染病和中毒事件控制的重点环节和现场紧急处置技术。

　　疾病预防控制机构专业人员重点培训掌握应急法律法规知识、对事件控制的管理程序和要求以及常见传染病和中毒事件的现场流行病学调查、现场检测和事件控制技术、密切接触者医学观察和管理技术、应急防护和个人防护措施等。

　　医疗机构医务人员重点培训掌握应急法律法规知识、常见传染病的诊断和疫情报告技术、各类急救技术等。

　　模拟传染病或中毒事件突发公共卫生事件现场进行一系列相关的处置工作的操练,锻炼处置队伍,提高现场处置能力。

4. 应急处置技术装备建设

　　铁路突发公共卫生事件应急处置技术装备建设应当遵循预防为主、常备不懈的方针,制定辖区内突发传染病疫情应急预案,建立必备技术装备和应急物质储备。

　　1)疫情应急预案

　　根据国家和铁路总公司相关政策法规和技术规范要求,收集分析国家重大传染病疫情动态,铁路重点传染病和突发传染病资料,辖区应急处置各类资源储备现状情况,制订应急预案。应急预案内容应包括应急处理指挥部和相关部门的职责;突发公共卫生事件的监测与预警;突发传染病事件信息收集、分析、报告、通报制度;突发传染病事件应急处理技术和监测机构及其任务;突发公共卫生事件的分级和应急处理工作方案;突发传染病事件预防、现场控制、应急设施、设备、救治药品和医疗器械以及其他物资和技术的储备与调度;突发公共卫生事件应急处理专业队伍的建设和培训等内容。一旦突发传染病疫情发生,应急预案能协调各部门统一行动,确保处置工作顺利实施,达到迅速有效控制疫情。

　　应急预案要符合有关法律、法规、规章、技术规范的要求,与相关政策相衔接,与完善铁路运营管理和公共服务职能相结合,确保应急预案内容的全局性、规范性、科学性和可操作性。

　　2)技术装备建设

　　中心实验室应有应对突发公共卫生事件应具备的基本仪器装备条件和核心检测技术。中心实验室技术人员能从形态学、血清学和分子生物学层面来进行病原学识别和鉴定,能熟练进行 ELISE、细胞培养、病毒分离、常见病原体的血清分型等技术操作。

　　3)应急物资储备

　　为保证处置工作的需要,有针对性地参与和指导有关部门储备应急所需的药品、器械、消杀药品等,以利于及时应对和控制突发公共卫生事件。

　　卫生行政部门指挥和组织协调卫生系统应急物资储备工作,建立社会其他部门协同工作的机制。疾病预防控制机构指导和参与应急物资储备工作,根据传染病暴发疫情、公共卫生污染事故等突发公共卫生事件的现场处置需要,测算所需物资资源种类、数量和要求,提出应急物资资源储备建议供卫生行政及相关部门决策参考。

(1)可实施铁路和地方联控的医疗救治资源,包括铁路沿线市镇各类医院和其他卫生服务中心的位置,医院收治病例的范围,通常的门诊和住院病人数,传染病房的床位数,病人可获得的隔离类型,隔离设施扩展的可能性,用于集中保健的设施,救护车数,对附加人员的需求,拟作治疗的医院的位置,负责紧急情况的行政官员,可能获得的额外设施,如学校、旅馆等。

(2)应急免疫所需资源,包括疫苗供应名录,预期足量疫苗储备,注射器和消毒设备,免疫技术专家,冷链系统,志愿辅助人员,宣传媒体。

(3)个人防护装备,包括全面罩正压空气呼吸器(SCBA),全封闭气密防护服,防护手套,防护靴,安全帽,头罩式防护服,空气过滤式呼吸防护用品等。

(4)调查检验装备,包括用于流行病学调查的现场检验装备,采集、处理和运送检验样品的装备。

(5)预防与治疗药物,包括有特效预防、治疗和抢救药物,特别是常用的静脉输液、抗生素、抗毒素和强心药物等。其数量应能满足抢救最初发现的病人并对其周围的密切接触者进行预防。

(6)消毒、杀虫、灭鼠药物。应配备必要种类的消毒、杀虫、灭鼠药物。控制蚊蝇、蟑螂的杀虫剂,快速减少啮齿动物数量的急性亚急性灭鼠药物。

(7)实验检验急救装备。快速检测箱、医疗急救箱、流动实验室及各种仪器和试剂均可在运行中就位,到达现场不经开设即可开展工作。

(8)机动与通信装备。快速反应的交通工具、移动通信,保证在任何地点都能与基地和上级领导机关顺利通信。

11.3　铁路突发公共卫生事件应急策略

铁路突发公共卫生事件处置工作策略,应坚持早期预防、及时预警、快速反应、有效控制原则;坚持预防与应急并重,常态与非常态结合,着力推进防控措施不断完善的指导思想。

按照铁路突发公共卫生事件分级标准,与特别重大、重大、较大和一般四级突发公共卫生事件相对应的应急响应级别也分为Ⅰ、Ⅱ、Ⅲ、Ⅳ四级。发生突发公共卫生事件时,铁路总公司和铁路局按照分级响应的原则,做出相应级别应急反应。同时,要遵循突发公共卫生事件发生发展的客观规律,结合实际情况和预防控制工作的需要,及时调整预警和反应级别,以有效控制事件,减少危害和影响。要根据不同类别突发公共卫生事件的性质和特点,注重分析事件的发展趋势,对事态和影响不断扩大的事件,应及时升级预警和反应级别;对范围局限、不会进一步扩散的事件,应相应降低反应级别,及时撤销预警。铁路总公司和铁路局对在重大活动期间发生的突发公共卫生事件,要高度重视,可相应提高报告和反应级别,确保迅速、有效控制突发公共卫生事件,维护社会稳定。

突发公共卫生事件应急处理要采取边调查、边处理、边抢救、边核实、边预防、边控制的方式,控制事态发展。事发地之外的铁路局应急管理部门接到突发公共卫生事件情况通报后,要及时通知相应的疾病预防控制机构和卫生监督机构,组织做好应急处理所需的人员与物资准备,采取必要的预防控制措施,防止突发公共卫生事件在本局范围内发生或借本局传播,并服从铁路总公司应急管理部门的统一指挥和调度,支援突发公共卫生事件发生局的应急处理工作。

1. 铁路交通突发传染病

目前,国内外界定重大传染病标准基本遵循以下两项原则:①对人口健康、国家的安全威胁程度;②对社会稳定、经济损失的影响范围。铁路交通突发传染病疫情,主要指在旅客列车上、客站内,或铁路交通工作单位内出现的严重传染性疾病,并有可能借铁路交通传播的事件,包括以下几方面:①鼠疫、霍乱、非典型肺炎、人感染高致病性禽流感、肺炭疽等传染病病人或疑似病人;②食源性、水源性感染性腹泻暴发或重大细菌性食物中毒;③国家、地方政府和铁路总公司对铁路交通提出监测控制要求的新发传染病;④短时间内集中发生多例传染病病人,发病率显著超过一般水平,或短期内突然发生群体性不明原因疾病。这类传染病以空气飞沫传播(肺鼠疫、非典型肺炎、人感染高致病性禽流感、开放性肺结核、流行性脑脊髓膜炎、新发传染病)、食物饮水传播(霍乱、细菌性痢疾、肠出血性大肠杆菌 O157∶H7、感染性腹泻、诺瓦克病毒感染、副溶血弧菌感染),以及密切接触传播为主要特征。

1)铁路突发传染病远距离传播与控制模型

铁路交通具有人员高度密集,环境空间密闭,运行时间长、距离远等特点,尤以空气飞沫途径传播动力强,控制难度大,极易导致突发传染病借铁路交通快速远距离传播流行,引发大范围的严重公共卫生事件。掌握空气飞沫途径传染病铁路交通线传播模式和传播强度问题,是防制传染病借铁路交通线远距离传播的主要方面。

经空气飞沫途径的传染病沿铁路交通线传播有两个关键环节。其一是在相对较长一段时间内,乘客在列车内一个相对封闭的环境中,染病的乘客通过与健康乘客的密切接触,将病毒传染给其他乘客。此时车厢内乘客总数是固定不变的,染病乘客可以认为是一个点传染源,以点扩散的方式向外传播病毒,可以借鉴经典的传染病传播模型 SIR 模型。其二是由于人口流动的影响,沿交通线各个站点人员的交换情况不一样,对站点所在地区传染病传播的影响概率也不一样。这两个环节不同维度传播模型的结合构成了铁路交通线传染病远距离传播模型,其概念模型如图 11.2 所示。

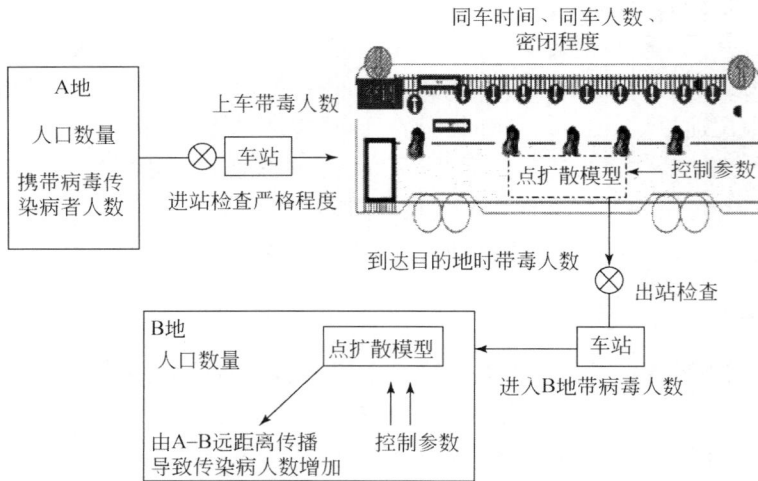

图 11.2　铁路交通线传染病远距离传播概念模型

基于列车相对密闭的车厢环境,以及一次旅途车内乘客总数不变性,车内经空气飞沫传播传染病模式符合 SIR 模型基本特征。另一方面,目前铁路一次旅行时间一般不超过 24h,而空气飞沫途径传染病潜伏期一般为 2～10 天,多为 3～4 天,因此新被感染者在一次乘车途中不会再向外传播病毒感染他人,即有传染能力的人数在旅途中不随时间而变化,同时在如此短期内病人痊愈康复的可能性也很小,可将 SIR 模型进行适当的简化。

设一次旅途时间 T 内,列车内新被感染的人数为 $I(T)$,t 时刻健康者人数为 $S(t)$,$S(0)$ 为初始时刻的健康者人数,I 表示车内初始染病者人数,其模型可简化为如下:

$$I(T) = S(0)\left[1 - \exp\left(-\frac{kWD\mu It^3}{3V}\right)\right] \tag{11.1}$$

此模型中的参数可分为三类:第一类为物理参数,如车厢体积 V(单位:m^3)、载员 N、运行时间 T(单位:h);第二类为病原学参数,如病毒释放强度 μ、感染系数 k;第三类为控制措施量化参数,如通风排毒效率指标 W、车内消毒效率指标 D,W、D 取值最大为 1,表示没有通风和消毒,值越小说明通风和消毒情况越好。该模型表明,车厢内空气飞沫途径传染病的传播概率与车厢内通风、消毒措施以及车厢内滞留时间的 3 次方密切相关。

2)应急处置工作原则

面对铁路交通突发传染病疫情,采取的各项控制处置措施应达到防止、阻止或控制疫情的发生与蔓延的目标。现场处置工作遵循的主要原则如下。

(1)尽可能阻止借铁路传播或推迟传播的时间和减低出现时的规模。

(2)尽可能减少死亡个案。

(3)尽可能不发生站车隔离区域内传播、蔓延或站车人群聚集地的爆发。

(4)尽可能继发病例个案都为密切接触者的观察对象。

(5)尽可能使采取的预防与控制措施能以相对经济的投入取得最佳的效果。

3)应急处置工作内容

根据铁路突发传染病防控策略,铁路交通突发传染病疫情现场处置工作内容由应急处置准备、现场应急处置和善后恢复评估三部分组成,主要工作内涵如图11.3所示。

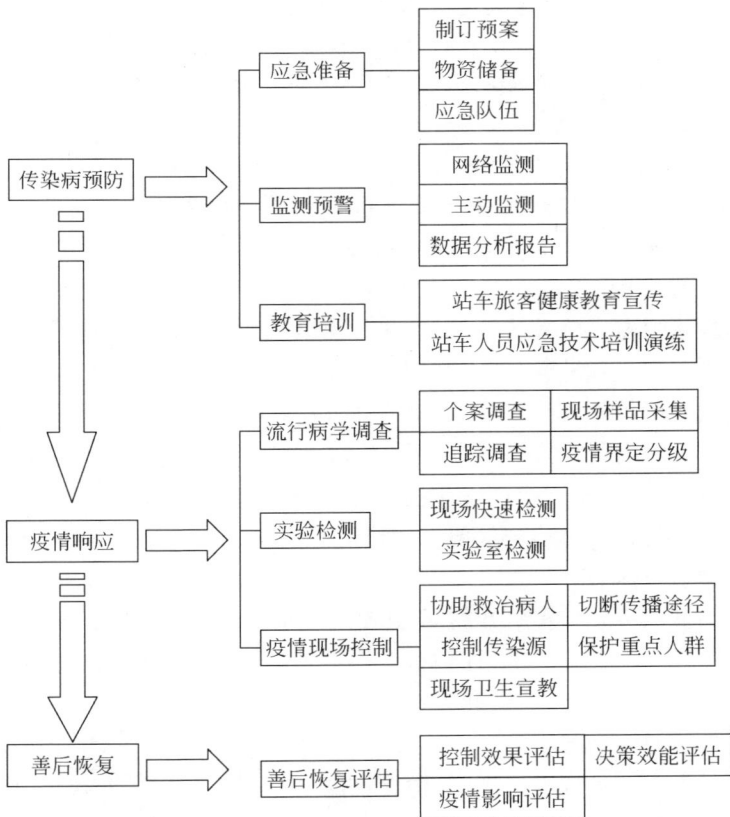

图 11.3 铁路交通突发传染病疫情处置工作核心内涵

(1)突发传染病预防。

①教育培训。组建面向职工和旅客的健康教育队伍,开展站车突发传染病防控知识宣传教育,普及相关知识,定期对站车人员进行应急技术培训,提高职工和

旅客预防和处置突发传染病疫情的能力。

②监测预警。开展铁路突发传染病事件基础资料及相关信息的收集、分析与利用,建立和完善突发传染病疫情主动监测、网络报告和数据分析预警系统,制定铁路突发传染病事件预警标准指标体系。

③应急准备。制定突发传染病应急预案和技术方案,开展应急物资和资源储备工作,组建应急处置队伍和专家系统,定期进行应急技术培训与演练,做好突发传染病疫情处置应急准备。

(2)疫情响应处置。

规范突发公共卫生事件报告工作,及时提供准确信息,快速做出反应。

①流行病学调查。开展现场流行病学调查、采样和检测检验,查明事件发生原因及危险因素,判定突发事件的性质和级别。建立现场流行病学调查、传染源追踪指导手册。规范样品采集、封存和传送工作程序,以及疫情界定分级、疫情报告工作制度。制定现场流行病学调查人员能力、仪器设备、交通工具和经费预算指标。定期进行现场调查能力评价。

②实验检测。建立实验室检测网络。实施实验室检测技术、人员能力、安全规范,房屋设备和仪器配置标准化建设。加快现场快速检测技术装备研制,制定紧急情况下扩大处理检测标本方案,以及实验室检测结果报告管理办法。定期对实验室检测能力进行评价。

③疫情现场控制。开展现场控制,采取有效措施,及时控制和消除突发公共卫生事件的危害。建立铁路站车查验、实验室检测、快速联控三位一体的突发传染病铁路防控模式。确立站车疫点、疫区划分原则,重点站区设置传染源隔离、医学观察、诊断处置的场所设施,配置常用消毒药械。制定疫情现场处置工作规范,重点人群采取应急接种、预防性投药适应指标,公众群体防护知识宣传方案。安全处理站车传染性废弃物、已污染物品和病人尸体。

(3)善后恢复评估。

建立评估铁路突发传染病事件控制效果评价指标,评估突发传染病事件对铁路运输生产和社会造成的影响,评估事件决策效能和技术措施效果,预防和控制各环节工作督导方向,提出恢复重建方案。

4)应急处置时效性原则

国内出现重大传染病疫情期间,由于铁路交通具有人员高度密集,环境空间封闭,运量大、运行时间长、距离远等特点,疫情很容易借铁路交通快速远距离传播扩散。通过近年国内发生 SARS、甲型 H1N1 流感等重大疫情,铁路交通应急处置措施效率分析评估,提出应急处置措施的时效性原则。

(1)空气飞沫途径传播的突发传染病,旅客受染状况与病人在车厢内滞留时间呈指数性相关,乘车小于 3h 旅客受感染概率很小,乘车 10h 旅客受感染概率增长

15 倍。因而尽早控制传染源、切断传播途径是控制传播的有效手段,在列车相对封闭的旅行环境中尤以控制传染源最为重要。采取车内空气通风、过滤、消毒等项措施,对切断减少车内传播也能起到显著作用。

(2)国内发生突发传染病大流行时,铁路交通关口发热筛查在突发疫情暴发初期有必要启动,对于阻断疫情通过铁路交通关口的传播有一定作用,但由于成本较高,应尽量减少影响范围和程度,在中后期其他措施全面施行后,铁路交通系统发热筛查的防控作用相对有限,应及时终止。

(3)在国家防控突发传染病总体框架内,铁路交通处于联防联控的部门配合地位,主要目标是控制甲类管理传染病的输入和扩散,尽可能推迟疫情蔓延时间,铁路防控措施的效果受到国家防控策略的高度影响。因而,铁路防控措施的宽严应紧跟国家应对策略的节奏,严控时效以早期两个月为宜,最多不要超过三个月,一旦国家降低管理级别,应及时终止严控措施,恢复常态管理。

(4)铁路站车工作人员为呼吸道传染病的高危人群,疫情流行期间,实施乘务体检、个人防护消毒、密切接触者医学观察能起到重要保护作用。免疫接种应尽早实施,把握在疫情高峰来临前两周达到 50% 以上接种覆盖率,可起到强力的预防保护效果。

2. 铁路交通食物中毒

铁路交通突发公共卫生事件中,霍乱、菌痢和细菌性食物中毒疫情占有较高比例,多以站车食物饮水途径传播,旅客感染性腹泻暴发为特征,为铁路旅客重点监控突发公共卫生事件。狭义的感染性腹泻一般是指传染病防治法中列为丙类管理的其他感染性腹泻。广义的感染性腹泻包括列入甲类的霍乱,乙类的伤寒、副伤寒,细菌性和阿米巴痢疾,以及其他感染性腹泻。临床上指各种病原体肠道感染引起患者大便每日超过 3 次,粪便的性状为稀便、水样便,亦可为黏液便、脓血便及血便,可伴有恶心、呕吐、食欲不振、发热、腹痛及全身不适等症状。

1)铁路交通细菌性食物中毒流行特征

感染性腹泻迄今依然是我国急性传染病中发病数多、流行面广、影响群众生活生产最普遍的一组疾病。2010 年全国法定报告的全部传染病中,腹泻病例共计1012997 例,占全部传染病的 15.8%。铁路交通 2001～2010 年内共发生站车食物中毒事件 29 起,列车上发生的占 96.8%,且大多为细菌性食物中毒,达 82.8%。细菌性食物中毒常见的致病菌有沙门菌、志贺菌、致病性大肠埃希菌、出血性大肠杆菌 (EHEC)O157:H7、金黄色葡萄球菌、副溶血性弧菌、变形杆菌、小肠结肠炎耶尔森菌、李斯特菌、空肠弯曲菌、霍乱弧菌等。中国以志贺菌、沙门菌以及肠产毒性大肠埃希菌感染最为常见。其中站车自制散装熟食制品是引发旅客感染性腹泻的高危食品。

2)铁路交通细菌性食物中毒关键控制点

以感染性腹泻为主要特征的细菌性食物中毒,为铁路重点监控的食源性传染病,致病菌主要为副溶血性弧菌、金黄色葡萄球菌、致病性大肠杆菌、沙门氏菌、志贺氏菌、霍乱弧菌。采取以切断传播途径为主导的综合性措施,是控制食源性传染病传播的有效手段,而铁路交通部门防控的重点应为站车旅客感染性腹泻暴发事件。防控策略着眼点在于预防事件的发生发展,控制事件的扩散传播,降低事件的危害程度。强化铁路站车食品质量安全认证制度,建立感染性腹泻致病菌快速检测技术平台,培训站车感染性腹泻现场处置救治技术,是感染性腹泻暴发事件关键控制点。

(1)铁路站车食品质量安全认证制度。

站车食品认证制度包括铁路站车预包装食品、自制食品以及高速铁路新型配餐食品的认证。具体包括以下三项措施。

①站车食品生产经营许可制度:对于具备基本生产条件、能够保证食品质量安全的生产单位,发放《食品生产经营许可证》,准予生产获证范围内的食品,从生产条件上保证符合质量安全要求。

②站车食品强制检验制度:未经检验或经检验不合格的食品不准站车销售,设置自检条件、委托检验条件和质量控制标准。这项规定适合铁路现有生产经营条件和管理水平,能有效地把住食品出厂安全质量关。

③站车食品准入制度:对检验合格的食品贴加站车准入标志——QS 标志,没有加贴 QS 标志的食品不准进入站车销售。这样便于旅客识别监督,便于执法部门监督检查,也有利于促进生产经营单位提高责任感。

(2)站车感染性腹泻现场处置救治措施。

预防和控制铁路交通感染性腹泻的暴发与流行需要在改善食品饮水卫生、环境卫生的基础上,积极开展以实验室监测为主的站车卫生监测,开展对感染性腹泻患者的症状、实验室检查、患者的体格检查,对感染性和非感染性腹泻患者进行科学的区分,采取正确的治疗措施,才能有效控制腹泻的流行。

(3)建立铁路站车感染性腹泻致病菌快速检测技术平台。

分析表明,铁路自制散装类食品微生物不合格出现频率较高的依次为豆制品、糕点面包、快餐盒饭、熟肉制品、蛋制品、小食品。而引发铁路站车感染性腹泻暴发的食品多为熟肉制品和快餐盒饭,主要致病菌为副溶血性弧菌、沙门氏菌、金黄色葡萄球菌、大肠杆菌 O157、单增李斯特菌、志贺氏菌、霍乱弧菌、变形杆菌、耶尔森氏菌和空肠弯曲杆菌 10 种。熟食病原菌污染来源主要为:①操作人员带菌,导致食品污染;②生熟食不分,引起致病菌交叉污染食品;③加工、清洗不完全,未能彻底杀灭或清除致病菌。列车上发生食物中毒暴发事件,铁路交通部门需要快速准确查明致病因素,从而迅速采取果断措施控制疫情,救治中毒旅客。可以以分子免疫学发展起来的最新检测技术为基础,研究胶体金免疫层析法、实时荧光 PCR 法、高通量基因芯片法,在铁路站车检测食品致病菌的实用化技术条件下,开发相应的影响铁路站车食品安全的 10 种主要致病菌站车快速定量检测技术系统。建立技术实施程序和检验鉴定标准,形成现场定性检测和实验室定量鉴定的快速技术链接。建立铁路食品安全"站车检测、实验室鉴定、快速联控"三位一体的细菌性食物中毒控制模式。

3)站车感染性腹泻暴发现场应急处置程序

现场应急处置基本程序在于查明病因、判断可能的病例、识别危险因素,控制感染性腹泻进一步发展蔓延,终止疫情暴发流行。

(1)列车应急处置。

随车红十字卫生员对患者进行应急对症治疗。及时收集患者呕吐物、排泄物,剩余食品使用密闭清洁容器妥善保存。停止列车食品生产经营活动,停止食用可疑污染食品,保留所有食品及其原料、工具、设备和现场。了解患者个人信息、发病经过和饮食饮水情况,做好询问记录。根据患者病情,做好下送转诊各项准备工作。

(2)病例识别排查。

①针对性流行病学调查。在初步排查的基础上,结合消化道传染病特点,对可疑病例进一步调查其发病前两周的流行病学内容,着重询问填写以下内容。

(a)个人资料、主诉、现病史、旅行史、接触史、既往史、接种史等。

(b)发病前三天可疑病例食用的食品、饮用水情况,查看水源、食物卫生状况及列车上的苍蝇密度,初步判断发病时间、传播途径及传染源。

(c)途经地区消化道传染病的流行情况。

②症状体征医学检查。

(a)临床检查。按照医学操作规范开展详细的症状观察和体格检查,重点关注消化道传染病特征性症状,包括呕吐的次数、呕吐物性状、呕吐的方式、腹泻的次数、粪便的性状和颜色、有无里急后重、有无腹痛、腹痛部位、有无发热、有无脱水、有无脑水肿表现等,为后续判断和排查提供依据。

(b)采样送检。对有快速检测方法的消化道传染病,应对可疑病例进行现场快速检测,同时采集呕吐物、粪便标本等送有资质的实验室进行病原学检测。采样时需征求相关人员的同意。

③病例判断。结合可疑病例流行病学调查结果、症状与体征,判断其是否为某种消化道传染病疑似病例。

(a)如有剧烈腹泻、水样便(黄水样、清水样、米泔样或血水样),伴有呕吐,迅速出现脱水或严重脱水,包括口唇干燥、皮肤弹性差、眼窝下陷,循环衰竭及肌肉痉挛(特别是腓肠肌),或与霍乱可疑病例或带菌者有密切接触史,并发生泻吐症状者,应高度怀疑其为霍乱疑似病例。

（b）如有脓血便或黏液便，或伴有里急后重症状，呕吐症状不明显，或伴发热，即高度怀疑细菌性痢疾。

（c）如有鲜血便、痉挛性腹痛，低热或不伴发热，即高度怀疑肠出血性大肠杆菌O157：H7 感染性腹泻。

（d）有进食海产品或被副溶血性弧菌污染的食品史，起病急，有激烈腹痛和腹部阵发绞痛、水样便，即高度怀疑副溶血弧菌感染疑似病例。重者可出现粘血便或黏液便，常被误诊为细菌性痢疾。

（e）对来自诺瓦克病毒流行区，或与诺瓦克病毒感染者有密切接触史，出现腹泻、水样便或稀便，无黏液及血便，应高度怀疑诺瓦克病毒感染。

④病例处置。铁路站车查验认定的霍乱，细菌性痢疾，肠出血性大肠杆菌O157：H7 感染、诺瓦克病毒感染、副溶血弧菌感染等感染性腹泻，需立即上报铁路局请示地方防控部门，安排下送、转运到指定医院作进一步诊疗。接收下送病人的车站应立即请求急救中心安排急救车，尽量安排列车停靠 1 站台，明确急救车进出站路线，病例离开隔离室时需采取严格的防疫措施，沿指定移送路线将病人转移到救护车上。查验认定为消化道常见的一般性腹泻，如症状、体征明显，快速检测结果阳性，可转送指定医院作进一步诊疗。否则，登记个人信息、给予健康建议后放行。

（3）疫情暴发列车危险因素专题调查。

①采取控制措施，停止列车食品生产经营活动，封存可疑污染食品和场所，防止事态扩大。

②调查感染发生经过和现场处理情况，详细询问发现病人时间、地点，是否采取急救措施，病人呕吐物、排泄物收集处理情况，报告情况、下交病人情况等，制作询问笔录。

③调查餐车供餐情况：餐车开餐餐次，每餐开餐时间、食谱、加工数量、加工方式、销售方式、加工至食用的时间间隔，每餐就餐人数，旅客餐后有无异常反应等。查验餐车卫生状况：卫生许可证、健康证、冰箱冰柜制冷效果、食品容器标识、食品原料性状、食品加工过程、餐饮具消毒、进货索证索票、中途补料、从业人员有无化脓性皮肤病等。要求餐车演示可疑食品的加工销售过程，制作现场检查笔录，收集相关书证、物证、视听资料等证据材料。

④调查预包装食品销售情况：经营食品的种类、数量，已售出食品的种类、数量，销售车厢范围，进货索证索票、进货清单、食品标识是否完整，是否在保质期限内、是否按要求存放，食品感官性状是否良好等。

⑤对疑似病人、疑似病人同行者和食用可疑食品后未发病的旅客进行流行病学调查，填写个案调查登记表。

⑥采集患者的呕吐物、排泄物或肛试子样品,采集可疑污染食品,涂抹可能被污染的容器、用具表面,尽快送检。

(4)引发疫情可疑食品溯源调查处置。

①停止可疑污染食品生产经营单位的生产经营活动,采取临时控制措施,封存食品原料进货登记和食品出入库、销售台账资料,封存可能造成食物中毒的食品及其原料,封存食品加工工具及其用具,并采样化验。

②现场勘验食品生产经营场所的卫生状况,如生熟隔离、餐具洗消、鼠蟑密度、水源状况、专间卫生、环境卫生等;建筑布局,如建筑材料、流程布局、场所面积等;设施设备,如设备名称、数量、性能、使用频率、保洁等,食品添加剂及辅料的使用供应情况,查验卫生许可证、健康证。

③核对进货台账资料和销售记录,重点核对可疑污染食品的原料来源、加工数量、销售数量、剩余数量、销售地点、销售对象、加工人员姓名、销售人员姓名。

④检查食品原料质量、储存条件,了解可疑污染食品的加工工艺流程、储运销售过程与时间,必要时可要求工作人员现场演示可疑食品的加工销售过程。

⑤检查从业人员的健康状况,特别是在事件发生前 3 天内人员的变动、患病情况,有无咳嗽、发热、腹痛、腹泻、上呼吸道炎症、皮肤化脓感染等,有无不良卫生习惯及操作过程的不卫生行为。

根据流行病学和卫生学调查资料,结合实验室检验结果,提交旅客感染性腹泻暴发调查处理报告,确定感染餐次、污染食品、可疑污染环节。

3. 铁路急性化学中毒事故

发生急性化学中毒事故后,受害者及首先发现可疑中毒现象的任何人均应立即逐级向单位领导报告,单位负责人接到报告经进一步了解后,应立即将事故概况,发生时间、地点,可疑中毒人数,主要症状,患者去向及可疑毒源等报告铁路和地方职业卫生监察执行单位、劳动安全监察部门及上级主管部门。按照国家现行职业病报告办法及企业职工伤亡事故报告和处理规定,分别进行急性化学中毒报告及急性化学中毒伤亡事故报告。

1)急性化学中毒报告内容

(1)作出急性化学中毒诊断或疑似诊断的医疗卫生机构的医务人员均是急性化学中毒的法定报告人。法定报告人必须按国家、铁路现行职业病报告办法向所属铁路职业卫生监察执行单位报告。

(2)对急性化学中毒疑似患者,法定报告人应做疑似病例报告,一经确认或否定均需立即做订正报告。

2)急性化学中毒伤亡事故报告内容

(1)急性化学中毒伤亡事故的单位必须按照国家、铁路现行企业职工伤亡事故报告和处理的有关规定,按要求进行急性化学中毒伤亡事故报告。

(2) 对失去作业能力不满一个工作日的轻度急性中毒,发生单位可不做急性中毒伤亡事故报告,但应在本单位通报记录在案。

3)铁路急性化学中毒事故处置程序

接到突发化学事件报告后,铁路总公司卫生、安监部门应当根据具体情况组织有关专家对突发化学中毒进行综合评估,初步判断突发化学中毒的类型。化学中毒事故发生现场人员立即采取自救互救措施,将病人移至空气新鲜处,脱去受污染的衣服、鞋、袜等,清洗皮肤、眼等受污染处,尽快使中毒者离开现场就近就医。根据中毒事故的严重程度,采取以下措施防止事故扩大。

(1)进行现场应急调查,尽快查明事故危害毒物及其污染范围、程度。运输部门可按现行《危险货物运输规则》要求,采取特殊技术措施洗消毒物,控制毒源。

(2)根据中毒事故现场的自然环境、气象条件及毒物的理化特性,划定危险区及安全区。

(3)根据中毒事故现场周围人群的表现和生态变化,初步确定事故危及范围,划定隔离区,做出标志。

(4)尽快将隔离区的人群疏散至安全地区。对继续散发有毒物质的车辆、物品等,在取证、采样、作好现场标志后,尽快调至远离居民区和生活饮用水源的地带。

(5)现场应急处理人员应配备防护用品。事故现场应采取相应的防护措施。

对直接接触毒物尚未出现明显中毒症状者,实施医学监护措施:①脱离现场,淋浴更衣(不准热水浴),减少活动;②住院或门诊观察。可根据毒物的理化及毒理特性、作用靶器官进行针对性检查和预防性治疗,医学监护时间不得少于该毒物侵入途径发病的最长潜伏期。

4)事故善后评估

急性中毒事故单位必须在国家、铁路规定的限期内按期提出中毒事故报告,报上级主管部门和职业卫生监察执行单位、劳动安全监察机构。确定为急性中毒重伤、死亡和重大死亡事故单位,需按国家、铁路现行规定的内容填报《职工死亡、重伤事故调查报告书》。结案处理按国家、铁路关于"轻伤、重伤、死亡、重大死亡事故"的分类要求进行分级。中毒事故报告应包括以下主要内容。

(1)急性中毒事故概况及发生经过。

(2)引起急性中毒的生产事故,主要起因。

(3)事故责任者及其处理情况。

(4)事故的直接、间接经济损失,工作日损失。

(5)主要教训和改进措施。

铁路职业卫生监察执行单位在调查分析结束后,应按国家、铁路现行规定填报"职业中毒现场劳动卫生学调查表",同时要提出急性职业中毒事故劳动卫生学调查报告,抄报铁路卫生行政主管部门,报送所在地方职业卫生监察执行单位。急性化学中毒劳动卫生学调查报告应包括以下主要内容。

(1)事故单位概况,包括单位名称、所有制、隶属关系、人数、从事接毒作业人数及其技术构成、全面安全生产情况和安全卫生机构的配置等。

(2)急性职业中毒事故概况,包括发生时间、地点,发病及死亡人数,诊断分级,被医疗监护人数及续发情况等。

(3)急性职业中毒事故发生经过、发生原因、性质及责任分析。

(4)现场应急措施及调查处理过程,患者救治情况。

(5)现场危害毒物分析、毒物浓度及影响范围,事故的处理和限期改进意见。

(6)参加调查处理人员姓名、单位、职务、职称,报告单位、日期。

(7)抄报、报送单位。

4. 铁路放射性污染事故

铁路运输发生放射性物质污染事故,应立即将事故概况,包括发生时间、地点,可疑中毒人数,主要症状,患者去向及可疑毒源等报告铁路和地方职业卫生监察执行单位、劳动安全监察部门及上级主管部门。事故地点所属单位应立即将事故情况报告铁路主管部门、铁路和地方卫生行政、公安部门。卫生行政、公安部门接到报告后必须迅速核实事故情况,确定事故级别,并逐级上报。同时立即依据事故类别组织疾病预防控制机构等有关部门,准备好应急处理、防护、侦查所需器材用品及取样、快速检测器具等,对事故现场进行调(侦)查、监测和应急处理。

事故地点的管理单位在报告同时应做好保护现场工作,并通知收发货单位。如果因救护伤员、防止扩散必须移动、改变有关物质状态、痕迹,必须在移动、改变之前作好现场标志和记录。铁路卫生行政、公安部门应迅速确定受照范围,立即组织受照人员就医,并根据疾病预防控制机构提供的现场外照射量率、划出危险区并示以危险隔离标志,撤出区内人员,控制无关人员进入。根据疾病预防控制机构提供的辐射源放射活度、受照人群和剂量情况最终判定事故级别、现场处理措施。

在作好事故现场监测的前提下,必须首先确定污染的核素,迅速将其有效屏蔽起来,并安全转移至符合安全要求的容器中去。对于溢出的放射性内容物,应按有关标准要求迅速采取阻止扩散的有效措施。如有伤员或接受外照射严重者,应在医护人员的指导下,迅速转移到安全处所进行医学观察和处理。事故现场的监测应符合 TB/T 2144 及 TB/T 2508 的要求。凡一次受照有效剂量当量超过 50msv(5rem)的人员,应及时给予医学检查;超过 250msv(25rem)者,应及时进行医学检查和医学处理。

有关人员进入事故现场必须正确穿戴好所需的各种防护用具,佩戴好个人累积剂量计。任何情况下,均不允许用裸露的手进行直接接触放射性货包或撒漏的放射性物质及其污染物的操作。离开事故现场时,应仔细进行污染检查与清洗。事故现场处理人员的最大允许操作时间按以下限定:一次全身接受的有效剂量当量不得大于 100msv(10rem);个别为制止事故扩大进行抢险、抢修等需要接受照射的人员,一次全身照射不得超过 250msv(25rem)。被污染的环境、运输工具、装卸工具、防护用具(品)及其他物品的洗刷去污及所产生的废水、固体废物的处理应符合国家环保标准及 TB/T 2683 的要求。

11.4　铁路站车突发疫情处置技术系统

建立"站车查验、实验室检测、快速联控"三位一体的铁路交通传染病预防控制现场处置模式。模式主导思想为,在铁路交通传染病预防控制工作中,站车查验为基础,实验室检测为关键,快速联控为保障。现场处置系统的目标在于查明病因、判断可能的疾病、识别危险因素,控制疾病进一步发展蔓延,终止疾病暴发流行,预测疾病流行趋势,评价控制效果。

1. 个案病例排查技术

病例排查适用于铁路交通日常监测检疫和疾病流行状态下,对站车旅客可疑病例的排查确认,有利于及时控制疫情,阻断借铁路交通传播途径。需要重点关注排查的传染病为:①经呼吸道传播的肺鼠疫、非典型肺炎、人感染高致病性禽流感、肺炭疽、开放性肺结核、流行性脑脊髓膜炎、新发传染病;②经消化道传播的霍乱、细菌性痢疾、肠出血性大肠杆菌 O157:H7、副溶血弧菌感染、诺瓦克病毒感染等引发的感染性腹泻;③经蚊媒传播的黄热病、登革热、疟疾、流行性乙型脑炎。病例判定的基本概念如下。

(1)可疑病例。在铁路交通日常监测检疫或传染病疫情流行期,站车查验发现的具有发热、咳嗽、恶心、呕吐、腹泻(24h 内腹泻 3 次或 3 次以上)、头痛、肌肉痛、关节痛、皮疹、黄疸、面色异常潮红或苍白、淋巴结肿大、无力行走等一种或多种症状、体征的人员可定义为可疑病例。可疑病例一般通过旅客体温监测、列车员报告、医学巡查、旅客主动申报、车站内报告、地方或铁路部门通报等方式发现。

(2)疑似病例。疑似病例是指疾病预防控制人员对可疑病例实施流行病学调查、医学检查、快速检测等现场医学排查措施后,判定为疑似患有某种传染病,需要转送指定医院进一步排查诊治的人员。

1)可疑病例排查程序

(1)测量体温。检疫人员用水银体温计测量可疑病例的腋下体温,判定是否发热(体温达到或高于 37.5℃即为发热)。

(2)初步流行病学调查。调查包括两周内到过的国家和地区,所到地有无类似症状的传染病流行、流行情况；有无传染病患者、继发传染病患者接触史；有无野生动物、禽鸟类接触史；有无蚊虫叮咬史；既往病史及就诊史等。

（3）症状问讯及简单体格检查。检疫人员对发热以外的症状进行询问，包括呼吸道、消化道及全身症状。必要时，可进行简单体格检查。

（4）初步判断意见。结合初步流行病学调查情况和症状体征，对照已掌握的国际、国内疫区分布及疫情发生情况，首先考虑排查危害性高、经呼吸道传播的疾病，其次为消化道和蚊媒传染病。判断结果包括以下几个。

①排除传染病可能。

②怀疑为经呼吸道途径传播的传染病。发热伴有以下一个或多个呼吸道症状：咳嗽、咳痰、咯血、胸痛、盗汗、呼吸困难等，或肺部听诊有干湿啰音。

③怀疑为经消化道途径传播的传染病。有以下一个或多个消化道症状：恶心、呕吐、腹痛、腹泻（24h 内大便 3 次或者 3 次以上，或大便性状发生改变）、血便等，伴或不伴发热，或查体发现有脱水征，包括口唇干燥、皮肤弹性差、少尿等。

④怀疑为经蚊媒传播的传染病。发热伴有以下一个或多个症状：头痛、肌肉痛、关节痛、淤点、淤斑、皮疹、黄疸（自然光线下皮肤和眼睛不正常的黄色）等，和/或查体时发现三红征（面红、颈红、胸红，即醉酒貌）、淋巴结肿大等。

⑤怀疑为其他途径传播的传染病。

⑥难以判定为何种途径传播的传染病。

（5）医学排查处置。

①排除传染病可能的人员。不需要进一步医学排查，登记可疑病例个人信息，给予健康建议，发放《就诊方便卡》放行。

②怀疑为呼吸道、消化道或蚊媒传染病的。详细的流行病学调查，填写《铁路交通传染病可疑病例流行病学调查表》；详细询问可疑病例的症状、既往病史，进行体格检查，根据需要填写《采样知情同意书》后采样，开展现场快速检测等医学措施，并填写《铁路交通传染病可疑病例医学排查记录表》。

（6）可疑病例转移。在铁路站车经初步排查发现传染病可疑病例后，首先划分密切接触者和一般接触者。在做好相关防护措施的前提下，将可疑病例和密切接触者转至车站观察室或列车乘务室等备用位置进行详细排查，同时按照相关规定做好自身防护，严防交叉感染。在无铁路交通重点关注传染病发生时，对铁路站车的一般接触者给予健康建议后放行。当发生铁路交通重点关注的传染病时，对铁路站车一般接触者登记个人信息、给予健康建议后放行。

2）疑似病例医学排查程序

进行针对性流行病学调查，详细询问可疑病例的症状、既往病史，进行症状体征医学检查，现场快速检测作出初步诊断，并填写《铁路交通传染病可疑病例医学排查记录表》。

(1)呼吸道传染病。

①针对性流行病学调查。在初步排查的基础上,结合呼吸道传染病特点,对可疑病例进一步调查其发病前四周的流行病学内容,着重询问填写以下内容。

(a)个人资料、主诉、现病史、旅行史、病人及禽鸟接触史、既往史、接种史等。

(b)途经地区呼吸道传染病的流行情况。

②症状体征医学检查。

(a)临床检查。按照医学操作规范开展详细的症状观察和体格检查,重点关注发热、干咳、胸痛、气促、呼吸困难、肺部啰音等呼吸道传染病的症状体征。

(b)采样送检。对有快速检测方法的呼吸道传染病,应对疑似病例进行现场快速检测,同时采集样本包括咽拭子、咽嗽液、血液尽快送有资质的实验室进行病原体检测。采样时需征求相关人员的同意,签署《采样知情同意书》。

(c)胸部 X 光片检查。

③ 疑似病例判断。结合可疑病例流行病学调查结果、症状与体征,参照《常见呼吸道传染病典型症状鉴别排查表》和《铁路交通重点关注的呼吸道传染病排查要点表》,判断其是否为某种呼吸道传染病疑似病例。

以发热为首发症状,体温一般高于 38℃;可伴有头痛、关节酸痛、肌肉酸痛、乏力、腹泻;常无上呼吸道卡他症状;可有咳嗽,多为干咳、少痰,偶有血丝痰;可有胸闷,严重者出现呼吸加速,气促,或明显呼吸窘迫。肺部体征不明显时,应高度怀疑其为非典型肺炎疑似病例。

体温大多持续在 39℃以上,可伴有流涕、鼻塞、咳嗽、咽痛、头痛、肌肉酸痛和全身不适。可有恶心、腹痛、腹泻、稀水样便等消化道症状,有临床表现明显的肺炎或肺部实变体征时,应高度怀疑其为人感染高致病性禽流感疑似病例。

高热寒战,体温达到 39～40℃,剧烈头痛,恶心呕吐伴有烦躁不安,意识模糊,心律不齐,血压下降,呼吸急促,皮肤黏膜有出血斑及伴有黑便,血尿;咳痰,咯血,呼吸困难,四肢及全身发绀;肺部体征与临床表现不符时,应高度怀疑其为肺鼠疫疑似病例。

寒战、高热、气急、呼吸困难、喘鸣、发绀、血样痰、胸痛;有时在颈下、胸部出现皮下水肿;肺部仅闻及散的细湿罗音;常并发败血症和感染性休克时,应高度怀疑其为肺炭疽疑似病例。

午后低热、乏力、食欲不振、体重减轻、盗汗等;有干咳或只有少量黏液痰,有不同程度咯血;胸部有刺痛,一般并不剧烈,随呼吸和咳嗽而加重,可有渐进性或急骤出现的呼吸困难,甚至发绀时,应高度怀疑其为开放性肺结核疑似病例。

急性发热、剧烈头痛、恶心、呕吐、颈强直、畏光、皮肤淤斑等时,应高度怀疑其为流行性脑脊髓膜炎疑似病例。

(2)消化道传染病。

①针对性流行病学调查。在初步排查的基础上,结合消化道传染病特点,对

可疑病例进一步调查其发病前四周的流行病学内容,着重询问填写以下内容。

（a）个人资料、主诉、现病史、旅行史、接触史、既往史、接种史等。

（b）发病前三天可疑病例食用的食品、饮用水情况,查看水源、食物卫生状况及列车上的苍蝇密度,初步判断发病时间、传播途径及传染源。

（c）途经地区消化道传染病的流行情况。

②症状体征医学检查。

（a）临床检查。按照医学操作规范开展详细的症状观察和体格检查,重点关注消化道传染病特征性症状,包括呕吐的次数（每天）、呕吐物性状（食物、水样、米泔样、血水样）、呕吐的方式（喷射状、恶心、先泻后吐、先吐后泻、吐泻同时）、腹泻的次数（每日）、粪便的性状和颜色（鲜血样便、血便相混、脓血便、黑便、黏液便、稀便、水样便:包括黄水样、清水样、米泔水样、洗肉水样等;血便、脓血便、正常）、有无里急后重（腹泻的次数频繁,每次总有便不净、排不完的感觉而不愿结束排便,但每次排出的大便量并不多）、有无腹痛（痉挛性痛、绞痛、钝痛、压痛）、腹痛部位（满腹、右上腹、左上腹、右下腹、左下腹、脐周）、有无发热、有无脱水征（口唇干燥、眼窝深陷、皮肤皱缩）、有无脑水肿表现（烦躁不安、惊厥等）等,为后续判断和排查提供依据。

（b）采样送检。对有快速检测方法的消化道传染病,应对可疑病例进行现场快速检测,同时采集呕吐物、粪便标本等送有资质的实验室进行病原学检测。采样时需征求相关人员的同意,签署《采样知情同意书》。

③疑似病例判断。结合可疑病例流行病学调查结果、症状与体征,参照《铁路交通重点关注的消化道传染病排查要点表》、《铁路交通重点关注消化道传染病诊断提示》和《其他消化道传染病鉴别诊断要点》,判断其是否为某种消化道传染病疑似病例。

（3）蚊媒传染病。

①针对性流行病学调查。在初步排查的基础上,结合蚊媒传染病特点,对可疑病例进一步调查其发病前四周的流行病学内容,着重询问填写以下内容。

（a）个人资料、主诉、现病史、旅行史、接触史、既往史、接种史等。

（b）病情进展、用药和就诊治疗的情况。

（c）蚊虫叮咬史,途经地区主要蚊媒传染病流行情况。

②症状体征医学检查。

（a）临床检查。按照医学操作规范开展详细的症状观察和体格检查,重点关注热度、热型、皮疹、头痛、肌痛、骨关节痛、出血征、精神症状等。

（b）采样送检。对有快速检测方法的蚊媒传染病,应对疑似病例进行现场快速检测,同时采集 3～5ml 静脉非抗凝全血送有资质的实验室进行病原学检测。采样时需征求相关人员的同意,签署《采样知情同意书》。

③疑似病例判断。结合可疑病例流行病学调查、症状与体征的观察,参照《铁

路交通重点关注的蚊媒传染病排查要点表》,判断其是否为疑似病例。

突发高热,可达 40℃ 以上,可伴畏寒或寒战、头痛、背痛、腿痛、眼部充血、鼻衄、恶心呕吐、黄疸。病情严重时患者心率减慢,血压降低,黄疸加重,频繁呕吐,上腹痛明显。出现各种出血症状,如牙龈出血、鼻衄、皮肤淤斑、呕血、黑粪、血尿、子宫出血等,应高度怀疑其为黄热病疑似病例。

突发高热 39～40℃,伴有较剧烈的三痛:头痛、肌肉、关节痛;三红:面、颈、胸部潮红。分布于四肢躯干或头面部的多样性皮疹,多有痒感,不脱屑。四肢、腋窝、黏膜及面部可见散在出血点,迅即融合成淤斑。病情进展中可有鼻腔、牙龈、消化道、泌尿道或子宫等任何一个以上器官的较大量出血。突然加重时,可出现皮肤湿冷、脉数弱、烦躁或昏迷,血压下降甚至出现休克,应高度怀疑其为登革热疑似病例。

周期性和间歇性发热为其主要特征。典型发作时有三个阶段:发冷期——有寒战、面色苍白;发热期——寒战停止后继以高热和面色潮红,体温可达 39～41℃;出汗期——高热后病人突发全身大汗,体温骤然下降。可见脾脏明显肿大,压痛,应高度怀疑其为疟疾疑似病例。

体温持续高至 39℃,常伴有头痛、颈项强直、恶心、呕吐。可出现意识障碍、抽搐、呼吸衰竭、剧烈头痛、呕吐、血压升高、脉搏变慢,应高度怀疑其为流行性乙型脑炎疑似病例。

3)密切接触者排查

当判断可疑病例为某种传染病疑似病例时,对密切接触者进行同样的医学排查。对无相关症状的密切接触者,按照旅客登记表内容,登记姓名、性别、年龄、现住址、通信联络方式、身份证件号码等个人信息,给予健康建议,发放《就诊方便卡》后放行。根据可疑病例诊断结果,决定是否通报密切接触者目的地的卫生部门进行后续监管。

(1)铁路交通呼吸道传染病接触者判定标准。

呼吸道传染病可疑病例的接触者分为密切接触者和一般接触者,具体执行时视传染病在铁路站车流行情况而定。发生铁路重点关注呼吸道传染病疫情时,其判定标准如下。

①密切接触者判定标准。列车上与可疑病例同车厢的旅客或同一卧铺车厢的旅客,照顾护理病人的人以及接触病人呼吸道分泌物、血液、尿液的人为密切接触者;如果病人为列车员,与该列车员在一组工作和住在一起的工作人员及其接触过的旅客为密切接触者。铁路工作单位内,在日常生活、学习、工作中,曾与可疑病例自其出现症状前三天起,有过较长时间近距离接触的下列人员:

(a)与可疑病例共同居住的人员;

(b)与可疑病例在一个教室内上课的教师和学生;

（c）与可疑病例在同一工作场所工作（如办公室、车间、班组等）的人员；

（d）与可疑病例共餐的人员；

（e）护送可疑病例去医疗机构就诊或者探视过可疑病例的亲属、朋友、同事或一般汽车司机；

（f）未采取有效保护措施，接触过可疑病例的医护人员；

（g）其他已知与可疑病例有密切接触的人员。

如与可疑病例接触期间，接触者有高热、打喷嚏、咳嗽、呕吐等剧烈症状，不论时间长短，均应视为密切接触者。

②一般接触者判定标准。列车上可疑病例活动范围内，除了密切接触者之外的其他乘客和乘务人员。日常生活、学习、工作中，除了密切接触者之外，其他曾与可疑病例短暂接触的人员。

（2）铁路交通消化道传染病接触者判定标准。

①密切接触者判定标准。消化道传染病密切接触者是指在列车运行途中，以及日常生活、学习、工作中，曾与消化道传染病可疑病例自其出现症状前三天起，有过较长时间近距离接触的下列人员：

（a）与可疑病例共餐的人员；

（b）与可疑病例共同居住的人员；

（c）未采取有效防护措施，接触过可疑病例的医护人员；

（d）其他已知与可疑病例有密切接触的人员。

如与可疑病例接触期间，接触到病人的排泄物（呕吐物、粪便等），不论时间长短，均应作为密切接触者。

②一般接触者判定标准。列车上除了密切接触者之外的其他人员。日常生活、学习、工作中，除了密切接触者之外，其他曾与消化道传染病可疑病例短暂接触的人员。

（3）铁路交通蚊媒传染病接触者判定标准。

①密切接触者判定标准。蚊媒传染病密切接触者是指在列车运行途中，或日常生活、学习、工作的前四周内，曾与可疑病例自其出现症状有过较长时间近距离接触和/或有共同蚊虫叮咬史的人员。

②一般接触者判定标准。列车内除了密切接触者之外的其他人员。日常生活、学习、工作中，除了密切接触者之外，其他曾与可疑病例有过短暂接触的人员。

2. 暴发疫情流行病学调查技术

主要工作为收集人员、环境、生态基本资料，对可能患病旅客进行个案调查和专题调查核实诊断，描述三间分布特征，查明病因或流行的可能因素；相关标本或样品的采集与检验检测；界定突发传染病疫情性质；查明波及范围和严重程度，追踪密切接触者;提出控制措施方案,对已采取控制措施效果进行评估调查。撰写调查报告,为疾病的诊断治疗、控制监测提供科学依据。

1)基本程序

基本程序如图 11.4 所示。

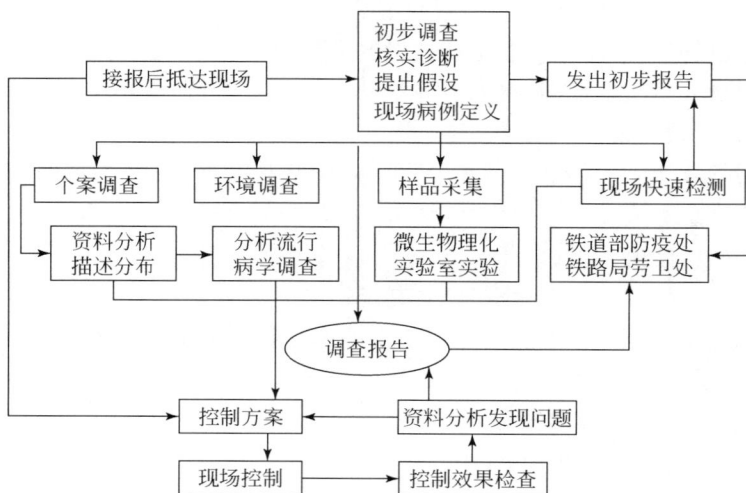

图 11.4 现场流行病学调查流程

(1)根据疫情发生的时间、地点、发病人数、死亡人数、影响范围、病因等初步分析信息,制定调查计划,确定调查内容,拟订或修订调查表,设计调查思路方案。

(2)建立病例定义,核实诊断,估算危害影响人群数,确定流行或危害的存在。进行横断面现况调查,描述三间分布,分析流行强度和环节,建立假设。

(3)根据假设,采集相关标本送实验室检测,迅速提出初步控制方案,采取控制措施。

(4)应用病例对照、队列分析方法,验证修订假设,修正改进控制方案,提出针对性的控制措施,并对控制效果进行评估。

(5)现场流行病学调查处置报告。

2)调查内容

暴发疫情的流行病学调查,除了对病人进行流行病学个案调查外,还需进行与暴发有关的专题调查。因此除了参照《铁路交通重点传染病可疑病例流行病学调查表》拟定流行病学个案调查表外,还要根据专题调查内容设计流行病学专题调查表。专题调查主要是弥补流行病学个案调查内容的不足,补充收集有关暴发疫情的资料,以便于更好地分析本次疫情的性质、确定暴发原因等。专题调查表应根据专题调查目的和内容来编制,设计原则与流行病学个案调查表相同。专题调查表包括疫情基本信息调查表和发病点调查表。

3. 现场实验检测技术

根据现场流行病学初步调查,立刻组织现场采样,开展现场快速检测和相关的实验室检测,如有必要可开展动物实验,以便及时查明原因、确定性质、明确诊断,追溯病因物质的来源,为指导医疗救治、制定突发传染病事件的预防控制措施提供科学依据。按照呼吸道传染病、肠道传染病、食物中毒的不同性质分别准备好应急箱,并确保所准备的物品以及培养基处于可使用状态。应急箱应包含相应采样工具、盛装容器、运送培养基、快速检测试剂、工具书以及个人防护用品等。现场采样按照及时、准确、代表性和安全的原则,分别采集样品。所有样品都应存样,以备复查和向上级送检。主要样品有血液、尿液、排泄物、肛拭子、眼结膜拭子、鼻咽拭子、咽漱液、呕吐物、痰液、病灶、可疑食品(原材料、剩余食品)、环境样品等。现场实验检验工作流程如图 11.5 所示。

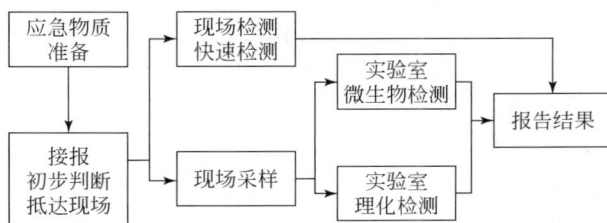

图 11.5　现场实验检验工作流程

1)现场采样检测技术规范

具备现场快速检测技术能力的,可用快速检测技术进行传染病初筛。初筛阳性或不能现场快速检测的,则按各类传染病现场采样规范要求采集样本,尽快送有资质的实验室检测诊断。标本采集应由专业人员进行,采集过程需要做好个人防护。

(1)呼吸道传染病标本。

①咽拭子。用拭子擦拭双侧咽扁桃体及咽后壁,取咽部分泌物少许,将拭子头浸入采样液中,尾部弃去。

②咽漱液。用 10ml 不含抗生素的采样液(如生理盐水)漱口取样,漱时让可疑病例头部微后仰,发"噢"声,让生理盐水在咽部转动。然后,用平皿或烧杯收集洗液。

③血液。快速检测时取指尖血涂片,送实验室检测时采集非抗凝静脉血 3~5ml。

(2)消化道传染病标本。

①呕吐物。呕吐物应采集 1~3ml。

②粪便。采集病人新鲜粪便的脓血部分、黏液部分、水样便或稀便为主。采集自然排出的新鲜大便于灭菌容器中,水样便采集 1~3ml,成形便采集 1~3g(为保证水样便在运送过程中不变干,可向盛装水样便的容器中加入几滴灭菌生理盐水);亦可用已湿润的直肠棉拭由肛门插入直肠内 3~5cm 处并轻轻旋转,确保退

出的棉拭上有可见的粪便,把棉拭放入灭菌容器中。粪便标本宜在发病早期,服用抗菌药物之前采集。

③血液。采集 3～5ml 静脉非抗凝全血。

④被污染物体表面标本。用灭菌棉拭涂抹可疑部位,所采标本的传递保存方式宜根据运送时间,选择标本传递保存方式。如运送时间大于 8h,将标本放入 Cary-Blair 二氏培养基中传递,带有标本的棉拭宜完全插入 Cary-Blair 二氏培养基底部。

(3)蚊媒传染病标本。

采集 3～5ml 静脉非抗凝全血送检。

(4)样本送检。

①咽拭子、咽漱液、血液样品采集后应在 4℃条件下保存,尽快送到实验室进行检测。不能在 24h 内运送的,应置-70℃以下保存。

②呕吐物、粪便标本从采集到送检不得超过 24h,采集的标本应插入培养基中,立即送实验室。运送时间超过 2h 者,应在冰浴条件下送检。

③可疑水、食品、环境标本采集后,应在 24h 内送至实验室进行增菌、培养、分离。

④样品应放在专用运输箱内,放入冰排,然后以柔软物质填充,内衬具吸水和缓冲能力的材料,尽快运送。同时附上《传染病可疑病例流行病学调查表》和《传染病可疑病例医学排查记录表》。

⑤送检的样品送到实验室后,由专人接收并留底备查。

2)实验室检测

样品采集后要尽快送回实验室进行检测,实验室在接到样品后要立即进行检测,综合患者的临床症状及流行病学调查结果,以最快的速度出具检测报告。

4. 突发传染病疫情界定与判断技术

1)疫情流行病学关键指标分析

通过对突发公共卫生事件进行界定,判断可能的疾病,明确其性质和级别,以利于采取相应的措施,及时有效地控制其蔓延,减少危害。通过疫情数据描述性指标和危险因素指标分析,找出病因、识别危险因素,从而有效地控制疫情,防止疫情进一步蔓延,为疾病的诊断、治疗提供科学依据。针对疾病的分布情况,提出病因假设,从而推断危险因素。最基本的疫情数据分析包括疾病潜伏期判断、变量描述分析(疾病的三间分布描述、主要症状及体征的描述)、危险因素分析。

其中,潜伏期要计算最大值(Max)、最小值(Min)、平均值($\overline{X}$)、中位数(M),变量描述分析对每个变量进行统计图和统计表的描述分析,危险因素分析主要分析卡方值(χ^2)、比值比(OR)、相对危险度(RR)和 95％可信区间(95％CI)。

2)疫情性质界定与判断

综合分析疫情对旅客健康危害、铁路安全运营和社会影响三个要素,遵循《铁路突发公共卫生事件应急预案》分级原则,重点从以下几方面进行判断:①疫情的类别和性质;②疫情的影响面和严重程度;③目前已采取的紧急控制措施及控制效果;④疫情的发展趋势;⑤是否需要启动应急处理机制进行控制。

3)疫情风险快速评估

在实现这些目标的过程中,是否出现传染病爆发、是否发生传染源或污染源的扩散,是评价防控工作有效的重要指标。对铁路站车发生的传染病疫情,以《铁路突发公共卫生事件应急预案》为基础,进行界定分级,明确其性质和级别,以利于采取相应措施及时有效地控制蔓延,减少危害。通过危险因子评估对风险等级做出准确测评结论,为现场防控工作提供切实可行的操作规范。

按照高、中、低危险三类分级管理原则,建立铁路站车传染病疫情风险快速评估系统,主要判定指标如下。

(1)危害性。通过病原体本身的致病性、病死率、传播途径、国内流行现状等,判定疫情病原体对旅客公众威胁程度,如表 11.3 所示。

表 11.3　疫情病原体对旅客公众危害性判定

危害性	致病性	病死率	传播途径	国内流行现状
高	甲类	>10%	空气和昆虫媒介传播	无或罕见
中	乙类	>1%,<10%	以上二者之一	散发
低	丙类	<1%	两者均无	流行或呈地方性

综合表 11.3 评判指标,划分铁路交通重要传染病病原体危险等级,如表 11.4 所示。如确定为中度以上的,进一步考查第二条传播性。

表 11.4　铁路交通重要传染病病原危险等级

危险等级	传染病原
高度(H1)	鼠疫、霍乱、肺炭疽、SARS、人禽流感、大肠杆菌 O157、开放性肺结核、流行性出血热
中度(M1)	军团病、流行性脑炎、白喉、流行性感冒、感染性腹泻、手足口病、志贺氏菌病、艾滋病、伤寒、麻疹
低度(L1)	梅毒、淋病、病毒性肝炎、猩红热、急性出血性结膜炎

(2)铁路交通传播性。通过分析传染病疫区与铁路交通旅行、货物交往的频繁程度及数量,人员暴露在危险因子下造成损伤的程度、速度以及后续伤害,判定传染病病原体借铁路传入非疫区的可能性,以及对进入疫区旅客的健康威胁程度。如确定为中度以上,进一步考查第三条易感性,如表 11.5 所示。

表 11.5　病原体铁路交通传播性判定

传播性	病原体借列车、货物、集装箱传播可能性	疾病对旅客健康影响程度（包括旅途和旅程）
高度（H2）	大	严重
中度（M2）	中等	一般
无（N2）	小或不可能	无

（3）易感性。我国存在该病原体的易感人群和传播媒介程度。如确定为中度以上，进一步考查第四条可控性，如表 11.6 所示。

表 11.6　旅客对病原体易感性判定

易感性	人群易感性	传播媒介	疫苗
高度（H3）	普遍易感	存在	无有效疫苗
中度（M3）	局限人群	无，但有散播的生态条件	有部分保护作用
无（N3）	无	无，且不具备散播的生态条件	有有效疫苗

（4）可控性。铁路疾病检疫控制部门是否对该病原体具备有效的防控手段，能够防止病原体借铁路传播。病原体站车可控性判定如表 11.7 所示。

表 11.7　病原体站车可控性判定

可控性	现场快速检测方法有效性	现场人员检疫有效性	卫生处理（消毒、杀虫、灭鼠）有效性	特效治疗或预防药物
是 Y4	对病原体有效	急性体征，表现明显	有效	有特效药物
否 N4	对病原体无效	非急性，无明显体征	无效	无特效药物

危险因子的风险等级按照高、中、低三类分级管理，判别方法如下。
（1）高度风险因子。
①H1×（H2 或 M2）×（H3 或 M3）×N4；②M1×H2×H3×N4
（2）中度风险因子。
①M1×H2×M3×N4；② M1×M2×（H3 或 M3）×N4。
（3）低度风险因子。
其他组合方式。

5. 疫情影响和控制效果评估技术

根据铁路突发传染病防控职能,从传染病预防管理、疫情响应、善后恢复过程来考察,构建突发疫情现场处置的效果评估框架和评估指标体系。

1)评估模型构建

以层次结构分析理论为指导,把铁路重点传染病防控体系作为一个系统,以系统的职能和总目标为导向,将评估框架分解成不同的组成要素——评估类别,并将评估类别分解成更细的评估项目,按照不同层次内各要素间的相互关联度及隶属关系,将要素按照不同层次聚集组合,从而形成评估维度—评估类别—评估项目——评估指标多层次的评价结构系统,将评估条理化、层次化,构建评估模型,形成指标体系评估量表。通过指标体系评估量表,实现对铁路重点传染病防控绩效的综合评价。具体步骤为:①选择模糊评价因子(评估指标);②确定各评价因子权重;③确定评价指标评分标准;④构建指标隶属函数;⑤建立判别模式;⑥综合评价。

2)评估指标量表研制

铁路突发传染病疫情现场处置效果评估指标体系,包括 3 个类别 16 项指标。3 个类别为:①组织决策指挥效能,权重值为 0.33;②疫情现场处置效能,权重值为 0.55;③善后恢复评估效能,权重值为 0.12。形成疫情现场处置指标体系评估量表,采用 1000 分制评价方式,全面体现了铁路突发传染病疫情现场控制过程环节、控制效果和善后恢复的技术要求。评估主要指标如表 11.8 所示。

表 11.8　传染病疫情控制效果评估指标

类别(权重)	评估指标	分值	评估标准
1. 组织决策指挥效能 (0.33)	1.1 组织协调机制	54	防控机制健全,组织协调,控制有力
	1.2 应急决策	62	决策程序科学,判断正确,处置果断
	1.3 应急指挥	60	指挥信息化水平,力量筹划使用合理,运用得当
	1.4 疫情报告响应	62	初报≤2 小时,进程报告 1 报/日,应急队伍出动时间≤60 分钟,报告完整率 100%
	1.5 应急保障	92	实验标本采集器材充足,现场处置设备、器材、药品充足,个人防护用品充足,物资储备更新调用制度明晰

续表

类别(权重)	评估指标	分值	评估标准
2. 疫情现场处置效能 (0.55)	2.1 流行病学调查	100	调查方案规范合理,内容符合事件初步假设,要素调查表格齐全,个案调查覆盖率≥90%,"三间分布"描述清楚,数字、表格和图表等使用准确,病因及时查明
	2.2 样品采集检测	102	标本采集充足,采样送检规范,现场和实验室检测科学规范,结果及时准确率100%
	2.3 疫情事件确证	76	按疫情预案定义判定,分级明确、准确
	2.4 传染源控制	92	传染源隔离处置续发病例为零,疫点划分准确控制及时,密切接触者追踪调查管理甲类管理传染病100%,其他重点传染病≥85%
	2.5 病例急救转送	74	病例分类准确,医疗救治迅速有效,转送过程规范有序,沿线地方医疗救治资源联动顺畅
	2.6 易感人群保护	56	开展有针对性的健康教育,发放相关宣传资料,按要求开展应急接种、预防服药等保护措施
	2.7 危险因素处置	50	控制措施准确,消毒面积达到要求,灭菌率≥90%,相应致病菌无检出,个人防护零感染率
3. 善后恢复评估效能 (0.12)	3.1 善后恢复	40	人员死亡病残损失善后处置规范,运营环境影响得到及时恢复
	3.2 评估资料整理	20	从组织管理,事件的起因,调查处理的过程及效果,主要做法、经验和有待解决的问题进行系统的工作总结。有关调查表格、数据、资料分类整理,及时归档
	3.3 控制效果评估	30	初步分析与最终结论逻辑关系正确,病原学病因或流行学病因明确,控制措施落实、所需的资源满足工作需要,控制效果明显,取控制措施一个最长潜伏期后没有病例
	3.4 疫情影响评估	30	健康生命损失、经济损失和社会损失,疫情处置社会成本效益,提出损失补偿和今后防范建议

　　3)疫情控制效果的评估

　　通过对铁路交通突发传染病疫情控制过程各个环节和控制效果进行评估,发挥疫情处置工作中的优势,完善薄弱环节,不断加强和提高处理铁路交通突发传染病疫情的能力,使各类突发传染病疫情得到有效控制。评估过程可采取听取汇报、审核事件控制的相关资料、提问参与现场处置的有关人员和现场考察等方式。程序步骤如下。

　　①制定评估计划及实施方案,包括评估目的、内容、方式及组织分工等内容。

　　②评估培训。对相关人员作评估计划和方案的培训。

　　③评估实施。根据计划要求对每项评估内容核实判断,作出评估意见和建议。

　　④评估总结。写出评估报告,包括评估时间、评估人员组成、评估内容及结果、评估意见和建议。

　　(1)评估内容指标。

　　①突发传染病疫情决策措施效能评估。现场决策效率和运行机制控制能力,采取措施控制突发疫情危险因素的及时性、针对性和科学性。

　　②突发传染病疫情控制效果评估。引起突发疫情危险因素得到控制和消除的效果。

　　③突发传染病疫情影响评估。突发传染病疫情的严重程度,以及对铁路运输生产和社会造成的影响。

　　(2)传染病疫情影响评估。

　　根据铁路突发传染病疫情特征,评估模式拟从健康和生命损失、经济损失和社会损失等方面,建立疫情影响评估指标体系,为铁路突发传染病影响评估提供科学系统的方法。

　　①健康和生命损失指标。死亡、发病和隔离人数,死亡和残疾损失。

　　②经济损失指标。医疗救治费用、疾病预防控制费用、铁路交通运行受阻损失。

　　③社会损失指标。其一为确诊病例与疑似病例由于治疗或隔离耽误工作劳动时间而不能为社会和家庭创造财富的损失;其二为疾病危险因子对铁路运营环境的影响。

　　④疫情损失影响率指标。不同铁路地区由于其经济实力差别,对疫情影响的承受能力各异,因而建立疫情影响损失的相对指标是重要的,可用损失影响率来表达,即

$$q = L/A$$

式中:q 为损失影响率;L 为疫情总损失;A 为疫情铁路地区未发生疫情年份的运营总产值。

第 12 章　铁路职业安全与卫生

12.1　铁路职业危害作业

1. 铁路职业危害作业点

按照铁路主要从事的工作不同,分为车辆段、机务段、车务段、采石场、电务段、工务段、工务机械段、客运段、桥工段、供电段及其他企业单位。其中危害作业点数量较多的为工务系统、车务车站系统、车辆系统,危害作业点单位平均数最多的为车辆系统、工务系统、工务机械。

2. 职业病危害因素及接害工种

铁路职业危害作业人员接触的前十位的职业病危害因素为噪声、高温、其他粉尘、振动(局部、全身)、工频电场、紫外辐射、电焊烟尘、电离辐射、矽尘、苯系物,涉及的工种主要包括线路工(巡道工)、机车司机(电力、内燃)、捣固工、接触网工(变电工、电力工)、桥隧(桥梁工)、电焊工(熔接工)、作业、钳工、探伤工、轨道车司机、调车员(连接员、制动员)、发电车司机、驼峰信号工等。主要职业病危害因素接触工种如表 12.1 所示。

表 12.1　主要职业病危害因素接触人数及工种

序号	职业病危害因素	工种
1	噪声	机车乘务员、线路捣固工、锻工、钳工、机械师、木工、铆工、采石工、配砟工、冲压工、钻工、切割工、打磨工、白铁工、地面机械师、空压机司机、制氧司机
2	高温	调车员、连接员、制动员、线路工、货车检车工、锅炉工、司炉
3	其他粉尘	机械师、空调清洗工、配件清洗工、除尘工、钳工、篷布修理工、电机清扫工、线路清筛工
4	局部振动	线路捣固工、冲压工、钻工、铆工、锻工、采石工、开山工
5	全身振动	机车乘务员、大机司机、轨道车司机
6	工频电场	接触网工、变电工、电力工
7	紫外辐射	调车工、线路工、货车检工、探伤工

续表

序号	职业病危害因素	工种
8	电焊烟尘	钢轨焊接工、整修工、熔接工、铆焊工、氩弧焊工、钳工、电焊工
9	电离辐射	三品检查员、X 线探伤
10	矽尘	采石工、配砟工、开山工、铸造工、造型工、炉前工、制芯工、浇注工、配砂工、清理工、烧窑工、凿岩工、隧道工
11	苯	机修钳工、油漆工、浸漆工、刷漆工
12	二甲苯	机修钳工、油漆工、浸漆工、刷漆工
13	甲苯	机修钳工、油漆工、浸漆工、刷漆工
14	煤尘(游离 SiO_2 含量<10％)	货运检查员、装载机司机、上煤工、煤粉工
15	一氧化碳	锅炉工、司炉工、隧道工、机车检修工
16	柴油	钳工、机修工
17	润滑油	钳工、机修工、洗罐工、污水处理工
18	硫酸	充电工\蓄电池工、电镀
19	锰及其化合物	钢轨焊接工、整修工、熔接工、铆焊工、电焊工
20	汽油	钳工、检修工
21	氯气	给水工、污水处理工
22	低气压	高原作业者
23	盐酸	电镀工、充电工\蓄电池工、洗罐工、洗刷工、洗车工、化验工
24	甲醛	桥隧工、油漆工
25	铅及其化合物	挂瓦工、油线工、电缆工
26	二甲基苯胺	油水化验工、油脂化验工
27	二氧化硫	硫磺锚固工、热处理工、锅炉工
28	水泥尘(游离 SiO_2 含量<10％)	混凝土工、装卸工(司机)、水泥包装工
29	松节油	信号工、材料工、油漆工
30	酚醛、尿醛、环氧树脂	电缆维修工、通讯工、喷漆工
31	氮氧化物	高压试验工、电器试验工、制版工、隧道工
32	甲苯-2、4-二异氰酸酯(TDI)	浸漆工、材料工、喷漆工
33	微波	列尾工、通讯工
34	N-甲基苯胺	浸漆工
35	铸造粉尘	除锈工、喷丸工、喷砂工、除渣工
36	氢氧化钠	洗罐工、洗刷工、洗车工、污水处理工、充电工

续表

序号	职业病危害因素	工种
37	氨	污水处理工、制冷工
38	硫化氢	污水处理工、洗罐工
39	甲醇	化验工
40	炭黑尘	压胶工、溶胶工、炼胶工、注塑工、受电弓工、电机清扫工、练胶工
41	铝尘	铝热焊工、钳工、除锈工、钢整工、切割工、喷砂（金刚砂）工
42	高湿	洗涤工、煮洗工
43	沥青	沥青工、房屋维修工
44	煤油	钳工、清洗工
45	硝酸	污水处理工
46	滑石尘	探伤工
47	二硝基甲苯	油漆工、浸漆工、刷漆工
48	氟化氢	水处理工
49	氧化锌	钢轨整修工
50	磷及其化合物	信号员、洗涮工（磷矿车）、装卸工
51	醚类化合物	水处理工、化验工
52	溴甲烷	信号员
53	有机磷类农药	白蚁工、林务工、消杀员
54	三硝基甲苯	油漆工、浸漆工、刷漆工
55	乙醇	化验工、洗槽工
56	石棉尘	混料工、砸垫工、粘结工
57	氟及其化合物（不含氟化氢）	空调维修、车辆电工
58	激光	激光照排工
59	硫酸二甲酯	蓄电池工
60	荧光素	荧光探伤工
61	镉及其化合物	电镀工
62	氨基甲酸酯类农药	白蚁工、林务工
63	三氯乙烯	材料工、轮轴工
64	拟除虫菊酯类农药	白蚁工、林务工、消杀员
65	四氯化碳	化验工、给水工、计量工
66	铬及其化合物	电镀工
67	三氯甲烷（氯仿）	乙炔工、水质检验工

序号	职业病危害因素	工种
68	对硝基苯胺	油漆工、浸漆工、刷漆工、爆破工
69	杀虫脒	白蚁工、林务工、消杀员
70	蒽油	枕木防腐工
71	聚氯乙烯	洗罐工、塑钢加工
72	镍及其化物	充电工
73	汞及其化合物	冶炼工
74	石墨	探伤工
75	锡及其化合物	挂瓦工
76	正己烷	油品装卸工
77	生物因素	林务工

3. 铁路职业病统计

截至 2010 年,铁路职业病患病人数为 757 人,2010 年新发病例 19 例。与全国职业病患病率相比,铁路系统职业病患病比例显著低于全国平均水平,铁路作为运输企业涉及职业危害的作业以机加工类作业为主,职业病危害现状相对较好。但近年来铁路职业病患者仍时有发生,尚未完全杜绝,因此仍有必要进一步加强职业病防护工作。

铁路可能发生的职业病有 8 类 53 种,目前实际发生职业病种类为 4 类 16 种,主要为尘肺、职业中毒、职业性皮肤病、职业性耳鼻喉口腔疾病四类,具体为矽肺、煤工尘肺、石棉肺、水泥肺、电焊工尘肺、铸工尘肺、铅及其化合物中毒(不包括四乙基铅)、锰及其化合物中毒、氯气中毒、一氧化碳中毒、苯中毒、甲苯中毒、二甲苯中毒、接触性皮炎、黑变病、噪声聋 16 种,其中前六位依次为矽肺、电焊工尘肺、煤工尘肺、锰及其化合物中毒、铅及其化合物中毒(不包括四乙基铅)、苯中毒。铁路系统职业病涉及的主要工种为石工(采石工、开山工、凿岩工)、电焊工(熔接工)、线路工、隧道工、挂(配)瓦工、铸造工、油漆工(油工)等。

12.2　铁路职业病危害因素与防控技术

1. 铁路主要职业病危害因素识别

1)客运段及列车运用

对于客运段及列车运用部门,职工比较关注的职业病危害因素主要是噪声和电磁辐射等危害。其他可能接触的职业危害因素主要来源于新型车厢内饰、卫生设施等,通过抽样检测动车组车厢内的苯系物、甲醛、一氧化碳、氨气等指标均符合要求,在列车新风量补充符合要求的情况下,各毒物含量极低,结合以往课题调查结果,列车车厢可不作为职业病危害作业点,乘务人员职业病危害风险小。

2)机务段

机务段为机车运用、保养和段修的作业场所。在铁路机务段的各种作业中,工人主要在烤砂、上砂、抛丸打砂、滤网吹扫和电焊作业时接触粉尘,其检测结果与作业点的通风除尘措施关系密切,从抽样检测的结果来看,烤砂、上砂和抛丸打砂作业粉尘可能会出现超标情况。

铁路机务段工人接触的毒物主要分布在化验室、充电室、喷漆库、电机浸漆等工作场所。油漆环节使用的多为醇酸清漆和醇酸磁漆等环保油漆,稀释剂多为松节油,与以前工艺相比,有毒物质苯系物控制较好,若配合通风设备,机务段油漆作业有毒物质浓度基本能符合国家职业卫生标准的要求。

机务段工人接触的噪声主要来源于空压机、发动机水阻试验、抛丸设备、金属撞击、机车进出库等,调查发现既有的检修库或水阻试验房若未采取隔声降噪措施,则噪声值较大。对场所墙壁四周设置吸声板,观察窗口设置双层玻璃等改造措施后可有效降低噪声强度10dB(A)。

机务段工人接触的主要职业病危害因素详见表12.2。

表 12.2　机务段职工接触的主要职业病危害因素

序号	岗位/工种	职业病危害因素
1	电焊工、熔接工	电焊烟尘、锰及其无机化合物,电焊弧光、氮氧化物、一氧化碳
2	气割工	铁尘,氮氧化物、一氧化碳
3	探伤工	紫外线
4	充电工	硫酸
5	挂瓦工	铅尘
6	打风工	噪声
7	机车运用工	噪声,工频电场
8	化验室工	苯系物、铅,正己烷
9	刷漆工	苯系物,乙酸丁酯、乙酸甲酯等
10	喷漆工	苯系物,乙酸丁酯、乙酸甲酯等
11	电机浸漆工	苯系物,乙酸丁酯、乙酸甲酯等
12	烤砂工	矽尘
13	上砂工	矽尘
14	机车清扫除尘工\电机吹扫工	其他粉尘
15	机车油线工	铅尘

续表

序号	岗位/工种	职业病危害因素
16	打磨	其他粉尘，噪声
17	下刻机	云母尘，铜尘
18	水阻试验	噪声，一氧化碳、氮氧化物
19	风泵试验	噪声
20	喷油泵/嘴试验	噪声
21	气门研磨	噪声
22	灭弧罩/整流子打磨	石棉尘
23	蒸汽机车锅炉水处理	氟化氢，碳酸钠、草酸

3) 车辆段

车辆段是车辆(不包含机车)检查、保养和段修的作业场所。铁路车辆段工人主要在架车后的螺栓气割、车体流动电焊以及各部件的电焊修理和部分打磨工位可能接触粉尘。铁路车辆段作业中工人在电焊、刷漆、喷漆作业中可能接触到各种有毒物质。车辆段噪声危害主要存在于木材切割、铆接捶打、空压机房、抛丸打砂、金属撞击以及进车警报等环节。

车辆段主要的电焊作业点如表 12.3 所示，主要的油漆作业点如表 12.4 所示。

表 12.3　车辆段主要电焊作业点

序号	电焊作业点	序号	电焊作业点
1	侧架加修工位、支承座焊接	14	轮轴焊修
2	车钩电焊、车钩配件电焊加修	15	锁铁、下心盘电弧焊
3	车门检修电焊	16	台车组电焊、熔接焊
4	车体电焊(含整备作业点)	17	天车司机(间接接触)
5	车体流动电焊(段修、厂修、站修)	18	维修(修配)组电焊
6	电焊房配件焊	19	心盘加修电焊
7	钩缓(配件)电焊、加修	20	预修焊接作业点
8	钩舌焊修(含电弧焊、埋弧焊)	21	运用车间流动电焊
9	钩头磨耗板电弧焊	22	制动梁熔接作业
10	钩尾框加修	23	制动梁焊修(含 CO_2 保护焊)
11	客技站电焊	24	转向架焊修
12	配件电焊/加修	25	其他电焊
13	配件检修电弧焊		

表 12.4　车辆段主要油漆作业点

序号	油漆作业	序号	油漆作业
1	车体整体喷漆	9	喷漆库
2	车体流动油漆喷字（站修、段修、厂修）	10	铁工室油漆
		11	洗槽（罐车、槽车）
3	钩缓油漆	12	油漆房、库
4	检修轮轴组	13	制动阀打标记
5	轮对除锈机	14	轴承室、轴承配件清洗
6	轮对组清漆涂刷	15	客车车体内喷漆（人工）
7	配件浸漆间	16	其他
8	配件刷漆		

4）工务段

铁路工务段主要负责线路的养护和维修。

铁路工务段职工接触的粉尘主要为线路清筛作业产生的粉尘、钢轨焊接产生的电焊烟尘、铝热焊产生的铝尘等，有毒物质主要产生于线路标识的刷漆作业、电焊作业，噪声和振动主要来源锻工房、空线路捣固等环节，工频电场主要来源于线路上方接触网，工务段高温危害主要存在于锻工房。

工务段线路巡检工相对特殊，因其巡视的线路不同而接触的职业病危害因素差异较大，巡检线路按照职业病危害因素接触情况大体可分为普通线路、隧道线路、桥梁线路、沙化地区线路、高原线路等。不同线路巡检工接触职业病危害因素情况详见表 12.5。

表 12.5　不同线路巡检工接触职业病危害因素情况

序号	线路类型	职业病危害因素（特殊）	来源
1	普通线路	高温、低温、沙尘等	外环境
2	隧道线路	煤尘、矽尘、噪声、防水作业时水泥尘等	车辆运输物尘、车辆通过噪声、防水等维护作业
3	桥梁线路	噪声、苯系物等	车辆通过噪声，桥梁防锈刷漆
4	沙化线路	矽尘、低温、高温等	风沙尘、清理路基接触矽尘
5	高原线路	低气压（低氧）、低温等紫外辐射	外环境

5）工务机械段

工务机械段是从工务段的大型机械作业分离出来的，多以大型机械作业为主，负责线路基础维护、钢轨调整、换轨。配属有捣固车、配砟车、清筛车、钢轨打磨车、换轨车、焊轨车等大型养路设备。

工务机械段主要职业病危害因素存在于清筛、捣固、打磨车等相关作业。高速铁路或重载铁路相关的工务机械段相对于原有工务机械段,增加的作业主要为钢轨打磨作业,其职业病危害因素详见表 12.6。

表 12.6　工务机械段打磨作业职业病危害因素

作业工序	接触方式	职业病危害因素
打磨车打磨作业	作业人员在打磨车司机室内及在打磨车司机室外巡检	金属粉尘、砂轮磨尘、锰及其无机化合物
	打磨车、发电车发电机巡检	噪声
打磨后地面检查作业	打磨后地面人员检查打磨效果	金属粉尘、砂轮磨尘、锰
敲渣作业	作业人员使用铁锤敲击	金属粉尘、砂轮磨尘、锰及其无机化合物、噪声
打磨车保养作业	作业人员在更换打磨砂轮、更换防火帘、车底清理等作业时	金属粉尘、砂轮磨尘、锰及其无机化合物
	吹洗发动机空气滤清器	金属粉尘、砂轮磨尘、锰及其无机化合物、噪声
打磨后轨面吹扫	使用高压吹气枪对轨面、路基地面进行打磨粉尘及残渣的清理	金属粉尘、砂轮磨尘、锰及其无机化合物、噪声
车上作业	打磨车行驶、等待、打磨准备	噪声、振动

另外,生产环境中和劳动过程中可能存在的危害因素有高温、低温等。作业人员在从事室外作业如地面巡视、敲渣、保养等作业时,夏季可能接触高温,冬季可能接触低温。

6)车站、车务段

车站或车务段综合维修间电焊和油漆作业与其他站段维修作业基本相同,且工作量少。比较特殊的是车站车务段三品查危仪产生的 X 线辐射及列尾检修的微波作业产生的微波辐射。

7)编组站

编组站存在的职业病危害因素以噪声和工频电场为主,主要集中在驼峰作业和机车调车作业。编组站的其他职业病危害因素因编组站的地理位置不同差异较大,但是室外作业时夏季可能接触高温,冬季可能接触低温。

8)电务段

电务段主要接触的职业病危害因素有电务驼峰和空压机房产生的噪声,驼峰雷达检测时产生的微波以及供电线和变电站产生的工频电场。

9)水电段、供电段

水电段和供电段主要是在化验室中可能会接触各种化学和物理性危害因素。供电段化验室的主要任务是负责段管内各种绝缘油、六氟化硫气体,电解液、电镀液、润滑脂、蓄电池用水、抗氧化添加剂、固定锅炉水等的质量检验及对油脂再生和锅炉水处理等进行技术指导,同时对牵引变压器等主要供电设备的绝缘性能检验。水电段化验室的主要任务是准确及时地对水源水、净软水、饮用水水质和水处理用料、变压器用油等进行质量检验,对新建、改造、大中修后的水处理设备进行调整试验工作,对本段水处理废液的处理及固定锅炉水进行质量检验和技术指导等。

10)采石段/场

采石段/场主要功能是为铁路生产石砟,用于有砟轨道的砟石更换和新建有砟线路的路基铺设,其中线路卸砟需要与工务机械段人员共同完成。

采石噪声危害主要来源于石料的爆破、破碎和振动。采石段/场的粉尘主要来源于石料的开采、破碎、筛分及装卸作业,因不同石料的成分不同,粉尘的类型也有差异,石料中大部分含有二氧化硅,同时采石段/场粉尘浓度受作业条件影响很大,若采取湿式作业(即在进料口和破碎过程中淋洒水),同时为工人提供合格的个体防护用品,工人接触的粉尘浓度能大大降低。

11)动车客车段(所)

(1)动车组运用和乘务。由于车厢密闭性好,车内空调系统新风量有限,来自于车体和车内的饰物包括使用的织物、油漆涂料、保温材料、各类黏合剂等材料中含有的有机溶剂、助剂、添加剂等挥发性成分,会在车辆使用过程中缓慢释放到车内空气中,车厢内可能有苯、甲苯、二甲苯、甲醛、总挥发性有机物(TVOC)、氨等;同时车厢新风量补充不足,容易导致车厢内二氧化碳浓度升高;此外,动车组高速运行时会产生噪声、振动,牵引接触网可产生工频电场等。

(2)动车一、二级检修作业。在进行动车组一、二级检修作业时,作业人员在对空调通风口滤网更换、吹灰作业时可接触到其他粉尘,在滤网清洗作业时可接触到其他粉尘和噪声;作业人员在动车库接触网下各层作业平台进行检修或其他作业时有可能接触工频电场;作业人员进行空调机组检修可能接触到噪声、其他粉尘;动车组的车头等难清洗部位及顽固污渍会采用手工刷洗,保洁工刷洗配置清洗液过程中可能接触到清洗液;污物箱清理及检修时作业人员有可能接触到各种肠道致病菌、病毒、氨、甲硫醇和硫化氢等;整备及设备维护作业时设备检修人员有可能接触到各种润滑油,整备上砂作业有可能接触砂尘。

(3)动车三级检修作业。动车三级转向架检修作业的关键控制环节及存在的职业危害因素主要有:转向架、轮对、车轴及齿轮清洗时工人有可能接触到清洗剂,轮对高压气吹扫作业时作业人员可接触噪声粉尘;轮对脱漆作业时作业人员可接触脱漆剂;转向架构架、轮对轴身涂漆、烘干以及轴箱组件检修补漆作业时有可能接触到油漆及稀释剂,主要包括苯、甲苯、二甲苯、乙苯、乙酸丁酯、松节油等。

（4）动车四、五级检修作业。在四、五级检修作业时，高压气吹作业人员可接触到其他粉尘、噪声，车体涂装作业人员可接触到其他粉尘、清洗剂、油漆、松节油等。

12）"5T"车间

"5T"系统是指以对货物列车货车超载、偏载、运行状态如脱轨系数、轮重减载率和轮对踏面故障情况进行全面检测的一整套信息系统。"5T"车间的投入使用，将现场故障判断作业变为计算机房内视频作业，现场作业减少，作业人员接触室外高温、低温、噪声等职业病危害因素减少。但现场调查发现，由于每辆车经过时高速摄像系统约拍下照片 200 余张，动态检车员每天通过显示器查看大量电子图片，而且部分图片不清楚，且需要查明列车各部件（包括螺栓、裂隙、弹簧等细节），易导致用眼疲劳，为典型视频作业人员，工作人员易导致眼器官紧张、颈肩腕综合症（损伤）等。

13）焊轨段

铁路焊轨段是通过相关焊接、打磨等工艺将钢铁厂生产的短钢轨（一般为 25m、50m 或 100m）焊接为长焊轨（一般为 500m 或更长），部分负责现场安装或焊轨作业的站段。焊轨段目前存在的主要职业病危害因素如表 12.7 所示。

表 12.7　焊轨段主要职业病危害因素

序号	工序	主要职业病危害因素
1	焊前除锈	铁尘、噪声
2	锯轨	铁尘、砂轮磨尘、噪声、锰及其无机化合物
3	焊轨	铁尘、高温
4	粗磨、精磨	铁尘、砂轮磨尘、噪声、锰及其无机化合物
5	淬火	高温、噪声、锰及其无机化合物
6	压缩空气站	噪声
7	辅助生产	电焊烟尘、电焊弧光、砂轮磨尘、噪声
8	现场作业	氧化铝粉尘、铁尘、二氧化硅、环境高温或低温

2. 铁路职业病危害控制技术

1）防尘技术

（1）综合措施。在防尘工作中行之有效的经验是"革、水、密、风、护、管、教、查"。经调查分析，将适用于铁路粉尘危害控制技术汇总于表 12.8。

表 12.8　铁路适用的防尘技术

序号	使用环节	防尘技术
1	粉尘作业采石段	采用湿式法替代干法生产工艺
2	铁路电焊固定作业点	设置局部通风罩
3	抛丸打砂	采用密闭化、机械化、自动化的装置
4	柴油、机油及上砂作业	采用密闭管道输送
5	铁路运输的物料在装卸、转运、混合和清扫等过程	采取增湿、喷雾、喷蒸汽等措施
6	隧道钻孔	湿式作业
7	运煤	化学抑制剂保湿黏结煤尘
8	配件除垢	水洗：利用高压水泵和水枪将黏附在配件上表面的杂物进行清洗剥离
9	消除二次扬尘	地面、墙壁应平整光滑，墙角呈圆角，使用水冲洗积尘，严禁使用吹扫方式清除积尘
10	车床磨削	使用润滑剂

（2）铁路除尘系统与除尘器分析与筛选。除尘系统是将含尘气体从产生源处抽出，通过排风风管进入除尘设备，净化后由风机将符合排放标准规定的气体排至大气的系列装置。除尘系统由吸尘罩、排气风管、除尘器、风机等组成。需要特别指出的是，目前除尘器的技术指标主要为环保要求，与职业卫生相比有着明显的区别，对人体有害的粉尘粒径多小于 $10\mu m$。铁路站段由于对整个列车进行检维修，站段厂房设置较大，多为 4 股道以上，宽度在 50m 以上，长度在 250m 以上，高度在 30m 以上，若安装整体通风除尘系统，耗费巨大；部分除尘设备较难引到室外；部分采用移动式除尘设备，即含尘气体经除尘器除尘后的气体仍排放到室内；若采用重力或惯性除尘器，则对人体有害小于 $10\mu m$ 大小的微粒仍漂浮在工作场所，对人体的危害依然存在，并没有起到相应的除尘效果。铁路主要的粉尘危害为电焊烟尘、矽尘、金属尘和煤尘。除隧道内、采石段和工务机械段外，其他场所检测的粉尘浓度基本在 $1g/m^3$ 以下。因此铁路单位排风除尘设备的选择应综合考虑经济性和职业病防护的特性。

①重力沉降室。铁路系统的适用性：重力沉降室排气管口严禁设置在室内，建议在燃煤锅炉烟囱、抛丸打砂除尘设备的预处理部分、采石场粉尘的预处理部分使用。选用此类除尘器主要考虑其经济性，站段可自行制作，在经济条件允许的情况下，除作为预处理部分外，其他方面不建议使用此类除尘器。

②惯性除尘器。铁路系统的适用性：其排气管口严禁设置在室内，建议在除尘管道的自然转弯处使用，可在动力消耗不大的情况下将粗粉尘除掉。因其定型产

品不多,专门设计花费大,除预处理外,其他方面不建议采用此类除尘器。

③旋风除尘器。铁路系统的适用性:除采石场、工务机械段、矿石煤炭水泥谷物等货运的装卸外,其他站段粉尘浓度基本小于 $1g/m^3$,建议使用高效旋风除尘器。

④袋式除尘器。铁路系统的适用性:袋式除尘器技术比较成熟,针对铁路站场粉尘类型如电焊烟尘、矽尘、金属尘,因铁路工作场所粉尘浓度较低,站段除尘器(尤其是排气口难以引出室外的)应选择除尘效率高、能去除 $15\mu m$ 以下粉尘的除尘器,建议采用硅酮树脂处理的玻璃纤维滤料的袋式除尘器。

⑤塑烧过滤板除尘器。铁路系统的适用性:塑烧过滤板除尘器针对职业病危害较重的 $15\mu m$ 以下粉尘效果较好,适用于铁路站段厂房内移动式除尘器或排风口难以引到室外的除尘器,对铁路低浓度的粉尘较为适用,在经费允许情况下建议使用此类除尘器。

⑥滤筒除尘器。铁路系统的适用性:滤筒除尘器针对职业病危害较重的 $15\mu m$ 以下粉尘效果较好,适用于铁路站段厂房内移动式除尘器或排风口难以引到室外的除尘器,对铁路低浓度粉尘较为适用,且费用较低,建议铁路站段采用此类除尘器。

⑦电除尘器。铁路系统的适用性:电袋除尘器是一种新型高效除尘设备,是将电除尘和袋式除尘方式结合在一起,充分发挥两者的优势,可达到最佳的除尘效果和高可靠性。电除尘器,尤其是新技术电袋复合式除尘器适用于铁路绝大多数站场(除采石场和烤砂上砂等接触矽尘的作业场所外),且其节能性符合国家及铁路节能减排的政策,具有显著的经济效益,建议在除尘改造时对此技术予以关注。

⑧湿式除尘器。铁路系统的适用性:湿式除尘器适用于铁路站段水资源丰富并具备污水处理能力的站段,对于北方寒冷地区、没有污水污泥处理设施的站段不太适合。其属于高能除尘器,建议水源丰富的站段采用。

2)防噪声技术

(1)综合措施。降低声源噪声,传播途径上降噪,个体防护。

(2)铁路防噪技术分析。

①吸声降噪。利用吸声材料吸收声能,降低室内噪声,是噪声控制工程中的措施之一。劳动者在室内接收到的噪声包括声源直接通过空气传来的直达声以及室内各壁面反射回来的混响声,若吸声材料布置合理,甚至可降低噪声 $8\sim 12dB(A)$。铁路站段噪声主要来源于机械及金属振动,多属于高频噪声,应用多孔吸声材料对其具有较好的效果,目前铁路部分作业场所噪声改造使用的多为多孔吸声板,例如,目前铁路空压机房和锻工房工艺革新主要以噪声治理为主,铁路空压机使用较多,尤其是在制动装置检修和使用过程中,空压机和锻工房主要职业病危害因素为噪声,在墙上粘贴多孔吸声板,在控制室与噪声房间设置双

层隔声玻璃,通过改造噪声能减少 10dB(A)左右,从而符合国家职业卫生标准,效果理想。此外,吸声降噪措施还包括使用吸声结构、利用室内声场、采用吸声降噪设计等。

②隔声降噪。经空气传播的声音,在穿过门、窗、砖墙、隔声罩、隔声屏等固体物时,一部分声能被反射,另一部分声能透射到物体的另一侧空间,减少或屏蔽透射声音的措施为隔声降噪,主要包括隔声罩、隔声门窗、隔声屏。隔声材料主要为铝板、钢板、纸面石膏板、无纸石膏板、加气砌块墙(抹灰、喷浆)、粉煤灰加砌块墙、矿渣三孔空心砖墙、黏土空心砖、混凝土空心砌块、陶粒混凝土空心砌块、砖墙等,目前铁路线路上的声屏障主要采用的是隔声降噪措施。

③消声器。消声器的种类分为阻性消声器、抗性消声器、复合式消声器、有源消声器等。阻性消声器具有较宽的消声频率范围,在中、高频段消声性能尤为明显;抗性消声器主要适用于降低低频及中频频段的噪声;有源消声器特别适合于采用无源方法难以控制的低频噪声。铁路站段可根据声源特点选择相应种类消声器进行设计。

3)防毒技术

铁路系统化学性有毒物质主要来源于油漆作业、油罐车洗刷、蓄电池充电、危险品储运以及其他维护作业,如下水道清淤、软水制作、房建防水等。其作业场所的有毒物质防治主要在于源头治理,如采用低毒或无毒物质。对于逸出的有毒气体、蒸汽或气溶胶,可采用通风排毒的方法收集或稀释,主要以排风为主。局部排风把有毒物质从发生源直接抽出去,适用于铁路油漆作业、锰烟等固定作业场所。全面通风换气则是用新鲜空气将作业场所的有毒气体稀释甚至排出室外,目前铁路采用的全面通风主要在喷漆房、水阻试验房等使用,但应注意内部人员的个体防护。通风排毒方面可与粉尘防治同时设计。

4)个体防护技术

(1)吸入性毒物的个体防护。吸入性毒物的防护用品按防护原理分为过滤式和隔绝式。

①过滤式防护用品。适合铁路系统使用的为导管式自吸过滤防毒面具,其由全面罩、过滤件和导气管组成。特点是防护时间较长,一般供专业人员使用。铁路罐车内部作业等密闭空间作业时,建议采用此种防毒面具,但是铁路罐车的处理作业接触的毒物多为混合毒物,随着罐车装运的化学物质不同,应针对性地选择其过滤件,加强职工培训,避免出现选择使用的滤件不合适的情况。

②隔绝式防护用品。铁路密闭空间作业,若有条件建议使用连续(或高压)送风式长管呼吸器,防爆型可用于油气运输储罐的危险场所。此类防护用品安全性相对于自吸式过滤式略差,但其能显著减少人员的憋气感,较受现场作业人员欢迎。

（2）粉尘的个体防护。粉尘的个体防护主要靠滤料清除空气中的烟尘,目前常规用的自吸过滤式防颗粒物呼吸器(防尘口罩)由于需要佩戴者增大呼吸力量且透气性差,工人的佩戴意愿较差。在铁路新型高速铁路的引进消化吸收过程中,采用了电动送风过滤式头盔,其在打砂除尘作业中能起到良好的效果。另外压缩空气供气式防颗粒呼吸器也得到一定范围的使用。

12.3　高速铁路司机驾驶适应性选拔

对驾驶机车的乘务员来说,由于列车运行速度提高和运行交路变化,加上新型列车和新技术的使用,改变了机车乘务员的作业环境、作业方式、操作技能等,同时驾驶列车也由原来的双人值乘改成单人值乘,这些均增加了机车乘务员的生理和心理负荷。目前的列车驾驶室基本上实现了整列车控制及信息显示网络化、智能化,司机能够简单便捷地操纵控制、信息查询和故障排查等操作,使列车运行过程始终处于安全动态监控之中。但是,再先进的技术也是由人来操纵,人的可靠性已成为最突出的问题,因此,在铁路运输技术迅速发展的今天,对机车乘务员提出了更高的要求,意味着操纵高速列车的机车乘务员应具备更自觉的能动性和较高的分析、判断能力,反应速度快,心理承受能力强等特点。选拔高速铁路司机必备的生理、心理素质,对确保行车安全,减少人为事故的发生是非常必要。

1. 机车乘务员生理选拔指标及其参考限值

从基本素质、心脏功能、视觉功能和听觉功能等方面提出高速列车机车乘务员所应具备生理素质的参考限值。

1)视觉功能

相对于普通车速而言,高速机车乘务员视觉功能中的中视力对操纵设备、读取信息等安全行车更显重要,根据这一驾驶特征,提出下列视觉功能参考指标及其标准限值:中心视力(远视力、中视力)、立体视觉、光觉、色觉、视野,具体限值详见表 12.9。

表 12.9　高速列车机车乘务员视觉功能参考限值

检查项目			高速列车机车乘务员	
			新录用人员	现职人员
5m 远视力	单眼	对数制	≥5.0	≥5.1
		小数制	≥1.0	≥1.2
	双眼	对数制	≥5.0	≥5.1
		小数制	≥1.0	≥1.2

检查项目	高速列车机车乘务员	
	新录用人员	现职人员
1m 双眼中距离视力	≥5.2	≥5.1
双眼立体视觉	不超过 10[角]秒	不超过 20[角]秒
快速暗适应时间	不超过 40s	不超过 50s
色觉	正确辨认 9 组色光信号	正确辨认 9 组色光信号
视野	无狭窄或缺损	无狭窄或缺损

2)听觉功能

高速列车机车乘务员的听觉功能参考限值如下。

(1)对现职人员。每耳在 500Hz、1000Hz、2000Hz 的任一频率上的听力损失 ≤40 分贝(dB)为合格;在 3000Hz 频率上的听力损失≥50 分贝(dB)为不合格。

(2)对新录用人员。在语言频率范围内(500Hz、1000Hz、2000Hz、3000Hz),一侧耳听力≤25 分贝(dB),另一侧耳听力≤30 分贝(dB)为合格。

3)心脏功能

提出心血管系统参考限值,主要包括血压、心脏功能(24h 动态心电图,包括心率、时域和频域)。

(1)血压。收缩压≤18.67kPa(140mmHg),舒张压≤12.00kPa(90mmHg)为合格,血压持续低于 12.00kPa/8.00kPa(90/60mmHg)为不合格。

(2)心脏功能(24h 动态心电图)。室性早搏≥100 次/24h,或≥5 次/h 为不合格,窦性心动过缓≤40bpm,持续 1min 不合格,ST 段呈水平或下垂型压低≥1.0m (1.0mm),持续≥1min,2 次发作间隔时间≥1min 为不合格。心率变异性:对新录用人员,SDNN≤100ms,三角指数≤20,心率变异性水平轻度降低为不合格;对现职人员,SDNN≤50ms,三角指数≤15,心率变异性水平明显降低为不合格。

2. 机车乘务员心理驾驶适应性选拔指标及其参考限值

无论普通列车还是高速列车,行车中的相关因素主要与行车作业中的人、行车设备和设施及运行机制和运行环境等有关,这些相关因素中人是最主要的因素,机车乘务员在操纵机车的行为过程可以简化为:感知阶段(观察)→判断阶段(推断)→动作阶段(执行),机车乘务员首先通过眼和耳观察感知人车信息及环境信息,通过大脑对接收到的信息进行逻辑思维、推理、判断、综合分析后,发出指令,操纵机车运行,这一运行过程包括人的认知能力、作业稳定能力、注意品质和反应速度以及人格特征。

从认知能力、注意品质、反应时间、人格四个方面的内容确定高速列车机车乘务员的心理驾驶适应性选拔指标,包括四数和计算、注意广度、视觉鉴别、数字译成符号、比较刻度、按规律检数、雷视双重任务、选择反应时、48 个数和各项人格特征等。

1)心理驾驶适应性选拔指标的确定

(1)认知能力,包括感知能力(观察力)、记忆能力、想象能力、学习能力、思维能力、创作能力等。机车乘务员的认知能力是熟悉和掌握机车的构造原理、特性、性能、用途等方面的专业知识和运行中的线路状况、车载吨位、列车长度,以及对各种行车信号的反应、储存并在紧急情况下应该采取的处理措施等最基本的操作技能。检查指标,即四项纸笔检查包括:①四数和计算测验,主要测量速算能力;②注意广度测验,主要测量注意广度、分配;③视觉鉴别测验,主要测量视觉鉴别;④数字译成符号测验,主要测量短时记忆。

(2)注意品质,包括注意广度、注意稳定性、注意集中、注意分配和转移等内容。注意品质是机车乘务员的心理活动有选择地指向于一定的行车信息上的心理过程,注意品质与行车安全密切相关,因此,许多国家把注意品质作为机车驾驶适应性的必检指标。

(3)反应速度(反应时间)。反应速度(反应时间)分为简单反应和复杂反应,机车乘务员驾驶机车一般均属于复杂反应。列车在运行时,机车乘务员从发现紧急制动信息,经过判断,作出紧急制动决策,并立即操纵手柄,使机车停止运行的时间,即司机的紧急制动反应时间,也称作反应速度(反应时间)。对驾驶机车来说,反应速度很重要,反应的正确性与操作准确性也同样重要,尤其是对高速列车的驾驶员。开高速列车时,列车在每秒钟运行速度可达几十米的情况下,采取紧急制动措施,不仅要求机车乘务员反应要快,还要求判断正确,操作准确无误。机车乘务员的反应时间与行车安全有极密切的相关关系,在选拔高速列车机车乘务员时,应把反应速度和操作的正确性作为选拔的指标。

(4)职业操作技能。根据驾驶员在工作中常用的操作技能而设计,包括比较刻度、加法运算、数值记忆、按规律检数和雷视双重任务。

(5)人格特征。从职业方面考虑,看什么样的人格适合做什么样的工作。例如,机车乘务员应具备遇到紧急情况能够有力地保障感觉清晰、判断准确、操作迅速无误的人格品质,而不能遇到紧急情况就手忙脚乱,不能应对和及时处理而发生责任事故。机车乘务员这个岗位关系到人们的生命安全和社会稳定,选拔适合的人担任高速机车乘务员这个岗位,充分发挥其作用,才能做到因材施用,可采用16PF 量表进行人格测定。

2)高速列车机车乘务员体检参考限值

提出高速列车现职机车乘务员定期体检的参考限值,同时总结出高速列车机车乘务员的人格特征表现,各心理指标参考限值详见表12.10。

表 12.10　高速列车机车乘务员各心理指标参考限值

指标		参考限值
四项纸笔	四数和计算	≥45
	注意广度	≥50
	视觉鉴别	≥50
	数字译成	≥90
操作技能	比较刻度	≥60%
	按规律检数	≥50%
双重任务	平均正确率	≥40%
	平均反应时间	≤1600ms
选择反应时	平均反应时间	≤0.60s
	错误次数	≤2次
48个数	注意分配值	≤150s

　　高速列车的乘务员人格特征主要表现为高聪慧性、低敏感性、低怀疑性、低紧张性、低适应焦虑,并心理健康、成长性好、高感情安详分。

第 13 章　铁路职工疾病控制与健康促进

13.1　铁路职工慢性病防治

随着我国社会经济的发展和医疗卫生的进步,我国人口的疾病谱正在发生变化。据 2006 年开展的全国第三次死因回顾抽样调查结果显示,心脑血管疾病、肿瘤和其他慢性退行性疾病成为我国城乡居民最主要的死亡原因。与发达国家比较,我国居民死亡率水平明显偏高,慢性非传染性疾病(简称慢性病)尤为突出,脑血管病是欧美发达国家的 4～5 倍,是日本的 3.5 倍;肿瘤与美国、英国、法国接近,却高于亚洲国家(如日本、印度和泰国);心脏病接近美国、英国,却明显高于法国、澳大利亚、日本和泰国。另据 2008 年第四次国家卫生服务调查结果发现,我国居民两周患病率为 18.9%,其中慢性病患病率为 20.0%。1998～2008 年,平均每年新增患病人数 1.5 亿人次,慢性病人数 1000 万例,其中,高血压和糖尿病的病例数增加了 2 倍,心脏病和恶性肿瘤的病例数增加了近 1 倍。新发病例的比例由 1998 年的 61% 下降到 2008 年的 39%,而慢性病持续到两周内的病例由 39% 增加到了 61%。目前,心脑血管疾病、肿瘤、内分泌疾病已成为人类健康和生命的三大杀手,成为我国人民疾病谱的主角。

近些年来,随着铁路高速发展,铁路职工的生活工作环境和营养状况发生了实质性变化,同时也带来了职工健康行为方式和疾病模式的改变。

1. 铁路职工慢性病发生分布特点

调研 5 个铁路局职工 2009～2011 年的健康体检资料,共计 1600 个基层单位的 424067 人次。其中 2009 年职工 12 万余人,2010 年 13 万余人,2011 年 16 万余人。

1)主要疾病构成

(1)常见慢性疾病。调查发现铁路局职工患病种类达 102 种,在不包括 24 种肿瘤、4 种男性特有疾病和 16 种女性特有疾病的 50 种常见疾病中,血脂异常/高脂血症、超重/肥胖、高血压、咽炎、糖尿病是危害职工健康的主要疾病,其中糖尿病和血脂异常的患病率明显高于国家水平。职工患病排前 10 位的病种如表 13.1 所示。

表 13.1　2009～2011 年铁路职工疾病顺位表

顺位序号	2009 年	2010 年	2011 年	2008 年全国
1	血脂异常	血脂异常	血脂异常	超重/肥胖
2	超重/肥胖	超重/肥胖	超重/肥胖	高血压
3	高脂血症	高血压	高血压	血脂异常
4	高血压	高脂血症	高脂血症	糖尿病
5	龋齿和牙病	痛风	咽炎	心脏病
6	咽炎	糖尿病	龋齿和牙病	脑血管病
7	糖尿病	肝囊肿	肾和输尿管结石	椎间盘疾病
8	牙周疾病	胆囊息肉	鼻中隔偏曲	慢性阻塞性肺病
9	病毒性肝炎	肾囊肿	牙周疾病	胃肠炎
10	胆石病	胆石病	糖尿病	类风湿性关节炎

男性特有疾病主要是前列腺增生,2009 年、2010 年、2011 年其部门标准化患病率分别为 1.99%、11.19%和 2.66%。女性特有疾病共查出 16 种,主要是乳腺增生、宫颈糜烂、宫颈囊肿。

(2)肿瘤。铁路职工肿瘤发病情况,共筛查出肺癌、肝癌、扁桃体癌、鼻咽癌、食管癌、结肠癌、膀胱癌、胃癌、甲状腺癌等 18 种恶性肿瘤,脂肪瘤、肝血管瘤、脾血管瘤、子宫肌瘤、乳腺纤维瘤和其他良性肿瘤 6 种良性肿瘤。肝癌是危害职工健康的主要恶性肿瘤,乳腺癌是危害女职工健康的主要恶性肿瘤。肝血管瘤是危害男职工健康的主要良性肿瘤,子宫肌瘤是危害女职工健康的主要良性肿瘤。

(3)职工疾病的系统分类。按照国际疾病分类(ICD-10),职工 102 种疾病归类 13 个系统,为传染病和寄生虫病、肿瘤、血液及造血器官疾病和免疫系统疾病、内分泌营养和代谢疾病、眼和附器疾病、耳和乳突疾病、循环系统疾病、呼吸系统疾病、消化系统疾病、皮肤和皮下组织疾病、肌肉骨骼系统和结缔组织疾病、泌尿生殖系统疾病和先天性畸形变形及染色体异常。

(4)职工体检指标异常检出率。体检出现异常指标体征 55 种,血常规异常、肝功异常、肾功异常、脂肪肝、牙结石和幽门杆菌阳性是职工常见的异常体征。此外,前列腺钙化灶和前列腺增大是男职工常见的异常体征,宫颈巴氏涂(刮)片分级、输卵管卵巢增厚/压痛、子宫/卵巢切除、盆腔积液和盆腔囊肿/包块是女职工常见的异常体征。

(5)职工多重疾病状况。职工多重疾病患病分析显示,至少患有两种疾病的职工所占比例,2009 年、2010 年、2011 年分别为 94.07%、93.90%和 94.32%。在患有疾病的职工中,平均每人 2009 年为(3.43±1.75)种,2010 年为(3.55±1.85)种,2011 年为(3.28±1.65)种。

2)分布特征

(1)性别。血脂异常/高脂血症、超重/肥胖、高血压和咽炎男女职工均高发。糖尿病男职工发病较高,胆石病和痔疮女职工发病较高。男职工体检较常检出脂肪肝,血常规、肝功能、肾功能和心电图指标异常。女职工体检较常检出血常规、肝功能、肾功能、心电图指标异常,牙结石和骨质增生异常体征。乳腺增生、宫颈糜烂、宫颈炎、宫颈囊肿、阴道炎和输卵管卵巢囊肿是女职工常见妇科病。肝血管瘤是男职工常见良性肿瘤,子宫肌瘤是女职工常见的良性肿瘤,乳腺癌是女职工常见的恶性肿瘤。

(2)年龄。19～40 岁职工主要疾病是血脂异常/高脂血症、超重/肥胖、高血压、痛风和咽炎;41～50 岁职工健康的主要疾病是血脂异常/高脂血症、超重/肥胖、高血压、痛风、咽炎和糖尿病;51 岁以上职工主要疾病是血脂异常/高脂血症、超重/肥胖、高血压和肝囊肿。良性肿瘤在 41～50 岁达到发病高峰。

19～30 岁以血常规异常、肝功异常、心电图异常、肾功异常、脂肪肝和牙结石检出率最高,血常规异常、肝功异常、心电图异常、肾功异常、脂肪肝、牙结石和幽门螺杆菌阳性在 31～40 岁职工中最为突出,血常规异常、肝功异常、心电图异常、肾功异常、脂肪肝、牙结石、退行性病变和幽门螺杆菌阳性在 41～50 岁职工中最为突出,51 岁以上职工以血常规异常、肝功异常、心电图异常、肾功异常、脂肪肝、退行性病变、骨质增生和幽门螺杆菌阳性的检出情况最为严重。

(3)岗位。血脂异常/高脂血症、超重/肥胖、高血压各岗位部门职工均高发。血常规异常、脂肪肝、肝功异常和心电图异常是各部门职工体检常见的异常指标体征。

2. 铁路职工慢性疾病危害因素

选择高血压、血脂异常/高脂血症、糖尿病、超重/肥胖和牙周炎 5 种主要慢性病作为重点研究内容,进行日常生活习惯及行为调查和职业环境调查,明确影响职工健康的主要危害因素。国内外的研究表明,慢性病的发生主要由长期紧张疲劳、不良生活习惯、有害饮食习惯、工作生活环境有害物质的暴露、自我保健意识差和心理应变能力低等一系列综合因素所引起。本次调查发现,膳食高脂肪高能量、高盐饮食、饮酒、吸烟、缺乏体育活动、睡眠时间和质量差、精神紧张、不良的工作环境、知识水平低、自我保健意识差等一系列与慢性病关系密切的危害因素在铁路职工中普遍存在。具体体现在以下几方面。

1)铁路职工常见病知晓水平

铁路职工对慢性病的知晓处于较低水平,自我保健意识差。多项研究表明,居民对疾病的认知程度直接影响着他们的防治意识和行为。调查发现,铁路职工对慢性病的知晓率仅为 50%。

2)饮食习惯与吸烟饮酒行为

铁路职工日常膳食结构有待改善,食用高热量、高脂肪、高盐食物的现象普遍存在。三分之一以上调查者烹调用油的方式不合理,约一半调查者食用肉的类型不合理,蔬菜的摄入量高于推荐量的调查者不到一半,略高于我国居民的蔬菜摄入水平。五分之二以上调查者平时以高盐饮食为主。铁路职工吸烟、饮酒、缺乏运动等慢性病行为危害因素处于较高水平。

3)体育锻炼习惯与睡眠情况

运动是能量消耗的主要决定因素,对能量平衡和体重控制至关重要。运动可减少心血管病和糖尿病的危险,并对多种疾病治疗有极大的帮助。职工参加体育锻炼略高于我们城市居民,达 55.5%(我国城市成人参加体育锻炼的人口比例为53.5%),在参加锻炼的方式中,绝大多数主要采用走路、慢跑、太极和瑜伽等方式进行。此外,仍有 44.57%的职工平常没有任何体育锻炼,35%以上的职工休闲时候没有任何体力活动,绝大多数人只在家里进行一些打扫卫生、洗衣、做饭等轻度活动。由此可见,职工对体育锻炼的认识不够,不知道体育锻炼不能完全代替工作中的体力劳动。另外本次调查发现,30.76%的调查者没有达到最合理的睡眠时间(世界卫生组织推荐:一个成年人,应该保证每日 6~8h 的睡眠时间),65.03%的调查者表示睡眠质量一般,15.84%的调查者表示睡眠质量差。

4)工作环境分析

铁路职工对工作环境存在不满意情绪,自认为长期暴露在有害作业环境中,生活紧张程度高,缺乏有效的睡眠时间和质量。绝大多数职工对工作环境不太满意,这种负面情绪的存在,必然会引起工作积极性和主动性降低,导致工作效率降低,从而导致机体免疫力降低,容易患各种疾病,尤其是高血压、糖尿病、胃炎等与精神因素有关的慢性病。职工普遍认为他们目前的工作环境中存在着职业有毒有害物质,职工的认识与实际接触情况存在很大的差别,这说明职工对职业有害因素存在错误认识和误区,这必然会导致他们对工作环境存在抵制、恐惧和不满意的情绪。

5)铁路职工就医行为与疾病负担分析

采用直接经济负担和间接经济负担指标,调查了铁路部门疾病负担情况,其中间接经济负担采用两周休工率和两周每千人口休工天数两个指标。共调查了1137 名患者,其中高血压患者 279 人,血脂异常/高脂血症患者 261 人,超重/肥胖患者 264 人,糖尿病患者 72 人,牙周炎患者 261 人。发现因高血压等 5 种常见疾病造成铁路部门的直接经济损失高达百亿元,其中高血压、超重/肥胖和糖尿病造成的人均直接经济损失明显高于国家水平。因常见疾病而引起职工休工的两周休工率明显高于全国两周休工率,两周每千人口休工天数略低于全国两周每千人口休工天数。分别因高血压、糖尿病引起职工休工的两周休工率为和两周每千人口休工天数明显高于全国水平。

3.铁路职工慢性病防控策略

慢性疾病是一组发病率、致残率和死亡率高,严重耗费社会资源,危害人类健康的疾病,也是可预防、可控制的疾病。《中共中央国务院关于深化医药卫生体制改革的意见》(以下简称《医改意见》)明确提出完善重大疾病防控体系和突发公共卫生事件应急机制,加强对严重威胁人民健康的传染病、慢性病、地方病、职业病和出生缺陷等疾病的监测与预防控制。为此,国家特制定《全国慢性病预防控制工作规范(试行)》(以下简称《规范》)。

《规范》围绕严重危害我国居民健康的心脑血管疾病、恶性肿瘤、慢性呼吸系统疾病和糖尿病 4 类疾病,从机构、职责和人员,工作计划和实施方案,监测与调查,干预与管理,信息管理,能力建设,综合评估 7 个部分对卫生行政部门、疾控机构、基层医疗卫生机构、医院和专业防治机构的职责、任务和基本工作流程进行了规定。

其中,慢性病的干预与管理需要疾控机构、基层医疗卫生机构、医院和专业防治机构的密切协作,需要卫生系统外其他部门或单位的支持,需要社会和民众的积极参与。干预工作要面向三类人群:一般人群、高风险人群和患病人群;重点关注三个环节:危险因素控制、早诊早治和规范化管理;注重运用三个手段:健康促进、健康管理和疾病管理。围绕心脑血管疾病、恶性肿瘤、慢性呼吸系统疾病和糖尿病等重点慢性病,积极开展社区防治和健康教育,重视高风险人群管理,控制社会和个人危险因素,推广有效防治模式,努力减少疾病负担。根据我国慢性病及其危险因素流行特征,结合世界卫生组织《烟草控制框架公约》、《饮食、身体活动与健康全球战略》等战略目标,现阶段慢性病危险因素干预与管理重点包括:烟草使用、不合理膳食、身体活动不足三种行为危险因素;超重/肥胖、血压升高、血糖升高和血脂异常四种指标异常。

慢性病已经成为危害铁路职工健康和生命的主要原因,在制定防治策略和措施时要以控制这一类疾病为主,依据“实用性、科学性、可行性”原则,遵守国家提出的慢性病防治基本原则,提出了“控制 5 种常见病和 5 种常见危害因素,监测 5 项健康指标和 5 项异常体征,采取 5 大控制手段,全面提升铁路职工身心健康水平”。

1)铁路职工常见慢性病预防

(1)血脂异常/高脂血症的干预措施。血脂异常作为脂质代谢障碍的表现,也属于代谢性疾病,但其对健康的损害则主要在心血管系统,可导致冠心病及其他动脉粥样硬化性疾病。我国的队列研究表明,血清总胆固醇(TC)或低密度脂蛋白胆固醇(LDL-C)升高是冠心病和缺血性脑卒中的独立危险因素之一。血脂异常/高脂血症的防治,针对不同人群采取有针对性的干预措施。

①合理饮食。提倡清淡,限制高脂肪、高胆固醇类饮食,如动物脑髓、蛋黄、鸡

肝、黄油等。糖类食品也要限制，不吃甜食和零食，多吃蔬菜和水果。要低盐饮食，食用油要用豆油、花生油、菜油、麻油、橄榄油等。饥饱适度，每餐进食量以下一餐就餐前半小时有饥饿感为度，不宜采用饥饿疗法，过度的饥饿反而使体内脂肪加速分解，使血中脂肪酸增加。可以中等量限制盐的摄入，将盐控制在 6g/天即可。还要避免一切辛辣的调味品及浓茶、咖啡。

②绝对戒烟限酒。香烟中的尼古丁能够使周围血管收缩和心肌应激性增加，使血压升高，促进动脉粥样硬化，诱发心绞痛发作，因此必须戒烟。过量饮酒能使心功能减退，对胃肠道、肝脏、神经系统、内分泌系统均有损害，因此必须限酒。

③适量饮茶。茶叶中含有的儿茶碱有增强血管柔韧性、弹性和渗透性的作用，可预防血管硬化。茶叶中的茶碱和咖啡碱能兴奋神经，促进血液循环，减轻疲劳并具有利尿作用。适量饮茶能消除油腻饮食而减肥。但过多喝浓茶，会刺激心脏，使心跳加快，对身体有害，因此建议适量喝淡茶。

④适当运动减肥。控制肥胖是预防血脂过高的重要措施之一。除饮食控制外，提倡坚持体育锻炼，如慢跑、太极拳、乒乓球等。平时要经常参加体力劳动，要控制体重的增长。

（2）高血压的干预措施。对于高血压的防治，不同人群采取有针对性的干预措施。

①膳食干预。包括控盐、水果蔬菜、控油、限酒。

②运动干预。要综合考虑运动强度、频率、持续时间和形式进行运动。

③不吸烟。吸烟可导致血管内皮损伤，显著增加高血压患者发生动脉粥样硬化性疾病的风险。患者要尽可能戒烟，可以寻找一些药物辅助戒烟，如尼古丁替代品、安非他酮缓释片和伐尼克兰等。

④减轻精神压力，保持心理平衡。

（3）糖尿病的干预措施。糖尿病是一种终身性疾病，但又是一种可以预防和控制的疾病。干预措施主要针对 2 型糖尿病。

①合理饮食。控制总热量是糖尿病膳食治疗的首要原则，能量的摄入以能够维持理想体重或略低于理想体重为宜。合理安排三大营养素，其中碳水化合物应占总能量的 60%～65%，脂肪（包括植物油）的摄入量，使其占总热能的 25% 以下，蛋白质的摄入量则与正常人接近，约占总热能的 15%。

②适当运动。体力活动在 2 型糖尿病的管理中占有重要的地位。运动能够增加胰岛素敏感性，有助于血糖控制，有利于减轻体重，还有利于炎症控制、疾病预防和心理健康等。坚持规律运动 12～14 年的糖尿病患者死亡率显著降低。

③限酒。不推荐糖尿病患者饮酒。饮酒时需要把饮酒中所含的热量计算入总能量范围内。若要饮酒，每日不超过 1～2 份标准量/日（一份标准量为：啤酒 350ml、红酒 150ml 或低度白酒 450ml，各约含酒精 15g）。酒精可能促进食用磺脲

类或胰岛素治疗的患者出现低血糖。

　　④不吸烟。吸烟有害健康,尤其对有大血管病变高度危险的 2 型糖尿病患者。糖尿病患者必须停止吸烟,这是生活方式干预的重要内容之一。

　　(4)血超重/肥胖的干预措施。肥胖症是一种由多因素引起的慢性代谢性疾病,早在 1948 年世界卫生组织已将它列为疾病分类名单。该病不仅损害身心健康,降低生活质量,而且与发生慢性病息息相关。对超重和肥胖症的普遍性干预是比较经济而有效的措施。

　　①合理安排饮食。基本原则为低能量、低脂肪、适量优质蛋白质、含复杂碳水化合物(如谷类);增加新鲜蔬菜和水果在膳食中的比例。合理的减重膳食应在膳食营养素平衡的基础上减少每日摄入的总热量;既要满足人体对营养素的需要,又要使热量的摄入低于机体的能量消耗,让身体中的一部分脂肪氧化以供机体能量消耗所需。

　　②加强体力活动和锻炼。增加体力活动与适当控制膳食总能量和减少饱和脂肪酸摄入量相结合,促进能量负平衡,是世界公认的减重良方,即使在用药物减肥情况下,二者仍是不可缺少的主要措施。提倡采用有氧活动或运动,有氧运动多为动力型的,并有大肌肉群(如股四头肌、肱二头肌等)参与的运动,如走路、骑车、爬山、打球、慢跑、跳舞、游泳、划船、滑冰、滑雪及舞蹈等。因为中等或低强度运动可持续的时间长,运动中主要靠燃烧体内脂肪提供能量。没有必要进行剧烈运动以减肥。在上述中、低强度活动/运动时,机体的氧消耗量增加,运动后数小时内氧消耗量仍比安静水平时的氧消耗量大,表明运动可以增加能量代谢。不同运动水平增加的能量消耗占总能量消耗的比例有差别,极轻体力劳动可能提高总能量消耗仅 3%,而重体力劳动或剧烈运动可达 40%。采用增加体力活动与限制饮食相结合的减体重措施,其总体效益优于单独限制饮食。

　　③行为疗法。建立节食意识,每餐不过饱;尽量减少暴饮暴食的频度和程度。注意挑选脂肪含量低的食物。细嚼慢咽以延长进食时间,使在进餐尚未完毕以前即对大脑发出饱足信号,有助于减少进食量。另一种方法就是进食时使用较小的餐具,使得中等量的食物看起来也不显得单薄;也可按计划用餐,即在进餐前将一餐的食物按计划分装,自我限制进食量,使每餐达到七分饱;也可使漏餐者不致在下一餐过量进食。餐后加点水果可以满足进食欲望。改变进食行为常常有助于减少进食量而没有未吃饱的感觉。制订的减重目标要具体并且是可以达到的。学会自我监测。

　　(5)咽炎的干预措施。职工中患有不同程度咽炎的比例也比较高,大家比较容易忽视,治起来麻烦,不治疗的话又影响工作和情绪,为此,预防极为关键。常见的预防措施如下。

　　①多喝水。这是任何时候都不能忘记的金科玉律。此外,用盐水熏蒸喉咙也

是缓解病情的好方法。可用一个大的碗或汤盆,多放一些煮沸的盐水,张大嘴对着蒸汽吸气、呼气,每次 10～15min,每天 2～3 次。可用金银花、野菊花、生甘草、麦冬、胖大海等,用开水冲泡代茶饮用,每日不定时饮用。

②静坐治疗。两手轻放于两大腿,两眼微闭,舌抵上腭,安神入静,自然呼吸,意守咽部,口中蓄津,待津液满口,缓缓下咽,如此 15～20min,然后慢慢睁开两眼,以一手拇指与其余四指轻轻揉喉部,自然呼吸意守手下,津液满口后,缓缓下咽,如此按揉 5～7min。每日练 2～3 次,每次 15～30min。

③加强锻炼。多参加体育锻炼,提高身体抵抗力。注意劳逸结合,急性期应卧床休息。

④经常开窗通风。保持空气流通,这样就不容易患上呼吸道疾病,是治疗慢性咽炎的有效措施。冬季用暖气取暖时应注意室内不要太干燥,可使用加湿器,或者在睡前将湿毛巾放在暖气片上,以保持空气湿润。

⑤注意口腔卫生。多吃一些含维生素 C 的水果、蔬菜,以及富含胶原蛋白和弹性蛋白的东西,如猪蹄、鱼、牛奶、豆类、动物肝脏、瘦肉等。注意个人卫生,勤洗手。早晚可用淡盐水漱口,漱口后不妨再喝一杯淡盐水,可清洁和湿润咽喉,预防细菌感染。

⑥注意保暖,防治口鼻疾病。慢性咽炎发病与口鼻、身体不注意保暖有关。因此,睡觉时房间内温度不要太冷;洗澡或洗发后及时擦干身体、吹干头发;冷天早晨出门或骑车要戴上口罩,使口鼻不受干冷空气的刺激。

⑦进行饮食调养。以清淡易消化饮食为宜,再辅助一些清爽去火、柔嫩多汁的食品摄入。平时饮用清凉润喉饮料和进食水果,如甘蔗、梨、荸荠、石榴等。忌食烟、酒、姜、椒、芥、蒜及一切辛辣之物。

⑧消除致病因素法。如戒烟酒、纠正便秘和消化不良,消除粉尘和有害化学气体等外界刺激因素。

2)铁路职工重要健康指标监测

(1)体重。监测体重目的是计算体重指数,从而了解职工是否超重或者肥胖。还有一种方法是测量腰围,该方法目前公认腰围是衡量脂肪在腹部蓄积(即中心性肥胖)程度的最简单、实用的指标。同时使用腰围和体重指数可以更好地估计与多种相关慢性疾病的关系。

①体重指数(BMI)。体重指数(BMI)＝个体的体重(公斤)/身高(米)的平方(kg/m^2)。

②腰围。

(2)血压。血压测量是评估血压水平、诊断高血压以及观察降压疗效的主要手段。目前,在临床和人群防治工作中,主要采用诊室血压、动态血压以及家庭血压三种方法。35 岁以上职工一年要至少测量一次血压,20～34 岁职工每两年至少测量一次血压,要记住当时测量时间及数值。

(3)血糖。糖化血红蛋白是长期控制血糖最重要的评估指标,也是指导临床治疗方案调整的重要依据之一。在治疗之初至少每三个月检测一次,一旦达到治疗目标可每六个月检查一次。患有血红蛋白异常性疾病的患者,应以空腹和/或餐后静脉血浆血糖为准。

(4)血脂。临床上检测血脂的项目较多,血脂的基本检测项目为 TC、TG、HDL-C 和 LDL-C。建议 40 岁以下职工每两年检查一次血脂,40 岁以上职工每一年检查一次血脂,高脂血症患者和高危人群按照医生要求定期测量。

(5)肝功能。与肝功能有关的蛋白质检查有血清总蛋白、白蛋白与球蛋白之比、血清浊度和絮状试验及甲胎蛋白检查等;与肝病有关的血清酶类有谷丙转氨酶、谷草转氨酶、碱性磷酸酶及乳酸脱氢酶等;与生物转化及排泄有关的试验有磺溴酞钠滞留试验等;与胆色素代谢有关的试验,如胆红素定量及尿三胆试验等,结合病史和症状选择一组或其中几项检查,有助于肝功能的诊断及评价。

(6)肾功能。功能检查是研究肾脏功能的实验方法。常用的测定项目有尿样、尿比重、尿沉渣镜检、尿素氮、肌酐、非蛋白氮定量以及酚红排泄实验等。

(7)脂肪肝。脂肪肝是由于各种原因引起的肝细胞内脂肪堆积过多的病变,是一种常见的临床现象,而非一种独立的疾病。脂肪肝的高危人群主要包括肥胖症,特别是内脏脂肪性肥胖病人;糖尿病,特别是成年型非胰岛素依赖性糖尿病病人;长期大量饮酒者;高脂血症,特别是有血液甘油三酯升高者;长期服用损肝药物者;以及有肥胖症、糖尿病和脂肪肝家族史的个体。这类人群应定期(每年 1～2 次)检查,以便早期发现脂肪肝。

常见的脂肪肝检查方法主要有肝功生化检测、影像学检测(B 超检测已列为首选的辅助检查项目)、病理学检测(诊断脂肪肝的金标准)。

(8)牙结石。牙结石又称牙石,它是由食物残渣、坏死脱落的口腔上皮细胞及唾液中的矿物质钙化后附着在牙齿表面而形成的,并呈现出黄色、棕色或者黑色。牙结石多沉积于牙颈部,若不除去的话,长期刺激牙龈组织,会引起牙龈组织的水肿、充血、龈缘糜烂、牙龈容易出血等一系列牙龈炎的症状。因此职工最好半年进行一次口腔健康检查,及时了解牙结石以及口腔健康情况。预防牙结石主要是保持口腔卫生,早晚刷牙,饭后漱口,多喝开水。

(9)胃幽门螺旋杆菌。幽门螺旋杆菌感染(简称 Hp)是慢性胃病发病和迁延不愈的重要因素,确定有无 Hp 感染是对慢性胃炎和消化性溃疡进行有效治疗的前提条件之一。幽门螺旋杆菌感染的检查方法有微生物学方法、尿毒酶依赖技术检查、血清学方法、形态学方法和基因诊断。

(10)工作情绪。职工满意度已经成为许多跨国大企业的评价标准,目前国际上为企业普遍接受和采纳的"员工满意度调查"的调查方法主要有两种。

①单一整体评估法。这种方法只要求被调查者回答对工作的总体感受,比较简单明了,不过,这种方法只有总体得分,虽然可以知道企业的相对满意度水平。但无法对企业存在的具体问题进行诊断,不利于管理者改进工作。

②工作要素综合评分法。这种方法将员工满意度划分为多个维度进行调查。相对而言,它比单一整体评估法操作起来复杂一些,但能够获得更精确的评价和诊断结果,有利于企业管理者根据存在的问题,制定相应的对策,提高员工满意度。

3)铁路职工健康危险因素防控

(1)控制烟草。烟草危害是当今世界最严重的公共卫生问题之一,是人类健康所面临的最大且可以预防的危险因素。吸烟浪费了本该用在营养、教育等必须开支的有限家庭资源,烟草引发的疾病也加剧了贫困。为了保障职工健康,减少吸烟对职工造成的危害,因此有必要在铁路站段以及职工中开展控烟活动。

①制定相关政策制度,在指定区域内禁止和限制吸烟。例如,在单位的公共场所、会议室、办公场所内禁止吸烟;禁止将烟头、烟盒随意丢到花盆、墙角、楼梯间;工作时间不准吸烟等。

②创造无烟环境,如开展创造"无烟车间"、"无烟车队"、"无烟班组"、"无烟小家"等评选活动;在办公楼内张贴禁烟标志。

③开展健康教育。利用各种形式向职工宣传吸烟的危害,教育大家自觉控烟、禁烟。保持良好的生活习惯给单位、同事营造一个良好的生活习惯。

(2)控制饮酒。饮酒时日常生活中的常见行为,饮酒在人际交往和情绪调节中有重要作用。适量饮酒,可以改善血液循环。但长期大量饮酒可以危害全身各个系统和器官,如肝脏、胰腺、心肌等,造成酒精性肝病、胰腺炎、心肌病、高血压等,还会引起多种营养素缺乏,增加患高血压、中风、口腔咽喉部肿瘤等疾病的危险,加重慢性胃炎。若饮酒尽可能饮用低度酒,并控制在适当的限量以下,建议成年男性一次饮用酒的酒精含量不超过 25g,成年女性一天饮用酒的酒精量不超过 15g(酒精量=饮酒量×酒精浓度×0.8)。

(3)改善不合理膳食。铁路职工可以参照《中国居民膳食指南》(2011 年)的建议,遵循十条原则,合理安排自己及家人的日常膳食。即:一是食物多样,谷类为主,粗细搭配;二是多吃蔬菜类和薯类;三是每天吃奶类、大豆及其制品;四是常吃适量的鱼、禽、蛋和瘦肉;五是减少烹调用油,吃清淡少盐膳食;六是食不过量,天天运动,保持健康体重;七是三餐分配要合理,零食要适当;八是每天足量饮水,合理选择饮料;九是如饮酒应限量;十是吃新鲜卫生的食物。此外,也可采用"一调整、二维持、三控制、四增加"措施,即调整进食程序;维持高纤维素的摄入和食物多样化;控制肉类、油脂和盐的摄入量;增加水果、奶、谷物及薯类的成分。

(4)开展体育锻炼。体育锻炼可以增进健康、提高身体的运动素质和基本活动能力,并能够防治疾病。但是,并不是只要参加体育锻炼,就一定会获得良好效果。

如果锻炼内容、练习强度和练习方法等选择或运用不当,反而有害于健康。本研究重点介绍一些科学体育锻炼的原则、方法和制定个人锻炼计划的注意事项等。

体育锻炼要坚持"从实际出发、循序渐进、持之以恒、全面锻炼"四大基本原则,根据不同的锻炼目的和要求,选择锻炼方式,包括健身运动、健美运动、娱乐性体育、格斗性体育及医疗和康复体育。要想获得好的锻炼效果,必须按照科学的锻炼方法进行练习。锻炼身体的方法很多,练习者可根据自身的年龄、性别、职业、体质、健康状况等进行选择。练习法可分为重复练习法、间歇练习法、变换练习法、循环练习法等。此外,还要科学地制定符合自身特点的锻炼计划。

(5)控制精神紧张。随着铁路用工制度的不断变化,职业紧张的影响越来越强,职业紧张往往是持续的、动态的、多方位的。因此,预防和减少职业紧张的措施必须是综合性的,需要全路各个部门共同参与。根本的解决方法是控制劳动过程中和劳动环境中的紧张因素,提高职工的控制力和适应能力。目前,职业紧张干预的措施可以采用群体干预和个体干预。

①群体干预措施。根据每个部门或者工种群体分析结果,进行有针对性的干预,主要形式为管理培训和组织活动,扩大人际交流沟通,工作重组,提高控制能力等,必要时还需要通过立法的形式保证干预措施的有效实施。

②个体干预措施。针对每个职工的职业紧张源,进行咨询和健康促进教育。干预过程使职工采取积极应对代替消极应对。加强心理咨询,增强作业员工的自我保健技能等。目前国内外针对个体的心理、行为,干预常用的方法包括现实疗法,心理危机干预,关键事件应激报告法,灾后心理卫生工作策略,其他心理健康干预方法,如精神分析、行为治疗、森田疗法、认知疗法、支持疗法、生物反馈技术等。

这些干预措施主要是针对较轻的心理健康问题而采取的措施,对于长期的紧张反应引起的症状必须要采取药物治疗。将职业紧张控制在可承受范围内,控制健康危险因素,从而促进职工健康,提高职工的生命质量,提高劳动生产率才是行之有效的方法。

13.2　铁路职工传染病防控

应用 Mata 分析方法,对 6 个铁路局地区 1990～1999 年传染病疫情文献资料进行回顾性分析。选定两个铁路局对铁路局职工 2000～2010 年甲乙类传染病疫情年、月统计报表和铁路局职工人口资料进行实地调研。分析逐年总发病率、发病顺位和分布特征。

1. 铁路职工传染病发生与流行特点

1)发病率

6 个铁路局 1990～1999 年甲乙类传染病年均发病率为 185～490/10 万。肠道传染病为主占 70% 以上,其次为呼吸道传染病,二者相加占发病构成的 90% 以上,血源和性传播传染病呈上升势头,痢疾、病毒性肝炎、肺结核、淋病、猩红热伤寒居于发病前 5 位,占发病总数的 95%。

2)主要传染病

2004~2010 年铁路局职工发病前 5 位传染病依次为病毒性肝炎、肺结核、痢疾、梅毒、淋病,占甲乙类传染病发病总数的 97.6%。与全国病毒性肝炎、肺结核、梅毒、痢疾、淋病,占发病总数的 95.0% 的总体发病顺位趋同。1990~1999 年铁路地区传染病发病顺位为痢疾、病毒性肝炎、肺结核、淋病、猩红热伤寒,与近 7 年发病状况相比较,病毒性肝炎、肺结核相对发病率上升,痢疾相对发病率呈下降趋势,性病比例进一步上升。

3)分布特征

以五位主要传染病为基础,分析铁路职工 2004 年以来传染病流行分布特征,主要指标为季节、工种和年龄分布特征,确定铁路重点发病流行规律。结果表明机务、列车、车辆、车站、工务部门职工人群发病比例较高,45~50 岁年龄段发病比例最高,秋季发病比例较高。

4)传染病对职工劳动生产力影响

(1)职工传染病缺勤病种。以四个铁路局为对象,对机务、客运、车辆、列车、工务等工种职工 2004~2009 年期间因传染病缺勤情况进行调研分析,确定传染病对铁路职工劳动生产力影响程度。职工因传染病缺勤的病种达 13 种,主要病种为病毒性肝炎、肺结核、感染性腹泻、伤寒、甲流、菌痢 6 类传染病,占全部病例人次的98.1%。如将伤寒、菌痢也归类于广义的感染性腹泻,则导致职工缺勤居前三位的传染病为病毒性肝炎、感染性腹泻、肺结核三类传染病,比例高达 94.8%。

(2)铁路局劳动日损失。以铁路局传染病缺勤统计数据,进一步深入分析传染病对铁路局运输生产影响程度。某铁路局 2004~2009 年 5 年间因传染病导致损失劳动日共计 6291 天,由病毒性肝炎和肺结核两种传染病导致的劳动日损失为5661 天,占 90.0%,是对铁路局运输生产力影响最大的两种传染病。

2. 铁路职工重点传染病防控策略

铁路职工重点传染病的界定可从传染病对职工健康威胁性、对铁路运输生产劳动力损失的影响性来考量,依据上述分析,提出:①国家、地方政府提出控制要求的突发传染病,或铁路总公司卫生应急部门认定的突发传染病;②铁路职工常年发病率居前 5 位的传染病,且发病强度达到中度程度的病种;③目前铁路职工常年重点传染病北方地区为病毒性肝炎、肺结核、痢疾和感染性腹泻,南方地区为病毒性肝炎、肺结核、梅毒和淋病。总体而言,铁路职工常年重点传染病为病毒性肝炎、肺结核、性病、菌痢和感染性腹泻,应作为常年监控的重点。

铁路职工传染病防控策略的重点在于防制急性传染病暴发和控制常年重点传染病流行。急性传染病指的是国家和地方政府宣布大流行的突发传染病,如鼠疫、霍乱,传染性非典型肺炎、肺炭疽和人感染高致病性禽流感,以及新发生的重大传染病疫情;具有季节性或周期性流行特点的传染病,如流感、菌痢、感染性腹泻、成人麻疹、出血性结膜炎等。常年重点传染病指的是病毒性肝炎、肺结核、梅毒、淋病和艾滋病等。应坚持预防与应急并重,常态与非常态结合,着手做好以下几方面工作。

1)铁路局站段传染病防控体系

在现有铁路局疾病预防控制体系基础上,进一步完善以段为重点的职工传染病防控制度建设,在职工疾病预防控制和医疗康复过程中发挥基础支撑作用。

(1)职工传染病病例监测报告制度。根据国家发布的突发传染病和当地季节性传染病疫情,以及铁路职工常年重点传染病,建立针对急性传染病流行病例的监测报告制度,开展职工因病缺勤、就医诊疗情况监测报告工作,监测预警职工中急性传染病发病情况,如霍乱、传染性非典型肺炎、人感染高致病性禽流感、病毒性肝炎、肺结核、梅毒、淋病、艾滋病、流感、菌痢、感染性腹泻,以便提前进行干预处理。

(2)职工发病症状监测报告制度。突发传染病疫情和季节性重点传染病流行期间,在重点站段设立症状监测哨点,建立职工症状监测报告制度,针对高危险人群和来自疫区人员进行发病症状监测登记工作,如发热、腹泻、呼吸道症状等,建立常规症状分析曲线图,及早发现并控制传染病暴发。

(3)职工传染病排查制度。当职工中发生重大传染病或有可能发生暴发与流行时,在工区、车间和宿舍等区域设置排查岗哨,增派专职人员对上班和进入宿舍区的职工进行检查,建立职工传染病排查制度。发现疑似病例立即送诊,隔离治疗,及早发现和控制传染源。

(4)建立职工传染病隔离区制度。重大传染病疫情发生时,在高危险大型站段可自建传染病隔离区,以供职工中需要隔离观察的疑似传染病例或轻型病例隔离治疗时用,最大限度地就近、及时、迅速、严格、高效地控制传染源,减少传染病在职工中传播的速度,有效控制暴发和向居民中扩散。

2)重点传染病主动预防干预

建立职工健康教育制度,对企业管理人员进行重点传染病防控培训,开展车间职工防治重点传染病的科普讲座,针对不同季节性传染病发病情况,向职工发放传染病宣传画册和宣传单,提高职工对传染病的自我防护意识和能力。针对病毒性肝炎、肺结核、流感、麻疹,以及性病等高发传染病,对高危险职工开展以强化免疫为核心的预防干预措施,促进高危险职工自身免疫力的提高,降低发病率。

13.3　铁路职工健康管理与健康促进

1. 健康管理

健康管理就是针对个体或群体的健康进行全面的监测、分析、评估、提供健康咨询和指导以及对健康危险因素进行干预的全过程。健康管理的宗旨是调动个体和群体及整个社会的积极性,有效地利用有限的资源达到最大的健康效果。健康管理的具体做法就是为个体和群体(包括政府)提供有针对性的科学健康信息并创造条件采取行动来改善健康。

铁路职工对健康管理的需求迫切,在职工中开展健康管理具有一定的可行性和现实意义。第一,慢性病已经成为危害铁路职工健康的主要因素,慢性病相关危险因素在铁路职工中普遍存在,而且日趋严重。第二,慢性病已经给职工和铁路企业带来了巨大的经济负担,尤其是医疗费用的急剧上涨。第三,职工的健康意识已经提高,对自我保健知识和技能的需求日益增加。第四,铁路各级领导高度重视职工身心健康,制定了许多关怀政策,如健康体检、健康修养,为开展健康管理奠定了基础。第五,铁路具有完整的部-局-站段三级管理体制,还有一支卫生防疫队伍,适宜开展健康管理工作,并可取得显著成效。第六,越来越多的实例表明,在职工中开展健康管理,不但能保障职工身心健康,还能降低企业总医疗保健费用,减少员工因患病或健康事假而带来的间接经济损失,从而提高企业生产力和竞争力。例如,美国太平洋联合铁路公司自 1987 年起,就开始为员工提供健康管理服务,目前已覆盖了 5 万人群,其对高血压、高血脂、超重、糖尿病、疲劳状态、缺乏锻炼、吸烟、哮喘、忧郁症及精神压力 10 个危险因素进行控制,除了使人群的健康指标有了很大改善外,经济效益也非常明显,经济指标效益费用比是 3.24：1。即在健康管理上每花费 1 美元可以收到 3.24 美元的效益。其中高血压 4.29：1,高脂血症 5.25：1,戒烟 2.24：1,体重 1.69：1,而这些健康危险因素以往每年要为公司增加近 4000 万美元的支出。

1)企业员工健康管理模式

(1)个人健康信息管理。依托健康体检建立企业员工个人健康档案。各种疾病的发生都是有一定原因与规律的,其中有先天的遗传因素决定,也有后天的行为和生活方式影响。健康管理服务可以软件的形式收集和管理企业员工个人健康档案,用于健康及疾病危险性评价、跟踪和健康行为指导的个人健康信息,并提供安全的网络化信息管理,包括标准的信息管理格式、友好互动的客户端管理界面、永久的个人电子病历及健康管理账户。

(2)个人健康与慢性病危险性评价。当完成个人健康信息收集后,根据以上信息和规律建立起来的疾病危险性评价模型的分析计算,可以准确有效地评估出被评估者的健康状况("健康"、"低危"、"中危"、"高危"以及"患病")以及在将来几年内患慢性病的危险程度、发展趋势及相关的危险因素,从而让企业员工准确地了解自己的健康状况和潜在隐患,积极参与自身的健康管理,并采取行动改善健康。尤其是一些慢性病发生、发展过程缓慢,在早期并没有明显的可诊断的症状出现,医生很难提出,个人也往往不能主动采取预防措施,往往导致疾病不断加重。因此,维护健康最重要的就是预防疾病的发生,而不是治疗疾病。

(3)个人健康计划。一旦明确了个人患慢性病的危险性及疾病危险因素分布,对于"健康"的个人,健康管理服务将提供进一步保持健康生活方式的各种相关建议;对于"低危"、"中危"、"高危"以及"患病"的个人,健康管理服务即可通过个人健康改善的行动计划及指南对不同危险因素实施个性化的健康指导。由于每个人具有不同危险因素组合,因此个人健康计划会针对个人自身危险因素筛选出个人健康管理处方,使每个人都能更有效地针对自己的危险因素采取相应的措施,帮助个人改善其不健康的生活方式,降低其危险因素,从而有效地控制疾病并改善自己的健康。此外,健康管理还可汇总、评价群体健康信息,给出人群健康管理资讯报告,为企业提供人群健康需求的参考信息。

(4)个人生活方式管理。主要关注健康个体的生活方式、行为可能带来什么健康风险,这些行为和风险将影响他们对医疗保健的需求。生活方式管理要帮助个体作出最佳的健康行为选择来减少健康风险因素。生活方式管理使用对健康或预防有益的行为塑造方法,促进个体建立健康的生活方式和习惯以减少健康风险因素。生活方式管理方案的结果在很大程度上依赖于参与者采取什么样的行动。因此,要调动个体对自己健康的责任心。生活方式管理通过采取行动降低健康风险和促进健康行为来预防疾病和伤害。生活方式管理的策略可以是各种健康管理的基本组成成分。生活方式管理的效果取决于如何使用行为干预技术来激励个体和群体的健康行为。四类促进健康行为改变的主要干预技术措施是教育、激励、训练和市场营销。

2)企业健康管理机制

(1)需求管理。以人群为基础,通过帮助健康消费者维护健康以及寻求适当的医疗保健来控制健康消费的支出和改善对医疗保健服务的利用。需求管理试图减少人们对原以为必需的、昂贵的和临床上不一定有必要的医疗保健服务的使用。需求管理使用电话、互联网等远程患者管理方式来指导个体正确地利用各种医疗保健服务满足自己的健康需求。

(2)疾病管理。着眼于某种特定疾病,如糖尿病,为患者提供相关的医疗保健服务。目标是建立一个实施医疗保健干预和人群间沟通,与强调患者自我保健重要性相协调的系统。该系统可以支持良好的医患关系和保健计划。疾病管理强调利用循证医学指导和增强个人能力,预防疾病恶化。疾病管理以改善患者健康为基本标准来评价所采取行动的临床效果、社会效果和经济效果。

(3)灾难性病伤管理。为患癌症等灾难性病伤的患者及家庭提供各种医疗服务,要求高度专业化的疾病管理,解决相对少见和高价的问题。通过帮助协调医疗活动和管理多维化的治疗方案,灾难性病伤管理可以减少花费和改善结果。综合利用患者和家属的健康教育,患者自我保健的选择和多学科小组的管理,使医疗需求复杂的患者在临床、财政和心理上都能获得最优化结果。

(4)残疾管理。试图减少工作地点发生残疾事故的频率和费用代价,并从雇主的角度出发,根据伤残程度分别处理以尽量减少因残疾造成的劳动和生活能力下降。残疾管理的具体目标是:①防止残疾恶化;②注重残疾人的功能性能力恢复而不仅是患者疼痛的缓解;③设定残疾人实际康复和返工的期望值;④详细说明残疾人今后行动的限制事项和可行事项;⑤评估医学和社会心理学因素对残疾人的影响;⑥帮助残疾人和雇主进行有效的沟通;⑦有需要时考虑残疾人的复职情况。

(5)人群综合健康管理。通过协调不同的健康管理策略来对个体提供更为全面的健康和福利管理。这些策略都是以人的健康需要为中心而发展起来的,是有的放矢。

3)健康体检

近年来,随着人们生活水平的不断提高,保健意识的不断增强,人们对健康也有了更为深刻的理解和认识,并形成了需求,健康体检越来越受到社会和政府的普遍关注和重视。健康体检的重要性主要体现在以下几方面。

(1)可早期发现身体潜在的疾病。对社会人群进行定期健康体检使受检人员在没有主观症状的情况下,发现身体潜在的疾病。以早期发现、早期诊断、早期治疗疾病,从而达到预防保健和养生的目的。

(2)是制定疾病预防措施和卫生政策的重要依据。利用健康体检的大量体检资料数据,通过卫生统计、医学科研方法,对某地区、某群体的健康状况及疾病的发病情况和流行趋势进行统计分析,为制定卫生政策法规等提供科学依据。

(3)社会性体检是发现某些职业禁忌证或某些人群的传染病、遗传病、保证正常工作和生活的重要手段。

(4)招生、招工、招聘公务员、征兵等体检是一项必不可少的工作。健康体检对他们适应环境、新工作作为保障是十分重要的,也是培养合格人才的重要条件。

(5)对从事出入境、食品和公共场所的工作人员进行体检。能及时发现他们中的传染病,是控制传染、切断传播途径的重要措施,从而使社会人群免受传染,同时也能保证被检者身体健康。

(6)对从事或接触有职业危害因素的人员进行上岗前的职业性和定期性的健康体检。可以早期发现职业病和就业禁忌证,尽快采取有效预防措施,降低或消灭职业病的发生,早期治疗职业病或阻止病态发展,以保证职工健康和改善职工工作环境。

(7)婚前健康检查可以发现配偶双方中的遗传病、传染病及其他暂缓或放弃婚姻的疾病,是保证婚后家庭幸福、婚姻美满、减少和预防后代遗传性疾病发生以及提高人口素质的重要手段。

铁路部门最近几年也积极在职工中提倡和普及健康体检,成为提升职工福利的一项重要举措。通过体检,一方面可以让职工随时掌握自己身体的状况,建立起自己的健康档案,若有病症,提早发现并及时采取对策;另一方面能够在疾病的早期进行预防和治疗,大大降低了发病率、致残率、死亡率。

4)健康休养

职工健康休养是在医学指导下的短期健康休养,通过跨局休养,合理使用铁路现有疗休养资源,达到缓解紧张情绪、消除疲劳、增强体质、修复劳动力、降低发病率的目的,从而提高劳动效率,更好地为铁路运输生产服务。

健康休养作为慢性病一项重要的防控手段,具有一定的科学意义和实践作用。第一,健康休养遵循"预防为主"的原则,其理念符合当前慢性病的防控策略。第二,健康休养机构具有一定的医疗保健服务能力,包括软件和硬件上的配备,不但可以为职工提供改变不良行为生活方式的专业指导,而且可以为职工提供改变不良行为生活的干预措施。第三,这些健康休养机构通常处于环境幽美、文化古迹等地区,有利于缓解职工精神紧张情绪,缓解身心疲劳,提高职工控制力和适应性能力。第四,实践已经证明,健康休养是改善职工身心压力,劳动力修复的一项有效措施,得到了广大职工的认可。

健康休养已经成为部、局一项重要工作,具有完整的组织管理机制,配备了相关的政策制度,保障了该项措施的有效实施,对实施效果进行了多方面评估和论证。

2. 铁路职工健康促进策略

健康教育引导人们自愿放弃不良的行为和生活方式,减少自身制造的危险,追求健康的目标,从成本-效益角度看是一项投入少、产出高、效益大的保健措施。健康促进在促使环境改变中虽然需要有一定的资源保证,但他们所需要的资源投入与高昂的医疗费用形成鲜明的对照。有效的健康教育与健康促进由于预防疾病的发生,必能节省大量的社会财富,创造巨大的经济效益。

自我保健是人们为维护和增进健康,为预防、发现和治疗疾病,自己做出的与健康相关的决定以及采取的卫生行为,包括个人、家庭、邻里、同事、团体和单位开展的以自助/互助为特征的保健活动。它是保健模式从"依赖型"向"自助型"发展的体现。它能发挥自身的健康潜能和个人的主观能动作用,提高人们对健康的责任感。自我保健意识和能力不能自发产生和拥有,只有通过健康教育和健康促进才能提高居民自我保健意识和能力,增强其自觉性和主动性,促使人们实行躯体上的自我保护、心理上的自我调节、行为生活方式上的自我控制和人际关系上的自我调整。因此说健康教育与健康促进是提高广大职工自我保健意识的重要渠道。

(1)主动争取和有效促进领导和决策层转变观念,对健康需求和有利于健康的活动给予支持,并制定各项促进健康的政策。

(2)促进个人、家庭和车间/班组/车队/科室对预防疾病、促进健康、提高生活质量的责任感,通过为职工提供信息,发展个人自控能力,以帮助他们改变不良行为习惯和生活方式,排除各种影响健康的危险因素,使职工在面临个人或群体健康相关问题时,能明智、有效地做出抉择。通过提高车间/班组/车队/科室自助能力,实现资源(人、财、物)等的开发和公平性。

(3)创造有益于健康的外部环境。健康教育和健康促进必须以广泛的联盟和支持系统为基础,与相关部门协作,共同努力逐步创造良好的生活环境和工作环境。

(4)积极推动铁路卫生部门观念与职能的转变。将健康教育与健康促进的思想和理念纳入铁路疾病预防控制工作中,为职工提供更符合需求,更以人为本的卫生服务。

(5)在全体职工和家属中深入开展健康教育。教育和鼓励每一个职工进行明智的健康决策和实践,尤其要把健康实践作为重点。教育和引导职工及家属摒弃陋习,养成良好的卫生习惯,提倡文明、健康、科学的生活方式,培养健康的心理素质,提高全路职工的健康素养。

13.4　铁路站车健康教育宣传模式

健康教育作为一个近代新兴发展起来的学科,无论在理论的发展上还是在适用技术上都尚处于探索探讨、试验和建立阶段。健康教育是以传播健康知识为基础,以帮助目标人群树立正确信念为关键步骤,以帮助目标人群改变不健康行为和建立健康行为为目标的系列活动。几乎所有的公共卫生项目都涉及健康教育内容,这些公共卫生项目的实施有力地促进了我国健康教育事业的发展,所涉及的学科和领域包括各科疾病防治的健康教育,如性病与艾滋病、结核病、血吸虫病、碘缺乏病、癌症、高血压病、糖尿病、冠心病、皮肤病、骨科疾病、代谢疾病、口腔疾病、眼科疾病、耳鼻喉疾病等;妇幼保健健康教育,如妇产科疾病、围产期保健、婴幼儿、失眠与睡眠方面的健康教育;灾害与突发公共卫生时间应对中的健康教育,如应对人禽流感、人流感的健康教育。此外,还包括精神卫生与心理健康教育、计划免疫健康教育、儿童少年保健健康教育、毒品预防健康教育、预防意外伤害健康教育、成瘾行为的预防与矫正健康教育(如吸烟、酗酒、药物来用)、亚健康教育、营养与膳食健康教育、运动健康教育、改水改厕健康教育、康复健康教育、军队卫生防疫健康教育等。

目前,铁路健康教育工作最多的是铁路客运站车艾滋病和结核病的宣传。开展了针对领导干部、卫生技术人员、客运一线职工、红十字员、播音员、旅客、采棉农民工、大学生、施工运输作业场所农民工等不同人群的宣传,铁路系统高危人群(包括铁路公安干警、列车员等)HIV 职业暴露防护宣传,特殊时期(如黄金周、暑运、春运、奥运期间、世界艾滋病日、世界结核病日等)的重点宣传以及客运车站、旅客列车和车间等特殊场所的宣传。以下介绍几种铁路特殊人群的宣传教育模式。

1. 学生旅客列车艾滋病宣传教育模式

(1)制订学生旅客列车青年大学生预防艾滋病宣传教育活动实施方案。

(2)从铁路卫生、宣传和团委抽调20余人组成了5支宣传小分队(每支为3~5人),小分队成员均具有多年艾滋病防治和宣传经验。

(3)项目局分别在5个火车站召开青年大学生艾滋病防治知识宣传活动启动仪式。参加启动会的领导、宣传员、志愿者、新闻媒体工作者和学生代表约 600余人。

(4)在5个首班学生旅客列车上开展现场宣传活动,现场采用发放宣传品、广播、悬挂大型横幅、有奖竞猜和互动活动等相结合方式开展,直接受益人群达 1000余人。

(5)组织宣传小分队在目标列车上开展十余次现场宣传活动,现场采用发放宣传品、广播、悬挂大型横幅、有奖竞猜和互动活动等相结合方式开展,直接收益学生达 3000 余人,期间开发了一批学生防艾义务宣传员。

(6)对列车员和乘警进行培训,动员列车员和乘警在工作之余主动向乘坐列车的学生宣传防艾知识。由于暑期处于运输高峰期,为了保障运输安全,因此主要通过广播、摆放宣传材料向学生宣传。

(7)初步建立了一套适合学生旅客列车使用的宣传模式,即"动员列车员和乘警＋开发大学生义务宣传员＋摆放宣传材料"。

2. 铁路施工运输作业场所农民工预防多种疾病宣传教育机制

(1)制订铁路施工运输作业场所农民工预防艾滋病-结核病-疟疾宣传活动实施方案。

(2)从铁路卫生、宣传和工会抽调了 30 余人组成了 5 支宣传小分队(每支为5~8人),小分队成员均具有多年艾滋病防治工作和宣传经验,并对其进行了统一培训。

（3）项目局分别开展施工运输作业场所农民工预防"艾滋病—结核病—疟疾"宣传教育活动启动仪式。参加启动会的领导、宣传员、志愿者、新闻媒体工作者和农民工代表 650 余人。

（4）为了解农民工对三种疾病的了解程度，以及对宣传内容和方式的需求，便于评估宣传效果，组织开展现况和需求调查。

（5）考虑到宣传期间正是夏季，铁路卫生技术中心开发了三款宣传小扇子，共计 2.5 万把。

（6）为了探索宣传模式，提高农民工的知识水平，先后在 11 个施工运输作业场所，组织了 13 场形式多样的现场宣传活动。

（7）初步建立了一套适合铁路施工运输作业场所农民工使用的宣传模式，即"开发包工头＋面对面宣传＋播放音像制品＋捆绑于职业安全卫生宣传之中"。

3. 采棉农民工艾滋病宣传教育工作的具体做法

采棉农民工艾滋病宣传教育工作主要分为三个阶段，具体如下。

（1）前期准备阶段。首先，每年 7 月中下旬，在铁路总公司领导下，路局卫生、工会、客运、宣传和团委部门联合召开多部门协调会，成立采棉农民工防艾宣传领导小组和技术小组，明确各部门职责，详细部署采棉专列预防艾滋病宣传教育活动。其次，组建防艾宣传小分队。小分队由路局疾控所健康教育工作者、车站客运人员、值乘采棉专列的列车员和乘警组成，部级和局级宣讲员对他们进行集中培训。最后，客运部门提供采棉专列交路情况，在采棉农民工集中购买车票期间，由卫生部门组织人员调查采棉农民工防艾知识现状以及宣传内容、方式需求，并制订详细的现场宣传实施方案，开发宣传材料。

（2）现场实施阶段。采棉专列首发前，铁路卫生、工会、客运、宣传和团委部门联合地方劳动输出部门，在车站开展采棉农民工预防艾滋病宣传教育启动会，主管局和处室领导均到场支持本次活动的实施。地方和路局相关电视台、广播和报社对活动进行跟踪报道，既提高了社会对这类人群的关注程度，也增强了宣传的社会效应。

活动期间车站宣传主要采用发放宣传材料和安全套、电子屏播放、广播、设置咨询台、张贴宣传画、设立宣传展板、悬挂宣传横幅、闭路电视播放和组织观看宣传文艺片等综合宣传方式。

每次活动结束后，防艾技术小组都要详细填写过程监测和评价表，主要包括活动名称、时间、地点、内容、覆盖人群、宣传方式和频率、效果、存在的问题、实施人员和实施单位等内容，其中效果评价采用定性社会调查方法中的拦截调查，随机选择 5～8 名采棉农民工（兼顾年龄、性别、文化程度和婚姻），对宣传活动进行评价。

每次宣传活动结束后，防艾技术小组都会将活动情况及过程监测评价效果向领导小组汇报,领导小组根据实施情况及时完善活动方案,及时排除活动中出现的困难,从而保障各项工作的顺利进行。

(3)后期总结阶段。每年采棉农民工客流结束后,路局铁路卫生、工会、客运、宣传和团委部门都会组织召开总结交流会,对本次宣传教育工作进行总结和表彰,探索适合本路局的防艾宣传模式,并向铁路总公司提交总结报告。铁路总公司卫生行政主管部门也定期组织有关路局召开经验交流会,将一些新的宣传模式在全路推广使用。

4. 发展趋势

目前铁路健康教育所涵盖的内容比较单一,而且主要依靠项目来推动日常工作,如何使铁路健康教育工作日常化、可持续化、内容丰富化,是目前急需要解决的问题。为此,提出以下一些建议。

(1)铁路卫生行政部门应进一步确立"以健康为中心"的战略思想,而不是"以疾病为中心"。

(2)确保健康教育人才库的完整性和稳定性。

(3)建立信息交流平台,达到健康教育资源共享的目标。

(4)保障健康教育费用筹资渠道。

(5)铁路健康教育的范围和领域应该进一步扩大,不能仅限于传染病的宣传,应该涵盖各个卫生领域。

(6)充分推广现有的宣传模式,并进行定期评估,不断调整宣传策略和重点。

(7)充分整合铁路宣传平台,利用综合宣传模式,提高职工和旅客对宣传知识的可及性。

参 考 文 献

[1] 史立新,黄茵.交通能源消费及碳排放研究[M].北京:中国经济出版社,2011.

[2] 吴景林.日本铁路的节能[J].哈尔滨铁道科技,2001,(4):13,14.

[3] 铁信数据中心.德国铁路股份公司 2005 年节能规划中期总结[J].中国铁路,2005,(9):75.

[4] 荷兰铁路致力于节能降耗[J].中国铁路,2009,(2):79.

[5] ANSI. Acoustics-Description, measurement and assessment of environmental noise-Part1:
Basic quantities and assessment procedures[S]. ISO 1996-1. 2003.

[6] 辜小安,郑天恩,马筠,等.京沪高速铁路环境噪声限值建议标准的研究[C]//铁道部科学研
究院 50 周年论文集.北京:中国铁道出版社,2000.

[7] 铁路边界噪声限值及其测量方法(修改方案)[S]. GB 12525-90. 北京:中华人民共和国环境
保护部,2008.

[8] 铁路建设项目环境影响评价噪声振动源强取值和治理原则指导意见修改方案[S].铁计
[2010]44 号. 2010.

[9] 铁道第三勘察设计院集团有限公司.通环(2009)8323A 铁路工程建设通用参考图,时速
350km/h 客运专线铁路桥梁插板式金属声屏障[S].北京:铁道部经济规划研究院,2009.

[10] 中铁第四勘察设计院集团有限公司.通环(2009)8325 铁路工程建设通用参考图,时速
350km/h 客运专线铁路路基插板式金属声屏障[S].北京:铁道部经济规划研究院,2009.

[11] 声屏障声学设计和测量规范[S]. HJ/T 90—2004. 北京:中国环境科学出版社,2004.

[12] 中华人民共和国铁道部 . 铁路声屏障声学构件技术要求及测试方法[S]. TB/T 3122—
2010. 北京:中国铁道出版社,2010.